KARL-HEINZ BRODBECK

ERFOLGSFAKTOR KREATIVITÄT

KARL-HEINZ BRODBECK

ERFOLGSFAKTOR KREATIVITÄT

Die Zukunft unserer Marktwirtschaft

WISSENSCHAFTLICHE BUCHGESELLSCHAFT
DARMSTADT

Die Deutsche Bibliothek – CIP-Einheitsaufnahme

Brodbeck, Karl-Heinz:
Erfolgsfaktor Kreativität: die Zukunft unserer Marktwirtschaft / Karl-Heinz Brodbeck. – Darmstadt: Wiss. Buchges., 1996
ISBN 3-534-13282-3

Bestellnummer 13282-3

Gedruckt auf säurefreiem und alterungsbeständigem Offsetpapier
Elektronische Manuskripterstellung: Karl-Heinz Brodbeck
Druck und Einband: VDD – Darmstadt
Printed in Germany

ISBN 3-534-13282-3

INHALT

VORWORT

Die verborgene Quelle der wirtschaftlichen Entwicklung ist die menschliche Kreativität – das ist die Kernthese dieses Buches. Dieser wichtigste aller Wirtschafts- und Erfolgsfaktoren wird in der traditionellen Volkswirtschaftslehre fast vollständig ignoriert. Kreativität ist ein Ausdruck der menschlichen *Freiheit*. Doch entgegen einer in der Ökonomie gepflegten Legende wird die menschliche Freiheit ausgeklammert und von der traditionellen Theorie auf das Verhalten einer menschlichen Maschine reduziert, einer Maschine, die mechanisch ihren Nutzen maximiert und friedlich Optimalwerte für Produktionsmengen sucht.[1] Im wirtschaftlichen Alltag findet man diese Spezies des *homo oeconomicus* ebenso selten wie Beschreibungen freier und kreativer Menschen in ökonomischen Lehrbüchern.

Das hat einen Grund. Die Wirtschaftswissenschaft ist vor über 200 Jahren angetreten, ein paradoxes Dogma zu beweisen: Privater Egoismus führe, so lautet die Lehre von Mandeville, Steuart und Smith, zu öffentlicher Wohlfahrt, zu einem stabilen System des Gleichgewichts. Es war dem gesunden Menschenverstand nie einsichtig zu machen, daß durch egoistischen Wettbewerb eine harmonische Ganzheit entstehen soll. Der nachfolgende Text versucht zu zeigen, daß der gesunde Menschenverstand durch die traditionelle Theorie keineswegs ins Unrecht gesetzt wird. Die Wirtschaftswissenschaften sind aber nicht *grundlos* auf einen Irrweg geraten, auf dem das Handeln freier Menschen als eine riesige Wirtschaftsmaschine gedeutet wird, in der mechanische Preisräder, vom Gewinnstreben angetrieben und vom Öl des Geldes geschmiert, das als Sozialprodukt ausgelegte Glück maximieren sollen.

Der Gegensatz von Freiheit und Ordnung ist in Wahrheit weder theoretisch noch praktisch »gelöst« worden. Da es offenkundig in der Wirtschaft kein völliges Chaos gibt, bleibt das Rätsel bestehen: Wie können Freiheit und Ordnung koexistieren? Die Lösung dieses Rätsels ist die Aufgabe dieses Buches. Es gibt ein Prinzip im menschlichen Handeln, das geeignet ist, den Gegensatz von Freiheit und Ordnung zu vermitteln: *die menschlichen Gewohnheiten.* Gewohnheiten sind *weder* angeborene

Verhaltensweisen, *noch* regelloser Ausdruck spontanen Verhaltens. Je mehr ein Wirtschaftssystem durch Gewohnheiten dominiert ist, desto mehr nähert es sich dem Bild an, das die Tradition von der Wirtschaft zeichnet. Aber Gewohnheiten werden in einer Marktwirtschaft verändert und zerstört durch den Wettbewerbsprozeß. Diese kreative Destruktion von alten Gewohnheiten und ihre Substitution durch neue bildet die eigentliche Quelle des Wirtschaftswachstums und des jährlich verteilten Überschusses.

Es gibt für diesen alternativen Gedanken durchaus eine Tradition in den Wirtschaftswissenschaften; sie führt, nach frühen griechischen Anfängen, von Fichte über Schumpeter zu wichtigen Einsichten von Keynes und Hayek. Allerdings fehlt dieser Tradition - der bekannte Gegensatz zwischen den drei letztgenannten Autoren kann das belegen - nichts weniger als die eigentliche Grundlage: Eine Theorie menschlichen Handelns, die fähig ist, durch die Einbeziehung von Gewohnheiten freies und durch Regeln geleitetes Handeln zu vermitteln. Ansätze zu dieser Theorie versucht der zweite Teil dieser Abhandlung zu formulieren. Der dritte Teil beschreibt dann, unter Anwendung dieser »Theorie der Gewohnheit«, wichtige Aspekte des Wirtschaftsprozesses.

Hierbei wird sich zeigen, daß die *mächtigste* aller Gewohnheiten die kaufmännische Rationalität, die Liebe zum Geld ist. Sie hat sich alle anderen Handlungen unterworfen. »Kaufmännische Rationalität«, das versucht dieser Text zu zeigen, ist keine ewige Eigenschaft der menschlichen Vernunft, sondern deren berechnende Beschränkung. Insbesondere werden sich auch die kaufmännische Logik und das *Wirtschaftlichkeitsprinzip* als unterschiedliche, teils gegensätzliche Prinzipien erweisen. Die Einsicht in diesen Gegensatz erlaubt es, *ökologische* Probleme aus einer neuen Perspektive zu beleuchten. Es gibt kein kreatives Wachstum ohne das, was Schumpeter die »schöpferische Zerstörung« nennt.

Die kaufmännische Rationalität hat die menschliche Kreativität zum Sklaven der Geldvermehrung gemacht. Sie hat die kreative Vernunft in *eine* Gewohnheit eingebunden, um andere, traditionelle Gewohnheiten - auch die »Gewohnheiten der Natur« - umzuwälzen, ja zu zerstören. Doch die *menschlichen* Gewohnheiten, wie die Gewohnheiten des kaufmännischen Handelns, sind keine angeborenen Verhaltensweisen, sie bleiben relativiert auf die menschliche Freiheit. Sie können in bewußter Entscheidung verändert werden. Die vordringlichste Aufgabe besteht nach der Auffassung des Verfassers darin, die menschliche Kreativität aus den Fesseln dieser mechanischen Rationalität zu lösen und für die Umgestaltung der Weltwirtschaft freizusetzen.

Der Güterkonsum wird in den kommenden Jahrzehnten nicht nur an den wohlhabenden Standorten des Weltmarktes quantitativ begrenzt werden müssen; kein Weg führt daran vorbei. Das Ende seiner exponentiellen Vervielfältigung ist absehbar. Diese Begrenzung ist nur dann kein *Verzicht*, wenn die Kreativität nicht länger ein *Mittel* des Wachstums bleibt, sondern *Zweck* menschlichen Handelns wird. Daß menschliches *Glück* ohnehin nur wenig mit äußerer Güterfülle, aber viel mit innerer Freiheit zu tun hat, ist keineswegs eine neue Einsicht. In dieser ganz anderen Freiheit spielt die Kreativität eine neue Rolle, die ich an anderem Ort vorgestellt habe; die vorliegende Untersuchung knüpft daran an.[2]

Die destruktiven Aspekte des wirtschaftlichen Wachstums sind die Folge einer Macht der Gewohnheit, deren Auflösung eine täglich dringender werdende Forderung ist. Nur ein neues Paradigma in den Wirtschaftswissenschaften ist fähig, diese Forderung zu erfüllen. Denn eine Kernthese des vorliegenden Buches lautet: Die Wirtschaftswissenschaften beschreiben keinen »objektiven«, »neutralen« Gegenstand, sie *programmieren* jenes Verhalten, das sie zu erklären glauben. Deshalb, so jedenfalls sieht es der Autor, ist die Hoffnung, mit den Mitteln der traditionellen Theorie die Wirtschaft von ihrem destruktiven Wachstumskurs abzubringen oder einschränken zu wollen, eine vergebliche Hoffnung. Ein Schritt hin auf ein notwendiges, neues Paradigma der Ökonomie - das ist die Hauptabsicht der nachfolgenden Seiten.

Das Buch ist wie folgt organisiert:

Im *ersten Teil* wird das klassische Dogma, wonach wirtschaftlicher Egoismus zu sozialem Wohlstand führe, unter *drei* Aspekten (als moralische These, als Systemthese und als Wohlfahrtsthese für den Staat) vorgestellt und seine Unhaltbarkeit zu zeigen versucht. Insbesondere die Kapitel vier und fünf legen Argumente vor, weshalb es eine ökonomische Theorie im herkömmlichen Wissenschaftsverständnis – eine Theorie, die *Prognosen* liefert – aus zwingenden logischen Gründen gar nicht geben *kann*. Solch eine Theorie müßte entweder *nutzlos* oder *falsch* im strengen Wortsinn sein. Ferner wird die These vertreten, daß der Begriff des *öffentlichen Interesses* entweder ein Leerbegriff bleiben oder aber den *ganzen Weltmarkt*, die nachfolgenden Generationen und die natürlichen Systeme umfassen muß.

Der *zweite Teil* formuliert, wie bereits angedeutet, eine Theorie des menschlichen Handelns als Grundlage eines neuen Paradigmas für die Ökonomie. Die Absicht dieser Theorie weist über die Wirtschaftswissenschaften hinaus, wird aber im Rahmen dieses Buches auf die Ökonomie beschränkt. Hierbei wird das menschliche Handeln als das Realisieren von Handlungs*programmen* beschrieben. Diese Handlungsprogramme, ihre kognitiven Voraussetzungen, sozialen Vernetzungen und ihre Beziehung zur Technik bzw. zur Natur sind der Gegenstand weiterer Kapitel. Die menschlichen Gewohnheiten können unter Rückgriff auf den Grundbegriff des »Handlungsprogramms« auf neue Weise erklärt werden.

Der *dritte Teil* schließlich wendet diese Theorie auf wirtschaftliche Sachverhalte an. Hierbei wird zunächst die eigentümliche Struktur der kaufmännischen Rationalität als *besonderes* Handlungsprogramm diskutiert, das mehr und mehr den Weltmarkt geschaffen hat und auf wechselnden Standorten lokale Kulturen »kreativ-destruktiv« verändert. Es wird sich zeigen, daß die These von Platon und Aristoteles, kaufmännische Rationalität habe vor allem *seelische* Folgen, gut begründet ist. Die weiteren Kapitel untersuchen die Preise in der zirkulären Struktur sozialen Handelns, beschreiben die verändernde Rolle der kaufmännisch angeleiteten Kreativität, die Quellen des sozialen Überschusses und seine Verteilung. Eher an den Fachökonomen richtet sich das 17. Kapitel, in dem verschiedene Erklärungsansätze für die Entstehung des *Zinses* kritisch diskutiert und mit den Ergebnissen der vorgestellten alternativen Theorie konfrontiert werden. Das letzte Kapitel versucht, notwendige Schlußfolgerungen für die Zukunft der Wirtschaft zu ziehen und einen mittleren Weg zwischen Katastrophe und dem Glauben an Wunder zu finden.

Danksagung:

Dieses Buch erlebte einige Metamorphosen, die vor allem Wolfgang Ullrich in vielen Gesprächen mit kritischem Auge begleitet und bereichert hat. Claudia Hörter hat den Text gründlich geprüft, und Alex Schomandl kommentierte frühere Phasen meiner Gedanken und einen Entwurf auf seine unnachahmliche Weise. Die Abschnitte über Natur und Ökologie im elften Kapitel enthalten Teile eines Arbeitspapiers, das vor allem aus der Diskussion mit Anja Füchtenbusch erwachsen ist. Viele der vorgestellten Gedanken habe ich in Vorlesungen und Seminaren in München und Würzburg vortragen dürfen. Sie sind aus der Diskussion mit meinen Kolleginnen, Kollegen, Studentinnen und Studenten modifiziert und verbessert hervorgegangen. Dafür danke ich allen sehr herzlich.

I Freiheit und Ordnung

1 Das klassische Dogma

Laissez faire, laissez passer

Als Jean-Baptiste Colbert, Staatsmann im Dienste Ludwig XIV, im Jahre 1680 eine Versammlung von Kaufleuten einberief, ertönte erstmals der Ruf »Laissez nous faire«, gewährt den Kaufleuten völlige Handlungsfreiheit. Diese Aufforderung wurde später ergänzt um die Forderung nach einer Öffnung der Grenzen (freie Passierbarkeit) und fortan zum Schlachtruf des wirtschaftlichen Liberalismus: *Laissez faire, laissez passer.*[3] Der erste Theoretiker des Laissez faire, der Marquis René d´Argenson, formulierte das Programm zu der fortan wie ein Lauffeuer durch die Bücher der Ökonomen geisternden Parole: »Nichts weiter brauchen Handel und Gewerbe, als daß man ihnen die Hindernisse aus dem Wege räume. Sobald das Schlechte beseitigt, sprießt das Gute von selbst hervor.« Von Seiten des Staates bedürfe es einzig »guter Richter, Unterdrückung der Monopole, eines für alle Einwohner gleichen Schutzes, unveränderlicher Münzen, Wege und Kanäle«.[4]

Damit war das *klassische Dogma* der Nationalökonomie formuliert: Wirtschaftliche Freiheit, im Rahmen wirksamer Eigentums- und Wettbewerbsgesetze, führt zu sozialer Ordnung und sozialem Wohlstand. Alles, was sich dem Handel entgegenstellt, ist *schlecht* für die Gesellschaft. Das individuelle kaufmännische Gewinnstreben gereicht zum sozialen Segen. Zwar haben die *englischen Klassiker* diesen Gedanken systematisiert und eine Erklärung für dieses Dogma angeboten, sie ließen es aber prinzipiell unangetastet. Das *System der Freiheit*, wie es von den schottischen Moralphilosophen verkündet wurde, sollte als wirtschaftliche Krönung der Aufklärung die befreite menschliche Vernunft durch die Befreiung der Menschen von staatlicher Bevormundung ergänzen. Der Befreiung der Gedanken sollte die Befreiung der Handlungen folgen. Und es ist die Aussage der klassischen Doktrin, daß diese Wirtschaftsfreiheit allgemeinen Fortschritt und Wohlstand nach sich ziehen werde. Staatliche Eingriffe waren fortan verfemt.

Die Entwicklung folgte allerdings nicht diesem Rezept des wirtschaftlichen Liberalismus, den die klassische Doktrin formuliert. Wirft man auch nur einen oberflächlichen Blick auf die Wirtschaftsgeschichte, so zeigt sich keineswegs ein eindeutiges Bild, kein eindeutiger Siegeszug der wirtschaftlichen Freiheit, eher schon das Gegenteil. Perioden staatlicher Regulierung, staatlicher Beeinflussung lösen Perioden relativer wirtschaftlicher Freiheit ab. Beide Formen gehen aber auch ineinander über und bilden Mischsysteme. Es gibt Ordnungen, die die Freiheit hemmen, und es gibt Ordnungen, die sie begünstigen. Oftmals hat aber auch die wirtschaftliche Freiheit aus eigenen Kräften eine Ordnung geschaffen, die sich gegen sie selbst gekehrt hat. Einst blühende Wirtschaftssektoren verwandeln sich in Industrielandschaften säkularer Krise, in verödete Wirtschaftsregionen, nur mühsam durch staatliche Subventionen am Leben erhalten. Andererseits entstanden aus Wirtschaften mit völliger Regulierung aber auch dynamische Marktsysteme. Die Freiheit des Welthandels schließlich hat keineswegs allen Menschen auf der Erde jenen Wohlstand gebracht, den die Klassiker versprachen – und daraus erwuchs und erwächst eine vielfältige *Ablehnung* der wirtschaftlichen Freiheit und die Forderung nach einer staatlichen (oder religiösen) Ordnung der Gesellschaft. Die ökonomische Freiheit hat alte Ordnungen historisch nicht einfach abgelöst, sie scheint eher in einem *zyklischen Wechselverhältnis* zu staatlichen Regelungen zu stehen. Der gegenwärtige Boom neoliberaler Auffassungen nach dem Zusammenbruch des sozialistischen Experiments sollte deshalb den klaren Blick nicht trüben.

Es gab auch immer wieder Ökonomen, die aus *theoretischen Erwägungen* der klassischen Doktrin skeptisch gegenüberstanden: Wirtschaftswissenschaftler, die betonten, daß der Markt es *nicht* aus eigener Kraft schafft, eine akzeptable Ordnung zu erzeugen und zu erhalten, die mit unterschiedlichem Gewicht darauf hinwiesen, daß der Markt im Gegenteil die Tendenz habe, *Unordnung* zu schaffen: in Monopole umzuschlagen, Wirtschaftskrisen zu erzeugen und generell staatlicher Korrekturen zu bedürfen. Eine Gruppe von Autoren, Marx und Engels sind nur die bekanntesten von ihnen, hatten sogar behauptet, Marktsysteme seien überhaupt nicht fähig, auf Dauer zu existieren. John Maynard Keynes nahm eine moderatere Haltung ein und plädierte für einen staatlich kontrollierten und überwachten Marktmechanismus. In nahezu allen *wirtschaftspolitischen* Streitfragen lassen sich die beiden grundlegenden Standpunkte erkennen: Die Vertreter der Freiheit sprechen dem Staat oder gesellschaftlichen Gruppen die Fähigkeit ab, durch politische Lenkung Ordnung zu schaffen, die Vertreter der (staatlichen) Ordnung sprechen dem Markt die Fähigkeit ab, aus sich selbst heraus eine akzeptable Ordnung zu erzeugen.

Die relative Konjunktur dieser Standpunkte ist in einer *historischen Perspektive* in ihren Grundzügen leicht erkennbar: Der Doktrin des Merkantilismus, der dem Staat in der Erzeugung von Reichtum eine zentrale Rolle zuschrieb, wurde von der Doktrin der Physiokraten und von der ökonomischen Klassik abgelöst mit dem Schlachtruf »Laissez faire, laissez passer«. Die Periode des »Manchester-Kapitalismus« in England wiederum rief die Sozialisten auf den Plan, die in einer völligen *Verstaatlichung* der gesamten Produktion die Rettung sahen. Dieses politische Programm wurde vor allem in Rußland und China vollständig verwirklicht, verhallte aber weder in Europa noch in den USA ohne Echo - sieht man ganz ab von der stalinistischen Gewalt, mit der es in die osteuropäischen Länder exportiert wurde. Als die Weltwirtschaftskrise drastisch demonstrierte, wie ein Marktsystem aus sich selbst Unordnung erzeugte, erwuchs den Gegnern der reinen Marktlehre ein starker Nährboden, der theoretisch im *Keynesianismus* und politisch in einem hohen Staatsanteil auch in Marktwirtschaften seinen Niederschlag fand. Der Nationalsozialismus war nur die extremste Form, wirtschaftliche und politische Freiheit einzuschränken oder durch nackte Gewalt zu unterbinden. Bereits 15-20 Jahre vor dem großen Umbruch in den vormals sozialistischen Staaten traten in der Wissenschaft und Politik die Anhänger der Freiheit, des Laissez faire wieder unüberhörbar auf die politische Bühne und erlebten durch den Zusammenbruch der Zentralplanwirtschaft in der jüngsten Vergangenheit eine Hochkonjunktur. In Deutschland hatte die soziale Marktwirtschaft bereits vorher auch in theoretischen Positionen die faschistische Barbarei beendet. Dennoch sind Gegentendenzen unverkennbar: Nicht nur der islamische Fundamentalismus versucht erneut (wie die Sowjetunion zuvor), ganze Staaten dem Weltmarkt zu entziehen und eine Ordnung ohne oder mit eingeschränkter wirtschaftlicher Freiheit zu errichten. Der historische Blick mahnt also zur Vorsicht und zur Zurückhaltung: Freiheit und Ordnung bleiben *wechselnde*, keineswegs dauernd versöhnte Gegensätze.

Es drängt sich, angesichts der historischen und theoretischen Entwicklung, eine grundsätzliche Frage auf: Ist es nicht möglich, ja sogar wahrscheinlich, daß die gegensätzlichen wirtschaftlichen Standpunkte auf ein *Defizit* in der Wirtschaftstheorie hinweisen? Aus welchem Grund läßt sich im Verhältnis von Freiheit und Ordnung keine *einfache*, *eindeutige* Lösung erkennen? Wenn sich die Lehre von der *notwendigen Unordnung* der Marktwirtschaft, die Lehre vom Zusammenbruch des Kapitalismus als historischer Irrtum herausgestellt hat, darf man dann tatsächlich *im liberalen Umkehrschluß* behaupten, der Markt erzeuge aus sich heraus *notwendig* Ordnung? Darf aus der erfolgreichen Versöhnung von Markt und Staat *an einigen Standorten* des Weltmarktes auf eine *weltweite* Versöhnung geschlossen werden? Vor allem aber müssen wir heute die Frage stellen: Beinhaltet eine *soziale* Ordnung - gesetzt, wirtschaftliche Freiheit würde sie selbsttätig erzeugen - zugleich eine *Ordnung der Erde, der Natur*? Heißt Ordnung in der Gesellschaft Ordnung *mit* der oder *gegen* die Natur? - Und wie sollte die *wirtschaftliche* Freiheit fähig sein, *ökologische* Ordnung zu erzeugen?

Ich möchte in den nachfolgenden Kapiteln zeigen, daß es tatsächlich ein *grundlegendes* Defizit in den Wirtschaftswissenschaften gibt, ein Defizit, das zwar auf vielfältige Weise bemerkt oder geahnt wurde, ein Defizit auch, das in zahlreichen Ansätzen wenigstens *theoretisch* erkannt wurde, das es aber niemals geschafft hat, das *breite* Bewußtsein der wissenschaftlichen oder politischen Öffentlichkeit *grundlegend* zu beeinflussen. Das herrschende Paradigma der Wirtschaftswissenschaft ist in der grundsätzlichen Frage des Verhältnisses von Freiheit und Ordnung nicht über den Standpunkt ihres wohl wichtigsten Ahnherrn, den Standpunkt von Adam Smith, hinausgelangt. Die zahlreichen Versuche, dieses Paradigma durch ein anderes zu ersetzen, haben sich bislang alle als wirkungslos herausgestellt. Daß der Marxsche Versuch einer Kritik der Politischen Ökonomie an seinen eigenen Schwächen zugrunde ging, ist heute allgemein akzeptierte Überzeugung. Aber auch andere Versuche, das klassische Paradigma zu erschüttern, blieben *historisch* wirkungslos. Die Institutionalisten in den USA und die historische Schule in Deutschland haben zwar Spuren hinterlassen, ihre zentrale Kritik an der Laissez-faire-Doktrin blieb jedoch wesentlich wirkungslos. Wie Geister längst verschiedenen Lebens spuken einige Namen durch die wirtschaftspolitischen Debatten: Friedrich List, Gustav Schmoller, Thorstein Veblen und andere; eine Wirkung kann ihnen kaum zugesprochen werden, und kaum ein Student der Wirtschaftswissenschaften wird sich noch in ihre Schriften vertiefen. Mit der *Ökologie* hat die neoklassische Lehre längst abgeschlossen. Ja, die Ökonomen sind sogar der Überzeugung, die ökologischen Probleme *prinzipiell* im Griff zu haben (vgl. Kapitel 11). Ökonomen, die nicht daran glauben, daß die Freiheit des Wettbewerbs *zwischen* den Wirtschaftssubjekten die Qualität der Umwelt – die ja an diesem Wettbewerb nicht teilnimmt – garantiere, bleiben bis heute Außenseiter.[5]

Es gibt aber auch weit bekanntere Namen, die nicht Außenseiter blieben, sondern sogar zentrale Positionen in der Ökonomie unserer Tage einnehmen. Der bekannteste Revolutionär der Wirtschaftswissenschaft, dessen Revolution dennoch wirkungslos geblieben ist, ist John Maynard Keynes. Seine schriftstellerische Tätigkeit richtete sich bereits seit der Mitte der zwanziger Jahre entschieden gegen die verführerische Formel vom Laissez faire. Er formulierte in seiner »General Theory« einen Versuch, die klassische Lehre, das herrschende Paradigma durch eine allgemeinere Theorie zu ersetzen. Scheinbar ist ihm dies auch gelungen. Es ist jedoch gar nicht so schwer zu zeigen, daß von seiner Theorie nur einige Bruchstücke übernommen wurden, die sich in die überlieferte Lehre ohne grundlegende Revision einbauen ließen. Der zweite große Name, Joseph Schumpeter, hat sich *neben* den überlieferten Lehren eine Anhängerschaft erobert, seine grundlegende Kritik an der klassischen Doktrin blieb jedoch ohne nennenswerten Einfluß auf das überlieferte Paradigma. Weshalb blieb die Kritik an der klassischen Doktrin wirkungslos? Setzte die Kritik vielleicht nicht *tief* genug an? Oder teilten die Kritiker Voraussetzungen der klassischen Lehre, die ihre Einwände schließlich aufhoben? Um diese Fragen beantworten zu können, müssen wir uns erst sehr gründlich mit der klassischen Doktrin auseinandersetzen.

Ordnung und Freiheit als Begriffe

Menschliche Freiheit und soziale Ordnung stellen, zunächst und unmittelbar, einen *Gegensatz* dar. Das läßt sich vernünftigerweise nicht leugnen. Man muß diesen Gegensatz deutlich und klar aussprechen, um verständlich machen zu können, wie dieser Gegensatz durch den Wirtschaftsprozeß – wenn auch keineswegs *nur durch den Wirtschaftsprozeß* – weniger *aufgehoben* als vielmehr *ausgetragen* wird. Der Versuch, diesen Gegensatz zu harmonisieren oder zu versöhnen, *bevor* die Gegensätzlichkeit überhaupt klar erkannt ist, bleibt wenigstens unvollständig, er kann politisch auch tragisch enden.

Was verstehen wir überhaupt unter einer »Ordnung«? Eine Ordnung verbindet Teile zu einem Ganzen. Eine Ordnung stellt also eine *Struktur* dar, die auch beobachtet und erkannt werden kann – sonst wäre es gar keine Struktur. »Ordnung« stammt von dem lateinischen Wort »ordo« ab, das soviel wie »Reihe, Rang, Stand« bedeutet. Etwas *einordnen* bedeutet, etwas in eine bestimmte Ordnung bringen, einzureihen. Darin liegt also soviel wie Regelung, Aufräumen, Zusammenfassen – eine Tätigkeit des Ordnens. Wer *ohne Ordnung* handelt, der gehorcht keiner Regel; er tanzt aus der Reihe, ordnet sich nicht ein. Das vollkommene Bild sozialer Ordnung ist das *Militär*. Beim Militär gibt es eine strenge Ordnung: Gehorsam und Befehl sorgen dafür, daß sich eine Gruppe von Menschen *ordentlich* verhält. Es gibt Vorgesetzte und Untergebene, Pläne, Strategien, Taktiken und ihre streng durchgesetzte Ausführung. Dieser Ordnungsbegriff ist der *Marktwirtschaft* keineswegs fremd. Kaum in anderen sozialen Bereichen finden militärische Vokabeln wie »Strategie, Taktik, Schlacht, Eroberung, Angriffszeitpunkt, Offensive, Krieg usw.«[6] so häufige Anwendung wie beim Wettbewerb großer Konzerne.

Sicherlich gibt es aber auch andere Formen von Ordnung. Eine Diskussion zwischen Menschen z. B., die ganz zwanglos geführt wird, zeigt eine gewisse Ordnung: Ein Beobachter kann unschwer Strukturen erkennen. Es gibt auch »Ordnungen«, die gar nicht oder nicht nur in objektiven Begriffen beschrieben werden können: Eine Liebesaffäre weist mitunter recht strenge Gesetzmäßigkeiten auf, auch wenn diese »Gesetze« zwar wohlbekannte, kaum aber wissenschaftlich streng beschreibbare

Gefühle beinhalten. Auch im Chaos kann sich Ordnung verbergen. Die moderne Chaostheorie kann diese Ordnung sogar mit einigen sehr einfachen mathematischen Gleichungen beschreiben.

Wie wir also auch Ordnung interpretieren, welche Beispiele von Ordnung wir anführen: eine Ordnung umfaßt die Beziehung von Teilen zu einem Ganzen. Die Teile müssen sich in die Ordnung *einordnen* – denn sonst wäre es keine Ordnung –, sie gehorchen bestimmten Regeln und Gesetzen. Nun ist jedes Individuum ein Teil in einer sozialen Ordnung. Es gibt noch andere Teile: Organisation, Verbände, Gruppen, Familien. Diese Teile stehen zur sozialen Ordnung in Beziehung. Das *Rechtssystem* ist solch eine soziale Ordnung. Wer sich gemäß der rechtlichen Regeln verhält, sich in diese Regeln einordnet, der handelt *rechtens*. Derjenige, der Regeln des Anstands oder der Ethik beachtet, den bezeichnen wir als einen anständigen oder gewissenhaften Menschen. Hier wird also jeweils menschliches Handeln zu einer *gegebenen* Ordnung in Beziehung gesetzt. Wer sich der gegebenen Ordnung gemäß verhält, *ordentlich handelt*, der ist Teil einer sozialen Ordnung.

Wie immer wir nun *Freiheit* interpretieren, dieses Wort bedeutet sicherlich nicht passive Unterordnung, Einordnung oder Gehorsam. Ein Teil ist nur dann *frei* in einem Ganzen, wenn er *nicht* durch die Regeln des Ganzen beherrscht und bestimmt wird. Die Reihe ganzer, natürlicher Zahlen 2, 4, 6, 8, 10 usw. gehorcht einer einfachen Ordnung, die durch die Regel: »Addiere zu einer Zahl die Zahl Zwei, und du erhältst das nächste Glied der Reihe« definiert werden kann. Keine Zahl in dieser Reihe ist »frei«; sie ist völlig durch die Regel der Reihenbildung bestimmt. Der Verwandte der Freiheit ist der Zufall. Eine Folge von *zufälligen Zahlen* scheint *keiner* Regel zu gehorchen, etwa die Zahlenfolge: 6, 9, 4, 45, 37, 7, 72, 82, 5, 90 usw. Nun ist eine Folge von Zufallszahlen noch kein Anzeichen von *Freiheit*, aber bereits hier können wir *keine* Regel entdecken, gemäß der eine Zahl auf die andere folgt. Es gibt keine Regel, denn gerade dadurch sind die Zahlen *Zufallszahlen*.

Was heißt also Freiheit, wenn wir von *Menschen* sprechen? Ich möchte mich hier nicht in einer fachphilosophischen Frage verlieren, dennoch können wir einige Eigentümlichkeiten der Freiheit angeben, die für unsere Fragestellung unabdingbar sind. Freiheit kann *doppelt* verstanden werden.

Jemand ist dann frei, wenn er durch keine *Regel* gebunden ist. Zwar kann man auch noch dann »frei« genannt werden, wenn man sich z. B. an bestimmte Regeln ethischen Verhaltens hält. Wenn man sich aber an diese Regeln hält, *verzichtet* man auf die Freiheit, gegen diese Regeln zu verstoßen. Sicherlich gehört es zum Wesen des Menschen, daß er auch solche Regeln ablehnen kann. Man kann die Regel beachten, Menschen ungeachtet der Herkunft oder Rasse auf gleiche Weise höflich oder freundlich zu begegnen; man kann diese Regel natürlich auch *nicht* beachten – gerade darin besteht ja die menschliche Freiheit. Dennoch ist auch jemand, der einer Regel folgt, noch nicht *völlig* unfrei. Wer sich die Regel zueigen macht, Menschen ungeachtet ihrer Herkunft oder Rasse höflich zu begegnen, der ist dennoch frei darin, die *Form* der Begegnung selbst zu bestimmen, z. B. die Art und Weise, wie man jemand begrüßt, was man zu ihm sagt usw. Die Bindung an Regeln schließt nicht sogleich *jede* Freiheit aus, aber sie engt die Freiheit ein. Wenn wir also sagen, daß die Menschen prinzipiell *frei* sind, so heißt das in der *ersten Bedeutung* von Freiheit soviel wie: Menschen können es *ablehnen*, Regeln zu folgen; sie sind nicht durch die Regeln *bestimmt*. Wenn ein Stein zur Erde fällt, so ist er *völlig* durch seine Trägheit und ein Naturgesetz bestimmt. Ein Stein ist nicht darin frei, sich *nicht* an Naturgesetze zu halten. Sofern wir Menschen nun *auch* Naturwesen sind, gehorcht unser Körper sicherlich auch Naturgesetzen. In bezug auf *soziale* Regeln, auf *geistige* Regeln – z. B. den Gesetzen der Logik oder Grammatik – ist der Mensch aber prinzipiell frei: Er kann es ablehnen, ihnen zu gehorchen. Niemand wird gezwungen, *logisch* zu denken, was sicherlich viele bedauern mögen, aber auch das ist ein Ausdruck menschlicher Freiheit.

Es gibt aber noch eine *zweite Bedeutung* von Freiheit. Die erste Bedeutung besagt: Freiheit von Regeln, Freiheit von Fremdbestimmung, also kurz: *Freiheit-von-etwas.* Die zweite Bedeutung von Freiheit zielt auf die *Freiheit-zu-etwas.* Was ist damit gemeint? Menschen können frei Entscheidungen treffen. Wenn sie sich entscheiden, dann ist das Ergebnis der Entscheidung offen. Es hängt *nur* von der Freiheit desjenigen ab, der sich entscheidet. Entscheidungen schaffen Fakten. Die Freiheit ist also nicht nur *frei von Regeln*, sie ist auch frei darin, *etwas zu erschaffen.* Wenn ein Künstler aus seiner Freiheit ein Kunstwerk schafft, dann ist dieses

Kunstwerk der Ausdruck dieser Freiheit; wenn ein Innovator ein neues Produkt auf den Markt bringt, dann ist dieses neue Produkt Ausdruck seiner Freiheit, so etwas schaffen zu können. Diese Freiheit ist natürlich keineswegs immer *positiv.* Man kann auch aus Freiheit *zerstören.* Die Freiheit ist also fähig, sich von einer Ordnung loszusagen, eine Ordnung zu *schaffen* und auch eine Ordnung zu *zerstören.* Freiheit ist nicht durch Ordnung *gebunden,* sie ist nicht durch irgendeine Ordnung *definiert.* Was etwas anderes definiert, das schreibt eine Grenze vor; Freiheit *überschreitet* aber Grenzen. Man kann sich natürlich *aus freier Entscheidung* in eine Ordnung einfügen; doch man *ist* nicht durch diese Ordnung begrenzt.

Es ist also nicht von der Hand zu weisen: Freiheit und Ordnung sind, isoliert betrachtet, *Gegenbegriffe.* Ja, wir sind nach dieser kurzen Diskussion auch dazu fähig, die zwischen Freiheit und Ordnung waltende Differenz etwas näher zu bestimmen: Die Freiheit besitzt die *Macht,* Ordnungen zu schaffen, zu zerstören, aber auch: Ordnungen *anzunehmen,* zu akzeptieren. Die Freiheit ist in dem Begriffspaar »Freiheit und Ordnung« eindeutig die aktive Seite. Zwischen Freiheit und Ordnung besteht also nicht eine Beziehung des ja oder nein, von schwarz oder weiß, gut oder böse, Sein oder Nicht-Sein. Das Verhältnis von Freiheit und Ordnung muß anders bestimmt werden.

Damit können wir die Grundfrage der Sozialwissenschaften so formulieren: Wie wird der Gegensatz von Freiheit und Ordnung *konkret* in der menschlichen Gesellschaft ausgetragen? Worin *zeigt sich die Bewegungsform* dieses Gegensatzes? Wenn zwei Dinge *statisch* nicht zusammenpassen, dann ist es immerhin möglich, daß sie zusammen ein *dynamisches* System bilden. Die Antriebsbewegung eines Motors steht im Widerspruch zum Stillstand der Autoräder. Entweder der Motor stirbt ab, und damit ist der Widerspruch aufgehoben, oder aber der Widerspruch wird durch die *Bewegung der Räder* gelöst.

Drei Bedeutungen des klassischen Dogmas

Wie haben die Wirtschaftswissenschaftler den Widerspruch zwischen Freiheit und Ordnung erkannt und gelöst? Blicken wir in ein grundlegendes Buch der modernen Gleichgewichtstheorie. Arrow und Hahn schreiben in ihrer »General Competitive Analysis«: »Die Antwort des gesunden Menschenverstandes auf die Frage: ›Wie würde eine Wirtschaft aussehen, die durch individuelle Gier und eine sehr große Zahl von verschiedenen Handlungsträgern angetrieben wird?‹ ist wahrscheinlich: ›Es wäre ein Chaos‹.«[7] Seit Adam Smith versuchte der Hauptstrom der Wirtschaftswissenschaft zu zeigen, daß diese Antwort des gesunden Menschenverstandes falsch ist. Mehr noch: Die Ökonomie wurde erst *dadurch* zu einer selbständigen Wissenschaft, daß sie den Gegensatz von Freiheit und Ordnung in einem System *harmonisierte.* Ökonomische Wissenschaft ist von ihrer Geburtsstunde an der Versuch, diesen Gegensatz *aufzuheben.*

Betrachten wir, vor aller Begründung und theoretischen Erklärung, die Struktur des klassischen Arguments, das bis zur neoklassischen Theorie in der Gegenwart den gesunden Menschenverstand Lügen strafen soll. Man könnte dieses Argument so formulieren: Vorausgesetzt, der Staat garantiert die Eigentumsrechte der Bürger, und weiter vorausgesetzt, der Wettbewerb kann sich frei entfalten, *dann* führt die konsequente Verfolgung der egoistischen Privatinteressen zur Förderung des öffentlichen Interesses, zu einem Zustand maximaler gesamtwirtschaftlicher Wohlfahrt. Diese These kann man als das *klassische Dogma der Wirtschaftswissenschaft* bezeichnen.

Unglücklicherweise besteht dieses Dogma aus mehreren Schichten und impliziten Annahmen, die oftmals unhinterfragt vermischt werden. *Drei Bedeutungen* kann man unterscheiden:

- *Erstens* ist dieses klassische Dogma eine Morallehre. Als Morallehre formuliert besagt es: Moralisch *schlechte* Handlungen – wie solche, die durch reinen Egoismus motiviert werden – sind für die Gesellschaft *gut.* Schlechte individuelle Handlungen führen zu sozial Gutem. Es gibt nur wenige Morallehren, die egoistisches Verhalten sui generis billigen. In der moralischen Ablehnung der *Selbstliebe*, des Egoismus sind sich auch fast alle ökonomischen Schriftsteller einig. Von Smith und Hume, über Marshall bis zu Keynes haben alle wichtigen Autoren daran festgehalten, daß der Egoismus »an sich« moralisch verwerflich sei; wenn man ihn dennoch *billigen* könne, dann nur deshalb, weil der Gegensatz der vielen Egoismen sozial zu einem *positiven* Resultat führe.

- In der *zweiten Bedeutung* besagt das klassische Dogma etwas ganz anderes: Die individuelle *Freiheit* führt, im Rahmen einer Rechtsordnung, durch die Konkurrenz der freien Individuen zu *sozialer Ordnung*. In dieser Begründung fehlt der moralische Ton. Hier behauptet das klassische Dogma, daß die Freiheit *sich selbst* in der Konkurrenz der Individuen gegeneinander aufhebt und daß diese Aufhebung identisch ist mit der wirtschaftlichen Organisation, die wir beobachten können. Hier besagt also das klassische Dogma: Freiheit führt zu Ordnung.

- Es gibt noch eine *dritte Bedeutung*, die auf die Differenz zwischen Individuum und Staat oder Gesellschaft zielt: Die *privaten* Interessen führen durch ihren Gegensatz, ihre Konkurrenz zur Förderung des *öffentlichen* Interesses. Die privaten Interessen heben sich in ihrem Gegensatz auf eine Weise auf, die im öffentlichen Interesse liegt. Diese Formulierung ist vielleicht sogar die ältere. In moderner Ausdrucksweise besagt diese Version des Dogmas: Die private Nutzen- und Gewinnmaximierung führt gesamtwirtschaftlich zu einer Maximierung der Wohlfahrt.

Diese drei Bedeutungen des klassischen Dogmas müssen differenziert werden, denn sie haben jeweils einen anderen Inhalt. Die Aufgabe in den nachfolgenden Kapiteln besteht darin, zu zeigen, daß diese drei Bedeutungen des klassischen Dogmas auch eine dreifache Illusion beinhalten. Die Aufgabe besteht aber auch darin, erklären zu können, weshalb dieses Dogma dennoch *so hartnäckig* verteidigt wird und immer wieder auftaucht, ja eigentlich nie seine Herrschaft eingebüßt hat. Und dies, obwohl die

Vertreter der historischen Schule in Deutschland bereits im 19. Jahrhundert glaubten, »die schlimmsten Abstraktionen des Laissez faire«[8] überwunden zu haben, obwohl Marx meinte, er könne bereits den Sonnenuntergang des Kapitalismus erblicken, obwohl Keynes 1926, noch vor der Formulierung seiner »General Theory« und der Weltwirtschaftskrise, »das Ende des Laissez-Faire« verkündet hat.[9]

Es gilt hier, was Adam Smith von der Theorie Mandevilles gesagt hat, die er mehrfach mit großem Unbehagen kommentierte: »Wie verderblich aber auch dieses System erscheinen mag, es hätte doch niemals eine so große Zahl von Personen zu täuschen vermocht, noch hätte es jemals unter denen, die Freunde besserer Grundsätze sind, eine so allgemeine Empörung hervorrufen können, hätte es nicht in gewissen Punkten an die Wahrheit gestreift.«[10] Auch das klassische Dogma fand - analog zum Smithschen Unbehagen gegenüber Mandeville - nicht wenige Gegner. Keineswegs nur die sozialistischen Schriftsteller haben der freien Konkurrenz immer wieder ihre negative Macht vorgerechnet. Dennoch kann die Lehre, daß individueller Egoismus das Wohl von Nationen befördere, nicht einfach »falsch« sein, wenn sie sich über mehr als zwei Jahrhunderte als unsterblich erwiesen hat. Vielleicht ist es um diese Lehre so bestellt wie bei jenem Lehrling eines Apothekers, der eine große Menge eines Giftes mit dem Argument einnahm, es sei Bestandteil vieler Arzneien und müsse deshalb besonders gesund sein. Wie berichtet wird, konnte der Lehrling gerettet, nicht aber überzeugt werden; er versucht es immer wieder.

2 Wirtschaftlicher Egoismus

Theorien über den Egoismus

Im klassischen Dogma ist neben den drei genannten Bedeutungen *implizit* noch eine weitere Behauptung verborgen, die ich *zunächst* aufgreifen möchte. Diese Behauptung ist eine *anthropologische* These. Sie besagt: Es ist die innerste Natur des Menschen, *sich nur oder vorwiegend um sich selbst zu sorgen.* Diese Aussage hat einen engen Bezug zur menschlichen Freiheit. Man kann sie nämlich auch so formulieren: Die Menschen haben zwar prinzipiell die Freiheit, sich für egoistisches oder altruistisches Verhalten zu entscheiden; sie wählen aber *meist* oder *vorwiegend* egoistisches Verhalten.

Welche Art von Freiheit ist hier gemeint? Offenbar ist die *Freiheit-zu-etwas* angesprochen. Wir sprechen hier von *Motiven.* Die Motivation eines Menschen kann zwar durch äußeren Zwang, durch äußere Regeln beeinflußt werden, sie ist aber funktional davon unabhängig. Auch ein äußerlich unfreier Mensch kann selbst seinen Peinigern gegenüber ein altruistisches Verhalten zeigen. Der Buddhismus ist die Religion, die altruistisches Verhalten zu ihrem Grundprinzip macht. Es wird von vielen in chinesischen Gefängnissen gefolterten Mönchen berichtet, daß sie es als ihre größte Sorge betrachteten, angesichts von Folter und Aggression nicht das Mitgefühl für ihre Peiniger zu verlieren. Auch in anderen Religionen kennen wir zahlreiche solcher Beispiele. Sie zeigen: Die *äußere* Freiheit ist kein notwendiger oder hinreichender Grund, keine *Bedingung* für die innere Motivation.

Die Behauptung, die Menschen seien in ihrer großen Mehrzahl *Egoisten,* besagt also: Die Mehrzahl der Menschen nutzen ihre Freiheit überwiegend zu solchen Zielen, die nur ihren eigenen Interessen dienen. Kurz: Das klassische Dogma bestimmt den Inhalt der menschlichen Freiheit als *Freiheit zu egoistischen Zielen.* Zwar werden *andere*, altruistische Motive nicht geleugnet; ihnen wird aber für die Struktur der Wirtschaft, für die soziale Ordnung keine Bedeutung zugeschrieben. Obgleich diese Behauptung *grundlegend* für das klassische Dogma ist, wurde sie *kaum* je empirisch untersucht. Bislang handelt es sich hierbei um einen *Glaubenssatz*. Es ist sicherlich nicht einfach, die Begriffe »egoistisch-altruistisch« so zu spezifizieren, daß sie sinnvoll statistisch erfaßt werden können; möglich ist das aber. Bei Studenten der Wirtschaftswissenschaften wurden Tests durchgeführt, die allerdings ein erstaunliches Ergebnis zeigten: Am Studienbeginn ist das Ausmaß egoistischen Verhaltens bei verschiedenen Studienrichtungen gleich verteilt. Nach einigen Semestern des Studiums der Wirtschaftswissenschaften zeigen aber die Ökonomen signifikant ein *aggressiveres* und *egoistischeres* Verhalten. Das deutet darauf hin, daß die *Lehre* selbst erzeugt, was sie vorgibt zu erklären.[11]

Wie haben die Philosophen die Natur des Menschen hinsichtlich seiner Ziele historisch bestimmt? Werfen wir einen kleinen Blick in die Geschichte diesbezüglicher Lehren. Die alten *Religionen* vertreten hier einen eindeutigen Standpunkt: Wer nur an sich selbst denkt, der handelt wider die göttliche Ordnung. Wer sich selbst läßt, der hat wohl getan, sagt Meister Eckhart. Im Buddhismus wird gesagt, daß das Wesen des gewöhnlichen Menschen darin besteht, sein Ego zu verteidigen. Es wird aber *im selben Atemzug* aufgezeigt, daß *dies* der Grund für alle Leiden in der Welt ist.[12] Nicht nur die großen Weltreligionen, auch in der Philosophie der Stoa, in der mittelalterlichen Philosophie und vielen Morallehren der Neuzeit findet sich die Kernaussage: Egoismus ist ein persönliches und soziales *Unglück*. Die Lockerung dieser Anthropologie war im Protestantismus, genauer im Calvinismus zu finden. Calvin betrachtete das *irdische Glück* als Zeichen dafür, daß ein Mensch von Gott auserwählt sei, in der Gnade Gottes stehe. Mit dieser Revision der urchristlichen Lehre wird der bislang moralisch verdammte Reiche - denn eher geht ein Kamel durch ein Nadelöhr denn ein Reicher in den Himmel ein - auch ethisch gesellschaftsfähig. Auf dieser Voraussetzung formulieren die schottischen Moralphilosophen - und sie waren die eigentlichen Väter der modernen Nationalökonomie - ihre Ethik.

Mit René Descartes spricht sich das moderne Selbstbewußtsein als Ego aus. Aus der Tatsache, daß ich denke, schließt Descartes auf die Existenz eines Ego. Hobbes hat sich kritisch mit Descartes auseinandergesetzt. Er hat dessen Voraussetzung aber nicht geleugnet: »daraus, daß ich ein Denkender bin, folgt: ›ich bin‹, da ja dasjenige, was denkt, nicht nichts sein kann.«[13] Hobbes warf Descartes allerdings vor, daß er das Denken von der Materie, von den Körpern trennen wollte. Ihm leuchtete eher ein, »daß die denkende Sache materiell, als daß sie immateriell ist.«[14] So war es nicht schwer, auch die menschliche Gesellschaft als eine Vielheit von *Körpern* zu betrachten, den Staat selbst als eine *Verkörperung*. Als Element der staatlichen Verkörperung bestimmt Hobbes die Natur des Menschen aus einem – körperlich verstandenen – Ego. Die Menschen sind charakterisiert durch ihre »eitle Selbstüberschätzung« und die »natürliche Neigung, sich gegenseitig Schaden zuzufügen«.[15] Überläßt man die Menschen deshalb sich selbst, so entsteht daraus ein bellum omnium contra omnes, ein Krieg aller gegen alle. Die menschlichen Leidenschaften sind für Hobbes nicht etwas, das durch die Vernunft begrenzt werden könnte. »Vorstellungen«, »Ideen« sind nur eine »Bewegung und Erschütterung des Gehirns«, die sich bis zum Herzen als »Gefühl oder Leidenschaft« fortsetzen.[16] Motive sind für Hobbes *materielle Bewegungen* von besonderen Körpern: eben den menschlichen Körpern.

Bernard de Mandeville hat diese Gedanken aufgenommen und, bei aller Ironie und allem Zynismus, zuerst als deutliche Grundlage der Volkswirtschaftslehre ausgesprochen. Mandeville bestimmt das Wesen des Menschen nicht durch die Vernunft, sondern durch seine Leidenschaften. Vorschriften, Regeln und Vernunftgründe sind selten oder nie geeignet, die menschlichen Leidenschaften in Zaum zu halten. Alles Wissen dient nur den menschlichen Begierden.[17] Die »Selbstsucht wurzelt tief in unserem Wesen«[18] , sie ist »jene Naturanlage, vermöge derer sich jeder Sterbliche einbildet, besser oder mehr wert zu sein, als ein unparteiischer Beurteiler, der mit allen seinen Eigenschaften und Lebensumständen gründlich bekannt wäre, ihm würde zugestehen können.«[19] Parteilichkeit für sich selbst ist das Wesen dieser Selbstsucht. Alle anderen Tugenden sind für Mandeville nur ein *Instrument* zur Betätigung des Eigeninteresses.

David Hume hat diese Schlußfolgerung nicht akzeptiert. Er hielt daran fest, daß Selbstlosigkeit die höhere Tugend sei, konnte aber nicht umhin zuzugestehen, daß der Egoismus *faktisch* das bestimmende Motiv menschlichen Handelns ist. Hume aber begnügte sich nicht damit, den Egoismus der Menschen einfach als Faktum festzuhalten, er versuchte ihn zu *erklären*. »Die Selbstsucht der Menschen«, sagt Hume, »wird hervorgerufen durch die wenigen Dinge, die wir im Verhältnis zu unseren Wünschen besitzen, und es ist dieser Selbstsucht geschuldet, daß die Menschen gezwungen werden, sich selbst von der Gemeinschaft zu trennen und zwischen ihren Gütern und den Gütern anderer zu unterscheiden.«[20] Bei Hume taucht damit ein Denkmodell auf, das die Wirtschaftstheoretiker des 19. Jahrhunderts intensiv beschäftigte und bis heute eine grundlegende Rolle spielt. Menschen sind egoistisch, *weil* ihre Wünsche die verfügbaren Mittel, sie zu befriedigen, systematisch übersteigen. Der Egoismus erscheint damit als Resultat der *Knappheit* von Gütern. Hume konnte noch schreiben: »Wasser und Luft werden, obgleich sie die allerunentbehrlichsten Dinge sind, nie von einzelnen als Eigentum in Anspruch genommen, und niemand kann durch einen noch so verschwenderischen Gebrauch und Genuß dieser Güter ein Unrecht begehen.«[21] Bei »unbegrenzter Fülle« der Güter gäbe es weder Gerechtigkeit noch Eigentum oder Egoismus. Humes Erklärung impliziert übrigens: Werden Güter knapp, die bislang reichlich verfügbar waren, oder werden verfügbare Güter knapper, so entsteht daraus ein verschärfter Egoismus.

Adam Smith und James Steuart fügen der Theorie Humes *in diesem Punkt* eigentlich nichts hinzu. »Ein jeder (sieht) nur auf seinen eigenen Nutzen«[22], sagt Steuart. Smith allerdings versucht ein weiteres Argument für den Egoismus vorzubringen: »Zweifellos – jedermann ist von der Natur in erster Linie und hauptsächlich seiner eigenen Obsorge anvertraut worden; und da er mehr dazu geeignet ist, für sich selbst zu sorgen als für irgendeinen anderen, so ist es recht und billig, daß er für sich selber sorge. Daher liegt jedermann weit mehr an demjenigen, was ihn selbst unmittelbar betrifft, als an dem, was einen anderen angeht«.[23] Man könnte diesen Gedanken, modern ausgedrückt, so formulieren: Es ist *effizienter*, wenn sich jeder um seine Angelegenheiten kümmert, denn jeder verfügt in eigener Sache über die notwendigen Informationen.

Doch Adam Smith begnügt sich nicht damit. Er nimmt eine Denkfigur Mandevilles auf und führt einen *unparteiischen Beobachter* ein. In den Augen eines unparteiischen Beobachters würde allerdings so manche Behauptung zu eigenen Gunsten weit weniger überzeugend ausfallen. Dieser Beobachter, dieser neutrale Standpunkt, den wir selbst einnehmen können, zeigt den Egoismus in anderem Licht. »Er zeigt uns die Schönheit des

Edelmuts und die Häßlichkeit der Ungerechtigkeit; er zeigt uns, wie schön es ist, auf den größten eigenen Vorteil zu verzichten und ihn dem noch größeren Interesse anderer Menschen aufzuopfern, und wie häßlich es ist, einem anderen auch nur das geringste Unrecht zuzufügen, um dadurch für uns selbst einen Vorteil zu erlangen, und wäre dieser auch noch so groß.« Und Smith folgert daraus: »Ein einzelner darf niemals sich selbst auch nur irgendeinem anderen einzelnen so sehr vorziehen, daß er diesen anderen verletzen oder beleidigen würde, um sich dadurch einen Vorteil zu verschaffen, mag auch der Vorteil, der ihm daraus erwächst, weit größer sein als der Schaden oder die Beleidigung des anderen.«[24] Aus sich selbst gibt es für den Egoismus deshalb nur sehr schwache Argumente, starke Argumente dagegen für den Altruismus. Adam Smith kann den Egoismus aus diesem Grund nur deshalb akzeptieren, weil er in seiner *sozialen* Entfaltung ein anderes Ergebnis hervorbringt. Wie dies geschieht, wollen wir weiter unten untersuchen.

Schwächen des Humeschen Knappheitsaxioms

Halten wir fest: Der Egoismus wird, mag auch begründeter moralischer Zweifel gegen ihn vorgebracht werden, wenigstens als *Faktum* akzeptiert. Die Begründer der Wirtschaftswissenschaften sehen in ihm eine *Naturanlage* des Menschen. Nur Hume und Smith machen einen Versuch, die Selbstsucht theoretisch zu begründen. Ist es für Hobbes einfach eine Eigenschaft des Körpers »Mensch«, von materiellen Kräften bewegt zu werden und nur seinem eigenen Trägheitsgesetz zu folgen, so differenziert Hume. Auch er akzeptiert die menschlichen Wünsche, das menschliche Nutzenstreben als eine Naturbedingung. Zum *Egoismus* wird diese Naturanlage allerdings nur dadurch, daß sie mit begrenzten Mitteln konfrontiert ist. Weil die menschlichen Wünsche systematisch die natürlichen Mittel übersteigen, entsteht für Hume ein notwendiger Kampf um die knappen Güter. Hume und Smith sehen diesen Kampf durch vernünftige Gesetzgebung begrenzt. Egoismus und Gerechtigkeit sind damit ein Resultat der *Knappheit der Güter*.[25] Weil die menschlichen Bedürfnisse die Gütermengen übersteigen, deshalb müssen diese Güter nach einer Regel verteilt werden. Diese Regel ist die Gerechtigkeit. Sie schützt aber nur *prinzipiell* jedermann in seinen Eigentumsrechten. Die *faktische* Verteilung der Güter erfolgt durch den wirtschaftlichen Wettbewerb der Egoisten gegeneinander. Smith fügt dem Humeschen Denkmodell noch den Gedanken hinzu, daß die Sorge je um sich selbst die effizienteste Art der Versorgung sei, weil jeder seine eigenen Bedürfnisse am besten kenne. Die *nachklassische* Nationalökonomie hat diesen Punkt kaum vertieft; eher schon ist sie hinter zahlreiche Einsichten und begriffliche Unterscheidungen bei Hume und Smith zurückgefallen. Allerdings hat sich die Ausdrucksweise verändert. Ein zeitgenössischer Ökonom wird den Begriff »Egoismus« eher vermeiden und statt dessen von »rationalem Verhalten« sprechen (vgl. Kapitel 13).

Ist die von Hume gegebene *Begründung* für egoistisches Verhalten - ich möchte diese Begründung das *Humesche Knappheitsaxiom* nennen - tatsächlich stichhaltig? Ist der Egoismus tatsächlich einfach das Resultat einer *Knappheitsbeziehung*, eines Spannungsverhältnisses zwischen menschlichen Wünschen und knappen Mitteln? Hierin verbirgt sich nämlich ein *doppelter* Begriff des Egoismus: Einmal ist von einem Egoismus die Rede, der sich *zwischen* den Menschen betätigt. Zum anderen spricht Hume das Verhältnis von Mensch und Natur an. Der Egoismus der Gattung Mensch *für sich selbst*, gegen andere Lebewesen[26], ist eine Sache; der Egoismus von Meier gegen Schmitt ist eine ganz andere Sache. Hume behauptet ja, die Menschen beharren egoistisch auf ihren Gütern, weil diese von Natur aus knapp sind. Darin liegt aber: Die Menschen beanspruchen in ihren Wünschen von der Natur *mehr*, als diese zu geben bereit ist. Das würde bedeuten: Die wichtigste ethische Grundlage der Wirtschaftswissenschaften zur Begründung *sozialen*, d. h. *zwischen-menschlichen* Verhaltens, *gründet* in einem Verhältnis der Menschen zur Natur. Das ist in der Tat eine sehr schwerwiegende Aussage, deren Tragweite von der ökonomischen Wissenschaft kaum bedacht wurde. Der Egoismus der Menschen *insgesamt* gegen die Natur erscheint hier als Grundlage des *zwischenmenschlichen* Egoismus. Dieser *Egoismus der Gattung Mensch* gegenüber anderen Lebenwesen und der Natur wird uns an anderer Stelle noch weit intensiver beschäftigen müssen (vgl. Kapitel 11). Auf jeden Fall verweist uns Humes Erklärung auf eine sehr dunkle Stelle im klassischen Dogma.

Ein weiteres Element wurde nicht näher bedacht. Ich will es in die Form einer Frage kleiden: Ist es *tatsächlich* wahr, daß die Menschen nur nach maximaler Befriedigung streben, die ihnen aus dem Konsum von Gütern erwächst? Ist es nicht viel eher so, daß die Menschen nach äußeren Gütern streben, um *glücklich* zu sein? Wie kann dann aber begründet werden, daß menschliches Glück *nur* aus *äußeren Gütern* erwächst, die letztlich der Natur abgerungen sind? Und ist eine permanente Vervielfältigung der Wünsche überhaupt eine Garantie für Glück? Sogar Mandeville sagt: »Es steht fest, daß ein Mensch um so ruhiger und zufriedener ist, je weniger Wünsche und Bedürfnisse er hat.«[27] Wenn man diese Frage so stellt, dann zeigt sich eine andere Perspektive. Erwächst den Menschen *kein* Glück aus der Liebe, der Hingabe an andere, der Mit-Freude mit anderen? Wenn aber *Glück* nicht mit materiellem Güterbesitz einfach identisch ist, dann kann das Humesche Knappheitsaxiom nicht begründet werden. Auch Liebe zu finden, ist nicht leicht: Liebe ist ein »knappes Gut«. Folgt daraus aber, daß man sich auf der Suche nach Zuneigung, Anerkennung, Liebe *egoistisch* von anderen abgrenzen muß? Wenn *Glück* und nicht der aus Gütern erwachsende *Nutzen* das Ziel menschlichen Strebens ist, dann ist das Humessche Knappheitsaxiom ungültig, und mit ihm fällt diese Begründung für den Egoismus. Eher schon läßt sich sagen, daß das dem Egoismus eigentümliche unzufriedene Streben über jeweils Erreichtes hinaus der Grund für jene Spannung ist, die in der Knappheit der Güter zum Ausdruck kommt.

Die empirische Erfoschung des menschlichen Glücks ist, erstaunlich vielleicht, eine sehr junge Disziplin.[28] Auch wenn man allgemeingültige Aussagen bislang kaum machen kann, *eines* scheint unwidersprochen: Materieller Güterreichtum ist *weder* ein notwendiges *noch* ein hinreichendes Kriterium für Glück. Sicherlich gibt es eine *negative* Bedingung: Wer in völligem Elend, in Hunger und Krankheit lebt, wird wohl kaum glücklich sein (obgleich nicht einmal das ausgeschlossen ist). Daß aber Länder mit höherem Sozialprodukt pro Kopf glücklichere Menschen bergen als solche mit niedrigerem Sozialprodukt per capita, ist eine unbegründete, nicht einmal sehr *wahrscheinliche* Aussage.

Das Subjekt egoistischen Verhaltens

Nehmen wir die zweite, von Adam Smith gegebene Begründung für den Egoismus: Egoistisches Verhalten ist *effizienter*, weil wir am besten zu unserem eigenen Wohl beitragen können. Diese alternative Begründung ist nicht weniger fragwürdig. *Erstens* ist es unbestreitbar, daß sich Menschen vom Urteil anderer abhängig machen und praktisch abhängig sind. Die Anerkennung durch andere, Ehre, Ruhm usw. sind nicht abweisbare menschliche Affekte. Damit tragen also in hohem Maße gerade andere zu unserem eigenen Wohl bei, und wir sind sehr von diesen anderen abhängig. In der Liebe ist dies noch offensichtlicher. *Zweitens* unterstellt das Smithsche Argument, daß Menschen *faktisch* über sich selbst die hilfreichsten Informationen besitzen würden. Ein Blick in die Wartezimmer der Ärzte, der Psychologen und anderer Therapeuten - ein nicht zu kleiner Markt in einer modernen Marktwirtschaft - könnte hier eines Besseren belehren. Selbsterkenntnis ist weder körperlich, seelisch noch geistig eine *selbstverständliche Voraussetzung*, eher schon die seltene Ausnahme. Smith selbst sagt ja, daß wir unsere eigenen Motive und Antriebe dann, wenn wir mit den Augen eines neutralen Beobachters auf uns blicken, ganz anders wahrnehmen werden. Wenn wir auch hier das *Glück* als Kriterium anführen, dann ist es schon fast nicht mehr zweifelhaft, ob die Menschen durch Selbstbestimmung ihr Glück finden. Vielmehr bleibt *Selbsterkenntnis* vermutlich das *Schwerste* überhaupt; sie ist weit davon entfernt, verläßliches Axiom einer Gesellschaftstheorie zu sein.

Es zeigt sich also: Die *Begründungsversuche* des Egoismus stehen auf sehr wackeligen Füßen. Ein leichter Wind des Nachdenkens bringt sie zum Einsturz. Wie ist dann das Axiom zu verstehen, die ökonomische Theorie habe vom Egoismus, vom selbstsüchtigen Nutzenstreben, von der Maximierung eigener Interessen auszugehen? Der Egoismus ist weder eine notwendige Folge der Güterknappheit noch ein Resultat effizienter Selbstbestimmung. Er steht als bloße Behauptung am Anfang einer langen Geschichte der Ökonomie, und er ist Behauptung geblieben. Nun kann man allerdings sagen: Der Egoismus als Verhaltensmaxime ist einfach ein *Faktum*. Man versucht ihn gar nicht erst zu begründen, man geht einfach davon aus. Und tatsächlich gibt es daran, daß die Menschen ein Ego aufbauen und verteidigen, wohl auch keinen vernünftigen Zweifel. Soziale Utopien, die von *Wohlwollen und Solidarität* als der Natur des Menschen ausgingen – vor allem die anarchistischen Utopien –, werden und wurden von den historischen Erfahrungen Lügen gestraft.

Wir sollten die Frage noch etwas anders stellen: *Wer* ist denn eigentlich egoistisch? Besteht die Gesellschaft tatsächlich aus einer Summe von *Individuen*, die alle gegeneinander egoistisch konkurrieren? Ist die letzte Einheit der Gesellschaft jeweils ein *einzelner Mensch*? Oder noch anders gesagt: Verhält sich nicht ein Unternehmen in der Konkurrenz gegen Wettbewerber auch *egoistisch*? Sind nicht auch *Staaten* in ihrem nicht immer friedlichen Umgang miteinander »Egoisten«? Man braucht diese Fragen nur zu stellen, um eine unhaltbare Einschränkung in den klassischen Lehren der Ökonomen zu entdecken: Der egoistisch handelnde Einzelmensch ist weder das einzige noch auch nur das mächtigste und einflußreichste soziale Grundelement. Vielmehr erweist sich die menschliche Gesellschaft als ein eigentümliches Geflecht von unterschiedlichsten Organisationsformen. Ein Blick in die *Rechtsformen* von Unternehmen, Gesellschaften oder Vereinen genügt hier. Was wir als *Ordnung* der menschlichen Gesellschaft beobachten, ist nicht eine atomisierte Vielfalt von vereinzelt handelnden Menschen, sondern eine eigentümlich geschichtete, vernetzte und verflochtene Struktur von *Kooperationen*, *Gruppen* und *Organisationen*.

Wenn das klassische Dogma folglich in einer nicht begründbaren Weise auf der Behauptung fußt, die Wirtschaft sei ein System egoistischer Individuen, egoistischer *Sozial-Atome*, dann muß der *Mangel* des klassischen Dogmas in seinen Voraussetzungen gesucht werden. Es zeigt sich dann aber auch, daß die *Freiheit* als Bestimmungsgrund der Wirtschaft nicht einfach mit der *individuellen* Freiheit gleichgesetzt werden kann. Die Gesetzgebung ist einen Schritt weiter. So heißt es im Artikel 19 des deutschen Grundgesetzes: »Die Grundrechte gelten auch für inländische juristische Personen, soweit sie ihrem Wesen nach auf diese anwendbar sind.« Die Grundrechte, die Freiheitsrechte lassen sich nicht einfach auf natürliche Personen beschränken. Wenn das richtig ist, dann erwächst ein Mißverständnis der klassischen Lehren auch aus dieser Gleichsetzung von »Wirtschaftseinheit« und »Individuum«. Die deutsche Tradition in der

Nationalökonomie und die Institutionalisten haben dies, mehr oder minder deutlich, erkannt und deshalb dem historischen Wandel der Wirtschaftseinheiten einige Aufmerksamkeit geschenkt. Doch diese Einsicht hat nicht zu einer Revision des klassischen Dogmas führen können. - Wir werden zu diesem Punkt dann zurückkehren, wenn wir uns im nächsten Teil mit den Grundlagen des menschlichen Handelns auseinandergesetzt haben.

3 Soziale Alchemie – Aus Böse wird Gut

Die Relativität der Moral

Betrachten wir nun das klassische Dogma in seiner *ersten Bedeutung*: Die (moralisch minderwertigen) egoistischen Interessen führen in ihrem konkurrierenden Gegensatz zu einem für die Gesellschaft vorteilhaften Ergebnis. Mandeville war es auch hier wieder, der diese Bedeutung des klassischen Dogmas zuerst klar ausgesprochen hat. In seinem - ausführlich kommentierten - Lehrgedicht sagt er:

»Der Allerschlechteste sogar
Fürs Allgemeinwohl tätig war.«[29]

Und in seiner kommentierenden Begründung fügt er hinzu, »daß vielmehr das, was wir das Übel in der Welt nennen, sowohl das moralische wie das natürliche, das große Prinzip ist, das uns zu sozialen Wesen macht«.[30] Bei Machiavelli finden sich bereits Spuren zu diesen Gedanken; es waren aber noch bloße Ratschläge für den regierenden Fürsten, der erkennen sollte, daß es gerade jene Tugenden sind, »die für Laster gelten«, »auf denen seine (des Fürsten) Sicherheit und Wohlfahrt beruht.«[31] Auch Montesquieu kannte das Prinzip, daß individuelle Untugend soziale Tugend bedeute. Zur Staatsform der Monarchie schreibt Montesquieu: »Die Ehre setzt alle Teile des Staatskörpers in Bewegung, und am Ende trägt jeder zum Allgemeinwohl bei, während er nur seine besonderen Interessen zu verfolgen glaubt. Philosophisch gesprochen ist diese Ehre, welche alle Teile des Staats leitet, freilich eine falsche Ehre, aber diese ist dem Gemeinwohl ebenso nützlich, wie die wahre Ehre den einzelnen, wenn sie solche erlangen könnten.«[32] Sind diese Bemerkungen durchaus nicht völlig vereinzelt, so besitzen sie doch nicht den Rang einer allgemein akzeptierten Einsicht.

Erst bei den schottischen Moralphilosophen hört dieser Grundsatz auf, zynischer Kommentar oder eher beiläufige Feststellung zu sein: Er wird zu einem moralischen *Systemprinzip*. Die wichtigste Voraussetzung ist ein *ethischer Relativismus*, den Steuart so ausdrückt: »Alle Handlungen, und überhaupt alle Dinge, sind nur verhältnisweise gut oder bös.«[33] Die Differenz von Gut und Böse ist nicht länger ein absolutes, göttliches Geheimnis. Moral wird relativ. Besonders bei David Hume wird dies deutlich. Obgleich er das Selbstinteresse noch nicht in ein Systemprinzip verwandelt hat, sondern noch ausdrücklich von *sozialen Tugenden* (Mitgefühl, Selbstlosigkeit, Menschenliebe usw.) sprach, legte er doch den Grund, der diesen ethischen Relativismus für die Formulierung einer ökonomischen Theorie brauchbar machte. Es schien ihm sogar ein allgemein akzeptierter Gemeinplatz zu sein, wenn man sagt, daß wir das Lob sozialer Tugenden »auf ihre *Nützlichkeit* zurückführen«.[34] Damit ist ein moralisches Prinzip nicht aus sich selbst wahr - oder aus göttlicher Offenbarung -, es ist nur insofern wahr, als es *nützlich* ist. Gut ist, was *nützlich* ist.

Smith lehnte zwar die Humesche Theorie ab, wonach Moral auf Nützlichkeit zurückgeführt werden könne. Aber auch er ließ moralische Aussagen nicht als *letzte, selbständige* Werte bestehen, sondern sah in der Sympathie, die vor allem aus einem neutralen Blick auf menschliches Handeln erwachse, den Grund der Moral. Wichtig ist für unsere Diskussion weniger die Differenz zwischen den beiden befreundeten Schotten, vielmehr das erkennbare Prinzip: Wenn moralische Aussagen nur *relativ auf etwas anderes wahr sind*, wenn sie von etwas anderem abhängen, z. B. von ihrer Nützlichkeit, dann wird die Moral einer Berechnung unterworfen. Moralisch ist, was *zweckmäßig* erscheint. Aus diesem Grund hatte Smith gerade kein Problem damit, einerseits die sozialen Tugenden des Mitgefühls, der Menschenliebe usw. *zu loben*, andererseits in seiner ökonomischen Theorie den Egoismus mit dem Argument zu verteidigen, er diene dem öffentlichen Interesse. Man hat ihm oft diesen scheinbaren Widerspruch vorgehalten, wonach Smith in der »Theorie der ethischen Gefühle« die Sympathie und Nächstenliebe, in seiner »Theorie des Wohlstands« aber den Egoismus als Prinzip vertritt. Tatsächlich liegt hier kein Widerspruch, vielmehr eine *relative Ethik* vor. Weil der Egoist in seinem Handeln das Interesse der Gesellschaft *mehr* fördere als ein Handeln gemäß einer auf Sympathie gegründeten Moral, deshalb konnte Smith auch dieses egoistische Handeln gutheißen.[35]

Die Relativität der Moral auf die Vernunft wird vor allem bei Kant deutlich, der von den schottischen Moralphilosophen einen entscheidenden Impuls erhalten hat. Er spricht das zugrundeliegende Prinzip sehr deutlich, wenn auch in seiner eigentümlichen Sprache aus: »Das Problem der Staatserrichtung ist, so hart wie es auch klingt, selbst für ein Volk von Teufeln (wenn sie nur Verstand haben) auflösbar und lautet so: ›Eine Menge von vernünftigen Wesen, die insgesamt allgemeine Gesetze für ihre Erhaltung verlangen, deren jedes aber insgeheim sich davon auszunehmen geneigt ist, so zu ordnen und ihre Verfassung einzurichten, daß, obgleich sie in ihren Privatgesinnungen einander entgegen streben, diese einander doch so aufhalten, daß in ihrem öffentlichen Verhalten der Erfolg eben derselbe ist, als ob sie keine solche böse Gesinnungen hätten‹. Ein solches Problem muß *auflöslich* sein. Denn es ist nicht die moralische Besserung der Menschen, sondern nur der Mechanism der Natur, von dem die Aufgabe zu wissen verlangt, wie man ihn an Menschen benutzen könne, um den Widerstreit ihrer unfriedlichen Gesinnungen in einem Volk so zu richten, daß sie sich unter Zwangsgesetze zu begeben einander selbst nöthigen und so den Friedenszustand, in welchem Gesetze Kraft haben, herbei führen müssen.«[36] Kaum hat ein Ökonom diese Frage je deutlicher formuliert und einer Lösung zugeführt. Was sagt Kant hier? Wichtig ist nicht die *Moral* der Staatsbürger – es können auch Teufel sein –, wichtig ist nur, daß sie *Verstand* besitzen. Dies vorausgesetzt, würden auch Teufel einsehen, daß in einer Rechtsordnung, die allen egoistische Freiheit einräumt, zugleich aber das Eigentum schützt, die »teuflischen« Absichten zum *Wohle* des Staates beitragen müßten. Dies gelingt gerade *nicht* dadurch, daß man den Teufeln *Moral* lehrt, es gelingt nur dadurch, daß im *Widerstreit* der egoistischen Interessen sie sich wechselseitig selbst eine Schranke bilden und sich so zu etwas »nötigen«, was eine Moral den Teufeln niemals beizubringen vermöchte.

Der Wettbewerb erscheint hier als *moralischer Zuchtmeister*. Moral heißt, sich an bestimmte Regeln zu halten. Geschieht dies nicht *freiwillig*, so müssen, hält man an der Moral fest, diese Regeln *von außen* durchgesetzt werden. Die mittelalterliche Theologie ging davon aus, daß diese Regeln von einer weltlichen Ordnung durchzusetzen seien – mit Gewalt, auch die Todesstrafe wird von Thomas von Aquin hierfür als Mittel akzeptiert und von der Kirche bis heute anerkannt. Der völlig neue Gedanke der schottischen Morallehre bestand darin, diese Regeln nicht *gegen*, sondern gerade *mit* der Freiheit durchzusetzen. Weil die egoistisch Handelnden sich wechselseitig Gesetz sind, bedarf es keiner weiteren Moral als eben nur der Freiheit der Individuen, sich selbst die Zwecke setzen zu dürfen, die ihr Selbstinteresse vorschreibt. Der Widerstreit der Egoismen erzeugt die sozialen Tugenden *kraft* der Freiheit. Dieser Gedanke gipfelte schließlich in der Philosophie Hegels, der dieses Prinzip in der Weltgeschichte am Werke sah und darin die List eines Weltgeistes zu erblicken glaubte: »Diese unermeßliche Masse von Wollen, Interessen und Tätigkeiten sind die Werkzeuge und Mittel des Weltgeistes, seinen Zweck zu vollbringen, ihn zum Bewußtsein zu erheben und zu verwirklichen«.[37] Hegel konnte damit den Gedanken einer göttlichen Ordnung mit der neuzeitlichen Freiheitsforderung harmonisieren. Steuarts einfacher Gedanke, daß gut und böse *relative* Begriffe sind, wird allerdings bei Hegel zu einer raffinierten Dialektik, die andererseits doch wieder nur das ausdrückt, was bei Hume und Smith vorgezeichnet ist. Hegel fügt aber immerhin die Einsicht hinzu, daß »das Gute« zu wollen doch nur eine leere Abstraktion sei, und wer nur einer Abstraktion nachjage, der *schade* vielmehr der Gemeinschaft, anstatt ihr zu nutzen. »In diesem abstrakten Guten ist der Unterschied von *gut* und *böse* und alle wirklichen Pflichten verschwunden; deswegen bloß das Gute wollen und bei einer Handlung eine gute Absicht haben, dies ist so vielmehr das Böse, sofern das Gute nur in dieser Abstraktion gewollt und damit die *Bestimmung* desselben der Willkür des Subjekts vorbehalten wird.«[38]

Wettbewerb als Morallehrer?

Halten wir an dieser Stelle inne. In welcher Gestalt zeigt sich, zusammenfassend, das klassische Dogma in seiner ersten, der *moralischen* Bedeutung? Das Argument darf nicht als *Lob* des Egoismus mißverstanden werden. Dies hieße, den Klassikern der ökonomischen Wissenschaft Unrecht tun. Sicherlich gab und gibt es auch *reine Befürworter* einer egoistischen Moral. Es gibt *faktisch* die schrankenlose Geldgier und ihre Apologie. Gordon Gekko in Oliver Stones Film »Wall Street« verkörpert diesen Typus *rein*, wenn er sagt: »Habgier, das ist es, was uns antreibt. Habgier ist gut. Habgier ist rechtens.« Unbeschränkte Gier als moralisches Grundprinzip - das wurde auch schon von dem Sophisten Kallikles (in Platons Dialog »Gorgias« 491e) vertreten, wenn er sagt, daß derjenige unglücklich sei, der sich durch Prinzipien einschränke: »Wer richtig leben will, muß seine Begierden so groß werden lassen als möglich und sie nicht einzwängen«. Sokrates hielt dieser sophistischen Moral entgegen, daß das Prinzip des *ungeordneten*, selbstsüchtigen Begehrens zum Gegenteil führen würde. Die *Ordnung* (*kosmos*) der Leidenschaften erst nimmt ihnen ihre naturhafte Gewalt.[39] Die Befolgung des Prinzips von Kallikles wendet sich gegen seinen Verfechter - wie die schrankenlose Lust dessen, der Rauschgift nimmt, seinen Untergang herbeiführt. Die »Ordnung der Leidenschaften« ist deshalb von den meisten Moralphilosophien auch als Prinzip des menschlichen *Glücks* betrachtet worden.

Die Väter der Nationalökonomie haben dieses Prinzip, daß nur *geordnete* Leidenschaften glücklich machen, nicht geleugnet, sie haben aber die *Durchsetzung* dieses Prinzips völlig neu beschrieben. In der oben zitierten Formulierung von Kant wird dieser Gedanke besonders deutlich: Selbst wenn die Menschen *an sich* selbstsüchtig und habgierig sind, so sorgt doch der *Wettbewerb* der selbstsüchtigen Individuen *gegeneinander* dafür, daß ihre Selbstsucht beschränkt wird. Wozu sie sich *freiwillig* nie bereitfinden würden - Kant spricht von »vernünftigen Teufeln« -, dazu erzieht sie der Wettbewerb. Die freie Konkurrenz wird zur *moralischen Lehranstalt* der marktwirtschaftlich organisierten Gesellschaften - dies ist der Kern des klassischen Dogmas in seiner moralischen Formulierung. Der Wirtschaftspolitiker kann aus diesem Grund auch *moralisch guten Gewissens* sein, wenn er den Egoismus befürwortet. Er weiß ja, daß der Marktprozeß die Menschen zu moralischen Wesen erzieht. Die Zuchtrute der Moralapostel wird durch die harten Fakten der Konkurrenz ersetzt.

Dieser Gedanke, so faszinierend er zunächst scheint, ist jedoch nicht haltbar. Weshalb? *Erstens* setzt auch dieses Argument *mehr* voraus, als seine Verfechter bemerken. Kein Anhänger des Laissez faire leugnet, daß die Konkurrenz den Schutz von Eigentumsrechten durch den Staat benötigt: Auch im Diebstahl und anderen unrechtmäßigen Handlungen bekundet sich ja Egoismus. Der Staat und das Eigentumsrecht ist also eine

Beschränkung der Handlungen, *bevor sie* in freier Konkurrenz sich wechselseitig Schranke sein könnten. Damit ist das, was das Argument begründen will – moralische Regeln und Schranken –, je schon vorausgesetzt. *Zweitens* liegt es in der Natur egoistischer Individuen, daß jeder Konkurrent die Konkurrenz *als* Beschränkung seiner Freiheit empfindet und deshalb die Konkurrenz zu *beseitigen* trachtet. Wird dies durch eine strikte Wettbewerbsgesetzgebung verhindert, so sind wir wiederum auf den eben genannten ersten Punkt verwiesen: Was das Argument erklären soll, die moralische Ordnung, wird im Recht schon vorausgesetzt. Fehlt eine entsprechende Gesetzgebung, so offenbart die Konkurrenz eine ganz andere Eigenschaft des Egoismus.

Zahllos sind die Beispiele dafür, wie die Konkurrenten beständig und nicht immer mit sehr feinen Mitteln danach trachten, das Wirken der Konkurrenz zu verhindern. Und zahllos sind auch die Beispiele dafür, daß dies gelingt. Die Konkurrenz ist nicht aus sich selbst heraus stabil; sie besitzt die unaufhebbare Tendenz, sich in konzentrierte Marktmacht zu verwandeln: durch Absprachen, Kartelle und die vielfältigen Spielarten der Fusionierung von Eigentumsrechten, von denen die immer wieder novellierten (der Wirklichkeit angepaßten) Wettbewerbsgesetze Zeugnis ablegen. Das ist nicht nur ein empirisches Faktum, es ergibt sich *logisch* aus den Voraussetzungen des konkurrierenden Egoismus. Denn zweifellos werden selbstsüchtige Ziele *besser* zu realisieren sein, wenn ihnen kein Hindernis durch Konkurrenten im Wege steht. Also führt das Prinzip des Egoismus aus *innerer Notwendigkeit* immer wieder zur *Aufhebung* der Konkurrenz. Daraus ergibt sich aber: Die Konkurrenz kann nicht aus sich selbst heraus den Egoismus der Konkurrenten beschränken, es ist dazu ein staatlicher Rahmen notwendig, der die Bedingungen der Konkurrenz gerade *gegen* die selbstsüchtigen Versuche, sie außer Kraft zu setzen, verteidigt. Die moralische Ordnung geht also nicht aus der Konkurrenz hervor, sie ist vielmehr jeglicher Konkurrenz schon vorausgesetzt. Der Gegensatz von egoistischen Teufeln – um den Begriff von Kant nochmals aufzugreifen – führt nur zu *Oberteufeln*, nicht aber zu einer Moral, die den Egoismus beschränkt. Das Höllenfeuer des Egoismus wird nur dann nicht zum Flächenbrand, wenn der Brandherd von einer Wettbewerbsfeuerwehr unentwegt bekämpft wird.

Wer darf überhaupt konkurrieren?

Ein *dritter* Punkt wird in der moralischen Variante des klassischen Dogmas vergessen; wir werden diesen Punkt nochmals aus anderer Perspektive aufgreifen. Im Augenblick mag folgender Hinweis genügen: Wenn man von wirtschaftlicher Konkurrenz, von egoistischer Liebe zum Geld als Motor dieser Konkurrenz spricht, dann spricht man *implizit* von einer Konkurrenz der *Besitzenden.* Arbeitsunfähige, Kinder, alte Menschen, Arbeitssuchende ohne eine nachgefragte Qualifikation, nach Geschlecht, rassisch oder religiös diskriminierte Menschen, Randgruppen – sie alle nehmen an der Konkurrenz der Egoisten gar nicht teil. Das heißt nicht, daß solche Menschen nicht auch egoistische Antriebe besitzen würden; was ihnen fehlt, ist der Teilnahmeschein, die Eintrittskarte zum Konkurrenzspiel. Um nämlich überhaupt dem moralischen Laster der Selbstsucht *auf dem Markt* frönen zu können, muß man *Eigentümer* sein, wenigstens Eigentümer eines fähigen Arbeitsvermögens. *Vor* jedem Eintritt in die Konkurrenz muß man schon etwas besitzen, das sich verkaufen läßt. So sind die Marktteilnehmer gegenüber den Besitzlosen in einem strategischen Vorteil. Selbst wenn die konkurrierenden Eigentümer sich wechselseitig *ihre* Moral diktieren, niemand verleiht den Besitzlosen ein Machtmittel, um an diesem Kräftespiel überhaupt teilnehmen zu können – es sei denn, es ist wiederum der *Staat*, der dieses Ungleichgewicht ausgleicht und den Besitzlosen wenigstens das gleiche *politische* Gewicht bei Abstimmungen verleiht.

Wägt man diese drei Einwände gegen die klassische Doktrin ab, so wird man die Einsicht gewinnen, daß die schöne Idee vom Wettbewerb als moralischem Zuchtmeister des Egoismus nicht haltbar ist. Das Resultat einer reinen Konkurrenzwirtschaft wäre vielleicht eine Gesellschaft, die große Ähnlichkeit mit einem von der Mafia kontrollierten Wirtschaftsraum, kaum aber mit *moralischen* Einrichtungen besitzen würde. Die Moral erwächst nicht *aus* der Konkurrenz der Egoisten, sie ist dieser Konkurrenz vorgelagert und muß deshalb aus einer anderen Quelle, einem anderen Prinzip hervorgehen. Ein Krieg aller gegen alle führt nicht zum ewigen Frieden braver Marktteilnehmer, sondern zu monopolistischer Ausbeutung, zur Diskriminierung von Minderheiten, zu jenem *Kapitalismus*, für den es immer noch und immer wieder zahlreiche Beispiele an verschiedenen Standorten des Weltmarktes gibt.

Damit, um diesen Gedanken abzuschließen, wird auch verständlich, weshalb die *Keynessche* Theorie in ihren *wirtschaftspolitischen Empfehlungen* grundsätzlich dem klassischen Dogma verpflichtet blieb. Sicherlich hat Keynes bemerkt, daß der Marktprozeß vielfältige negative Resultate nach sich zieht; er hat dies angeprangert und *deshalb* staatliche Eingriffe gefordert. Es sollten aber immer Eingriffe sein, die *das Grundprinzip* des Marktes unangetastet lassen. Keynes blickte im Jahre 1930 in die Zukunft, 100 Jahre voraus, und erwog die »ökonomischen Möglichkeiten unserer Enkelkinder«. Dann, so Keynes, werde man zu den »sichersten Prinzipien der Religion und der traditionellen Tugenden« zurückkehren, man werde wieder sagen: Gier ist ein Laster, und Wucher ist ein Vergehen, die Liebe zum Geld ist abzulehnen. Kurz: der Egoismus wird wieder als Untugend abgelehnt werden. Doch Keynes fährt fort: »Aber gemach. Die Zeit dafür ist noch nicht reif. Für wenigstens weitere hundert Jahre müssen wir uns selbst und anderen sagen, daß Fairnis widerlich und Widerliches fair ist, denn widerliches Handeln ist nützlich, und faires Handeln ist es nicht. Gier, Wucher und Feigheit müssen noch ein wenig länger unsere Götter sein.«[40] Hinter dem Mäntelchen des »Revolutionärs des Kapitalismus«, als der Keynes vielfach bezeichnet wurde, verbirgt sich in alter Frische der Zynismus von Mandeville. *Das* ist der eigentliche Grund, weshalb die Keynessche Revolution auf halber Strecke stehen blieb und in den 70er Jahren in das Fahrwasser der *Reagonomics* und des *Thatcherismus* einmünden konnte.

Seit 1930, als Keynes die zitierten Zeilen niederschrieb, sind 65 der 100 prophezeiten Jahre vergangen. Das lichte Utopia der versprochenen neuen Moral als *Resultat* von zunehmendem Reichtum ist allerdings heute noch weiter entfernt als die Paradiese der Sozialisten. Franz von Assisi als Produkt des Börsenparketts, das ist wahrhaft eine alberne Vorstellung. Keynes hat leider den allerwichtigsten Punkt vergessen. Der Markt ist *tatsächlich* ein moralischer Lehrmeister: *er lehrt Egoismus.* Wenn sich die Menschen Tag für Tag um die Höhe ihres Kontostandes kümmern und ihre Konkurrenten aus eigenem Interesse zurückdrängen und schädigen

– was anderes als *Egoismus* sollte sich in ihrem Geist festsetzen? Alles andere wäre ein Wunder – aber Dogmen, nicht nur in der Ökonomie, befassen sich gerne mit Wundern.

4 Die Mechanik der Wirtschaft

Die Freiheit der Maschinen

Wenden wir uns der *zweiten Bedeutung* jenes klassischen Dogmas zu, dessen moralische Auslegung uns bislang beschäftigt hat. In diesem zweiten Sinn besagt das klassische Dogma folgendes: Die Konkurrenz der unabhängig und frei entscheidenden Wirtschaftssubjekte bildet durch den Marktprozeß selbst ein System, ein *System der Freiheit.* In dieser Formulierung fehlt der moralische Oberton. Den Nachweis zu führen, daß der Markt ein geeignetes Medium ist, jenes System der Freiheit zu entfalten, dies ist die Aufgabe der Volkswirtschaftslehre. Negativ formuliert, besagt das klassische Dogma in diesem Sinn: Der Staat ist als Organisator wirtschaftlichen Lebens ungeeignet. Das, was er erstrebt und administrativ durchsetzt, könnte nur zufällig die unabhängigen Wünsche der Staatsbürger befriedigen. Erst wenn die Handlungen der Menschen *frei* von staatlicher Lenkung und Bevormundung sind – frei auch von religiösen und anderen Einschränkungen –, *dann* gelingt die Mobilisierung aller wirtschaftlichen Kräfte, *dann* schafft das gemeinsame Werk aller auch den größten Wohlstand aller. Bei Adam Smith wird dies so formuliert: »Das offenbare und einfache *System der natürlichen Freiheit* bildet sich selbst gemäß seiner eigenen Bestimmung. Jedermann, solange er die Gesetze der Gerechtigkeit nicht verletzt, ist vollkommen frei, seinem eigenen Interesse nachzugehen und seine eigene Industrie und sein Kapital in Konkurrenz mit dem von irgend jemand anderem oder einer Organisation von Menschen einzubringen.«[41]

Diese Formulierung des klassischen Dogmas gibt zunächst ein Rätsel auf: Wenn Freiheit die *Abwesenheit* von Regeln, von Definitionen, von Zwang, von Beschränkung ist, wie kann dann *aus* der Freiheit *ihre eigene* Ordnung hervorgehen? Wie kann es sogar so etwas wie ein *System der Freiheit* geben? Ist das nicht hölzernes Eisen? Sicherlich kann man sich vorstellen, daß der *Freiraum* einzelner Handlungen *eingeschränkt* wird – durch Gesetze – und insofern begrenzt erscheint. Doch ändert dies nichts an dem grundlegenden Gegensatz von Freiheit und Ordnung. Wenigstens im gesetzten Rahmen ist dann Freiheit durch die *Abwesenheit* einer Struktur, einer Ordnung, einer erkennbaren Systematik charakterisiert. Und weiter: Welche Ordnung auch immer aus der Freiheit hervorgehen *könnte*, sie bliebe notwendig *relativ* zur Freiheit und wäre wieder aufhebbar – denn sonst wäre die Freiheit gar keine Freiheit. Wenn dieser Gegensatz eine *Lösung* finden soll, dann kann das nur dadurch gelingen, daß man der Freiheit eine *innere* Ordnung zuschreibt, daß man ihr also das *abspricht*, was gerade zu ihrem Wesen gehört.

Den modernen Grundstein zu der These, daß Freiheit in ihrem Wesen *eigentlich* eine Ordnung, eine *Notwendigkeit* sei, legte Thomas Hobbes. Dazu waren *drei* Schritte notwendig. *Erstens* mußte der Freiheitsbegriff eingeschränkt werden auf die *Freiheit-von-etwas*. Die *Freiheit-zu-etwas*, die *kreative* Freiheit des Könnens, die Möglichkeiten positiver Gestaltung, diese Freiheit konnte nicht in den Freiheitsbegriff einbezogen bleiben. Hobbes vollzieht diesen Schritt: »Freiheit bedeutet eigentlich eine Abwesenheit äußerlicher Hindernisse bei einer Bewegung und wird von unvernünftigen und leblosen Dingen ebensogut gebraucht wie von vernünftigen.«[42] Damit wird die menschliche Freiheit der Bewegungsfreiheit von *Körpern* gleichgesetzt: »Werden die Wörter *frei* und *Freiheit* von anderen als körperlichen Dingen gebraucht, so ist das ein Mißbrauch.«[43] In einem *zweiten* Schritt wird dann die Freiheit mit dem *Willen* gleichgesetzt und – *drittens* – der Wille mit dem Streben nach Nutzen, dem Begehren. So kann Hobbes sagen: »Die Freiheit, zu wollen oder nicht zu wollen, ist im Menschen nicht größer als in allen Lebewesen. Wo ein Begehren entsteht, war die vollständige Ursache dafür da; daher konnte (...) das Begehren selbst unmöglich nicht folgen, d. h. es folgte mit Notwendigkeit. Eine Freiheit, die Freiheit von Notwendigkeit wäre, kommt weder dem Willen der Menschen, noch dem Tiere zu.«[44] Damit wird auch verständlich, wie Hobbes von einer *Verkörperung* des Staates sprechen kann. Auch Adam Smith steht in dieser Hobbesschen Tradition und betrachtet die soziale Gesamtheit der Menschen *als Körper* (»the great body of the people«).[45]

Die Freiheit wird dadurch einem *Naturprozeß* gleichgesetzt, einer mechanischen Notwendigkeit. Was den Menschen als Freiheit des Willens, als Freiheit des Begehrens erscheint, ist in Wahrheit eine Notwendigkeit der Natur. Diese Auffassung findet sich zuerst bei den »Physiokraten«.

Physio-kratie heißt: Herrschaft der Natur. Die französischen Physiokraten, in deren Schriften die Parole des *Laissez faire, laissez passer* zuerst formuliert wurde, machten einen Unterschied zwischen einer Menschen- und einer Naturordnung, der »ordre positiv« und der »ordre naturel«. Alles Unglück der Welt entsteht aus einer *Abweichung* dieser beiden Ordnungen. Der aus einer calvinischen Familie stammende Erfinder des Namens »Physiokratie«, Pierre Dupont, Herausgeber einflußreicher Zeitschriften und auch der Vater der mathematischen Wirtschaftstheorie, brachte diesen Gedanken am einfachsten zum Ausdruck: Die Aufgabe der Gesetzgebung ist es, *die Naturgesetze zu deklarieren.*[46]

Wenn sich also *im* menschlichen Willen, in den menschlichen Handlungen der *ordre naturel* zeigt, dann muß sich bei einer freien Entfaltung der Menschen notwendig die Naturordnung offenbaren. Zeigt dagegen die menschliche Gesellschaft, zeigt die Wirtschaft *Unordnung*, so ist dies den *menschlichen Gesetzen* (ordre positiv) geschuldet, die eben von den Naturgesetzen abweichen. Der Schlachtruf *Laissez faire, laisse passer* ist deshalb für die Anhänger der Naturherrschaft, der Physiokratie *eigentlich* der Ruf: Laßt den Naturgesetzen, die sich *durch* die menschliche Freiheit offenbaren, ihren freien Lauf. Wenn in der Gegenwart von den »unerbittlichen Gesetzen des Marktes« gesprochen wird, dann klingt darin nicht nur ein spätes Echo der Physiokraten an, es ist die Fortführung einer ungebrochenen Tradition.

Die Welt als Mechanismus

Adam Smith ist in diesem Punkt vollständig von den Physiokraten abhängig. Bei ihm drückt sich nur aus, was in der französischen Philosophie vorbereitet wurde: Die Welt, also auch die Wirtschaft und Gesellschaft, ist eine riesige Maschine, ein großer *Mechanismus.* Kein Begriff charakterisiert die Nationalökonomie bis zur Gegenwart so sehr wie der des *Markt-Mechanismus.* Daß die Mechanik in der *Technik* glänzende Erfolge vorzuweisen hat, kann niemand bezweifeln. Von diesem Erfolg, der im *Uhrwerk* jedermann sinnfällig vor Augen stand, war das 17., 18. und 19. Jahrhundert tief beeindruckt. Und da die Mechanik nur, wie Einstein sagt, »ein allgemeines Schema«[47] darstellt, ein *Denkmodell* also, kann dieses

Schema auch auf andere Bereiche übertragen werden. Denkmodelle haben ihre je eigene, vom Inhalt unabhängige Logik und Struktur. Es liegt in ihnen etwas sehr Verführerisches. Dieser Verführung sind die Nationalökonomen bis heute erlegen. Wie ein Virus erfaßte die mechanische Denkweise die ökonomischen Schriftsteller, so daß einer ihrer kritischen Geister sich auch heute zu der Feststellung genötigt sieht: »Die ganze Wahrheit ist, daß die Volkswirtschaftslehre, auf jene Weise, wie sie heutzutage professionell ausgeübt wird, im strengen Sinne eine mechanistische Wissenschaft ist«.[48]

Während sich in der *Physik* mit dem Beginn dieses Jahrhunderts die Erkenntnis durchsetzte, »daß die klassische Mechanik als eine die ganze Physik beherrschende Basis versagt«[49] und somit »das ganze mechanistische Denken als überwunden«[50] galt, setzte in der Ökonomie erst die konsequente Anwendung mechanischer Prinzipien auf alle Wirtschaftsbereiche ein. Eine klassische Formulierung stammt von einem der Väter der Nutzentheorie, Stanley Jevons, der von der *»Mechanik des Nutzens und des Eigeninteresses«*[51] spricht. In dieser Formulierung drückt sich das klassische Dogma in jener Gestalt aus, die auch heute noch die ökonomische Theorie – vor allem die *Mikroökonomie* – bestimmt. Von Jevons, über den »Mechanismus der Preisbildung«[52] bei Walras und Cassel, bis zur Weiterentwicklung der neoklassischen Wachstumstheorie durch den Nobelpreisträger Robert Lucas, der einen einflußreichen Aufsatz aus dem Jahre 1988 »Über die Mechanik der wirtschaftlichen Entwicklung«[53] betitelt, bleibt die mechanistische Tradition ungebrochen.

Werfen wir einen Blick auf die Anfänge der Mechanik. Das historische Vorbild aller Mechanik ist die Maschine, deren Prototyp wiederum ist das Uhrwerk. Die ptolemäische Astronomie hat bereits früh mechanische Modelle der Planeten entwickelt (Planetarien), die dann zu den technischen Archetypen der Uhrwerke wurden.[54] Dieses mechanische Ineinandergreifen der Zahnräder wurde seinerseits zum Denkmodell, zunächst für die Astronomie, später für die gesamte natürliche und menschliche Welt. Es war vor allem Descartes, der »die Erde und die ganze sichtbare Welt nach Art einer Maschine beschrieben«[55] hat, doch auch Leibniz sagt: »Was ich behaupte, ist, daß das Uhrwerk der Welt, ohne einer Nachbesserung zu bedürfen, fortgeht«.[56]

Die schottische Moralphilosophie wurzelt in diesem Denkmodell der Welt als Uhrwerk oder als Maschine. Adam Smith definiert »System« auf eine Weise, die ihr Vorbild leicht erkennen läßt.[57] In seiner »History of Astronomy« schreibt er: »Systeme entsprechen in vielerlei Hinsicht Maschinen. Eine Maschine ist ein kleines System, das dazu erschaffen wurde, die verschiedenen Bewegungen und Effekte auszuführen und zu verbinden, die der Techniker beabsichtigte. Ein System ist eine imaginäre Maschine, die in der Vorstellung jene verschiedenen Bewegungen und Effekte verbindet, die in der Wirklichkeit ohnehin verbunden sind.«[58] Die menschliche Gesellschaft ist für Adam Smith solch ein System. Wenn der sonst nüchterne Analytiker über die Gesellschaft als System schreibt, ist ein deutlich poetischer Ton zu vernehmen, der rasch in liberale Kampfeslust umschlägt: »Die Vervollkommnung der Verwaltung, die Ausbreitung des Handels und der Manufaktur sind große und hochwichtige Angelegenheiten. (...) Sie bilden einen Teil des großen Systems der Regierung, und die Räder der Staatsmaschine scheinen mit ihrer Hilfe sich in größerer Harmonie und größerer Leichtigkeit zu bewegen. Es macht uns Vergnügen, die Vervollkommnung eines so schönen und großartigen Systems zu betrachten, und wir sind nicht ruhig, bis wir jedes Hindernis, das auch nur im mindesten die Regelmäßigkeit seiner Bewegungen stören oder hemmen kann, beseitigt haben.«[59]

Die Freiheit der Menschen wird von einer verborgenen, inneren Kraft beherrscht: von der *invisible hand* der mechanischen Naturgesetze.[60] Die Wirtschafts-Mechaniker sind sich darin auf tiefe Weise einig: Eugen von Böhm-Bawerk, keineswegs ein Mathematiker[61], als österreichischer Finanzminister vielmehr sogar praktischer Politiker, stimmt in diesen Chor der Wirtschafts-Mechaniker ebenso ein – er spricht von einer »Mechanik der Tauschwertbildung«[62] – wie Leon Walras, der Vater der modernen Gleichgewichtstheorie, der von einem »Mechanismus der Konkurrenz«[63] spricht. Selbst Schumpeter kennt einen »Mechanismus der Verkehrswirtschaft«[64], und sogar sein »dynamischer Unternehmer« wird von ihm als Maschine beschrieben: »Auch der ›Unternehmer‹ ist *hier* kein Veränderungsfaktor, sondern Träger des Veränderungsmechanismus.«[65] Noch Keynes spricht von einer »monetären Maschine«[66]. Auch Autoren, die nicht auf eine Tendenz zum Gleichgewicht der »ökonomischen Kräfte«

vertrauen, verbleiben in ihrer *Umkehrung* der Gleichgewichtstheorie im Bann der Mechanik. »Das System«, sagt Gunnar Myrdal über das Problem der Unterentwicklung, »bewegt sich von sich aus nicht in Richtung auf irgendein Gleichgewicht der Kräfte, sondern ganz im Gegenteil davon weg.«[67] Einige Autoren nehmen das mechanische Denkmodell sogar in *jeder* Hinsicht wörtlich. Irving Fisher hat – lange bevor Ökonometriker daran gingen, ihre Modelle auf Computern zu simulieren – einen mechanischen Apparat gebaut, der in allen Details den Preismechanismus maschinell nachbilden sollte.[68] Burmeister und Dobell formulieren in ihrer »Mathematical Theory of Economic Growth« ihr Vorbild ganz unmißverständlich: »Vom Mathematiker Laplace wird berichtet, er habe gesagt: ›Gebt mir nur die Gleichung der Bewegung und ich will euch die Zukunft des Universums zeigen‹. *Entsprechend* fragen Ökonomen, die die Evolution großer Gleichgewichtssysteme studieren, nur nach der Bewegungsgleichung, um ihre Arbeit zu vollenden.«[69]

Die inneren Mängel der traditionellen Theorie

Ich habe diesen vielstimmigen Chor zu Wort kommen lassen, um *einen* Zweifel völlig auszuräumen: Die Rede vom »Markt-Mechanismus« sei *nur* eine Metapher, ein hübsches Bild. Nein, die Rede vom Markt-Mechanismus ist vielmehr eine *innere Notwendigkeit*, mit der das klassische Dogma in seiner *zweiten* Bedeutung eine wissenschaftliche Form findet. Was die Physiokraten bloß *behauptet* haben, daß nämlich sich in der Freiheit ein *Naturgesetz* offenbare, das versucht die Nationalökonomie – und dies mehr und mehr in mathematischer Form – zu beweisen. Gelingen konnte und kann dies aber nur, wenn man zuvor die Freiheit völlig anders definiert hat, wenn man sie als *Nutzenstreben* übersetzt und diesem Nutzenstreben zudem eine exakte, mathematische Form gibt. *Dann* ist es möglich, eine »Mechanik des Nutzens und des Eigeninteresses« zu formulieren, wie dies seit Jevons in Erfüllung des Programms von Adam Smith die Ökonomen bis in die Gegenwart hinein versuchen. Die *Details* und die *Vielfalt* der neueren Versuche, dieses Programm zu verwirklichen, würde unseren hier gesetzten Rahmen weit übersteigen. Kein Fachökonom ist heute mehr in der Lage, alle Verästelungen der ökonomischen Modellbauer zu überblicken. In der *neoklassischen Theorie* hat das klassische Dogma jedenfalls eine theoretische Form gefunden, die zwar vertieft und vielfach erweitert wurde, deren *Grundprinzipien* jedoch nicht in Frage stehen.[70] Wie hat die neoklassische Theorie das Smithsche Programm verwirklicht? Zunächst wird die von Hobbes eingeführte Verkürzung der Freiheit uneingeschränkt akzeptiert: Freiheit - die Neoklassiker sprechen hier von »Rationalität« - heißt, jedes Wirtschaftssubjekt ist bestrebt, sein *individuelles* Nutzen- oder Gewinnziel unter Beachtung von bestimmten Nebenbedingungen zu *maximieren.* Wir erkennen in diesem *Rationalitätspostulat* - so nennen das die Volkswirte - unschwer die bereits zitierte Forderung des Kallikles in Platons Dialog »Gorgias« wieder: *Man muß seine Begierden (seinen Nutzen) so groß werden lassen als möglich.* Dieses Nutzenstreben findet sich aber durch knappe Güter *begrenzt.* Die Maximierung des Nutzens muß also *Nebenbedingungen* beachten. Naturgüter (Ressourcen) werden in der Produktion in Güter höherer Ordnung verwandelt, bis sie schließlich Konsumreife erlangen und Gegenstand der Nutzenerwägungen werden.

Wie gelingt es, die Produktion und den Konsum so aufeinander abzustimmen, daß am Ende ein *mechanisches* Gleichgewicht, ein Ausgleich der Interessen stattfindet? Zur Beantwortung dieser Frage hat die moderne Mikroökonomie einen neuen Begriff eingeführt: den Konsum- und Produktions*plan.* Unternehmen und Haushalte machen unabhängig voneinander Pläne. Bei diesen Plänen werden bestimmte Güter nachgefragt, andere angeboten. Jedes Gut erzielt auf dem Markt einen bestimmten Preis. Also vergleichen Haushalte und Unternehmen den Erlös aus verkauften Gütern mit den Ausgaben für Einkäufe. Bei den Unternehmen ist die Differenz aus Erlös und Kosten der Gewinn, und das selbstsüchtige (= rationale) Gewinnstreben veranlaßt die Unternehmen, alles zu tun, um diese Differenz möglichst groß zu machen. Die Haushalte planen nach Auffassung der Neoklassiker anders. Sie wägen die angebotenen Arbeitsleistungen und andere Produktionsfaktoren (z. B. Grundstücke) mit dem dadurch erzielten Einkommen gegen den Nutzen der gekauften Konsumgüter ab. Sie wählen jenes Güterbündel, das ihnen den höchsten Nutzen stiftet.

Wie gelingt es nun, die Pläne der Haushalte für Güterkäufe und Faktorverkäufe mit den Plänen der Unternehmen für Güterverkäufe und

Faktorkäufe in Einklang zu bringen? Hier tritt der *Mechanismus des Marktes* in Kraft. Nachfrager und Anbieter von Gütern und Produktionsfaktoren über- und unterbieten sich in Preisen und Löhnen – solange, bis sich die Kräfte des Wettbewerbs ausgleichen, bis Preiserhöhungen und Preissenkungen zur Ruhe gekommen sind und ein *Gleichgewicht* gefunden haben. Gleichgewicht heißt, daß auf jedem Markt die angebotene Gütermenge mit der nachgefragten Gütermenge bei einem bestimmten Preis übereinstimmt. Fallen Angebot und Nachfrage auseinander, so wird sich der Preis verändern, er wird steigen oder sinken. Steigen oder sinken die Preise, so werden Anbieter und Nachfrager jeweils ihre Pläne für Güterkäufe oder -verkäufe revidieren: wer zu wenig verdient, schränkt seinen Konsum ein, bei wem die Produktionskosten sinken, der dehnt sein Güterangebot aus. Angebot und Nachfrage sind also *Marktkräfte*, und die Güterpreise sind wie Ventile, die diese Kräfte steuern. Ein *Ausgleich* der Kräfte findet statt, wenn die Bewegung der Preise aufhört und ein Gleichgewicht gefunden hat.

Dieses mechanische Bild vom Wirken des *Systems der Freiheit* wird in den Lehrbüchern der Volkswirtschaftslehre vielfältig gezeichnet, die Bausteine dieses Denkmodells werden in unzähligen Aufsätzen verfeinert, kritisiert und neu definiert. Das mechanische Grundprinzip bleibt aber unverändert. Blickt man *genauer* in die ökonomische Literatur, dann zeigt sich aber etwas Merkwürdiges: Das klassische Dogma, das durch dieses Denkmodell gestützt, ja sogar *bewiesen* werden soll, wird ausgehöhlt und so vielfach eingeschränkt, daß man eher sagen muß, die Ökonomen haben das Dogma gerade *durch* die konsequente Anwendung des mechanischen Prinzips widerlegt. Diese Tatsache ist keineswegs unbekannt, und die Ökonomen sind vielfältig damit beschäftigt, mit diesen Schwierigkeiten zu kämpfen. Nicht nur, daß das klassische Paradigma nur in sehr seltenen Fällen jemals *empirische* Anwendung findet – kein Unternehmer ist erfolgreich, weil er Adam Smith gelesen hat oder Gerard Debreus Fixpunktbeweis für die Existenz eines Marktgleichgewichts kennt; auch die *logische* Struktur der neoklassischen Theorie weist so viele »Ausnahmen«, »Sonderfälle«, »Einschränkungen« auf, daß man von einem *formalen Beweis* für die Gültigkeit des klassischen Dogmas sicherlich nicht sprechen kann.

Ich möchte, ohne auf formale Eigenschaften eingehen zu können, auf einige dieser von den Ökonomen entdeckten Schranken hinweisen:

- *Erstens* hat sich gezeigt, daß bei einer Unternehmung mit sinkenden Stückkosten bei steigender Produktionsmenge die Gewinnmaximierung nicht zu einem Gleichgewicht führen kann. Dies tritt dann auf, wenn die Produktion bei großen Stückzahlen kostengünstiger ist. Vorteile der Massenproduktion sind aber schon bei Platon, Xenophon, ganz zu schweigen von Adam Smith, sogar als Regelfall behauptet worden. In solch einer Wirtschaft versagt aber der Preismechanismus.

- *Zweitens* ist vorausgesetzt, daß zwischen Produktion und Konsum, aber auch zwischen einzelnen Unternehmen keinerlei Wechselbeziehungen bestehen, *außer* den Tauschbeziehungen. Man nennt dies technisch »Abwesenheit von externen Effekten«. Nicht erst die ökologische Debatte hat aber zutage gebracht, daß Produktion und Konsum vielfältige Einflüsse auf die natürliche Umwelt haben und dadurch sich wechselseitig beeinflussen. Andere Einflüsse sind hinreichend bekannt, z. B. Nachahmungen beim Konsum.

- *Drittens* versagt eine rationale Berechnung der Kostenbelastung einzelner Produkte, wenn erhebliche Gemeinkosten anfallen – was mehr und mehr für die modernen Betriebe der Fall ist – und die Unternehmen *Kuppelprodukte* erzeugen. Wenn eine große Unternehmung eine ganze Produktpalette auf dem Markt anbietet, dann ist es nicht mehr möglich, die Preise dieser Produkte mit den Kosten auf eine eindeutige und notwendige Weise zu verknüpfen. Hier versagt also die Möglichkeit rationaler Zurechnung, und der Preis verliert seine Funktion, die Knappheit einzelner Waren korrekt abzubilden.

- *Viertens* setzt die Wirksamkeit des Preismechanismus voraus, daß die Güter auch tatsächlich *privatisierbar* sind. Bei *öffentlichen Gütern*, vor allem bei Gütern, die *nationale Schranken* übersteigen – etwa beim Weltklima, beim Zustand der Weltmeere, dem durch Erosion bedrohten Boden –, bei *lokal* angesiedelten Ressourcen mit *globaler Funktion*, wie beim Regenwald, beim Bevölkerungswachstum, usw. – versagt der Preismechanismus. Andere öffentliche Güter mit säkularer Bedeutung wie kulturelle Leistungen, Wissenschaft, öffentliche Moral etc. fallen zu einem großen Teil ohnehin durch ihre Eigentümlichkeit, sich privater Aneignung zu versagen, aus dem Marktprozeß heraus.

- *Fünftens* führen Marktformen, die von der vollkommenen Konkurrenz, dem ungehemmten Wettbewerb egoistischer Marktteilnehmer, abweichen, zu *suboptimalen* Resultaten.

- *Sechstens* unterstellt die neoklassische Theorie, daß Preisanpassungen, Informationsbeschaffung und die Veränderung von Konsum- oder Produktionsplänen keine Kosten verursachen würden. Diese Annahme ist ebenso inkonsequent wie unrealistisch. Bei derartigen Kosten – man spricht zusammenfassend von *Transaktionskosten* – werden aber zahlreiche Folgerungen ungültig, und das klassische Dogma muß erheblich eingeschränkt werden. Wenn die Preisanpassung selbst Kosten verursacht (wenn bei Lohnsenkungen z. B. Prozeßkosten oder Ablösungszahlungen fällig werden), dann erfüllt der Preismechanismus seine Aufgabe gar nicht oder nur sehr unvollkommen.

- *Siebtens* unterstellt eine Marktanpassung, die den Regeln des Marktmechanismus gehorcht, daß für die Pläne der Wirtschaftssubjekte *Planungssicherheit* besteht. Die Neoklassiker sprechen hier von »rationalen Erwartungen«. Faktisch ist damit gemeint, daß man die Zukunft vorhersagen kann – eine ebenso maßlose wie unhaltbare Annahme. Zwar kann man sich gegen Risiken versichern, aber die *wichtigsten* Risiken sind unbekannt oder gar nicht versicherungsfähig. Keine Versicherung bietet Verträge für Insolvenzen an.

- *Achtens* schließlich kann für viele ökonomische Prozesse gezeigt werden, daß sie gerade *nicht* zu einem Gleichgewicht oder zu maximaler Wohlfahrt führen.[71]

Diese und zahlreiche weitere Einschränkungen sind in der Wirtschaftswissenschaft jedem gründlich ausgebildeten Ökonomen bekannt. Es gibt a priori keinen Grund, anhand eines Modells zu sagen, ob es stabile oder instabile Eigenschaften aufweisen wird. Die meisten neoklassischen Wirtschaftswissenschaftler haben aus der Tatsache, *daß* Marktwirtschaften *existieren*, den Schluß gezogen, diese *Gegenbeispiele* für das Funktionieren ihrer Modelle seien belanglos. Sie scheinen zu sagen: *Es gibt Sterne*, also bleibt Ptolemäus gegen Kopernikus im Recht. Und auch die neoklassische Kirche hat so manchen Galilei auf dem Scheiterhaufen ihrer Ächtung verbrannt.

Halten wir aber fest: Auch dann, wenn man die Voraussetzungen des klassischen Dogmas und seiner *mechanischen* Auslegung akzeptieren würde, so scheiterte man doch bei dem Versuch, dieses Dogma in eine schlüssige, widerspruchsfreie und allgemein akzeptierbare Theorie zu verwandeln. Von den empirischen Anwendungsmöglichkeiten und den prognostischen Leistungen dieser Theorie will ich, um mich nicht in eine sehr lange Reihe zynischer Kommentatoren einreihen zu müssen, gänzlich schweigen. Anstatt uns im Wald der ökonomischen Fehlprognosen zu verirren - den vielen Tonnen jährlich bedruckten Papiers, die wie ein Strohfeuer im Wirtschaftsteil der Tageszeitungen aufleuchten und dann in den Kellern der Bibliotheken verstauben -, wollen wir nach den Gründen für den inneren Mangel in der wissenschaftlichen Formulierung des klassischen Dogmas suchen.

Neoklassik: notwendig *falsch* oder *nutzlos*

Es gibt einen allgemeinen und einfachen *Grund*, weshalb die Behauptung, es sei eine mechanische Berechenbarkeit der Preisbewegungen möglich, falsch sein *muß* - und weshalb viele Ökonomen *mit gutem Grund* ihren Elfenbeintum nicht verlassen und ihr Geheimnis *hüten* - oder weshalb Wirtschaftsprognosen soviel Spott ernten. Die *neoklassische Theorie*, also die Synthese des klassischen Dogmas mit der Nutzentheorie des 19. Jahrhunderts, ist in ihrem Wesen eine *Preistheorie*. Die *Anwendung* dieser neoklassischen Theorie führt jedoch zu ihrer *Aufhebung*. Man kann das sehr einfach an einem Beispiel demonstrieren. Nehmen wir an, ein Wirtschaftsforscher habe ein Preismodell entwickelt, mit dem er auf einem Markt die Preisbewegung einer Ware exakt vorhersagen kann. Solange er mit seiner Prognose in seinem Arbeitszimmer bleibt, solange also seine Wissenschaft reine *Elfenbeinturm-Theorie* ist, solange entstehen tatsächlich keine Schwierigkeiten. Er kann sich irren oder er kann recht behalten; es spielt keine Rolle. Wenn aber seine Preisprognose tatsächlich *praktisch* wird, wenn viele sich an diese Prognose *halten*, dann *muß* diese Prognose falsch sein. Und darin zeigt sich der Irrtum jenes Gedankens, die menschliche Gesellschaft sei ein mechanisches System: Wenn wir eine Mondfinsternis vorhersagen, dann wird diese Mondfinsteris - sofern die physikalische Theorie richtig ist - zum prognostizierten Zeitpunkt eintreten. Dies geschieht *völlig* unabhängig davon, wie viele Menschen diese Prognose kennen. Zwar gibt es sicherlich einen Einfluß des Menschen auf die Natur - die Quantenphysik hat das sehr deutlich zum Ausdruck gebracht -, aber dieser Einfluß kann wiederum berechnet und berücksichtigt werden, oder er ist zu vernachlässigen.

Weshalb trifft dies für sozialwissenschaftliche Theorien nicht zu? Weshalb *versagen* hier die Prognosen? Geben wir eine vorläufige Antwort: Weil Prognosen und Theorien selbst jene Menschen in ihren Handlungen lenken, deren Verhalten sie vorhersagen wollen. In der Naturwissenschaft treffen wir auf etwas *anderes*, in den Sozialwissenschaften treffen wir auf *uns selbst*. Deshalb *können* Prognosen, die dem wissenschaftlichen Vorbild der Physik nacheifern, gar nicht richtig sein. Es liegt ein *grundlegender methodischer Fehler* vor.

Nehmen wir an, der eben erwähnte Wirtschaftsforscher prognostiziert für das nächste Jahr im Januar bei einer Ware eine Preissenkung, im Juni eine Preiserhöhung. Was wird geschehen? Warenterminhändler werden sich im Januar mit dieser Ware eindecken, um sie im Juni zu verkaufen. Wenn die Prognose sicher (oder sehr wahrscheinlich), also *richtig* oder *wahr* ist, dann ist ein Warentermingeschäft mit dieser Ware ein *sicheres* Geschäft. Unterstellen wir »Rationalität« der Händler (zu deutsch: hinreichende Geldgier), so werden bei solch einer Gewinnchance solange Händler im Januar kaufen, solange sich diese Gewinnchance bietet. Daraus ergibt sich aber: Es ist unmöglich, daß unter dieser Voraussetzung der Preis *tatsächlich* sinken würde, weil die gebotene Gewinnchance solange Käufer anzöge, *bis* die Chance verschwunden wäre. Und das ist nur dann der Fall, wenn der Preis der fraglichen Ware solange steigt, bis sich *keine* Gewinnchance mehr bietet.

Kann man also aus einer Prognose einen Nutzen ziehen, so *muß* diese Prognose falsch sein. Der *praktizierte* Egoismus gerät in einen Gegensatz zum *theoretisch* beschriebenen Egoismus. Dieses Prinzip gilt allgemein und könnte auch formal in der Sprache der Nutzentheorie bewiesen werden - was an dieser Stelle nicht geschehen soll. Es ist aber auch ohne mathematischen Aufwand leicht einsichtig: *Wenn* die Menschen egoistisch ihren Nutzen maximieren und jede *Gewinnchance* deshalb auch nutzen *müssen* (sonst wären sie ja keine rationalen Egoisten), dann kann die Gesamtheit des *Verhaltens* der Egoisten nicht vorhergesagt werden. Die Preise drücken *passiv und mechanisch* die relativen Marktkräfte von Angebot und Nachfrage aus. Werden Informationen über Preise benutzt, um zu kaufen oder zu verkaufen, so verlieren sie diese passive Funktion. Sie signalisieren nicht mehr die *Knappheit* der Güter, sondern sind Ausdruck der spekulativen Käufe und Verkäufe. Könnten sich Spekulanten aber auf *sichere* oder *wahrscheinliche* Informationen stützen, gäbe es also tatsächlich so etwas wie eine korrekte wissenschaftliche Theorie für den Erwartungswert der Preise, so wäre jede Spekulation unmöglich - aus den oben genannten Gründen.

Im Grunde beruht diese Paradoxie auf einer anderen, die Oskar Morgenstern zuerst entdeckt hat: Vollkommene Voraussicht über menschliches Verhalten ist *logisch* widersprüchlich.[72] Wenn ein Händler vorhersieht, daß er beim Kauf einer Ware einen *Verlust* machen wird, so wird er diesen Kauf *unterlassen.* Unterläßt er den Kauf, dann hat er ihn aber nicht vorhergesehen. Deshalb gilt: Wenn eine Theorie die Bewegung von Preisen *erklären* (= prognostizieren, voraussehen) kann, dann veranlaßt sie Handlungen, die dazu führen, daß das prognostizierte Ereignis gerade *nicht* eintritt; die faktischen Preise werden über oder unter den vorhergesehenen liegen.

Der Versuch, durch ein *mechanisches* Prinzip das klassische Dogma zu beweisen, ist *logisch* unmöglich - oder dieser Versuch spielt praktisch *überhaupt keine Rolle*, ist also *nutzlos.* Wenn die Ökonomen also *nutzlose*

Modelle entwickeln, dann hat das durchaus einen Grund: Nur *nutzlose* oder *völlig unbekannte* Prognosen sind logisch überhaupt möglich. Werden Preismodelle *angewendet*, so verhindert die Anwendung das durch diese Modelle prognostizierte Resultat. Werden sie *nicht* angewendet, dann spielt es überhaupt keine Rolle, ob sie richtig oder falsch sind. Die entsprechende Theorie wird dann zur unfruchtbaren *Theologie des Marktes*. Daraus folgt natürlich: Wenn nutzlose Modelle produziert werden, dann können sie auch niemals *falsch* sein, also widerlegt werden. Es gibt keine Möglichkeit, die Neoklassik zu widerlegen - nicht weil sie *wahr* ist, sondern weil sie *nutzlos* ist. Was Neoklassiker in der Politikberatung deshalb vorbringen, deckt sich mit den Forderungen des klassischen Dogmas: Zu viel Staat, zu wenig Markt, Freiheit von gesetzlichen Schranken, keine Zölle und andere Handelshemmnisse, (zähneknirschend) einige flankierende soziale Maßnahmen, davon aber *möglichst wenig und möglichst billig und möglichst kurz und vielleicht auch gar nicht* - nur bei der Wettbewerbskontrolle und bei der Geldpolitik wird der monotone Gesang leicht mehrstimmig.

Hildebrands Kritik

Aber wir wollen nicht bei der mechanischen Interpretation des klassischen Dogmas stehenbleiben, sondern versuchen, das hier erkennbare *Prinzip* herauszuarbeiten. Dieses Prinzip beruht auf einer unzulässigen Verengung und Einschränkung des Freiheitsbegriffs, die Hobbes formuliert hat und die *faktisch* in der Nationalökonomie unbestritten ist: Freiheit ist die Wahl zwischen gegebenen Alternativen. Diese Wahl wird aber bestimmt durch Nutzenerwägungen, und in diesen Nutzenerwägungen macht sich ein berechenbares Prinzip geltend. Dieses Prinzip nannten die Physiokraten »Natur«, Adam Smith sah »die große Maschine des Universums« am Werke, die alles hervorbringt, die »Objekte der Wissenschaft und des Geschmacks«[73]. Jevons übersetzte dies in eine »Mechanik des Nutzens und des Eigeninteresses« - wie immer, es bleibt ein *verborgenes* Prinzip, das Smith nicht zufällig die *unsichtbare* Hand nannte. An das Unsichtbare kann man nur *glauben*, und so ist das klassische Dogma in seiner zweiten Bedeutung ein Glaubenssatz, ein politisches Programm geblieben.

Dieser Glaubenssatz weist auch in seiner *allgemeinen*, nicht-mechanischen Formulierung einen Widerspruch auf; ein Widerspruch, der schon lange entdeckt wurde, dessen Entdeckung die meisten ökonomischen Schriftsteller aber entweder nicht beachtet oder verschwiegen haben. Es war selbst ein Wirtschaftswissenschaftler, der ihn formulierte: Bruno Hildebrand, ein leider fast vergessener deutscher Ökonom des 19. Jahrhunderts. Das klassische Dogma ist, wie gesagt, nicht nur ein *theoretischer* Satz, sondern vor allem eine politische Handlungsanleitung (Liberalismus). Mit Bezug auf den Staat besagt das klassische Dogma: Staatliche Eingriffe sind *wider die Natur*, sie hemmen das »System der natürlichen Freiheit«. Hierzu sagt Hildebrand entwaffnend einfach: »Wenn alle wirtschaftlichen Handlungen der Menschen Naturgesetzen unterworfen wären, so würden es unstreitig auch die nationalökonomischen Handlungen derjenigen Personen sein, welche Träger der Regierungsgewalt sind, und es wäre nicht einzusehen, wie von den Regierungen Störungen des naturgesetzlichen Lebens ausgehen könnten.«[74] Aber auch schon Jeremy Bentham, einer der Väter der Nutzentheorie, hat sich über die physiokratische Lehre von der Herrschaft des Naturgesetzes auf seine Weise amüsiert: »Sehr viele Leute reden ständig vom ›Naturgesetz‹: anschließend geben sie uns ihre Meinung über Richtig und Falsch zum Besten, und diese Meinung, so geben sie uns zu verstehen, sind ebenso viele Kapitel und Abschnitte des ›Naturgesetzes‹.«[75]

Wenn es tatsächlich *wahr* ist, daß sich die menschliche Freiheit darauf reduziert, einem ihr einwohnenden Gesetz zu gehorchen, wenn man die Freiheit also auf ein *Ordnungsprinzip* reduzieren kann, dann *kann* es gar keine Einschränkung dieser Freiheit geben. Wenn die Freiheit eigentlich Ordnung (= Naturgesetz) *ist*, dann benötigt die Freiheit auch keine Hilfe; dann ist der politische Liberalismus überflüssig und ebenso nutzlos wie die neoklassische Theorie. Jeglicher staatliche Eingriff ist dann eben *auch* nur ein Ausdruck der sich im freien Handeln artikulierenden Natur.

Nun kann man einwenden: Die Formulierungen der Physiokraten, von Adam Smith und seinen neoklassischen Schülern sind im Eifer der politischen Debatte verwendete *Übertreibungen*; eigentlich sei doch nur gemeint, daß sich die Freiheit *innerhalb* eines gesetzlichen Rahmens entfalten soll, der sie schützt und keinen Mißbrauch treibt. So formuliert, läßt sich aber über den *Inhalt* dessen, was die Freiheit *in* diesem Rahmen vollbringt, nichts aussagen. Es kann keine Theorie der Freiheit geben – was sollte oder könnte solch eine Theorie erklären? Wenn sie *überhaupt* etwas erklären würde, dann wäre die Freiheit ja gar nicht frei, sie würde eben durch ein Gesetz, eine Regel, eine Struktur bestimmt. Und wenn freie Menschen als *Egoisten* bestimmt werden, so ist deren Freiheit schon unzulässig eingeschränkt und in ihrem Prinzip, in ihrem Begriff verfehlt. – Ich schweige zu der Behauptung einiger Neoklassiker, man könne das egoistische Nutzenkalkül »auf *alles* menschliche Verhalten« anwenden.[76]

Ist das klassische Dogma in seiner zweiten Bedeutung, seiner Interpretation als Naturgesetz, seiner mechanischen Auslegung also *in sich* ein Widerspruch, eine *nutzlose Unmöglichkeit*, so beruht dies auf dem völlig verengten Begriff von Freiheit, den Hobbes einführte. Die Gleichsetzung von Freiheit und Nutzenstreben ist eine unhaltbare Verkürzung. Bereits Fichte hat das sehr deutlich gesagt: »Es steht nicht in meiner Gewalt, einen bestimmten Trieb zu empfinden oder nicht; aber es steht in meiner Gewalt, ihn zu befriedigen oder nicht.«[77] Es gibt keine Möglichkeit, die Freiheit *positiv* zu definieren.

Die vergessene Kreativität

Kehren wir einen Augenblick zu Thomas Hobbes zurück. Hobbes nimmt bei seiner Einschränkung des Freiheitsbegriffs auf die *äußere Bewegungsfreiheit* des Menschen – die er mit jener der Körper gleichsetzt –, eine Differenzierung vor. Nachdem er Freiheit als *Abwesenheit einer äußeren Hemmung* definiert hat, fährt er fort: »Ist aber das Hindernis kein äußerliches, sondern ein innerliches, fehlt es nicht an *Freiheit*, sondern an *Vermögen*.«[78] Das Vermögen, die Fähigkeit etwas zu tun, wird also von Hobbes aus dem Freiheitsbegriff ausgeklammert. Er klammert die *Freiheit-zu-etwas*, die schöpferische Freiheit aus. Das *Vermögen*, die *kreative Fähigkeit*, etwas Neues zu erschaffen, in der *Trennung* von der äußeren Freiheit, wird zu einer bloßen *Kraft*, die der Naturnotwendigkeit folgt. Zerreißt man den Freiheitsbegriff also auf diese Weise, so geht die *wichtigste* menschliche Eigenschaft verloren: *Die Kreativität.* Menschliche Kreativität bedeutet, daß Menschen etwas *erschaffen* können, daß sie Gestalten, Formen, Dinge,

Muster *hervorbringen* können. Aus menschlicher Kreativität geht *Ordnung* hervor. Die Freiheit, kreativ etwas gestalten zu können, etwas aufbauen zu können – das ist auch im Wirtschaftsprozeß *der wichtigste* »Produktionsfaktor«. Wenn man die Freiheit nur *äußerlich* definiert und das *Vermögen*, die Fähigkeiten des Menschen auf sein *Nutzenstreben* reduziert, dann verfehlt man das Wesen des Menschen.

Die Ausklammerung der Kreativität ist deshalb *der zentrale Mangel* des klassischen Dogmas. Hier zeigt sich, weshalb es kein *System der natürlichen Freiheit* geben *kann*: Die Freiheit gehorcht als kreative Kraft gerade *keinem* vorherbestimmten Naturgesetz. Wie könnte sonst jemals etwas *Neues* erschaffen werden? Und hier wird nochmals deutlich, weshalb in den Sozialwissenschaften Theorien nach dem Vorbild der Naturwissenschaft einen *Grundfehler* begehen: *Es kann keine Theorie der Kreativität geben.* Gesetzt, jemand würde über eine Theorie der Kreativität verfügen und könnte kreative Leistungen vorhersagen. In diesem Falle wäre er in der Lage zu beschreiben, *was* durch die kreative Leistung hervorgebracht wird. Doch gerade *darin* besteht ja die kreative Leistung, nämlich dieses Neue hervorzubringen. Wenn ein Wissenschaftler eine Erfindung von morgen in ihrem Inhalt vorhersagt, dann *macht* er in diesem Augenblick diese Erfindung – denn vorhersagen heißt, das Ereignis, die Eigenschaften der Sache beschreiben zu können. Wenn man also, dem Menschen gemäß, die Kreativität als einen Ausdruck der Freiheit erkennt, dann erkennt man auch, weshalb es in der Freiheit niemals eine *innere* Ordnung geben kann. Es gibt für freie und kreative Menschen keine Naturordnung. Die Menschen erschaffen historisch ihre Ordnung immer wieder neu und lösen alte Ordnungen ab. Das klassische Dogma reduziert das Wesen des Menschen auf eine bewußtlose, unkreative Maschine – mit nur einem Bestreben, den eigenen Nutzen zu maximieren.

Dieser Irrtum drückt sich vor allem darin aus, daß man ökonomisches Handeln als eine *Wahlhandlung* beschreibt und *Entscheidung* als die Festlegung auf eine *gegebene* Alternative. Zwar gibt es in der neoklassischen Theorie eine *Produktion* von Gütern. Doch diese Produktion wird durch eine quasi-naturwissenschaftliche (oder ingenieurtechnische) Funktion – die Produktionsfunktion – beschrieben. Diese Produktionsfunktion verknüpft *gegebene* Faktoren bei *gegebenem* technischen Wissen mit *gegebenen*

Gütern. Konsum- und Produktionsentscheidungen erscheinen also eingezwängt zwischen *gegebenen* Alternativen. Doch die Wahl zwischen gegebenen Alternativen ist überhaupt keine wirkliche Entscheidung. Das erkennt man schon daran, daß es dafür genügend mathematische Modelle gibt. Ein mathematisches Modell *entscheidet* nicht, es gehorcht einer Gesetzmäßigkeit, einer Notwendigkeit. Wenn *Entscheidung* aber nicht ein völlig leeres Wort sein soll, dann muß man sagen: »Entscheidung ist kreativ«.[79] Für Kreativität kann es jedoch, wie gesagt, keine Theorie geben. Wenn man also anerkennt, daß es in der Wirtschaft Freiheit, Kreativität gibt, dann ist das klassische Dogma in seiner zweiten Bedeutung ohne Halt, ein leerer Glaubenssatz.

5 Privatinteresse und öffentliches Interesse

Mängel der Wohlfahrtsrechnung

Krankt das klassische Dogma in seinen ersten beiden Bedeutung an Widersprüchen, so wird dieses Dogma in seiner dritten Bedeutung zum leeren Gemeinplatz, zur leeren Hülle. Hier zielt das klassische Dogma auf das Verhältnis von Individuum und Staat und lautet: Die Verfolgung *privater* Interessen führt durch den freien Wettbewerb zur Verwirklichung des *öffentlichen* oder des *allgemeinen* Interesses. Ist es bei Montesquieu noch die selbstsüchtige Ehre, die »dem Gemeinwohl nützlich ist«[80], so wird für Mandeville, obgleich auch er sagt, daß »kein Verdienst darin (liegt), seinem Eigeninteresse zu folgen«[81], das Eigeninteresse ganz allgemein zu jener Macht, die der Öffentlichkeit förderlich sein soll. Steuart formuliert dies knapp und bündig: »Die Combination aller verschiedenen Privatinteressen ist es eben, was die Wohlfahrt des Publici zuwegebringt«.[82] Indem der Privateigentümer »seinem eigenen Interesse nachgeht«, sagt Adam Smith, »befördert er beständig das Interesse der Gesellschaft effektiver, als wenn er wirklich beabsichtigte, es zu fördern.«[83] Hier erhält das klassische Dogma eine Form, deren raffinierte Dialektik die Sozialphilosophen seither in Atem hält.

Vor allem Hegel zeigte sich von dieser Dialektik beeindruckt und machte sie zum Bestandteil seiner Staatsphilosophie. Hegel sagt aber einschränkend: Das Subjekt besitzt in seinem privaten Handeln eine Beziehung zum Allgemeinwohl, verfolgt »das Wohl auch anderer – in vollständiger, aber ganz leerer Bestimmung, das Wohl *aller*.«[84] Der Begriff des »allgemeinen Interesses«, »des Allgemeinwohls«, des »öffentlichen Interesses« usw. ist *nur ein ganz leerer, nichtssagender Begriff*. Es ist wie bei dem Satz: Wenn ich für mich sorge, dann sorge ich mich um das Wohl »des Menschen« – ein Satz, der ebenso wahr wie leer ist. Wenn man den Inhalt von »Allgemeinwohl« nicht *spezifisch* bestimmt, ist das klassische Dogma in seiner dritten Bedeutung nichts weiter als eine Seifenblase.

Nun *hat* sich die Wirtschaftswissenschaft mit dieser Frage beschäftigt; es gibt sogar eine eigenständige Teildisziplin dafür: die *Wohlfahrtsökonomie*.

Wir wollen darauf, wiederum ohne in die mathematisch-formalen Details zu gehen, zunächst blicken. Vor allem Jeremy Bentham hat hier einen entscheidenden Anstoß gegeben. Von ihm stammt die einfachste Regel zur Bestimmung der allgemeinen Wohlfahrt. Wir können seine Erwägungen wie folgt zusammenfassen: Zunächst solle man »einen Menschen *für sich* betrachten«[85] und isoliert für jedes Individuum bei einer bestimmten Sache den Nutzen oder Schaden bestimmen. Das Ziel ist es, hierbei jeweils einen *Wert* für den Nutzen oder Schaden zu finden. Die auf diese Weise erhaltenen individuellen Nutzen- und Schadenswerte sind dann das Ausgangsmaterial für die Bestimmung des *allgemeinen Nutzens*. Wie gelangt man zu dieser allgemeinen Wohlfahrt? Benthams Antwort: »Man *addiere* die Zahlen, die den Grad der *guten* Tendenz ausdrücken (...); das gleiche tue man in Bezug auf jedes Individuum, für das die Tendenz insgesamt *schlecht* ist. Man ziehe Bilanz«.[86] Auf diese Weise bestimmt Bentham die soziale Wohlfahrt. Die später entwickelte Wohlfahrtsökonomik spricht in diesem Fall von einer *additiven Wohlfahrtsfunktion*. Andere Formen der *Aggregation* des Nutzens der Individuen einer Gesellschaft wurden diskutiert, sie besitzen jedoch einen Schönheitsfehler: Wenn man den individuellen Nutzen (bzw. Schaden) nicht addiert, also gleich gewichtet, dann liegt darin ein Verstoß gegen die *Gerechtigkeitsforderung*, gegen den *Gleichheitsgrundsatz*. Es ist für unsere Diskussion deshalb völlig hinreichend, wenn wir bei Benthams ursprünglichem Gedanken bleiben.

Das Wohl *aller* wird also als eine *Summe* des individuellen Wohls betrachtet. Auf diese Weise bestimmt, ist das »allgemeine Interesse« tatsächlich *keine* Leerformel mehr. Doch das Problem hat sich nur verschoben: Was *ist* eigentlich der Nutzen der Individuen? Die politische Praxis hat diese Frage beantwortet: Wir wählen das *Sozialprodukt* als Maß des ökonomischen Allgemeinwohls. Was ist das Sozialprodukt? Das Sozialprodukt ist die um die Vorleistungen bereinigte Summe aller verkauften Güter und Dienstleistungen eines Jahres. Sachlich entspricht diese Größe – nach rechnerischen Korrekturen – der Summe aller Faktoreinkommen: Löhne, Zinsen, Gewinne, Bodenrenten. Hier wird also *tatsächlich* Benthams Regel angewendet, allerdings in merkwürdiger Inkonsequenz. Bentham hatte immerhin noch gefordert, daß der Nutzen gegen den Schaden zu bilanzieren sei. Beim Sozialprodukt gibt es keinen

Abzug für »Schäden«. Wer am Arbeitsplatz schädliche Gase einzuatmen gezwungen wird und davon erkrankt, in der Folge eine langwierige ärztliche Behandlung benötigt, dessen *Schaden* – denn was sonst soll eine Krankheit sein? – erscheint nicht in der Sozialproduktsrechnung. Im Gegenteil: das Einkommen des Arztes, das der Reparatur des Schadens dient, wird Teil des Sozialprodukts. Der Schaden *erhöht* das Sozialprodukt. Dieses einfache und keineswegs unbekannte Beispiel, das nur eines von zahllosen anderen ist, versetzt uns mitten in das Problem der Wohlfahrtsmessung.

Welches Prinzip liegt hier zugrunde? *Erstens* wird das menschliche Glück auf den Nutzen reduziert, der aus Gütern erwächst. *Zweitens* werden nur Güter in Betracht gezogen, die auf dem Markt erscheinen, einen Preis besitzen und zu einem *Einkommen* führen. *Drittens* wird der erzielte Wert aus dem Verkauf von Gütern (wozu auch Arbeitsleistungen zählen) addiert, ungeachtet der *Funktion*, die diese Güter erfüllen. Der Erlös aus der verkauften Pistole wird zum Einkommen des Arztes addiert, der eine mit dieser Waffe verursachte Schußwunde heilt. *Viertens* werden nur Güter und Dienstleistungen einer laufenden Periode addiert. Die mit FCKW ausgestatteten Kühlschränke führten über Jahre hinweg zu einer Erhöhung des Sozialprodukts; die – erst sehr zögerliche – Beseitigung der durch FCKW verursachten Schäden erhöht das Sozialprodukt in künftigen Perioden, wenn diese Maßnahmen zu marktgängigen Leistungen führen. Werbung für Zigaretten ist ein Wirtschaftsfaktor; die Behandlung von Krebs ist ein Wirtschaftsfaktor – die Sozialproduktrechnung offenbart eine ganz eigentümliche Verwirklichung der Parole vom »positiven Denken«.

Diese Probleme sind keineswegs unbekannt und Stoff in allen Anfängerveranstaltungen für Studenten der Wirtschaftswissenschaften. Wenn aber das Sozialprodukt gerade *kein* Maß für das allgemeine Interesse ist, worin finden wir dann dieses allgemeine Interesse verwirklicht? Diese Frage zielt nicht auf eine *andere* oder *bessere* Rechenmethode für die Volkswirtschaftliche Gesamtrechnung – obgleich eine Reform dieser Rechnung sicherlich sehr hilfreich wäre. Die Frage zielt auf das im klassischen Dogma ausgesprochene *Prinzip*. Um dieses Prinzip zu entdecken und kritisch beurteilen zu können, müssen wir zunächst zur allgemeinen Formulierung zurückkehren.

Der exklusive Club der Eigentümer

Die Verfolgung *privater* Interessen führe, so lautet das klassische Dogma in dieser Version, zur Förderung des *allgemeinen* oder des *öffentlichen* Interesses. Der *Grund*, weshalb dies der Fall sein soll, wird wiederum im Wettbewerb, in der Konkurrenz gesucht. Gerade *weil* sich die privaten Interessen in der Konkurrenz wechselseitig beschränken, verwirklicht sich das öffentliche Interesse. Ohne diese Beschränkung wäre die Konkurrenz privater Interessen nur ein Krieg aller gegen alle, und die Hobbesschen Schlußfolgerungen, der Ruf nach einem Leviathan, einem starken Staat wäre unvermeidlich. Wenn man diese Formel *nicht* moralisch deutet – wir haben diese Version des klassischen Dogmas bereits diskutiert –, dann stellt sich die Frage nach einer *positiven* Bestimmung des Begriffs *Interesse*.

Wie in dem bereits zitierten Hegelsatz, könnte man natürlich sagen: Wenn jemand *sein* Interesse verfolgt, dann verfolgt er ein *Interesse*, und das ist das Allgemeininteresse. Daß diese Tautologie höchst unbefriedigend ist, braucht nicht betont zu werden. Der *Allgemeinbegriff* »Interesse« bleibt leer, wenn er nicht im Hinblick auf ein Subjekt näher bestimmt wird. Wenn jemand *sein* Interesse verfolgt, dann ist dies nur ein anderer Ausdruck für den zugrundeliegenden Egoismus. Auch hier bleibt der Begriff »Interesse« noch leer, denn wir werden fragen: *Welches* Interesse besitzt jemand, welchen Zweck verfolgt er? Wir können die Frage also so spezifizieren: Welchen *Inhalt* hat der Begriff des Interesses, und welches Subjekt, welcher *Träger* ist gemeint? *Wer* verfolgt *welches* Interesse?

Hier haben die *Klassiker* tatsächlich eine einfache und sehr deutliche Antwort gegeben: *Eigentümer* verfolgen als Privatinteresse das Ziel der *Mehrung* ihres Eigentums. Es ist kein Zufall, daß das englische Wort für »Interesse« – *interest* – zugleich auch *Zins* bedeutet, also jenen Geldbetrag, der am Ende dem eingesetzten Kapital zugeschlagen wird, das er vermehrt. Wer am Marktprozeß in einer marktwirtschaftlich organisierten Gesellschaft teilnehmen will, und das heißt an der *Konkurrenz* teilzunehmen, der ist durch sein *Eigentum* definiert. Er muß über etwas verfügen, das *verkauft* werden kann, das auf Nachfrage stößt. Dies kann, im einfachsten Fall, ein Geldbetrag sein, der *immer* einen Abnehmer findet; es ist für die große Mehrzahl der Menschen ein Gut: entweder ein produziertes Gut oder eine Dienstleistung – und auch die Arbeitleistung ist *eigentlich* eine Dienstleistung. Mit dem beim Verkauf erzielten Geldbetrag kann man *immer* am Marktprozeß teilnehmen; *ohne* im Besitz von Geld oder eines marktfähigen Gutes zu sein – eines nachgefragten Produkts oder einer Arbeitsqualifikation, die auf Nachfrage stößt – bleibt man vom Marktprozeß ausgeschlossen. Also kann man sagen: In seiner ursprünglichen Bedeutung ist das *private Interesse* das Interesse von Eigentümern, für ihr Eigentum einen möglichst großen Geldbetrag zu erlösen. »Eigentümer« ist in diesem Sinne auch jemand, der nur über eine einfache Arbeitsqualifikation verfügt, die er auf dem Arbeitsmarkt verkaufen kann.

Wenn also das private Interesse *inhaltlich* ein Streben nach maximalem Erlös für verkauftes (oder verliehenes) Eigentum ist, dann weist das klassische Dogma in der hier diskutierten Formulierung einen seltsamen Widerspruch auf. Reduziert man menschliches Streben auf die »Liebe zum Geld«, auf die *Vermehrung* des Eigentums (in geldgleichen Werten), dann wird dieses Streben ja in der Konkurrenz auf das Streben der je *anderen Egoisten* stoßen. Es kann sich also nicht verwirklichen, es stößt auf dem Markt auf den Konkurrenten, auf jene Person oder Organisation, die eine Realisierung des eigenen Strebens gerade *verhindert.* Sicherlich möchte jeder für seine Arbeitskraft einen möglichst hohen Lohn erzielen. Dieses Streben *scheitert* daran, daß andere ihre Arbeitskraft auch anbieten und sich so auf dem Arbeitsmarkt durch den Wettbewerb ein bestimmter, begrenzter Lohn ergibt. Dasselbe gilt für den Umsatz von Unternehmen, der durch den Umsatz der Konkurrenz begrenzt wird. Die Konkurrenz *verhindert* also die Erreichung des jeweils maximalen Einkommens der Wirtschaftssubjekte. Die Wirtschaftssubjekte maximieren unter Nebenbedingungen, und die »Nebenbedingungen« sind die je anderen Wirtschaftssubjekte, die ihrerseits maximieren. Ihr *eigentliches Ziel,* einen nach oben völlig unbegrenzten Geldbetrag für ihre Güter oder Dienstleistungen zu erzielen, können sie gerade *nicht* realisieren. Unterstellt man also maximierendes Verhalten in *Vielheit,* so gibt es für dieses Verhalten weder ein jeweils individuelles Maximum noch überhaupt ein Optimum. Nur wenn man annimmt, daß es ein durchaus endliches Sättigungsniveau gibt und von der These abgeht, die Individuen würden egoistisch ein maximales Ziel (Geldbesitz, Einkommen, Nutzen, Gewinn) erstreben, ist eine Gesamtlösung denkbar.[87]

Die in der Wohlfahrtsökonomik verwendete Pareto-Norm stellt bereits die Aufhebung des klassischen Dogmas dar. Ein Zustand heißt »paretooptimal«, wenn kein Individuum besser gestellt werden kann, ohne irgendein anderes Individuum schlechter zu stellen. Hierbei wird also ein *Zustand* unterstellt. Ein Zustand ist ein Gleichgewicht. Wenn sich aber die Interessen durch je andere *eingeschränkt* sehen und daran festhalten, diese Schranke *auszuweiten*, dann kann dieser Zustand kein Gleichgewicht sein. Ein Interessengegensatz der Privaten bedeutet, daß ein Interesse die Realisierung des jeweils anderen *verhindert*. Also richtet sich die Wettbewerbshandlung auch *gegen* den jeweiligen Konkurrenten, und solches Handeln ist eine permanente Veränderung, kein »Zustand«. Also setzt die Paretooptimalität einer Wirtschaft bereits eine Harmonie der konkurrierenden Interessen voraus, sie ist alles, nur keine Beschreibung einer Wirtschaft mit egoistisch konkurrierenden Individuen.[88]

Die neoklassische Theorie der Unternehmung hat sich dieses Problems durch einen anderen »Trick« entledigt. Sie unterstellt, daß Unternehmen ihren Gewinn unter *Nebenbedingungen* maximieren würden. Diese Nebenbedingungen sind letztlich *technologischer* Natur. Ein Unternehmen maximiert seinen Gewinn unter Berücksichtigung seiner *Produktionsfunktion*. Und mit Bezug auf diese Produktionsfunktion nimmt die neoklassische Theorie an, daß ein schrittweiser Mehreinsatz von Produktionsfaktoren zu einem *sinkenden* Mehrertrag führen wird. Unter dieser Voraussetzung ist es für ein Unternehmen vorteilhaft, seine Produktion nur *soweit* auszudehnen, bis der maximale Gewinn erreicht wird. Eine weitere Vergrößerung der Produktionsmenge würde höhere zusätzliche Kosten verursachen, als auf dem Markt für die verkauften Produkte an Umsatz zu erzielen wäre. Diese Annahme *abnehmender Erträge* führt dazu, daß das Gewinnstreben der Unternehmen nicht durch ihre *Konkurrenten*, sondern durch die Natur ihrer Produktionsfunktion begrenzt wird. Durch diese Annahme gelingt es den neoklassischen Ökonomen, den Widerspruch zu vermeiden, daß ein *unbegrenztes* Gewinnstreben gerade *kein* erkennbares, vorhersagbares Ergebnis zeitigen würde. Die neoklassischen Unternehmen sind Ausdruck einer *technologisch begrenzten Bescheidenheit*, die allerdings nur in den Lehrbüchern zu finden ist.

Doch der Gedanke der Neoklassik ist selbst dann unhaltbar, *wenn* es – was empirisch nicht oder nicht überwiegend der Fall ist – keinerlei Vorteile der Massenproduktion gäbe, wenn also die Stückkosten mit größerer Stückzahl *nicht* sinken würden. Es steht nämlich jedem Unternehmen frei, neben das betrachtete Werk, das durch eine »neoklassische Produktionstechnologie« beschränkt wird, ein weiteres Werk zu errichten, daneben wiederum ein weiteres usw. Die Neoklassik verwechselt in ihrer Theorie *Unternehmen* mit *Betriebsstätten*. Ein Unternehmen kann beliebig viele Betriebsstätten errichten, vorausgesetzt dies lohnt sich. Und das heißt: Vorausgesetzt, man wird in seinem Expansionsdrang nicht durch einen Konkurrenten gehindert.[89] (Auch hier zeigt sich übrigens wieder, daß es kein inneres Naturgesetz zur Beschränkung der Freiheit gibt; es gibt nur *beschränkte Theorien*.)

Das »allgemeine Interesse« auf dem Weltmarkt

Wir können damit vorläufig zusammenfassen: Der Gedanke, daß das allgemeine Interesse als *Summe* der privaten Interessen aufgefaßt werden könnte, scheitert an der Tatsache, daß er den Wettbewerb zwischen den privaten Interessen ausklammert. Doch lassen wir den *Gegensatz* der Interessen bei den Privaten einmal außer Acht. Akzeptieren wir für den Zweck des Arguments die These, die Summe der Einkommen der Privaten sei identisch mit dem öffentlichen Interesse. In dieser Formulierung birgt die Formel des klassischen Dogmas gleichwohl einen Sprengstoff, der sich immer wieder *sozial* entladen hat. Die *klassischen* Ökonomen, vor allem Mandeville, Steuart und Smith, haben das unmißverständlich zum Ausdruck gebracht. Ihnen war völlig bewußt, daß der Begriff des »privaten Interesses« mit dem Begriff des *Eigentümers* identisch ist. Auch hier fand Mandeville die ungeschminkteste Formulierung, wenn er sagt, »daß in einem freien Volke, wo die Sklaverei verboten ist, der sicherste Reichtum in einer großen Menge schwer arbeitender Armer besteht.«[90]

Mandeville geht davon aus, daß in jeder Gesellschaft Tätigkeiten zu verrichten sind, die im Grunde *niemand* ausüben möchte, die aber dennoch getan werden müssen. »Ein Übermaß von harter und schmutziger Arbeit muß getan werden, bei der man sich in ein einfaches Leben einfügen muß. Wo sollten wir für diese Notwendigkeiten einen besseren Nachwuchs finden als unter den Kindern der Armen?«[91] Voraussetzung ist allerdings, daß diese Armen dagegen nicht aufbegehren.

Sah Mandeville in der *Unwissenheit* der Armen das beste Mittel, die gefügige Bereitschaft zum Verrichten unliebsamer Arbeiten zu bewahren – weswegen er sich heftig gegen Schulen für Arme einsetzte[92] –, so fand Steuart hier ein weit eleganteres Mittel. Er sagt: In einer Marktwirtschaft »müssen die niedrigsten Classen eines Volkes auf ihr physisch-Benöthigtes eingeschränkt werden: aber diese Einschränkung ist nicht durch *Unterdrückung*, sondern allein durch die Wirkung einer *Concurrenz* ins Werk zu setzen.«[93] Die Konkurrenz dient also nicht nur dazu, die privaten Interessen *untereinander* zu beschränken, sie dient vor allem auch dazu, diejenigen, die nur Arbeitsleistungen zu verkaufen haben, nicht im Übermaß am Wohlstand der Nationen teilhaben zu lassen. Auf diese Weise bleiben die Eigentümer von Geld und Kapital von denjenigen, die nur Arbeitsleistung zu verkaufen haben, getrennt. Der *Schutz* des Eigentumsrechts wird somit zugleich zu einem Schutz der Eigentümer von Sachkapital vor den Interessen der Eigentumslosen. Adam Smith stellt das mit Nachdruck fest: »Gesetze und eine Regierung können (...) als ein Zusammenschluß der Reichen aufgefaßt werden, um die Armen zu unterdrücken und die ungleiche Verteilung der Güter in ihrem Interesse zu bewahren, die sonst sehr bald den Angriffen der Armen zum Raub fallen würden.«[94] Und weiter: »Ohne Eigentum kann es keine Regierung geben, da deren eigentliches Ziel darin besteht, den Reichtum zu sichern und die Reichen gegenüber den Armen zu schützen.«[95] Die Regierung hat bei Smith durchaus jene Funktion, die später von Marx als »Klassenherrschaft« bezeichnet wurde: »Wird also eine Regierungsgewalt zu dem Zwecke eingerichtet, das Eigentum zu sichern, so heißt das in Wirklichkeit nichts anderes, als die Besitzenden gegen Übergriffe der Besitzlosen zu schützen.«[96] Hier ist also die *Summe der Privatinteressen* als ein exklusiver Klub der Eigentümer verstanden, dem die Besitzlosen als Ausgestoßene gegenüberstehen. Sie jedenfalls zählen für die ökonomischen Klassiker, für Mandeville, Steuart oder Smith *nicht* zu dem, was man als »Allgemeinwohl« bezeichnet.

Aber, so mag man einwenden, ist dies nicht ein längst überwundener Standpunkt? Hat es nicht die Marktwirtschaft erreicht, daß längst auch die ehemals Armen, die nur ihre Arbeit zu verkaufen haben, am Reichtum der Gesellschaft beteiligt werden? Ist es nicht zuletzt die *soziale* Marktwirtschaft gewesen, die auch den Arbeitern einen erheblichen Wohlstand brachte und somit zeigte, daß das allgemeine Interesse durchaus auch die Besitzlosen umfaßt? Man kann das sicherlich nicht leugnen, wenigstens nicht für die wohlhabenden Standorte der Weltwirtschaft. Aber ein *nationaler* Standpunkt ist bei der Betrachtung einer weltweit agierenden Wirtschaft unangebracht und völlig antiquiert.

Mehr noch. Bereits der Anfang der Marktwirtschaft findet sich im *internationalen* Handel, entlang der Handelswege, die Asien und Europa miteinander verbanden. Es widerstreitet dem Handel, sich in nationale Grenzen einzufügen. Besser gesagt: Das *Prinzip* Marktwirtschaft steht in *keiner* inneren Beziehung zum *Prinzip* Staat, zur Nation, zum »Volk«. Deshalb waren es zuerst Kaufleute, die historische Schranken der Religion oder der geographischen Abgrenzung überwunden haben. Wenn man *wirklich* das Gewinnstreben, die Liebe zum Geld, den pekuniären Egoismus zum Prinzip machen möchte, dann wird dieses Motiv sich niemals durch nationale, religiöse oder ethnische Schranken eingrenzen lassen. Es *widerspricht* seinem innersten Streben. Die Beschränkung der Marktwirtschaft auf eine Nation, ihre Einzwängung in nationale Grenzen, ist ihrem Wesen unangemessen. Nicht zufällig fügten die französischen Kaufleute dem Prinzip des *Laissez faire* das Prinzip *Laissez passer* hinzu.

Weder theoretisch noch historisch läßt sich eine »*National*-Ökonomie« als *Marktwirtschaft* rechtfertigen. Wenn aber der Markt in seinem Wesen je schon nationale Grenzen überstiegen hat, wenn es nur *eine Weltwirtschaft* gibt, dann verliert das klassische Dogma in jener Formulierung, die von der Verfolgung der privaten Interessen auf das Allgemeinwohl schließt, jegliche Plausibilität. Wenn es dem *Wesen des Marktes* widerspricht, sich an staatlichen Grenzen zu orientieren, wenn das »Privatinteresse« jegliche nationale, kulturelle, ethnische oder religiöse Schranke *überschreitet*, dann ist die Gleichsetzung von »Allgemeininteresse« und »Nationalinteresse« (oder Staatsinteresse) theoretisch und historisch ein Mißgriff. Der Markt der *einen* Erde, der Weltmarkt, hat weder vor den Grenzen der Sowjetunion noch vor den Grenzen lokaler Diktaturen jemals Halt gemacht. Im Gegenteil. Der bislang letzte Versuch, einen Staat *gegen* die Gesetze des Weltmarktes mit *eigenen* Gesetzen aufrechtzuerhalten, ist mit dem Zusammenbruch des Ostblocks und der Öffnung der Märkte Chinas gescheitert.

Was ergibt sich daraus? Was folgt aus der *logischen* Notwendigkeit, daß das Privatinteresse sich nicht einbinden läßt, daß die *private Freiheit* keine Schranke akzeptiert? Es folgt daraus, daß das *allgemeine Interesse*, das *Gemeinwohl*, das *öffentliche Interesse* nur das *gesamte Interesse aller Menschen der Erde* sein kann. Eine andere Auslegung dieses Begriffs des »allgemeinen Interesses« wäre naiv und war zu *keiner* Zeit historisch angebracht, seit es Handel gibt. Wenn wir aber das Interesse *aller* Menschen betrachten, ist dann die Behauptung von Mandeville, Steuart und Smith nicht nach wie vor richtig, daß der Weltmarkt auf billige Arbeitskräfte nicht verzichten kann? Wie könnte es sonst überhaupt eine *Standortdebatte* geben? Weltweit stößt der Marktprozeß tatsächlich immer wieder ganze Menschengruppen von sich fort ins Elend, verhindert die Teilnahme am Weltmarkt, ergreift aber auch umgekehrt die Chance billiger Arbeitskräfte, wenn sich damit wirtschaftliche Interessen verbinden lassen. Ehemals arme Länder werden dadurch reich und teilen diesen Reichtum auch, wie unvollkommen auch immer, mit allen Bevölkerungsschichten.

Die Naivität der Marxschen Theorie, durchaus in der Tradition von Adam Smith, bestand nicht darin, eine Trennung von Eigentümern und Besitzlosen als Charakteristikum des Marktprozesses zu behaupten, ihre Naivität bestand darin, diesen Gegensatz *innerhalb* einzelner Nationen gesucht und dann auf den Weltmarkt übertragen zu haben. Es gibt wohl ein weltweit agierendes Kapital, nicht aber *ein* »Welt-Proletariat«. Die Armut ist ein wechselnder Prozeß in verschiedenen Ländern beim Standortwechsel von Unternehmen auf dem Weltmarkt. Was heute an einem Standort »Proletariat« ist, kann morgen relativen Reichtum erwerben und auf dem Weltmarkt eine günstige Position behaupten. Und Länder, in denen sich für eine bestimmte Zeit auch die arbeitende

Bevölkerung eines nicht unbeträchtlichen Wohlstandes erfreut, können durch Wirtschaftskrisen und politische Umbrüche wieder auf den Status zweitklassiger Nationen zurücksinken. Es ist deshalb unzulässig, diesen Prozeß auf wenige Nationen oder Jahrzehnte zu beschränken; er ist international und so alt wie der Welthandel.

Was können wir aus dieser kurzen Erinnerung an die Struktur des Weltmarktes für unsere Frage lernen? Der Begriff des »öffentlichen Interesses« ist entweder ein Scheinbegriff, oder wir verstehen darunter ein wie immer erfaßtes und definiertes Interesse der *Weltbevölkerung*. Und daß dieses Interesse durch den Weltmarkt allgemein befördert werde, nicht aber überwiegend das Interesse der *vorteilhaften nationalen Standorte*, das zu behaupten kommt dem Zynismus Mandevilles gleich. Nur stellt sich die Sache nicht als Gegensatz *innerhalb* einer Nation dar – ein Gegensatz, den es in dieser reinen Form niemals gab –, sondern als Gegensatz zwischen den reichen und den armen Standorten auf dem Weltmarkt. Die reichen Nationen schützen sich vor dem Ansturm der Armen: durch Zölle, Einwanderungsgesetze, und nicht zuletzt durch ihre nationale Verteidigung.

Interessen der Zukünftigen und anderer Lebewesen

Die Notwendigkeit, das »allgemeine Interesse« als *weltweites* Interesse zu bestimmen, wenn man akzeptiert, daß die privaten Interessen sich auch weltweit betätigen, ist jedoch nur ein erster Schritt, die Leerformel des klassischen Dogmas in seiner dritten Bedeutung auszufüllen. Das *allgemeine Interesse* darf nicht *räumlich* eingeschränkt werden (auf die je eigene Nation), wenn das *private Interesse* räumliche Schranken übersteigt. Es darf aber auch nicht *zeitlich* eingeschränkt werden. Fördert die Verfolgung privater Interessen *heute* auch das Allgemeinwohl von morgen und übermorgen? Wenn man auf dem Egoismus als »Rationalitätspostulat« beharrt, dann beinhaltet dieser Egoismus auch die Bevorzugung *gegenwärtiger* Interessen gegenüber *zukünftigen*. Die Volkswirtschaftslehre verwendet als technischen Ausdruck hierfür den Begriff der *Zeitpräferenz* oder der *Gegenwartsvorliebe*. Neoklassische Wirtschaftsmodelle gehen *selbstverständlich* davon aus, daß »rationales Handeln« bedeute, *künftige* Ereignisse geringer zu schätzen als gegenwärtige.

Wenn gegenwärtiges egoistisches Verhalten nicht im *Gegensatz* zur Zukunft stünde, dann wäre die Gegenwartsvorliebe ein kurioses, nicht aber weiter bedenkliches Verhalten. Ist aber umgekehrt die »nach-mir-die-Sintflut«-Haltung für künftige lebende Generationen *schädlich*, besteht also ein trade-off zwischen gegenwärtigem Interesse und zukünftigem Interesse, dann *muß* die Formel des klassischen Dogmas falsch sein. Rein logisch betrachtet, liegt hier ein ähnlicher Fall vor wie bei den Armen, die aus der Konkurrenz herausfallen, weil sie auf dem Weltmarkt nichts zu verkaufen haben. Immerhin können diese Armen noch einen - wenn auch schwachen und meist wirkungslosen - *politischen Druck* ausüben. Den künftigen Generation bleibt dieses Mittel versagt. Keine Lobby vertritt unsere Enkelkinder, ganz abgesehen von der trivialen Tatsache, daß sie *heute* noch nicht gegen die Privatinteressen der gegenwärtigen Generation konkurrieren und diese damit begrenzen könnten. Es handelt sich also um ein sehr einseitiges Geschäft. Wenn aber die klassische Doktrin irgendeinen Sinn haben soll, dann doch den, daß die egoistischen Privatinteressen sich *gegenseitig* eine Schranke bilden und so den Egoismus dem Allgemeininteresse dienstbar machen sollen. Es gibt aber keine Konkurrenz der Lebenden gegen die Ungeborenen.

Das »Allgemeininteresse« muß Raum und Zeit übersteigen, es muß das Interesse der Menschen *weltweit*, und es muß das Interesse der *zukünftigen* Generation mit beinhalten - sonst bleibt es ein »Privatinteresse«, das heißt das Interesse einer Gruppe von Menschen. Nun braucht man nicht zu leugnen, daß frühere Generationen vielfach *positiv* zum Wohlstand der gegenwärtigen Generation beigetragen haben: Wir zehren vom Kapital der Wissenschaften vieler Jahrhunderte, nutzen kulturelle Leistungen (wie Sprache, Schrift etc.) als öffentliche Güter für unsere privaten Zwecke, bauen weiter auf den Straßen, Häusern und Maschinen unserer Ahnen. Hier bekundet sich durchaus eine *positive* Beziehung zwischen verschiedenen Generationen. Es gibt aber keinen prinzipiellen Grund, schon gar keinen, den das klassische Dogma auch nur erwähnte, daß dieses Verhältnis so sein oder bleiben müßte. Sehr vieles spricht dafür, daß *wenigstens* die ökologischen Versäumnisse jener Generationen, die im 20.

Jahrhundert lebten und leben, für das 21. Jahrhundert überwiegend negative Konsequenzen zeitigen werden. Doch gleichgültig zu welchem Schluß wir gelangen: Fest steht, daß die Verfolgung privater Interessen *hier und heute* in keiner notwendigen Beziehung zum Allgemeininteresse der Weltbevölkerung für viele Generationen steht oder überhaupt stehen *kann*. Sobald man also die Leerformel vom »Allgemeininteresse« wenigstens räumlich und zeitlich konkretisiert, erweist sich das klassische Dogma als unhaltbar.

Es gibt aber neben der unvollständigen räumlich-zeitlichen Konkretisierung noch eine *sachliche*. Woraus geht hervor, daß das Allgemeininteresse nur das Interesse *der Menschen* beinhaltet? Ist es nicht angebracht, wenigstens *die Frage* zu stellen, ob nicht andere Lebewesen in ihren »Interessen« gleichfalls zu berücksichtigen sind? Sicherlich, die humanistische Ethik und jene Religionen, die eine *herrschende* Stellung des Menschen behaupten, setzen zwischen Menschen und andere Lebewesen eine unüberbrückbare Kluft, die auf charakteristische Weise in der Philosophie René Descartes formuliert wurde: Tiere sind bloße Maschinen. Wenn aber die christlichen Fundamentalisten *nicht* recht darin haben, daß Menschen und Tiere unveränderlich nach den Worten der Bibel erschaffen wurden, wenn vielmehr die *Evolutionstheorie* eher den richtigen Punkt trifft, wonach die Menschen sogar aus dem Tierreich *hervorgegangen* sind, dann gibt es keinerlei Begründung für einen Ausschluß anderer Lebewesen aus dem Allgemeininteresse. Im Gegenteil, jedes vernünftige Argument spricht dafür.[97] Daß es, wenn dies akzeptiert wird, für die Erde und ihre vielfältigen Lebensformen aber so etwas wie *ein* Allgemeininteresse geben könnte, daß sich solch ein Begriff überhaupt vernünftig – ganz zu schweigen von *unstrittig* – bestimmen lassen könnte, dafür gibt es nicht den leisesten Hinweis. Es zeigt sich also, daß der Begriff des *öffentlichen Interesses* oder des *Allgemeininteresses* nicht zufällig in jenem Dunkel belassen wird, das ihn in seiner Formulierung umgibt.

Aggregation des Spiels der Interessen?

Es sollte noch ein Punkt ergänzt werden. Der Begriff der »Öffentlichkeit«, der sich im Begriff des »öffentlichen Interesses« verbirgt, führt uns mitten in die *Staatstheorie*, ein Thema, das wir an dieser Stelle nicht weiter verfolgen können. Wenn man sich aber auf die *demokratische Staatsform* beschränkt und davon ausgeht, daß über öffentliche Angelegenheiten letztlich durch *mehrheitliche* Abstimmungen entschieden wird, dann wird der Begriff des öffentlichen Interesses meist wie folgt definiert: Im öffentlichen Interesse ist das, wofür sich die Mehrheit entscheidet. Erfaßt man die Vielheit der privaten Interessen durch *Abstimmungen* in demokratischen Wahlen und Entscheidungen, so erscheint das öffentliche Interesse als Ergebnis eines *Wahlprozesses*. In diesem Fall hat man die Basis des klassischen Dogmas bereits verlassen, denn das klassische Dogma besagt gerade, daß die öffentlichen Angelegenheiten – außer Eigentumssicherung, Landesverteidigung, Infrastruktur – nicht *staatlich* geplant, sondern dem *Marktprozeß* überlassen werden sollen. Das Ergebnis des Marktprozesses und das Ergebnis eines Wahlprozesses kann aber nur *zufällig* identisch sein.

Doch nehmen wir für den Augenblick an, das öffentliche Interesse werde insgesamt durch eine demokratische Wahl durchgesetzt. Die Wahl simuliere also den Markt. Nun hat die Theorie des Wählerverhaltens, die vor allem durch *Arrow* wichtige Impulse erhielt, zu einem wenig überzeugenden Ergebnis geführt.[98] Es hat sich etwas gezeigt, was eigentlich niemand überraschen wird: *Es gibt keine widerspruchsfreie Möglichkeit, die Interessen (Präferenzen) der Wähler zu aggregieren.* Es wird vielmehr nicht nur zu Paradoxien (Arrow-Paradox) kommen, auch wechselnde Koalitionen der Interessen sind als Regel zu erwarten. Man kann nicht die Vielheit der privaten, egoistischen Interessen durch eine einfache Wahlregel in *ein* öffentliches Interesse verwandeln – selbst dann nicht, wenn man die private Freiheit so restriktiv definiert, wie dies in der neoklassischen Theorie geschieht.

Wir können dies noch durch eine bekannte Einsicht der *Spieltheorie* ergänzen. Private Interessen sind vielfach oder sogar in der Regel *gegensätzliche Interessen.* Des einen Gewinn ist des anderen Verlust. Es braucht sich keineswegs immer um ein Nullsummenspiel zu handeln; wenigstens besteht zwischen dem Gewinn eines A und dem Gewinn eines B oftmals eine *negative* Beziehung. Sicherlich kann und wird es auch gemeinsame Interessen geben, die zu entsprechender Zusammenarbeit, zu Interessen-Koalitionen führen; doch dies ist bei *egoistisch* verfolgten Privatinteressen keineswegs der Regelfall. Privatinteressen sind vielfach *gegensätzliche* Interessen. Zum Egoismus gehört das grundsätzliche Mißtrauen gegenüber den Aktionen eines Konkurrenten. Man vertraut nur dem, was man *selber* kontrollieren kann. Diese Haltung führt aber in vielen Fällen zu Situationen, die in der Spieltheorie als »Gefangenen-Dilemma« (Prisoner´s Dilemma) beschrieben werden.[99] Wir wollen es kurz an einem Beispiel illustrieren: Würden sich zwei Konkurrenten verständigen, so ergäbe sich - wie wir annehmen wollen - ein positiver Gewinn; z. B. bei der Einigung auf einheitliche Formate für Videokassetten. Ergreifen sie Maßnahmen *gegen* den jeweiligen Wettbewerber - verwendet also jede Firma ihre eigenen Formate -, so führt dies nur dann zu einem positiven Ergebnis, wenn der Konkurrent auf eine ähnliche Maßnahme verzichtet (also das Produkt vom Markt nimmt oder sich dem Konkurrenten anpaßt). Treten beide in einen »Kriegszustand« ein, so verlieren beide, weil sich die Konsumenten z. B. von der angeboten Technologie abwenden, oder weil individuelle Vertriebswege zu teuer sind. Da sich beide Konkurrenten aber grundlegend mißtrauen, so würde - Egoismus vorausgesetzt - in jedem Fall eine Einigung scheitern, selbst dann, wenn zuvor eine Absprache getroffen worden wäre. Warum? Eben *weil* sich die Konkurrenten aus egoistischen Motiven mißtrauen und auch beim je anderen dasselbe Mißtrauen erwarten. Das Gesamtergebnis wird also schlechter sein *aufgrund* dieses Mißtrauens.[100]

Der Versuch, den Marktprozeß durch Wahlprozesse oder als Spielprozeß zu simulieren, ergibt also genau jenes Resultat, das der gesunde Menschenverstand erwarten würde, den zu widerlegen die Wirtschaftswissenschaft doch angetreten ist: Die Konkurrenz privater Interessen führt *insgesamt* zu einem teils widersprüchlichen, teils unbestimmten, teils schlechteren Ergebnis. Beim zufälligen Aufeinanderprall der Privatinteressen ist ein *reines* Chaos ebenso unwahrscheinlich wie eine gleichgewichtige Ordnung.

So entpuppt sich auch die dritte Deutung des klassischen Dogmas als eine leere Behauptung, die an ihrer eigenen Widersprüchlichkeit und Leerheit als *wissenschaftliche Aussage* zugrunde geht - als ein *Glaubensbekenntnis* wird das Dogma allerdings von solchen Einwänden nicht berührt. Auch dann nicht, wenn dieser Glaube in einer wissenschaftlichen, mathematischen Form die Journale der theoretischen Ökonomie erfüllt. Das formale Credo besitzt, aus Mangel an Fakten, jene Form, die der Leser tausendfach in ökonomischen Fachaufsätzen finden wird: »Nehmen wir an...«, »For convenience let us assume...«, »As usually assumed...« usw. - Es gibt hierzu eine hübsche Geschichte: Ein Physiker, ein Ingenieur und ein Volkswirt werden mit einem Vorrat an Lebensmitteldosen nach dem Kentern ihres Schiffes auf eine einsame Insel gespült. Sie besitzen nichts außer diesen Dosen, vor allem kein Werkzeug, sie zu öffnen. Der Physiker ergreift zuerst die Initiative und entwickelt einen Plan, wie man durch ein Feuer die Dosen zum Platzen bringen könnte. Der Ingenieur lehnt das als zu umständlich ab und schlägt vor, die Dosen mit einem längeren Ast und einem Stein aufzuhebeln. Nur der Volkswirt bleibt rational und ganz nüchtern, lehnt sich gelassen zurück, schlägt die Beine übereinander und sagt: »Nehmen wir an, wir hätten einen Dosenöffner ...«.

6 Freiheit, Gewohnheit, Ordnung

Gewohnheit als vermittelnde Kategorie

Fassen wir unsere Diskussion zusammen: Das klassische Dogma, demzufolge die freie Verfolgung egoistischer Privatinteressen die gesellschaftliche Ordnung, das Gemeinwohl hervorbringe, läßt sich in drei Bedeutungen auslegen: *Erstens* als moralische Aussage, daß das Schlechte (der private Egoismus) sozial erwünscht sei, weil der Wettbewerb daraus für die Gesellschaft das Gute erzeuge. *Zweitens* als Systemthese, wonach sich *in* der Freiheit der Einzelnen ein Naturgesetz offenbare, das zu einer sozialen Ordnung führe. Und *drittens* als Wohlfahrtsthese für den Staat, wonach private Interessen sich durch den Wettbewerb zu einem allgemeinen Interesse, zum allgemeinen Wohl kombinieren. Alle drei Thesen haben sich in mehrfacher Hinsicht als widersprüchlich oder als Leerformeln gezeigt. Die theoretische Begründung des klassischen Dogmas in der neoklassischen Theorie hat sich sogar als logische Unmöglichkeit erwiesen: Wenn diese Theorie tatsächlich als Handlungsanleitung verwendet wird, dann *muß* sie falsch sein – wird sie, was faktisch der Fall ist, gar nicht wirksam angewendet, dann bleibt sie zwar möglich, ist aber völlig nutzlos.

Der Gegensatz von Freiheit und Ordnung kann nicht aufgehoben werden. Wenn das versucht wird, dann wird der Freiheitsbegriff ausgehöhlt – wie dies von Hobbes vollzogen wurde, dem die gesamte ökonomische Klassik und Neoklassik folgte. Zum Freiheitsbegriff gehört notwendig die *Kreativität*, nicht nur die passive Abwesenheit von Zwang. Freiheit heißt eben nicht nur, kein Sklave zu sein, sondern auch frei in seinen *Entwürfen* zu sein. Die Kreativität hat sich als wesentliches Bewegungsprinzip der wirtschaftlichen Entwicklung gezeigt: Es waren die großen Innovationen, die den Marktwirtschaften die entscheidenden Wachstumsimpulse gegeben haben. Eine *Theorie* der Kreativität gibt es aber nicht und kann es nicht geben, wenn man darunter eine wirkliche *Prognose* versteht. Die Fähigkeit von Theorien besteht darin, Sachverhalte prognostizieren zu können, und dies auf eine nachvollziehbare und überprüfbare Weise. Eine Prognose *künftiger* kreativer Produkte ist aber ein Widerspruch in sich selbst.

Es gibt also einen Gegensatz zwischen Freiheit und Ordnung – und dennoch *gibt* es Ordnung trotz individueller Freiheit. Die Wirtschaft und die Gesellschaft sind nicht einfach ein Chaos wirrer Privatinteressen – auch wenn es gelegentlich völlig anarchische Phasen gegeben hat und gibt, meist im Gefolge von Kriegen und Bürgerkriegen, aber auch bei radikalen politischen oder religiösen Auseinandersetzungen. Doch selbst Mafia-Ökonomien haben *ihre*, wie immer abstoßenden, Regeln und »Gesetze«. Wie ist die Verbindung von freien Handlungen, Entwürfen, Entscheidungen und sozialen Strukturen überhaupt möglich? Welches Bindesglied erlaubt es uns, Freiheit und Ordnung zu vermitteln?

Die Antwort auf diese Fragen wird uns in den nächsten Kapiteln intensiv beschäftigen. Ich möchte an dieser Stelle, um die Geduld der Leserin und des Lesers nicht über Gebühr zu strapazieren, nur eine vorläufige Antwort geben. Diese Lösung kann nicht *völlig neu* sein, denn *faktisch* zeigen Wirtschaft und Gesellschaft die Bewegung des Gegensatzes von Freiheit und Ordnung – man muß sich diesem Phänomen nur mit *offenen* Augen nähern, nicht durch eine neoklassische Dunkelbrille. Glücklicherweise *haben* immer wieder Autoren – und keineswegs nur Wirtschaftswissenschaftler – diese Brille abgenommen und Antworten zu geben versucht. Der Schlüssel zur Lösung dieser Frage ist auch keineswegs überraschend: Was immer wir über die Motive der Menschen aussagen, über ihre Interessen und Ziele, es sind Motive, die menschliches *Handeln* lenken. Der Schlüssel liegt also im Wesen des menschlichen Handelns. Doch gerade diese vorläufige Antwort kann sehr rasch ins Abseits führen. Tatsächlich wird ja auch die klassische und neoklassische Lehre zurecht als eine Lehre vom menschlichen Verhalten bezeichnet. Die Gefahr irriger Auffassungen gründet also in einer Fehlinterpretation des menschlichen Handelns.

Die Struktur menschlichen Handelns ist das Thema des zweiten Teils dieser Untersuchung. Es wird sich zeigen, daß die Schwierigkeit, Freiheit und Ordnung zu vermitteln, am Handeln wiederkehrt. Man kann das Handeln als bewußtloses Verhalten, nach Art der Maschinen oder anderer Systeme beschreiben – die Soziologie hat sich neuerdings nach dem

Vorbild der Volkswirtschaftslehre auf diesen Weg begeben[101]. Hier wird die Freiheit der Theorie geopfert. Oder man beschreibt das Handeln als Ergebnis *freier* Entscheidungen, als Resultat frei gewählter Ziele - dann bleibt dunkel, wie Ordnung überhaupt möglich ist. Der scheinbar unvermittelte Gegensatz von Freiheit und Struktur (Ordnung, Gesetz, Regel) kehrt also wieder.

Die Lösung, die ich hier vorschlagen werde, knüpft an eine sehr alte Tradition wieder an, eine Tradition, die sich in der Philosophie des Aristoteles ebenso findet wie im Abhidharma, einem frühen Zweig der buddhistischen Philosophie. Aber auch bedeutende Nationalökonomen haben sich dieser Lösung genähert. Sie sieht, kurz gesagt, so aus: Menschen können durchaus frei und bewußt ihre Handlungen wählen. Der konkrete Ablauf der Handlung gehorcht einem bestimmten Muster, einer erkennbaren und meist nachahmbaren Bewegung. Wird solch eine Handlungsfolge wiederholt, so entsteht nach und nach eine *Gewohnheit* - und solche *Gewohnheiten sind der Schlüssel, den Gegensatz von Freiheit und Ordnung zu überbrücken.*[102] Gewohnheiten gehen nämlich durchaus aus bewußten und freien Entscheidungen hervor; sie werden von niemand *aufgezwungen.* Es ist aber ihr Charakteristikum, daß sie unbewußt und mechanisch werden können. *Dann* besitzen sie nicht mehr den Charakter einer freien Handlung, sie nähern sich dem Verhalten eines mechanischen Systems. Im Unterschied zu einem mechanischen System können die Gewohnheiten aber wieder *bewußt* gemacht werden, sie können wieder aufgehoben oder verändert werden. Gewohnheiten bleiben, wenn man so sagen darf, *freiheitsrelativ.*

Vorstoß zu einem neuen Paradigma

Drei Ökonomen sind vor allem zu nennen, die wichtige Bausteine eines alternativen Paradigmas für die Wirtschaftswissenschaften geliefert haben: Schumpeter, Keynes und Hayek - unglücklicherweise ist ihnen das sie verbindende Prinzip verborgen geblieben. Josef Schumpeter hat mehr als andere betont, welch bestimmende Rolle die Gewohnheiten im Wirtschaftsprozeß spielen. Er hat, in einem eigenen Wirtschaftssubjekt - dem dynamischen Unternehmer - vergegenständlicht, die Kreativität in den

Wirtschaftsprozeß eingeführt. Dessen Aufgabe besteht darin, die gewohnten Bahnen des Wirtschaftens durch neue Produktionsmethoden zu stören und zu zerstören. Diese *Innovationen* schaffen allerdings für je andere Wirtschaftssubjekte *unvorhergesehene* Situationen, und daraus erwächst für den Wirtschaftsprozeß jene *grundlegende* Ungewißheit, die den Kern der *Keynesschen* Wirtschaftstheorie ausmacht; weder seine Geld- und Zins-, noch seine Konjunkturtheorie ist ohne das Prinzip der Ungewißheit verständlich. Hayek, der sich als strikter Antipode von Keynes fühlte und der Schumpeter nicht beachtet hat, geht – wie Keynes – von einem grundlegenden *Nichtwissen* der Wirtschaftssubjekte über die Strukturen des Wirtschaftsprozesses aus. Er sieht vor allem in tradierten und evolutionär entwickelten *Regeln des Handelns*, neben dem Preismechanismus, das wichtigste Prinzip, Freiheit und Ordnung zu vermitteln. Aber Regeln des Handelns sind *Gewohnheiten.* Und einige dieser Gewohnheiten, vor allem technische Handlungsregeln, werden durch den Innovationsprozeß, Schumpeters »schöpferischer Zerstörung«[103], aufgehoben und durch andere Gewohnheiten (Innovationen) ersetzt. Erst die Verknüpfung von Gewohnheiten, (ethischen) Regeln, kreativer Veränderung und daraus resultierender Ungewißheit liefert ein vollständiges Bild der wirtschaftlichen Entwicklung im Zeitalter der Kreativität.

Dieser Zusammenhang zwischen Kreativität, Gewohnheit und Ordnung liefert den Schlüssel für das Verständnis von relativ stabilen sozialen Strukturen, aber auch dafür, daß solche Strukturen immer wieder verändert und umgewälzt werden. Allerdings ist diese Erklärung noch unvollständig. Den Hinweis dazu liefert uns das griechische Wort für »Gewohnheit«: *ethos.* Die Ethik ist in ihrem Wesen ein System der Gewohnheiten; Aristoteles hat das gewußt und sehr deutlich gesagt. Damit wird auch verständlich, weshalb die Wirtschaftswissenschaft in ihrem Wesen eine *Ethik* ist. Sie ist eine Ethik, sofern man die Gewohnheiten als den Schlüssel für das Verständnis sozialen Handelns begreift. Eine Ethik schreibt aber Verhalten vor. Die Wirtschaftswissenschaft bildet nicht eine »objektive Wirklichkeit«, nach Analogie der Naturwissenschaft, auf »wertneutrale« Weise ab. Es geht den Sozialwissenschaften *diese* Unschuld vollständig ab. Sie *gestalten* durch ihre Theorien menschliches Verhalten, mögen sie aus der Feder von Adam Smith, Karl

Marx oder John Maynard Keynes stammen. Ihre Theorie *programmiert* das Handeln. Die ökonomische Theorie entstammt den Moralwissenschaften und ist eine Moralwissenschaft geblieben.[104]

Ethik als *ethos* ist ferner nicht nur eine moralische Handlungsanleitung, sie entwirft ein ganzes Weltbild. Ökonomie ist auch eine Metaphysik. Das, was als wirtschaftliche Wirklichkeit *erscheint*, ist relativ zu solch einer Auslegung. Die Kreativität entwirft nicht nur *Dinge*, sie entwirft auch die Interpretation der jeweiligen Situationen. Wie und als was die Wirtschaftswelt erscheint, ist nicht *unabhängig* von ihrer Interpretation, von den verwendeten Denkmodellen.[105] Die Interpretation wirtschaftlicher Tatsachen kann in sozialer Resonanz im Licht eines Denkmodells der Tradition ganz anders erscheinen, als ein mit weniger Vorurteilen belasteter, phänomenlogischer Blick offenbaren würde. Es wird damit wenigstens prinzipiell verständlich, wie es zu dem nachhaltigen Irrtum kommen konnte, der die menschliche Gesellschaft als *Mechanismus*, als berechenbares System beschrieben hat. Gewohnheiten haben, von außen betrachtet, einen mechanischen und damit berechenbaren Charakter. Man kann das Verhalten von Menschen vorhersagen, wenn sie sich zu Sklaven ihrer Gewohnheiten gemacht haben. Sie hören dann auf, frei entscheidende und handelnde Wesen zu sein. Aber sie *bleiben* dennoch frei. Das heißt, es gibt genügend Situationen, die Menschen in ihren Handlungen dazu *zwingen*, ihre Gewohnheiten aufzugeben. Die Wechselfälle der Konkurrenz liefern dafür reichliches Anschauungsmaterial. Es gelingt also, gelegentlich für große Gruppen - statistische Massen - das Verhalten vorherzusagen; das ist eben dann der Fall, wenn für einen Zeitraum bestimmte Gewohnheiten in *sozialer Resonanz* erhalten bleiben.

Es gibt Gewohnheiten, die auch tradiert und weitergegeben werden, wie wichtige Regeln des moralischen Verhaltens, staatliche Gesetze usw. Gleichwohl bleiben auch solche Regeln *relativ* auf die menschliche Freiheit, die menschliche Kreativität - wie *alle* Gewohnheiten. Die Gewohnheiten sind es also, die im menschlichen Handeln den Gegensatz von Freiheit und Ordnung vermitteln und austragen. Sie sind weder Naturgesetze noch bloße Willkür, sie stellen einen ganz eigenen, zentralen Grundbegriff der Sozialwissenschaften dar, dessen volle Entdeckung und

Entfaltung noch aussteht. Der zweite Teil dieser Arbeit will einen Beitrag dazu liefern.

Nur wenn die *sozialen Gewohnheiten* durchschaut sind, besteht auch die Möglichkeit, die Grundlagen des Zusammenhangs zwischen Gesellschaft und Natur aus einem neuen Horizont darzustellen, damit *ökologische* Fragen auf ganz andere Weise zu diskutieren. Denn die Strukturen der Natur wurden seit alter Zeit zu den Gewohnheiten (*habitus*) in Analogie gesetzt. Der im zweiten Teil vorgestellte Begriff des »Handlungsprogramms« in Differenz zum »Verhalten« wird sich hierzu als ein wichtiges Bindeglied erweisen. Erst dann, wenn die Strukturen des menschlichen Handelns, seine Gewohnheiten und das Verhältnis zum Verhalten der Naturdinge in seinen Grundzügen verständlich wird, zeichnet sich die Möglichkeit einer Ökonomie ab, die mechanistische Positionen überwindet und der Kreativität in Natur und Gesellschaft den ihr gemäßen Platz einräumt.

II Handlung und Gewohnheit

7 Zur Theorie des menschlichen Handelns

Die Lehre von den vier Ursachen

Wollte man jegliche menschliche Lebensäußerung als *Handlung* bezeichnen, so wäre eine Theorie des menschlichen Handelns eine Unmöglichkeit. Es ist in einem ersten Schritt deshalb notwendig, den Begriff des Handelns für die vorliegende Fragestellung so einzugrenzen, daß die Beliebigkeit eines Leerbegriffs vermieden wird. Anstatt eine notwendig unzureichende Definition an den Anfang zu stellen, möchte ich einen phänomenologischen Zugang zum Handlungsbegriff vorschlagen. Einige zunächst diskutierte Aspekte des menschlichen Handelns lassen sich nachfolgend durch präzisere Formulierungen in ein Denkmodell verwandeln. Daß es hier nicht um eine »Theorie« im Sinn der Naturwissenschaften gehen kann, dürfte aus der Diskussion des ersten Teils klar geworden sein. Die nachfolgend entwickelte »Theorie« geht ihrem »Gegenstand« nicht *voraus*, sie belauscht ihn schon eher und bringt ihn selbst zum Sprechen. Bei Naturgegenständen ist das unmöglich: sie sind uns fremd, sie sind das jeweils andere unserer Wahrnehmung. Beim menschlichen Handeln steht die Sache anders: Jedermann ist darin erfahren, denn Mensch zu sein heißt, handeln zu können. Es kann also nicht darum gehen, abstrakte Hypothesen aufzustellen, es kann nur darum gehen, jene Denkmodelle, die das Handeln lenken und begleiten, deutlich auszusprechen.

Doch beginnen wir mit dem Gegenteil: Was ist *keine* Handlung? Noch präziser: *Wer oder was* handelt nicht? Handlung ist offenbar irgendeine *Bewegung*, aber nicht jede Bewegung ist eine Handlung. Eine sich öffnende Blüte, herabfallende Schneeflocken, das Wasser im Bett eines Flusses – all dies sind Bewegungen, aber keine Handlungen. Warum nicht? Was fehlt diesen Bewegungen, um zu einer Handlung zu werden? Wir werden vermutlich sagen: Die *Absicht*, das *Ziel*, der bewußte *Zweck* der Handlung. Diese Antwort ist vielleicht etwas voreilig, schon deshalb, weil die

Philosophie für viele Jahrhunderte wohl nicht ganz grundlos anderer Auffassung war. Die mittelalterliche Philosophie, die überwiegend Aristoteles folgte, hat auch den Bewegungen in der Natur einen *Zweck* unterstellt. Diese uns fremd gewordene Auffassung ist keineswegs so offenkundig eine menschliche Projektion, wie dies der Moderne auf den ersten Blick erscheinen mag. Wenn sich eine Blüte öffnet, dann unterstellen wir der Pflanze *keine Absicht* – etwa die, durch Übertragung von Blütenstaub zur Erhaltung der eigenen Art beizutragen. Allerdings hat die moderne Biologie tatsächlich wieder so etwas wie eine auf ein Ziel zustrebende Ursache eingeführt: die genetische Information. Die genetische Information hat große Ähnlichkeit mit der alten formbildenden Ursache (*causa formalis*) des Aristoteles.

Es ist deshalb hilfreich, das aristotelische Modell der Verursachung, das faktisch eine Theorie des Handelns ist, näher zu betrachten. Man kann diese Theorie, entkleidet jeder metaphysischen Deutung, leicht plausibel machen. Wenn jemand z. B. schön und angenehm *wohnen* möchte, so können wir diesen Wunsch als *letztes Ziel* für den Bau eines Hauses auffassen. Die philosophische Tradition nennt dies die »Zielursache«, die *causa finalis*. Um dieses Ziel zu verwirklichen, muß das Haus eine bestimmte *Form* besitzen. Diese Form ist zunächst vom *tatsächlichen* Haus ganz verschieden. Man kann sie in einem Modell darstellen, auf Bauplänen aus verschiedenen Perspektiven abbilden oder durch Computerprogramme virtuell simulieren. Die griechischen Baumeister nannten die Holzmodelle für Tempelbauten, mit denen sie um öffentliche Aufträge konkurrierten, die »Ideen« (*idea*) der fertigen Gebäude. Man kann die Form also tatsächlich als eine *Ursache* des Handelns auffassen (*causa formalis*): Ohne Bauplan käme kein Stein auf den anderen. Zwei weitere Ursachen unterscheidet die aristotelische Lehre: Die Materialursache (*causa materialis*) und die Wirkursache (*causa efficiens*). Die Materialursache leuchtet sogleich ein: Mit Bezug auf unser Beispiel sind damit sämtliche Baumaterialien gemeint, alle Rohstoffe. Um diese Materialien nach dem Bauplan zusammenzufügen, wird aber noch eine weitere Ursache benötigt: Das Geschick der Maurer und Handwerker, die eingesetzten Maschinen, Werkzeuge, Hilfs- und Betriebsstoffe. All dies heißt im aristotelischen Handlungsmodell »Wirkursache« (*causa efficiens*) des Handelns, jene

Ursache, die schließlich gemäß der *causa formalis* das Material so gestaltet, daß der Zweck erreicht wird (*causa finalis*). Wie man leicht erkennen kann, ist das aristotelische Modell der vier Ursachen für zahllose Handlungen ein sehr nützliches Denkmodell, das leider im Überschwang des aufklärerischen Pathos verschüttet wurde.

Kehren wir zu unserer eingangs gestellten Frage zurück: Was unterscheidet die menschliche Handlung, die doch auch eine Bewegung ist, von natürlichen Bewegungen? Die *Formursache* ist kein geeigneter Kandidat für den artbildenden Unterschied. Wenigstens die genetische Information besitzt den Charakter einer *causa formalis*. Ist es also der *Zweck* (*causa finalis*), der eine Handlung spezifisch definiert? Die mittelalterliche Philosophie, die auch in der Natur Zwecktätigkeit am Werke sah, legte die Differenz zwischen natürlichen Vorgängen und menschlichen Handlungen in den *sittlichen Wert*. Handlungen können gut oder böse sein; natürliche Bewegungen sind dagegen wertneutral.

Daß wir in dieser Frage auch bei den klassischen Ökonomen nur wenig fündig werden, dürfte nach der Diskussion des ersten Teiles nicht mehr verwundern. Seit Hobbes hat der Hauptstrom der ökonomischen Denker das menschliche Handeln *mechanisch* interpretiert und direkt mit einer Maschine, einem formalen System verglichen. Die menschliche Freiheit reduziert sich darauf, die Maschine ein oder auszuschalten, sie zu reparieren, im übrigen aber sich dem sozialen Räderwerk nahtlos einzufügen. Erst bei Hegel wird deutlich ausgesprochen, daß Handeln notwendig auf das Bewußtsein bezogen ist: »Handeln ist eben das Werden des Geistes als Bewußtsein«.[106] Handeln ist auf spezifische und unablösbare Weise mit dem menschlichen *Bewußtsein* verbunden. Beim Handeln folgen wir bewußten Zwecken (*causa finalis*), kennen unsere Motive. Das bedeutet nicht, daß *aktuell* jeder Aspekt des Handelns bewußt zu sein braucht; prinzipiell ist aber menschliches Handeln dadurch bestimmt, daß es sich seine Aktionen selbst bewußt machen *kann*, und daß bestimmte Aktionen *bewußten* Entscheidungen folgen, von ihnen also gelenkt werden.

Handeln und Verhalten

Hier müssen wir jedoch sorgfältig vorgehen. Alternativ zum *menschlichen Handeln* spricht man auch vom *menschlichen Verhalten.* Der Begriff des *Verhaltens* hat zunächst den Vorzug, sehr flexibel verwendbar zu sein; man kann auch vom Verhalten eines Tieres oder eines Elementarteilchens sprechen. Die moderne Nutzentheorie wird als eine Theorie des *Verhaltens* formuliert. Ist damit das Handeln ein überflüssiger Begriff? Die Autoren, die von einem reinen Verhalten sprechen, sind sehr häufig von einer speziellen Richtung der amerikanischen und sowjetischen Psychologie bestimmt: dem *Behaviorismus.* Der Behaviorismus *leugnet,* daß der Begriff des »Bewußtseins« irgendetwas zur Erklärung menschlichen Verhaltens beitragen würde. Das Bewußtsein sei ein bloßes »Epiphänomen«, was zwar subjektiv durchaus plausibel, wissenschaftlich aber nicht nachweisbar sei. Ja, es werde auch gar nicht *benötigt,* um menschliches Verhalten zu erklären.

Für das menschliche Handeln ist eine *doppelte* Blickrichtung möglich: Wir können jemand bei seinen Handlungen beobachten, oder wir können von unseren *eigenen* Handlungen sprechen. Handlungen lassen sich also von *außen* und von *innen* beschreiben. Der Behaviorismus klammert die zweite Möglichkeit einfach aus, betrachtet sie als »unwissenschaftlich«. Er ist eigentlich eine »Psychologie des anderen«[107]. Es ist nicht schwer, darin das Erbe des mechanistischen Denkens zu erkennen. *Von außen betrachtet* besteht zwischen menschlichem Handeln und dem Verhalten von Tieren oder anderen Naturgegenständen tatsächlich *kein* Unterschied. Da die Naturwissenschaft aber sehr erfolgreich war, erhoffte man sich dadurch einen Erfolg in der Psychologie und den Sozialwissenschaften, daß man auch *menschliches Handeln* nur von außen betrachtete. Es schien so, als sei diese Perspektive der Garant für den Erfolg einer Wissenschaft.

Faktisch war dieser Ansatz aber in den Sozialwissenschaften keineswegs erfolgreicher - und das nicht ohne Grund. Während wir nämlich tatsächlich bei Naturgegenständen *nur* ihre »Außenseite« kennen, also ihr *Verhalten,* können wir mit *handelnden Menschen* noch auf andere Weise in Kontakt treten. Naturgegenstände können wir nur *beobachten* und dann *beschreiben.* Wir können sie nicht befragen, können uns nicht mit ihnen unterhalten. Mit anderen Menschen ist aber Kommunikation möglich. Die menschlichen Handlungen und ihre Wirkungen sind nicht einfach ein *Gegenstand*, ein totes oder sprachloses Ding, sie sind *Teil einer Gesellschaft.* Der Beobachter und das Beobachtete, der Theoretiker und der Handelnde sind *neben* ihrer Position in der Wissenschaft Mitglieder der menschlichen Gesellschaft. Der experimentierende Physiker kann nicht nach einem Versuch seine Elementarteilchen auf einen Kaffee einladen und sie befragen, wie sie sich nach dem Experiment denn so fühlen - der Behaviorist, der menschliches Verhalten studiert, kann das. Und es erscheint als völlig unsinnige Selbstbeschränkung, auf diese Information zu verzichten.[108]

Menschliches Handeln ist *potentiell* bewußtes Verhalten. Es ist, von außen betrachtet, durchaus *auch* ein Verhalten; durch die soziale *Grundbedingung* der Sprache sind aber Beobachtung und Verhalten je schon auf einer Ebene verknüpft, die für Naturgegenstände nicht existiert. Wenn wir zwei Menschen, zwei *Handelnde* betrachten, dann gibt es prinzipiell *drei Wege* des Kontakts. Bezeichnen wir beide Personen mit A und B. A kann B *erstens* beobachten, wahrnehmen. Das gilt auch umgekehrt: Auch B kann A wahrnehmen und beobachten. *Zweitens* können A und B *physisch* in Kontakt treten: A kann B etwas überreichen, ihm die Hand geben, ihn anrempeln, sie können auch Zärtlichkeiten austauschen. *Drittens* können A und B - und das ist von den beiden ersten Punkten nicht zu trennen - miteinander in Kommunikation treten, sie können sprechen, schreiben usw.

Was bedeutet es nun, wenn wir sagen: Handeln ist potentiell bewußtes Verhalten? Vergleichen wir die drei genannten Aspekte mit dem Verhältnis zwischen einem Menschen und einem Naturgegenstand: A sei nunmehr der Mensch, B der Naturgegenstand. Offenbar kann A zwar B, nicht aber B den A beobachten. Beide können physisch in Kontakt treten; hierin besteht keine Differenz. Aber beide können nicht miteinander kommunizieren. Wenn wir ein anderes Lebewesen betrachten, so mag es durchaus sein, daß andere Lebewesen auch den Menschen beobachten und wahrnehmen. Es ist aber ausgeschlossen, sich darüber zu *unterhalten.* Eine Amsel mag jemand bei der Gartenarbeit beobachten, ein Dialog über die Vorzüge von biologischem Anbau wird dennoch sehr einseitig verlaufen. Also bleiben die Fähigkeit der Beobachtung, Wahrnehmung und die Kommunikation jene Aspekte, die das menschliche Handeln von allem anderen Verhalten unterscheiden. Diese drei Aspekte: Beobachten, Wahrnehmen, Kommunizieren sind aber nur differenziertere Aspekte des *Bewußtseins.* Ich schließe nicht aus, daß andere Lebewesen Bewußtsein haben können im Sinne der Wahrnehmung, auch nicht, daß es Formen der Kommunikation unter ihnen gibt. Es gibt aber keine Kommunikation *zwischen* den Gattungen mit den *Bedeutungen* der *menschlichen* Sprache.

Die Bedeutung der Handlung

Damit haben wir eine vorläufige Klärung des Begriffs »menschliches Handeln« erreicht. Menschliches Handeln ist ein Verhalten, eine *physische* Bewegung, worin sich Menschen und andere Naturdinge durchaus nicht unterscheiden. In der menschlichen *Verkörperung* haben wir Zugang zur Natur und stellen uns darin auf eine Ebene mit ihr. Menschliches Handeln ist aber darüber hinaus ein Verhalten, das durch Beobachtung und Kommunikation *bewußt* werden kann. Und die entscheidende Differenz zum Verhalten besteht darin, daß der Handelnde (oder eine Gruppe von Handelnden) sich *sein (ihr)* Verhalten bewußt machen kann. Durch Kommunikation ist es möglich, neben und außerhalb des Verhaltens sich über Verhalten zu verständigen. Diese Möglichkeit fehlt prinzipiell allen Gegenständen der Naturwissenschaft – und deshalb ist eine Beschreibung der menschlichen Gesellschaft so, als sei sie ein Naturprozeß, ein Mechanismus nichts weniger als die völlige Verfehlung dessen, was erkannt werden soll. Bereits davon zu sprechen, daß die Sozialwissenschaft einen *Gegenstand* habe, ist in diesem Sinn ein sehr mißverständlicher Ausdruck. Denn anders als in der Natur steht hier nichts als fremdes Gegenüber *entgegen.* Vielmehr befinden sich der Wissenschaftler und der »Gegenstand« in derselben Situation.

Ein weiterer Aspekt muß erwähnt werden. Wenn wir das Verhalten von Naturgegenständen *von außen* beschreiben, so zeigt sich darin oftmals eine Bewegung, eine Form, die wir *nicht* erklären können, für die wir über kein geeignetes Denkmodell verfügen. Man spricht dann von »Zufall«. Zufällig ist ein Verhalten, das nicht erklärt und damit vorhergesagt werden kann.

Wir können solch zufälligen Prozessen oftmals *Wahrscheinlichkeiten* zuordnen, wie beim Wurf mit einer Münze. Dies erlaubt es, wenigstens *große statistische Massen* berechnen zu können. Dennoch versagt unsere Theorie für den Einzelfall.

Von *außen* betrachtet erscheinen auch beim menschlichen Handeln viele Verhaltensweisen als zufällig; wir können keinen Grund erkennen. Treten wir jedoch in Kommunikation mit der beobachteten Person, so wird ein Gespräch oftmals verdeutlichen, *weshalb* eine Person so oder anders gehandelt hat. Wir verstehen das *Motiv* des Handelns, auch wenn wir deshalb nicht in der Lage sind, Handlungen *vorherzusagen*. Das *Motiv* ist uns auf ganz anderem Wege als dem der *Beobachtung* zugänglich. Es ist nur deshalb verständlich, weil wir mit dem Handelnden uns in *einer* sozialen Situation befinden, weil auch wir *selbst* diese Motive verstehen und erkennen können. Zwar billigen wir einem Handelnden *die Freiheit* zu, dem Motiv zu folgen oder die Handlung zu unterlassen. Gleichwohl ist es möglich, durch Motive Handlungen auf eine Weise zu erkennen, die sie *grundlegend* von Naturvorgängen unterscheiden. Atome haben keine Motive. Das Verständnis von Handlungen *beruht* damit auf etwas, das gerade *kein* physischer Gegenstand ist.

Handlungen haben für uns *Bedeutung*, sie haben einen *Sinn*. Diesen Sinn kann man erkennen. Er ist aber nur selten durch die Beobachtung von *Verhalten* zugänglich; wir müssen zum Handelnden in Kommunikation treten, um die Bedeutung des Handelns zu erfassen. Es ist allerdings manchmal möglich, aus dem Verhalten die Bedeutung zu *erschließen*; obgleich hier ein uneinholbarer Rest verbleibt, der nur durch die Kommunikation beseitigt oder wenigstens vermindert werden kann. Aus dem Verhalten auf die Bedeutung einer Handlung zu schließen, ist vor allem bei *technischen* Vorgängen möglich; hier ist der Spielraum freier Motivation gering. Wie auch immer: Ein volles Verständnis des Handelns erfordert einen Zugang zu seiner *Innenseite*, zur Motivation, zur Bedeutung der Handlung. Obgleich Handlungen *äußere* Verhaltensaspekte aufweisen werden, so können sie doch niemals darauf reduziert werden. Die Bedeutung von Handlungen gründet in der menschlichen Freiheit: Weil wir in Freiheit unsere Handlungsmotive wählen, weil wir Bedeutung kennen und erkennen, *sind* wir überhaupt Menschen. Dies zu leugnen, ist zwar *auch* eine Möglichkeit dieser Freiheit, eine jedoch, die sich selbst beschränkt und vom eigenen Wesen gar nichts mehr ahnt.

8 Signale, Programme und Funktionen

Träger und Programm

Unsere bisherige Diskussion erlaubt es nun, das menschliche Handeln in einigen Grundstrukturen näher zu charakterisieren. Hierzu gehen wir zunächst von einer einfachen Beobachtung aus - und ich hebe die wichtigen Elemente der Beschreibung hervor: Bei einer Handlung verwirklicht *jemand etwas* mit einer *bestimmten Absicht*. Die Person oder die Gruppe von Personen, die tätig ist, können wir als *Handlungsträger* bezeichnen. Das, *was* der Handlungsträger faktisch vollbringt - sein *Verhalten* -, wollen wir als *Funktion der Handlung* bezeichnen. Die Absicht schließlich, die der Handlung zugrunde liegt, nennen wir das *Handlungsprogramm*.[109] Diese drei grundlegenden Aspekte des Handels werden wir nun genauer untersuchen.

Der *Handlungsträger* - wir können auch sagen das »Handlungssubjekt« - ist eine einzelne Person oder eine Gruppe von Personen: Auch vom Handeln einer Organisation, einer Firma, eines Vereins, eines Staates kann - wenn auch sicherlich mit Modifikationen - gesprochen werden. Wichtig ist, den Handlungsträger nicht zu sehr eingeschränkt zu definieren. Ludwig von Mises, der die für die Nationalökonomie wichtigste Theorie des Handelns entworfen hat, nimmt solch eine Einschränkung vor. Er definiert das *Ego* als Handlungsträger: »Das *Ich* ist die Einheit des handelnden Menschen. Es ist fraglos gegeben und kann durch kein Denken aufgelöst werden.«[110] Es fällt nicht schwer, hier die späte Wirkung der Philosophie von René Descartes wiederzuerkennen. Das denkende Ich soll der letzte Grund des menschlichen Handelns sein. Ich möchte hier nicht die tiefe Problematik des Ichbegriffs erörtern; das ist an anderer Stelle geschehen.[111] Obgleich das Bewußtsein, wie sich zeigte, ein unabtrennbarer Bestandteil menschlichen Handelns ist, kann man dennoch nicht das Bewußtsein oder den Handlungsträger auf das Ich reduzieren. Wenn sich eine Gruppe von Menschen für eine Handlung verständigt, dann ist es offenbar nicht das Ich irgendeiner Person, das zur schließlichen Handlung führt. Zudem hat zuerst Nietzsche, später die

Psychoanalyse eindringlich dargelegt, daß man die menschliche Psyche nicht in ein bewußtes Ich auflösen kann, daß wir also von unseren Handlungen keineswegs alles wissen.[112]

Dennoch bleibt an der idealistischen Tradition in der Lehre vom Handeln ein richtiger Kern erhalten: Wie viel oder wenig wir auch faktisch über unsere Handlungen wissen, der Handlungsträger besitzt wenigstens *prinzipiell* die Freiheit der Entscheidung, eine Handlung zu vollbringen oder sie zu unterlassen. Der Handlungsträger ist ein freies Wesen - auch dann, wenn sich Menschen in Gruppen zusammenschließen. Es mag für Gruppen sehr komplexe Entscheidungsverfahren geben, es sind aber letztlich *Menschen*, die sich aus ihrer Freiheit für oder gegen bestimmte Handlungen entscheiden, die auch ein Verhalten von Gruppen tragen.

Diese Freiheit kann von *außen* und von *innen* eingeschränkt werden. Doch hier gilt, daß in diesem Fall - bei äußerem Zwang, getrübtem Bewußtsein, falscher Wahrnehmung usw. - das menschliche Verhalten auf das Niveau eines *Naturprozesses* zurücksinkt. Bei fehlender *Freiheit* liegt eben gar keine Handlung vor, sondern ein mechanischer Prozeß, eine mechanische Wirkung. Ein Sklave - mag er äußerlich oder innerlich gefesselt sein - *handelt nicht*; die *Befreiung* ist seine erste Handlung. Der psychisch Kranke, der an einer Wahnvorstellung leidet, ist darin ebenso unfrei wie jemand, der von einem Verbrecher zu unbeabsichtigten Taten genötigt wird. Der Handlungsträger ist also prinzipiell frei in seiner Entscheidung für oder gegen eine Handlung. Die von den Ökonomen gezeichneten Menschen, die Sklaven ihrer *Nutzenerwägungen* sind, handeln gar nicht; sie *verhalten* sich nur. Deshalb kann man ihr Verhalten auch berechnen. Der *homo oeconomicus* ist nur ein potentieller Mensch, denn er ist der völlige Sklave seiner »Rationalität«, d. h. seines egoistischen Gewinn- oder Nutzenstrebens. Ein lebendiger Mensch kann sich *gegen* aktuelle Wünsche entscheiden - aufgrund einer vernünftigen Erwägung -, er kann *neue* Wünsche entwickeln und sein Leben völlig verändern; ein Nutzen-Mechaniker kann all dies nicht.

Was ein Handlungsträger *faktisch* als Handlung vollbringt, erfüllt eine bestimmte *Funktion*, hat einen Zweck. Wenn wir die Handlung nur von außen beobachten - wobei wir uns durchaus auch selbst beobachten können -, zeigt sich ein bestimmtes *Verhalten*. Jede Handlung ist solch eine

Äußerung. Selbst reine Denkprozesse sind auf bestimmte Weise zu beobachten, auch wenn wir das reine Denken nicht als ein Handeln bezeichnen werden. Das sichtbare, beobachtbare *Verhalten* ist ein unabtrennbarer Bestandteil der Handlung. Um das Verhalten zu *verstehen*, müssen wir allerdings eine andere Dimension hinzufügen. Wer z. B. an einem neuen Arbeitsplatz seine Kollegen zum ersten Mal an der Arbeit sieht, der kann zwar *Verhalten beobachten*, er wird aber den Sinn und Zweck dieses Verhaltens zunächst noch nicht verstehen. Nach einer Einarbeitungsphase werden die zuerst nur beobachteten Bewegungen, neuen Wörter etc. allerdings an *Bedeutung* gewinnen und schließlich *verständlich* sein. Es ist also klar, daß das bloße Verhalten noch keinen Aufschluß über die *Funktion* einer Handlung liefert.

Was muß hinzukommen, um ein Verhalten in seiner Funktion zu verstehen? Es sind *zwei* Elemente, die dafür notwendig sind.[113] *Erstens* muß man wissen, wohin eine Folge von Funktionen führt, welchem *Ziel* sie zustrebt. Während des Handelns, während des Funktionierens der Handlung, ist dieses Ziel in der Regel nicht oder nicht einfach erkennbar. Wir sind hier in derselben Situation, in der sich ein Kunstkritiker befindet, der ein unvollendetes Werk beurteilen soll. Das *Ziel* einer Handlung braucht keineswegs auf einen Zeitpunkt oder einen Ort beschränkt sein, es braucht nicht einmal *eine Sache* zu sein. Das Ziel einer Spazierfahrt ist z. B. nicht ein bestimmter Ort, sondern das Fahren selbst. Dennoch verleiht erst das Ziel einer Handlung ihren voll gültigen Charakter. Das Ziel kann ein statisches Ding, eine Bewegung oder eine Bewegungsfolge sein, es kann aber auch eine *innere* menschliche Regung sein, etwa die Empfindung beim Anhören eines Musikstücks.

Zweitens muß man die Abfolge der notwendigen Funktionen zur Erreichung des Zieles kennen, wenn man eine Handlung verstehen will. Ich will hierfür den Begriff des *Handlungsprogramms* verwenden. Was ist ein Programm? Das Wort bedeutet in seinem ursprünglichen Wortlaut »Vorschrift«. Ein Programm beschreibt etwas, das *später* tatsächlich so ablaufen soll. Das Programm ist ein Modell für den Ablauf der Handlungsfunktionen. Betrachten wir einige Beispiele von Handlungsprogrammen. Eine *Gebrauchsanweisung* für ein technisches Gerät ist solch ein Handlungsprogramm. In ihr finden sich, mehr oder minder klar formuliert, die einzelnen Schritte, die einzuhalten sind, um mit dem technischen Gerät das tun zu können, wofür es gebaut wurde. Aber auch eine Wegbeschreibung ist ein Handlungsprogramm. *Jede* Beschreibung *kann* zu einem Handlungsprogramm werden. Wenn wir z. B. in einem Reiseführer eine Kathedrale beschrieben finden, so ist diese Beschreibung selbst noch kein Handlungsprogramm. Aber die in dieser Beschreibung vorfindlichen Positionsangaben – »oberhalb des Lettners«, »rechts von der Kanzel« usw. – können individuell zu einem Handlungsprogramm werden, sofern man diese Beschreibung bei einer Besichtigung benutzt.

Die *Sprache* ist das wichtigste und auffälligste Medium, in dem Handlungsprogramme formuliert werden. Aber sie ist nicht das einzige Medium. Betrachten wir die Partitur für ein Klavierstück. Hier finden wir eine *Abbildung* vor, Notenlinien und Notenköpfe. Ein Musiker weiß, wie man eine Partitur *lesen* muß, und er wird die Noten als Handlungsanleitung für sein Klavierspiel benutzen können. Auch *beobachtetes Verhalten* kann zu einem Handlungsprogramm werden. Wenn man Klavier lernt, wird man sehr häufig einfach die Fingerbewegungen des Klavierlehrers *nachmachen.* Das aktuell beobachtete Verhalten oder das *erinnerte* Verhalten kann zum Handlungsprogramm werden. Eigentlich ist das menschliche Gedächtnis ein schier unendlicher Vorrat an *Handlungsprogrammen.* Das Lernen besitzt vielfach die Form der *Nachahmung.* Was geschieht bei der Nachahmung? Die beobachteten Bewegungen des *Vorbildes* werden zum Handlungsprogramm dessen, der sie nachahmt. *Verhalten* kann also zum Handlungsprogramm werden. Die *bloße* Nachahmung erzeugt aber noch keine Handlung, wenn das *Verständnis* der Funktionen fehlt, wenn also das *Ziel* der Handlung unbekannt bleibt.

Kopplung von Programm und Funktion

Hier zeigt sich eine erste Eigentümlichkeit und Schwierigkeit im Verständnis menschlichen Handelns. Obgleich Handlungsprogramme unabdingbare Elemente allen Handelns sind, ist die bloße *Kopie* von Verhalten oder die Kopie von Handlungsprogrammen noch keine Handlung im eigentlichen Sinn. Man kann etwas kopieren, ohne den Sinn einer Funktion zu erkennen. Das Erstaunliche hierbei ist jedoch: Es reicht für das reine Funktionieren aus, die einzelnen Sequenzen eines Handlungsprogramms korrekt auszuführen, um das *vollständige* Verhalten einer Handlung, ihre vollständige Funktion auszuführen. Die Beziehung zwischen Handlungsprogramm und Funktion der Handlung kann »kurzgeschlossen« werden. Das ursprüngliche Ziel, das zum Handlungsprogramm geführt hat, ist dann völlig verschwunden. Zwischen Programm und Funktion besteht eine eindeutige Beziehung – das ist gerade die *Voraussetzung* für das Gelingen der Handlung. Nur wenn das Programm den Ablauf der Funktionen vollkommen lenkt, kann die Handlung gelingen. Die *Umsetzung* eines Handlungsprogramms mag auf Hemmnisse stoßen; wenn diese Hemmnisse aber beseitigt werden – z. B. durch Übung –, dann bildet sich zwischen Handlungsprogramm und Funktion eine feste Verbindung. Diese feste Verbindung kann *automatisch* ablaufen.

Betrachten wir nochmals das Beispiel eines Klavierspielers. Er hat die Noten vor Augen, doch die Umsetzung der Partitur in ein gut klingendes Spiel erfordert Übung. Wenn ein Stück allerdings gut eingeübt ist, dann verschmilzt der huschende Blick über die Partitur immer mehr mit der Bewegung der Finger. Es ist sicherlich so, daß dieser Lernprozeß eine Entsprechung im menschlichen Gehirn hat; doch ist ein Verständnis der Gehirnfunktionen für den hier beschriebenen Sachverhalt nicht erforderlich.[114] Es genügt, wenn wir das Phänomen deutlich verstehen: Das Handlungsprogramm und die Funktion der Handlung werden durch *Übung* immer fester miteinander verbunden. Es entsteht *fast* eine physische Kopplung. Daß es sich *nicht* um eine *physische* Kopplung handelt, kann man leicht verdeutlichen. Einem Klavierspieler ist es möglich, *Änderungen* in der Partitur – nach vielleicht anfänglichen Schwierigkeiten – wiederum in klingendes Spiel umzusetzen.

Die Kopplung von Programm und Funktion bleibt – wenigstens meist oder prinzipiell – wieder aufhebbar. Während bei den *ersten* Ausführungen eines Handlungsprogramms *hohe Achtsamkeit* erfordert ist, kann bei wachsender Kopplung die Achtsamkeit nachlassen und schließlich völlig verschwinden. Wenn jedoch *Änderungen* des Handlungsprogramms auftreten, oder wenn die Umstände einer Situation ein anderes Handlungsprogramm erforderlich machen, dann tritt die Achtsamkeit auf die Funktionen wieder auf den Plan, dann übernimmt sie wieder das

Steuerruder der Handlung. Hier zeigt sich ein äußerst wichtiges und grundlegendes Phänomen menschlichen Handelns: Die Kopplung von Programm und Funktion der Handlung kann von der Achtsamkeit, vom menschlichen Bewußtsein übernommen werden. Solange die Kopplung *ungeübt* ist, kann eine Handlung überhaupt *nur* bewußt vorgenommen werden. Durch häufige Wiederholung, durch Übung und Training jedoch wird die Kopplung so fest, daß schließlich das Bewußtsein *gänzlich* zurücktreten kann. Die Verbindung von Programm und Funktion ist *unbewußt* geworden. Der Handelnde hat sich an die Handlung *gewöhnt*, er ist mit ihr so vertraut, daß er auf eine *bewußte* Kontrolle der Umsetzung des Handlungsprogramms verzichten kann.

Die Struktur der Gewohnheit

Hier wird erkennbar, was sich hinter den menschlichen *Gewohnheiten* zunächst verbirgt. Gewohnheiten sind in einer ersten Bedeutung feste Kopplungen von Programm und Funktion einer Handlung. Die Gewohnheiten sind das »Kapital« jedes Handlungsträgers; sie bringen die Fertigkeiten und das Können des Handelnden zum Ausdruck. Der Pianist, der immer wieder die Fingerhaltung mit den Noten *bewußt* vergleichen muß, bleibt ein Anfänger. Sein Spiel ist holprig. Das Ziel der Handlung, durch eine vollendete Wiedergabe der Partitur wirklich *Musik* erklingen zu lassen, wird beim Anfänger immer wieder scheitern. Erst wenn das Spiel zur Gewohnheit geworden ist, kann sich der Spieler ganz auf das Ziel konzentrieren. Gewohnheiten sind also eine unentbehrliche Grundlage allen Handelns. Es wäre ein völliges Mißverständnis, sie zu unterschätzen oder gering zu achten.

Gleichwohl bergen Gewohnheiten gerade *aufgrund ihrer Stärke*, der Stärke nämlich, das Handeln von einer beständigen bewußten Kontrolle zu entbinden, eine große Gefahr. Diese Gefahr tritt immer dann auf, wenn der Handlungsträger die Kontrolle über den *Start* eines Handlungsprogramm abgibt. Was heißt das? Handlungen werden in bestimmten Situationen erforderlich; man reagiert mit seinem Handeln auf die Umstände einer Situation. Wir hatten schon gesehen, daß das *Verhalten* von anderen Menschen oder von anderen Dingen zum Handlungsprogramm werden kann, durch Nachahmung. Das Verhalten von äußeren Dingen wird zum *Zeichen* für den Handlungsträger. Zeichen wiederum können zu *Signalen*, zu möglichen Auslösern von Handlungsprogrammen werden. Wird etwas in der Umgebung des Handlungsträgers als Signal für den Start eines Handlungsprogramms interpretiert und hat der Handlungsträger durch Gewohnheit die Kontrolle über das Handlungsprogramm abgegeben, so findet eine quasi-automatische, eine mechanische Reaktion statt. Es gibt natürlich zahlreiche sehr sinnvolle Beispiele solcher Gewohnheitsmuster. Wenn eine Ampel auf Rot schaltet, erfolgt beim Autofahrer eine *automatische* Reaktion: Das Signal (die Farbe der Ampel), das Programm (die Bewegungsfolge von Bremse, Kupplung, Schaltung) und die Funktion (das tatsächliche Anhalten des Wagens) sind fest verkoppelt.

Wenn also Signal, Programm und Funktion der Handlung eine Einheit bilden, dann hören Gewohnheiten auf, durch das Bewußtsein, die freie Entscheidung kontrolliert zu werden. Derartige Gewohnheiten können *völlig* unbewußt werden, sie können sich körperlichen Funktionen überlagern und so wie eine zweite Natur erscheinen: »consuetudo quasi altera natura« (die Gewohnheit ist gewissermaßen eine zweite Natur), sagt Cicero[115]; auch Aristoteles kannte diesen Gedanken: »Denn die Gewöhnung ist eine Art Natur«.[116] Es ist aber prinzipiell auch möglich, daß diese Gewohnheiten vor dem kritischen Blick des Bewußtseins ablaufen, um gegebenenfalls die mechanische Kopplung von Signal, Programm und Funktion zu unterbinden. Da die meisten menschlichen Bewegungen und Äußerungen auf fast jeder Stufe eines Programms unterbrochen werden können, bleibt auch bei Gewohnheiten *prinzipiell* die Freiheit des Handlungsträgers gewahrt. Er kann zwischen den beiden Optionen: automatische Reaktionen, Unterbindung der Reaktion wählen. So bleibt, wenigstens prinzipiell, auch die Gewohnheit, die Routine jeweils eine *freie* Handlung – insofern wenigstens, als zwischen Umwelt und Handlung keine automatische Kopplung stattfindet und die freie Entscheidung erhalten bleibt.

Kybernetik des Handelns?

Die Beschreibung der Handlung als Folge von Signal, Programm und Funktion mag auf den ersten Blick als eine unzulässige Übertragung des Denkmodells der Kybernetik auf das menschliche Handeln erscheinen. Dieser Eindruck ist verständlich, bleibt aber unbegründet. Programme besaßen auch politische Parteien, lange bevor es Computer gab; André Martie Ampère entwickelte schon im vorigen Jahrhundert den Gedanken einer »Regierungslehre«, der er den Namen *cybernétique* gab. Die Nähe der Handlungstheorie zur Kybernetik ist kein Zufall. Die feste Kopplung von Signal, Programm und Funktion in der Gewohnheit besitzt einen mechanischen Charakter, den Charakter bloßen Verhaltens. Sie *gleicht* natürlichen Vorgängen und kann deshalb auch von natürlichen Vorgängen *übernommen* werden. Maschinen erfüllen Funktionen, werden von Programmen gesteuert und durch Signale gestartet; sie sind die Vergegenständlichung der Gewohnheiten.

Daß dies keineswegs eine unzulässige oder gar modische Beschreibung in den Denkmodellen der Gegenwart ist, kann ein Blick in die Schriften des Aristoteles belegen. Aristoteles macht einen Unterschied zwischen einem Handwerker und einem Sklaven. »Denn was mit dem Verstand vorauszuschauen vermag, ist von Natur das Regierende und Herrschende, was aber mit seinem Körper das Vorgesehene auszuführen vermag, ist das von Natur Regierte und Dienende.«[117] Der Verstand schreibt dem Diener, dem Sklaven die Bewegungen des Handelns vor. In der Trennung von Handwerker und Sklaven diskutiert Aristoteles die Trennung von Programm und Funktion einer Handlung, die im antiken Griechenland zugleich eine *soziale* Trennung war. Aristoteles kennt *zwei* Arten von Werkzeugen: beseelte (Sklaven, Tiere) und unbeseelte (dingliche Werkzeuge). Das Werkzeug erhält seine Bestimmung durch die Beziehung zum *Befehl*, zur Handlungsanleitung. Deshalb ist der Ausführende einer Handlung vom Befehlenden abhängig; »beim Handwerk steht der Gehilfe im Rang eines Werkzeugs.«[118] Die Sklaven sind für Aristoteles so etwas wie Kapitalgüter, »ein beseelter Besitz«[119]. Andere Werkzeuge, solche, die von Gehilfen und Sklaven benutzt werden, stellen Werkzeuge zweiter Ordnung dar. Und hier macht nun Aristoteles eine sehr interessante

Bemerkung. Er sagt: »Wenn nämlich jedes einzelne (dingliche) Werkzeug auf einen Befehl hin, oder einen solchen schon voraus ahnend, seine Aufgabe erfüllen könnte, (...), wenn also auch das Weberschiffchen so webte und das Plektron die Kithara (auf den bloßen Befehl hin) schlüge, dann bedürften weder die Baumeister der Gehilfen, noch die Herren der Sklaven.«[120] Der *automatische Webstuhl* führt das Weberschiffchen tatsächlich automatisch ganz nach dem Befehl des »Herren«, und die Plektren der Rockgitarristen werden zwar immer noch von Hand geschlagen, elektronische Keyboards haben aber längst auch die Klänge maschinell bearbeitbar gemacht.

Die aristotelische Handlungstheorie, die Lehre von den vier Ursachen, ist deshalb so etwas wie eine Maschinentheorie, eine kybernetische Theorie *im Keim.* Der »Befehl« des Herrn ist ein Handlungsprogramm, die Ausführung des Befehls die Funktion der Handlung. Die Betonung der Ähnlichkeit in der Struktur, die Isomorphie zwischen Handlung, militärischem Befehl, Maschinenprogramm oder genetischen Code usw., die auch Norbert Wiener zur Entwicklung der Kybernetik den Anstoß gab, ist aber nur dann keine Verkürzung des Wesens menschlichen Handelns, wenn man hinzufügt: Nur die *Gewohnheiten* sind in ihrer Struktur den Maschinenprogrammen analog. Was Maschinen oder andere Systeme *nicht* besitzen, ist die *bewußte* Kontrolle von Handlungsverläufen, von Funktionen. Gewohnheiten sind auf das Bewußtsein, auf die menschliche Entscheidungsfreiheit relativiert; natürliches Verhalten oder Maschinenprogramme dagegen bleiben durch *äußere* Signale gesteuert. Wollte man nun umgekehrt menschliches Verhalten durch eine Maschinenanalogie, durch eine mechanische Analogie erklären, so würde man nichts weniger als *das spezifisch Menschliche* verfehlen. Man kann sich ausmalen, daß künstliche Systeme vielleicht einmal auf das Niveau menschlichen Handelns gehoben werden, die Menschen aber auf das Niveau immer noch sehr primitiver Maschinen herabzuzerren, ist ebenso »möglich« wie albern.

Zeichen und Signale

Die drei bislang diskutierten Aspekte menschlichen Handelns - Signal, Programm, Funktion - stehen zum Handlungsträger in einer je besonderen Beziehung. Das Signal ist ein Zeichen, es hat eine bestimmte Bedeutung. Jede innere und äußere Erscheinung kann zu einem Zeichen werden. Ein Zeichen ist auf die Wahrnehmung und die Erkenntnis des Handlungsträgers bezogen. Zeichen müssen in ihrer Bedeutung *erkannt* werden. Sie beziehen sich nicht auf das äußere Verhalten des Handlungsträgers, sondern auf das *Programm* der Handlung. Zeichen haben nur relativ zum Handlungsprogramm eine Bedeutung. Wenn zwei physische Gegenstände aufeinander *wirken* und wir Ursache und Wirkung unterscheiden, dann besteht zwischen Ursache und Wirkung eine direkte, eine *kausale* Verbindung. Das charakterisiert *physische* Vorgänge. *Funktionen* agieren im Reich von Ursache und Wirkung. Ein Zeichen ist aber *keine* kausale Funktion. Es wirkt, vermittelt über Wahrnehmung und Erkenntnis, zunächst auf *Handlungsprogramme*, nicht auf Handlungsfunktionen. Nur relativ zu einem Programm hat ein Zeichen, ein Signal Bedeutung.

Dieser Punkt ist äußerst wichtig. Ich will ihn an einem Beispiel erläutern: Wenn ein Abschleppwagen ein falsch parkendes Auto abschleppt, dann ist der Lastwagen und der Kran die Ursache der Bewegung dieses Fahrzeugs. Wenn ein Polizist dagegen die Autonummer des falsch parkenden Wagens notiert und anschließend den Abschleppdienst telefonisch verständigt, dann kann man nicht sagen, daß zwischen Telefonanruf und Abschleppvorgang eine *kausale* Beziehung besteht. Die Wahrnehmung des falsch parkenden Wagens durch den Polizisten, der Telefonanruf und das Abschleppen sind aber gleichwohl verknüpft. Es ist jene Verknüpfung, die für Handlungen charakteristisch ist. Ich vermeide in dieser Beschreibung weitgehend den Begriff der »Information«. Sicherlich kann man sagen, daß hier ein *informaler* und ein *physischer* Prozeß verkoppelt sind. Derartige Systeme, die Informationen und physische Vorgänge verknüpfen, sind *kybernetische* Systeme. Dennoch bleibt ein wesentlicher Unterschied. Im vorliegenden Fall besteht zwischen dem »Zeichen« - der Wahrnehmung des falsch parkenden Wagens - und dem Abschleppvorgang *keine* maschinenähnliche Verknüpfung. Der Polizist kann sich z. B. zuerst umblicken, ob er den Besitzer des Wagens entdeckt. Parkt der Wagen im Halteverbot vor einem Krankenhaus, weil jemand dringend eingeliefert werden mußte, so wird der Polizist sich vermutlich anders verhalten als im Fall eines falsch parkenden BMW vor einem Schickerialokal.

Beim menschlichen Handeln kann man zwar auch von Informationen sprechen, aber diese Informationen haben, im Unterschied zu ihrer maschinellen Bearbeitung, immer noch den Charakter von *Zeichen.* Zeichen bleiben relativ zum erkennenden und entscheidenden Bewußtsein, zur Freiheit des Handlungsträgers. Signale, die Handlungsprogramme auslösen können, sind Anlaß für eine *Entscheidung.* Auch Menschen müssen *immer* reagieren; sie sind in ihrer Verkörperung keine bloße Ich-Substanz, sie sind körperlich da. Wie jedoch ein Vorgang in der Umgebung als Zeichen gedeutet wird und als *welches* Zeichen er gedeutet wird, das bleibt auf die Erfahrung, das Bewußtsein, die menschliche Freiheit relativiert.

Allerdings haben wir gesehen, daß bei *Gewohnheiten* diese Freiheit im Unbewußten versinken kann. Wir müssen hier den Begriff der Gewohnheit noch etwas präziser fassen. Gewohnheiten verknüpfen Programme und Funktionen, sie können aber auch Signale und Programme verkoppeln. Werden Handlungsprogramme mit den Funktionen des Handelns durch Erfahrung, durch Lernen funktional verbunden, so bilden die daraus entstehenden Gewohnheiten den ganzen Vorrat an menschlichen *Fertigkeiten,* an Handlungsmöglichkeiten. Von elementaren Fähigkeiten (wie dem Laufen) bis zu sehr komplexen Funktionen (wie in den Wissenschaften, in der Kunst) bilden diese Gewohnheiten das Kapital des Handelns. Die zweite Verknüpfung, die Verknüpfung von Signal und Handlungsprogramm, ist weit kritischer zu beurteilen. Viele solcher Verknüpfungen sind sehr elementar und vermutlich sogar vererbt. Es handelt sich dabei um *Reflexe.* Auch Reflexe bleiben beim Menschen auf das Bewußtsein relativiert. Wenn man die Reflexfolge auch nicht ausschalten kann, so kann man sie doch verändern und in andere Verhaltensweisen einbinden lernen. Viele Artisten und Sportler belegen hier die erstaunlichen Möglichkeiten des menschlichen Körpers. Auch diese Reflexe oder automatischen Reaktionen des Körpers können beim

Menschen eine durchaus positive Funktion besitzen. Es gibt Situationen, in denen Reflexmuster hilfreich sein können. Viele dieser automatischen Funktionen sind aber auch sehr hinderlich. Sie bilden die Erblast unserer Abstammung.

Weit komplexer ist die Situation in jenen Fällen, in denen durch *Gewohnheit* Signal und Programm verkoppelt werden. Ich werde darauf noch zurückkommen; an dieser Stelle genüge die Bemerkung, daß viele menschliche Handlungen auch diese zweite Art der Verkopplung notwendig machen, vor allem bei der Bedienung technischer Geräte, bei denen schnelle Reaktion erforderlich ist: Beim Autofahren, Fliegen, Steuern von Anlagen, bei Noteinsätzen der Rettungsdienste usw. Auch hierbei ist das Bewußtsein nicht völlig ausgeschaltet: Man muß ja immer noch eine Situation beurteilen und dann rasch handeln. Der Entscheidungsspielraum ist allerdings relativ gering.

Sowohl eingeübte und erlernte Reflexe als auch Fertigkeiten bilden die Bausteine der Gewohnheit. Solange entweder beim Übergang vom Signal auf das Programm oder vom Programm auf die Funktion des Handelns die freie Entscheidung gewahrt bleibt, sind die Gewohnheiten nicht zu einer selbständigen Macht geworden. Prinzipiell - denn darin liegt das menschliche Potential - sind die Verkopplungen von Signal, Programm und Funktion auflösbar und veränderbar. Doch die menschliche Freiheit umfaßt eben auch die Möglichkeit, Gewohnheiten mehr und mehr ihren Lauf zu lassen, sich ihrer *Macht* auszuliefern. Wenn die Gewohnheiten aber den gesamten Bogen vom Signal zur Funktion verkoppeln, dann hört das Signal auf, ein wirkliches *Zeichen* zu sein - Zeichen bedürfen der Deutung, um eine Bedeutung zu erlangen. Das Signal wird zur physischen Ursache. Gerade diese Eigenschaft ist es, die *Informationen* zur technischen Verarbeitung geeignet macht.

Vergleichen wir kurz die Gewohnheitshandlungen mit Maschinen. Maschinen besitzen, dadurch sind sie im Unterschied zu Werkzeugen definiert, die Fähigkeit, ein bestimmtes *Programm* zu verwirklichen.[121] Werkzeuge sind auf eine Lenkung von außen angewiesen. Der Hammer gewinnt seine Kraft durch die Hand, die ihn führt, oder durch den Maschinenhebel, der ihn lenkt. Ein Programm ist das sequentielle Modell einer Folge von Funktionen. Wie dieses Programm der Maschine mitgeteilt wird, ist hier belanglos; es kann in der Konstruktion fest verbunden sein – wie die Zahnräder eines Uhrwerks –, es kann der Maschine von außen eingegeben werden, wie dies bei Steuerungen der Fall ist. Bei *einfachen* Maschinen ist das Signal zum Programmstart *extern*; es hat Bedeutung (im Sinne von *signum*) für den Beobachter, *für die Maschine* ist es eine physische Ursache, ein Auslöser von Funktionen. Bei rückgekoppelten Maschinen kann eine Bewegung der Maschine selbst als Signal definiert werden und somit das Programm der Maschine auslösen. In jedem Fall sorgt die Konstruktion der Maschine dafür, daß das Startsignal für das Programm und die Funktionen der Maschine physisch verkoppelt sind. Das Signal wird bei Maschinen zur technischen Information und ist eine *physische* Ursache. Die Maschine »versteht« nicht die Bedeutung des Signals, sie reagiert gemäß ihrem Programm *mechanisch*. Das gilt auch dann noch, wenn die Maschine über viele Programme verfügt und diese Programme sich sogar verändern können, wenn die Maschine sich also »selbst« programmiert.

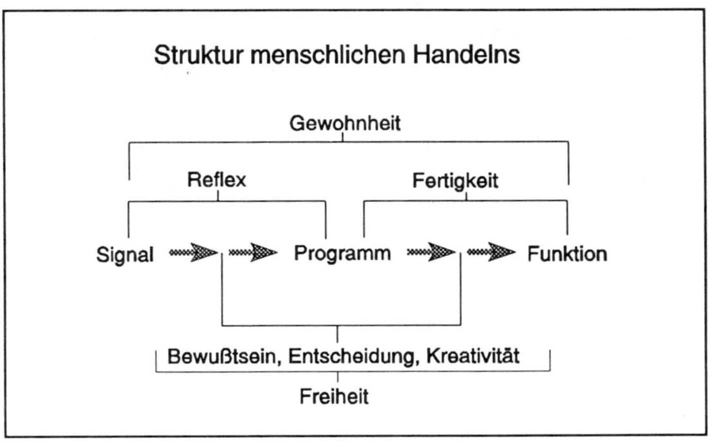

Wenn sich starke Gewohnheiten für menschliches Handeln gebildet haben, dann besitzen sie *formal* dieselbe Struktur wie eine Maschine. Durch die Macht der Gewohnheit wird der Mensch zu einer Maschine – doch niemals ohne das Potential, sich von dieser Macht zu befreien. Die *eigentliche* Differenz zwischen Gewohnheit und Maschinenprogramm wird deutlich, wenn wir auf *achtsames* Handeln blicken. Man kann fast jede Gewohnheit langsam und bewußt ablaufen lassen; hier übernimmt wieder die menschliche Freiheit die »Kontrolle«, entmachtet die Macht der Gewohnheit.

Doch damit nicht genug. Während einer bewußten Handlung, die – meist – langsam ausgeführt wird, kann der Handelnde auch *Änderungen* im Ablauf, im sequentiellen Charakter des Handlungsprogramms vornehmen. Bereits beim Gehen lassen sich Gewohnheit und bewußte Anpassung an Situationen als nahezu ununterscheidbare Momente beobachten; das bedeutet, daß das automatische Gehen durch einen langsamen, vorsichtigen Schritt unterbrochen werden kann, der sich an völlig neue Umstände anzupassen vermag. Es zeigt sich, daß die menschliche *Kreativität* untrennbar von der Achtsamkeit, der Bewußtheit auch des alltäglichen Handelns ist. Im achtsamen Handeln werden Handlungsprogramme »flüssig«, sie verlieren ihren mechanischen Charakter. Die jeweils erkannte *Bedeutung* einer Funktion wird im Bewußtsein frei veränderbar, wie der vorsichtige Schritt die Routine des Laufens ablöst. Die Gewohnheit bleibt relativ auf die erkannten Umstände einer Situation. Maschinen sind dagegen *nicht* fähig, menschliche Bedeutungen zu erfassen. Sie können zwar auf *zufällige* Veränderungen des Programms reagieren oder solche Zufälle simulieren. Doch solch eine Veränderung ist eben dann auch nur zufällig sinnvoll für menschliches Verständnis. Maschinen sind nicht kreativ.

9 Kognitive Aspekte des Handelns

Stimmung, Körperbild und Gewohnheit

Bislang verzichtete unsere Analyse absichtlich auf einen wesentlichen Aspekt: die *situative Einbettung* des Handelns. Dieses Versäumnis wollen wir nun nachholen. Wir werden zunächst vor allem auf die Bedeutung des Erkennens für das Handeln eingehen und hierbei besonders die Rolle der Anpassung an situative Umstände, deren Erkenntnis und Veränderung, sowie die Interpretation des Handlungserfolges diskutieren. Im nächsten Kapitel wird dies dann ergänzt um die Analyse spezifisch *sozialer* Aspekte des Handelns, und das übernächste Kapitel fügt die Analyse des Verhältnisses von menschlichem Handeln und Natur hinzu.

Menschen befinden sich *immer* in Situationen. Man könnte sogar das menschliche Dasein dadurch definieren. Was heißt das? In einer Situation zu sein, das heißt zunächst: Mit einem Körper inmitten körperlicher Dinge zu sein, auf sie zu reagieren oder sie aktiv zu beeinflussen. Jede dieser Aktionen ist von einem bestimmten Gefühl, einer Empfindung begleitet. Es gibt zwar zahlreiche Situationen, in denen dieses Empfinden nicht beachtet oder sogar der vergebliche Versuch unternommen wird, Gefühle »auszuschalten«, stets bleibt für jede Situation eine grundlegende Stimmung erhalten, ja sogar *be-stimmend*. Diesen Aspekt zu übersehen, wird viele Handlungen einfach unverständlich machen. Zwar können wir nicht die Gefühle anderer *beobachten*, aber wir können sie anhand unserer *eigenen* Gefühle erahnen, nachfühlen. Die Gefühle sind nicht nur einfach eine *Begleitmusik* des Handelns, sie können selbst zu einer lenkenden Macht werden. Bei sehr starken Emotionen verlieren wir an Freiheit der Entscheidung. Emotionen und Gewohnheiten stehen deshalb auf merkwürdige Weise in Beziehung. Bei ungehemmten Emotionen gewinnen automatische Muster des Reagierens die Oberhand, die Gewohnheiten gewinnen an Macht. Die Fähigkeit, seine Gefühle zu kontrollieren, mit *ihnen* zu spielen und nicht sich von ihnen *beherrschen* zu lassen, ist eine wesentliche Errungenschaft der kulturellen Entwicklung.

Doch keine »Kontrolle« der Gefühle ist fähig, sie *auszuschalten.* Das wäre ein grundlegendes Mißverständnis. Auch eine kühle Untersuchung, die nüchterne Beurteilung von Fakten ist nicht *frei* von Emotionen. Jede Entscheidung, jede Handlung wird *auch* von Gefühlen »kommentiert«. In vielen Fällen dienen Gefühle zur *Bewertung* von Alternativen. Man stellt sich ein Handlungsresultat vor und beobachtet die Empfindungen, die es auslöst. Gefühle sind der erste und letzte Indikator für den Ablauf und den Erfolg einer Handlung. Man kann dafür auch einen neurologischen Grund benennen: In der Wahrnehmung einer Situation bauen wir mit dem Bild der Situation zugleich ein Bild unseres Körpers *in* der Situation auf. Dieses »Bild« ist nur teilweise visuell, das »Körperbild« ist überwiegend auch ein Gefühl, ein Gefühl der Einbettung in eine Situation. Die Wahrnehmung gründet in diesem Körpergefühl. Zahlreiche pathologische Fälle lassen die Vermutung zu, daß Wahrnehmung und Erinnerung grundlegend auf diesem Körperbild basieren.[122]

Das Körperbild ist nicht etwas »Objektives«. Zwischen dem Bild, das wir von uns selbst haben, und dem, das andere von uns haben, klafft oftmals eine tiefe Kluft. Gleichwohl ist es dieses Körperbild, diese Einbettung in eine Situation, die unserem Handeln zugrundeliegt. Wir haben nicht einfach ein leeres, reines, jungfräuliches Bewußtsein; unser Bewußtsein der Situation ist gefärbt durch das Körperbild, das wir aus unseren Erfahrungen aufbauen. Sicherlich drückt sich das Körperbild *auch* in einem Verhalten aus, das für andere beobachtbar ist. Man sieht jemand seine Angst oder seine Sicherheit an. Gleichwohl bleibt die Einbettung in Situationen ein subjektives Erlebnis und ist kein objektives Verhalten.

Dieses Körperbild liegt unserer Wahrnehmung der Situation zugrunde. Es handelt sich hierbei um kein statisches Gebilde; der Bezugspunkt unserer Wahrnehmung der Situation verändert sich vielmehr mit unserem Handeln, mit den Veränderungen unseres Körpers. Die Wahrnehmung bei Krankheit oder bei besonderer Freude ist jeweils eine andere. Das, woraus sich das Bild und die Beurteilung einer Situation aufbaut, ist keine »feste Grundlage«, kein cartesisches, unbezweifelbares Ego. Die Wahrnehmung und damit das Handeln gründen vielmehr in einer Offenheit, einem Spielraum, der zu vielfältiger Veränderung fähig ist. Die ruhige Beobachtung eines Dings *verändert* dieses Ding, und wir verändern uns mit der Wahrnehmung. Wahrnehmung und Handeln in Situationen sind in einem beständigen Fluß. Eben das ist es, was vielfältige *Angst* und *Unsicherheit* auslösen kann. Wir fürchten uns weniger *vor* etwas, wir haben Angst um uns selbst, um die Aufrechterhaltung unseres Körperbildes, des Bildes von uns selbst. Diese Angst ist das Spiegelbild der grundlegenden *Offenheit* aller Situationen.

Die Angst ist deshalb auch ein Hauptgrund, weshalb wir an Gewohnheiten festhalten. Gewohnheiten sind das *Bekannte*, das *Vertraute*. Sie suggerieren Sicherheit, erlauben die Aufrechterhaltung eines gewohnten Körperbildes in gewohnter Umgebung. Wenn sich die Offenheit der Situationen zeigt, dann zeigen sich Veränderungsmöglichkeiten. Veränderungen bedeuten aber auch Veränderungen der eigenen Erfahrung, des Selbstbildes. Gewohnheiten festzuhalten heißt deshalb eigentlich, sich selbst festzuhalten, seine Identität bewahren zu wollen. Weit davon entfernt, mit einem fixen, unveränderlichen Ich ausgestattet zu sein, müssen wir vielmehr unser Ego immer wieder neu aufbauen, neu errichten, gegen Änderungen verteidigen. Das wichtigste Instrument hierzu sind die Gewohnheiten. Die *Angst* vor der Veränderung, die Angst um uns selbst ist der Grund dafür, daß wir auf unsere Freiheit verzichten und uns so zu Sklaven unserer Gewohnheiten machen, uns in Maschinen verwandeln und mechanisch zu reagieren beginnen. Diese Angst ist *eigentlich* ein Mangel an Erkenntnis der eigenen, menschlichen Natur: der Freiheit. Das, was wir gewöhnlich als »Ich« bezeichnen, ist dagegen die Kapitulation der Freiheit vor einer Summe von Gewohnheiten.

Ein zweiter Grund läßt sich benennen, weshalb Gewohnheiten akzeptiert werden, weshalb die Freiheit vor der Gewohnheit zurücktritt. Dieser Grund ist im Kern ökonomischer Natur: Gewohnheiten sind *bequem*, sie ersparen die Anstrengung der Aufmerksamkeit. Anders gesagt: Bei kreativem Verhalten gibt es immer scheiternde Versuche; sie verursachen »Kosten« – und gemessen an diesen Kosten sind Gewohnheiten »billiger«. Hier handelt es sich allerdings nicht um eine spezifisch ökonomische, vielmehr um eine *anthropologische* Eigentümlichkeit. Die Gewohnheiten führen zu einer *Entlastung* der Handlungen. Arnold Gehlen hat darauf hingewiesen: »Man kann diesen wichtigen Entlastungsvorgang, bei dem die Gewohnheitsbildung die Basis für ein höheres Verhalten legt, sogar bis in den bedingten Reflex hinein verfolgen.«[123] Die Gewohnheiten bergen tatsächlich ein ökonomisches Prinzip, sie entlasten Funktionen von der laufenden Kontrolle und vermeiden andererseits laufende »Anpassungskosten«, deren Preis die Angst vielfach sehr hoch einzuschätzen scheint.

Denkmodelle

Sehen wir, nach diesen allgemeineren Bemerkungen, etwas genauer zu und verwenden hierzu das im letzten Kapitel vorgestellte Handlungsmodell. Jeder Handlungsträger befindet sich in einer Situation. »In-einer-Situation-sein« heißt, diese Situation *wahrzunehmen*, ihrer Stimmung ausgesetzt zu sein. Man kann sich nicht, wie ein Magier, einfach aus einer Situation wegbegeben, man gerät in sie hinein. Es gibt, wie Nicolai Hartmann sagt, keinen »seitlichen« Ausweg.[124] Wir können uns aus einer Situation nicht einfach davonstehlen, wir müssen *durch* – und das heißt, wir müssen die Offenheit der Situation mit unserer Freiheit verbinden und *handeln*.

Wir nehmen die Situation wahr, beurteilen sie. Das heißt zunächst, wir machen Unterschiede zwischen all dem, was sich uns zeigt. Die Aspekte der Situation werden auf diese Weise zu *Zeichen*, sie erhalten eine Bedeutung. Auch ein völliges Chaos hat eine Bedeutung, eben diese, ein Mangel an Ordnung zu sein. Nun verfügen erwachsene Menschen über einen großen Vorrat an Erfahrungen. Diese Erfahrungen können wir als *Handlungsprogramme* interpretieren. Wir nehmen in einer Situation einen bestimmten Aspekt wahr, er wird zu einem Zeichen, und sogleich verknüpfen wir aus unserer Erfahrung dieses Zeichen mit Handlungsprogrammen. Ein Aspekt der Situation »erinnert uns an etwas«. Was drücken wir damit aus? Bestimmte Aspekte der Situation fungieren als *Signale*, die sogleich unsere Erfahrungen *als Reflex* wachrufen. Unser Gehirn bietet uns für Änderungen in der Situation sogleich eines oder eine ganze Fülle von Handlungsprogrammen an. Dies sind die alltäglichen, meist unbewußten Denkprozesse, die durch situative Aspekte ausgelöst werden. Das *Denken* kann aus dieser Perspektive als die Verknüpfung situativer Signale mit Erfahrungen, mit (vergangenen) Handlungsprogrammen verstanden werden. Über diese Reaktion gibt es kaum eine bewußte Kontrolle. Man kann nicht *nicht* reagieren. Allerdings bleibt unsere Freiheit darin erhalten, daß wir entscheiden, ob wir die wachgerufenen Handlungsprogramme in tatsächliche Handlungen verwandeln oder nicht.

Im Unterschied dazu ist bei *Gewohnheiten* diese Entscheidung ausgeschaltet; die Entscheidungsfreiheit wird vielfach einfach vergessen. Der Reflex, das durch einen Aspekt der Situation wachgerufene Handlungsprogramm löst unmittelbar eine Funktion aus. Doch diese Beschreibung ist noch zu begrenzt. Sie vergißt, daß die Wahrnehmung der Situation gerade *kein* objektiver, kausaler Prozeß ist. Man kann die Wahrnehmung durch sein Bewußtsein, durch seine Achtsamkeit *lenken*. Damit hat der Handelnde *durch* die Lenkung der Wahrnehmung, der Achtsamkeit auch eine Kontrolle über mögliche Reflexe. Der Handlungsträger kann darüber entscheiden, was er wie wahrnimmt. Das, was an einer Situation überhaupt *erkannt* wird, beruht auf der Erfahrung, auf der Erinnerung. Die »Zeichen« sind nicht einfach ein objektives Faktum. Dies ist eine weitere, wesentliche Differenz zu technischen Informationen, die mit einem Programm ein-eindeutig verknüpft sind.

Wir nehmen in Situationen *etwas als etwas* wahr. Jede Wahrnehmung hat eine *Bedeutung*. Der Ängstliche sieht überall Gefahren, wo der Heitere ein Spiel der Erscheinungen erblickt. Das, *was* in einer Situation erkannt wird, hängt ab von der situativen Verkörperung, vom Körperbild, von den Gefühlen und vor allem vom Wissen des Handlungsträgers. Verdeutlichen wir dies an einem kleinen Beispiel. Wer *erstmals* einen Computer einschaltet und auf den Bildschirm blickt, der sieht keine Ordnung, er nimmt ein Chaos wahr. Begriffe und Icons leuchten entgegen, aber sie haben keine Bedeutung. Mit der Erfahrung bekommen die einzelnen Zeichen Bedeutung, man lernt die Funktionen kennen. Was heißt das? Es gelingt, mit bestimmten Zeichen *Handlungsprogramme zu verknüpfen*. Man versteht das, was man tun kann, genauer gesagt: Man *versteht* jene Zeichen, die als Signale für ein bekanntes Handlungsprogramm dienen können. Man weiß nur dann, was das Wort »Datei« auf der Kopfleiste eines Textverarbeitungsprogramms bedeutet, wenn man es mit der Maus angeklickt hat und am Pull-Down-Menü die Möglichkeiten der Bearbeitung einer Datei abliest. Weil man schon einmal ein Zeichen als Signal für ein Handlungsprogramm *benutzt* hat, weil man also schon tatsächlich im Handeln *Erfahrung* gesammelt hat, deshalb verfügt man über ein Wissen; deshalb *versteht* man die Bedeutung.

Hier eröffnet sich ein neuer und sehr wesentlicher Aspekt des menschlichen Handelns: Man kann das Handeln nicht vom Erkennen trennen, man kann die Funktion nicht von der Kognition ablösen. »Verstehen« heißt eigentlich, über ein Handlungsprogramm zu verfügen, ein Handlungsprogramm als *Denkmodell* verwenden zu können. Das muß nicht unbedingt einen *zeitlichen* Ablauf beinhalten, obgleich natürlich jeder Denkprozeß ein zeitlicher Prozeß ist. Es kann auch nur die Fähigkeit sein, die Struktur eines (unbewegten) Bildes als Handlungsprogramm zu verwenden. Wenn man z. B. ein Wort buchstabieren soll, so muß man sich das Wort *visuell* vorstellen, man muß die Buchstaben innerlich ablesen; durch bloßes *Hören* auf die Laute des Wortes wird man ein Legastheniker bleiben.[125] Verstehen heißt, ein Denkmodell zu verwenden; und ein Denkmodell zu verwenden heißt, sich eines Handlungsprogramms zu erinnern.

Denkmodelle sind also zunächst erinnerte Handlungsprogramme. Wie Handlungen, so können auch Denkmodelle bewußt verändert werden. Diese Kraft der *Vorstellung und Phantasie* macht gerade ein wesentliches Moment menschlicher Freiheit aus. Dennoch simulieren Denkmodelle *mögliche* Handlungen. Wir müssen, um dem zustimmen zu können, den Begriff der Handlung allerdings so interpretieren, wie dies bislang geschah: Eine Handlung löst durch ein Handlungsprogramm, eine Folge von Funktionen aus. Das Handlungsprogramm ist sachlich von diesen Funktionen verschieden; es ist *meist* ein Denkprozeß, es kann aber auch eine direkte Wahrnehmung sein - wie man sich etwa *tastend* vorwärtsbewegt und die Form der Umgebung als Maß der Bewegung nimmt (z. B. beim Bergsteigen). Denkmodelle sind vorgestellte - erinnerte oder aktiv veränderte, phantasierte - Handlungen.

Gewohnheiten des Erkennens

Nun bewahrt die Erinnerung Handlungsprogramme; sie können auch in völlig anderen Situationen wachgerufen werden. Im Denken veränderte, vorgestellte oder phantasierte Handlungsprogramme haben sogar noch nie in irgendeiner Situation tatsächlich *funktioniert*. Die Übertragung von Handlungsprogrammen auf bestimmte Situationen bedarf also einer *Anpassung*, einer *Adaption*. Was ist damit gemeint? Zuerst muß die Situation erkannt und wahrgenommen werden. Das heißt, daß bestimmte Aspekte der Situation *unterschieden* werden und ihnen eine bestimmte Bedeutung (als Zeichen) zugesprochen wird. Erst diese so unterschiedenen Zeichen können dann zu *Signalen* für Handlungsprogramme werden. In der Regel verfügen wir über eine *Mehrzahl* von Handlungsprogrammen, die auf dieses Signal hin entfaltet werden können. Nur die Gewohnheit schränkt diese Wahlmöglichkeit auf wenige oder gar nur eine ein.

Aber auch in dem, *was* wir wahrnehmen, als *was* wir eine Situation interpretieren, macht sich Gewohnheit geltend. Eben weil Erkennen *eigentlich* ein Handeln ist, gibt es auch für das Erkennen *Gewohnheiten*. In einer wenig bekannten Schrift sagt Kant, daß unser Erkennen, unsere Reflexion auf Gewohnheit beruht. »Diese Handlung der Reflexion üben wir aus, sobald wir Eindrücke der Sinne haben. Durch Gewohnheit wird diese Reflexion uns geläufig, so daß wir nicht bemerken, daß wir reflectiren; und dann glauben wir, daß es in der sinnlichen Anschauung lieget.«[126] Diese Bemerkung ist von sehr großer Bedeutung. Sie besagt, wenn wir sie in unsere Terminologie übersetzen, daß Handlungsprogramme zu Denkmodellen werden, daß wir uns aber hierbei an bestimmte Denkmodelle so sehr gewöhnen, daß schließlich die Aspekte der Situation auf eine einheitliche, strukturierte Weise wahrgenommen werden. Wir glauben dann tatsächlich überall *bestimmte* Dinge mit *bestimmten* Bedeutungen zu sehen, obgleich sich dahinter nur eine Gewohnheit verbirgt. Die Gewohnheiten des Denkens werden zu Schranken der reinen Wahrnehmung. Es bedarf großer Geister, vor allem großer Künstler, uns aus den Schranken solcher Gewohnheiten wieder zu erlösen und einen neuen Blick auf die Dinge zu eröffnen. Die gewöhnlichen Denkmodelle sind die Gewohnheiten des Geistes – weder angeboren noch innerlich notwendig.

Die Einförmigkeit der Wahrnehmung von Situationen beruht damit auf der Einförmigkeit der verwendeten Denkmodelle, und diese Denkmodelle sind in der Regel erinnerte Handlungsprogramme. Weshalb halten wir an solchen Denkmodellen fest? Weshalb nutzen wir nicht in jeder Situation unsere Freiheit und Kreativität? Weshalb gelingt es uns nicht, jede Situation neu und frisch wahrzunehmen? Weshalb findet eine *Gewöhnung* statt – Habituation sagt die empirische Psychologie hierzu? Wir haben schon auf andere Gründe hingewiesen, ein Grund ist in diesem Zusammenhang aber von besonderer Bedeutung. *Wir halten an Handlungsprogrammen fest, weil sie einmal erfolgreich waren.* Allein dies, daß ein Handlungsprogramm *funktioniert*, daß die Funktionsfolge in einer Situation *gelingt*, ist uns ein unverbrüchliches Indiz dafür, daß dieses Handlungsprogramm nicht nur erinnert werden soll – wir nehmen den Erfolg auch zum Maßstab dafür, wie *oft* ein Handlungsprogramm in bestimmten Situationen verwendet werden soll. Die Adaption der Handlung an die Situation erfolgt vielfach so, daß aus dem Vorrat der Handlungsprogramme jene gewählt werden, die sich als besonders erfolgreich erwiesen haben. »Adaption« heißt also weniger, die Struktur des Handlungsprogramms an die Situation anzupassen, es heißt vielmehr, aus dem Vorrat, dem Kapital an Gewohnheiten jene zu wählen, die sich als erfolgreich erwiesen haben.

Diese Struktur kehrt auch sozial wieder und wird uns noch ausführlich beschäftigen. An dieser Stelle sei nur bemerkt, daß der Erfolg bei der Wiederholung von Handlungsprogrammen natürlich voraussetzt, daß die Situationen, für die Handlungsprogramme adaptiert werden, relativ *ähnlich* sind. Da wir kollektiv auf bestimmte Weise auch Situationen *schaffen* können, erwächst daraus das Bemühen, *berechenbare* Situationen zu erzeugen. Kehren einförmige Situationen wieder, dann lassen sich einförmige, gewohnte Handlungsprogramme wiederholen. Der Erfolg scheint garantiert zu sein. Wir werden im dritten Teil dieser Abhandlung feststellen müssen, daß vor allem der *kaufmännischen Rationalität* die Tendenz innewohnt, alles auf *einen* abstrakten und leeren Aspekt hin auszulegen und alle Wahrnehmungen mit der Uniformität der bloßen Zahl zu überziehen.

Doch tatsächlich *sind* Situationen nicht derart einförmig. Wir werden noch zahlreiche Gründe kennenlernen, weshalb soziale Situationen sogar *notwendig* vielfältig und unberechenbar sein müssen. Tatsächlich haben wir ja durch die Naturwissenschaft und Technik versucht, die *unberechenbare* Natur durch Berechnung zu zähmen; auch dieser Aspekt wird uns nachfolgend noch eingehend beschäftigen. Hier möchte ich die Aufmerksamkeit der Leserin und des Lesers auf etwas anderes richten und folgende Frage formulieren: Was verstehen wir eigentlich unter dem *Erfolg einer Handlung*? Diese Frage erscheint auf den ersten Blick leicht zu beantworten: Erfolg heißt ganz einfach, daß ein Handlungsprogramm *tatsächlich* genau so *funktioniert*, wie es vorgesehen ist. Das ist sicherlich eine sinnvolle, nur leider *unvollständige* Definition. Wir nähern uns hier einem Punkt, der durch die Gewohnheiten des Denkens und Wahrnehmens vielfach unsichtbar bleibt. Ich erinnere nochmals an das Kant-Zitat. Kant sagt, daß wir das, was durch unsere Sinne erscheint, aus dem Horizont einer gewissen *Gewohnheit* der Reflexion wahrnehmen. Das, *als* was wir die Aspekte einer Situation interpretieren, ist also nicht etwas »Objektives«, einfach »Gegebenes«. Es ist *Erscheinung*.

Ich will hier nicht über ein »Wesen hinter den Erscheinungen« spekulieren, wie dies in der Tradition der Philosophie Platons geschieht. Es genügt die Erkenntnis, daß die *Erscheinung* – bei aller objektiven Kraft und Unabhängigkeit, die ihr zukommen mag – immer *auch* etwas ist, das von unserer Erfahrung, von unseren Denkgewohnheiten abhängig ist. Der von Kant verwendete Begriff der »Reflexion« ist durchaus in diesem Sinn gemeint: Uns erscheint das, was an unseren Denkmodellen von den Sinnen *reflektiert* wird – wie ein glatter Gegenstand Licht reflektiert. Weder handelt es sich um eine bloße Projektion subjektiver Begriffe, noch um eine Abbildung, eine Kopie des Objekts. Die Erscheinungen zeigen sich vielmehr in jenem Prozeß, in dem sich der aktive, handelnde Kontakt mit der Welt vollzieht. Man könnte diesen Prozeß am ehesten mit einem Dialog vergleichen: Die Erscheinungen sind Antworten auf die Fragen der Denkmodelle.

Dies, *wie* wir eine Situation auslegen und *was* wir als eine *Funktion* in dieser Situation betrachten, ist nicht fest und unveränderlich. Es ist etwas, das relativ zu unseren Denkmodellen erscheint. Mit anderen Gedanken nimmt man eine andere Welt wahr. Wenn das gilt - und keine Erkenntnistheorie wird das heute noch bestreiten -, dann ist eine Situation niemals *objektiv* definierbar, dann gibt es keine ein-eindeutige Beschreibung einer Situation. Das heißt aber: Es kann dann auch keine ein-eindeutige Beschreibung des *Handlungserfolgs* geben. Auch der Erfolg ist »relativ«, relativ zu dem Denkmodell, das ihn beurteilt. Was dem einen eine Niederlage, ist dem anderen eine interessante Erfahrung, der Anlaß für eine Veränderung. Der Handlungserfolg ist *bedeutungsrelativ*, er hängt ab von dem Denkmodell, das der Handlungsträger verwendet.

Das Denkmodell, das den Handlungserfolg beurteilt, ist vom Handlungsprogramm selbst unabhängig. Dasselbe Handlungsprogramm kann gemäß vieler Erfolgsmodelle beurteilt werden. Es gibt kein objektives, unabhängiges Kriterium für den Erfolg einer Handlung. Jede Handlung bleibt sowohl in ihrem Anlaß - dem Signal, das als Zeichen der Situation entnommen wird - als auch in ihrem Erfolg relativ zu der Wahrnehmung der Situation, relativ zu den Denkmodellen, die Situationen beurteilen, relativ zum menschlichen Bewußtsein, relativ zur menschlichen Freiheit. Das ist der *tiefere* Grund dafür, weshalb die *formal* den Naturprozessen ähnlichen menschlichen Gewohnheiten niemals durch ein Maschinenmodell abgebildet werden können. Maschinen funktionieren in einer Umgebung, deren *Bedeutung* der Anwender bestimmt und festlegt. Maschinen können nicht ihre Umgebung *neu* definieren. Sie können nur in einer von außen bestimmten Bedeutung funktionieren oder nicht. Wenn Maschinen selbst die Bedeutung der Situation verändern könnten, wenn sie also selbst über Bewußtsein verfügen würden, so wäre das *eine Situation der Maschine* - unserer menschlichen Situation völlig fremd, wie die Welt der Roboter in der Science Fiction.

Sicherlich kann man Maschinen in unsere Handlungen und unsere Bedeutungen einbinden - das geschieht seit den Tagen der ersten technischen Revolution. Maschinen können *Gewohnheiten* übernehmen. Doch diese Gewohnheiten bleiben bedeutungsrelativ. Ändert sich die Interpretation der Situation, so können Maschinen ebenso rasch als nutzlos (= zu keiner erfolgreichen Funktion einsatzfähig) erscheinen wie Gewohnheiten, die keiner Adaption fähig sind. Auch hierfür werden wir noch zahlreiche ökonomische Beispiele kennen lernen. Es sei an dieser Stelle nur an die Fabriken der DDR erinnert. Im »realen Sozialismus« erfüllten diese Fabriken und Maschinen durchaus eine sinnvolle Funktion - eben relativ zu der Interpretation der wirtschaftlichen Situation, die der sozialistischen Planung zugrunde lag. Mit den Gesetzen des Weltmarktes konfrontiert, entpuppten sich dieselben Maschinen und Fabriken als Schrott, schlimmstenfalls sogar als zu beseitigende Altlast.

Die Wahrnehmung des Handlungserfolgs

Was hat sich bislang gezeigt? Handlungen sind *situative* Prozesse. Grundlegend für Situationen ist eine sie durchziehende Stimmung. Diese Stimmung hat auch eine körperliche Entsprechung im Körperbild, aus dessen Perspektive wir uns in einer Situation *zentriert* wahrnehmen und empfinden. Die veränderlichen Aspekte der Situation, das, *was* in einer Situation erscheint, beruht auf dieser Perspektive. Wir nehmen Situationen aus dem Horizont unserer Erfahrung wahr - und »Erfahrung« heißt hier: das tausendfache Erproben von Handlungsprogrammen, die als Denkmodelle erinnert werden. Wir sind fähig, differenzierter wahrzunehmen, wenn wir über vielfältigere Handlungsprogramme verfügen. Wenn z. B. ein Biologe in der Lage ist, beim Blick auf eine Wiese nicht ein hübsches, vielfältiges Grün zu sehen, sondern dutzende von Grasarten unterscheiden kann, dann beruht diese Fähigkeit differenzierter Wahrnehmung auf den vielfältigen *Handlungen*, bei denen er Grasarten in Büchern abgebildet studiert hat, Gräser präparierte, beschrieb, sie seinen Studenten zeigte und erklärte usw. Wenn uns jemand auf differenzierte Vielfalt *hinweist*, dann sehen auch wir sie; die Vielfalt ist nicht einfach eine Projektion, sie hat eine objektive Entsprechung. Uns hindern jedoch die wenigen Denkmodelle, über die wir verfügen, daran, uns auf diese Vielfalt tatsächlich einzulassen. Man hört und sieht mehr, wenn man mehr weiß, und das heißt: mehr Erfahrung besitzt, mehr gehandelt hat.

Der Differenziertheit der Wahrnehmung entspricht die Differenziertheit in der Beurteilung von Handlungs*erfolgen*. Ein Amateur mag mit einem

Klavierspiel sehr zufrieden sein, bei dem einem Berufspianist das kalte Entsetzen überkäme. Die Beurteilung des je *eigenen* Handlungserfolges hängt ab von der eigenen Erfahrung, der *Wahrnehmung* der Handlungsfunktionen. Beim Handeln *äußert* sich der Handlungsträger in den *Funktionen* der Handlung. Das *wirkliche* Handeln, also das Funktionieren der Handlung, zeigt sich als ein bestimmtes *Verhalten.* Es ist ein äußerer Vorgang. Aus dem Inneren der Erfahrung und Erinnerung, in dem sich die Handlungsprogramme bewegen, tritt in der faktischen Handlung die gedachte Struktur nach außen; sie wird öffentlich, wird Verhalten. Wie man dieses Verhaltens nun wiederum *beurteilt*, hängt ab von der *Wahrnehmung* dieses Verhaltens. Deshalb unterscheidet sich die Beurteilung des Handlungserfolges nicht von der Wahrnehmung der Situation überhaupt.

Man kann das auch so charakterisieren: Eine Situation wird zunächst *wahrgenommen*, auf bestimmte Weise interpretiert, ihre Bedeutung anhand bestimmter Zeichen für den Handlungsträger erfaßt. Diese Zeichen werden zu Signalen für bestimmte Reaktionen. Was überhaupt als Zeichen oder Signal erfaßt wird, beruht darauf, über welche Erfahrung – d. h. über welche erinnerten Handlungsprogramme = Denkmodelle – der Handlungsträger verfügt. Wie der Handlungsträger nun auf solche Zeichen hin handeln wird, läßt sich nicht vorhersagen; darauf beruht ja gerade die Freiheit der Handlung. Er mag *gewohnheitmäßig* reagieren, das heißt ein Verhalten zeigen, das er schon oft wiederholt hat; er kann aber auch *kreativ* reagieren, d. h. ein Denkmodell verändern oder ein erinnertes Handlungsprogramm neu erproben. Wie immer er die Offenheit der Situation, die seiner Freiheit korrespondiert, ausfüllen wird, es wird sich schließlich eine bestimmte Handlung zeigen, und auch ein Nichthandeln, das unbewegliche Verharren ist eine Reaktion auf eine Veränderung. Was sich als Handlungsfunktion *zeigt*, das offenbarte Verhalten, verläßt das innere Reich des Denkens und Vorstellens und wird öffentlich. Der Handlungsträger kann dieses Ergebnis seines Handelns *selbst* beurteilen, und dieses Urteil bezieht sich *dann* auf etwas Äußeres, ganz ähnlich der Ausgangssituation, die wahrgenommen wurde. Man kann auch sagen: Die Wahrnehmung des Handlungserfolgs ist die Wahrnehmung einer *veränderten Situation.*

Für den Handlungsträger läßt sich allerdings niemals vorhersagen, ob und wie er seine Handlung als *Erfolg* interpretieren wird. Man kann, von *außen*, niemals jemanden davon überzeugen, daß seine Handlung *kein* Erfolg war, wenn der Handelnde nicht bereit ist, unser Kriterium zur Beurteilung des Handelns zu übernehmen. Es gibt kein inneres, notwendiges Kriterium für erfolgreiches Handeln. Nun könnte man sagen: Wenigstens das *Überleben* ist doch solch ein Kriterium. Das ist sicherlich richtig, doch dieses Kriterium bleibt leer. Denn solange jemand weiterlebt oder – weniger dramatisch gesagt – eine bestimmte Interpretation *fortgeführt* werden kann, solange besteht für den Handelnden auch kein Indiz für endgültiges Scheitern. Das bloße *Weiterleben* ist vielmehr immer ein mögliches Indiz dafür, daß die äußerlich als gescheitert interpretierte Handlung für den Handlungsträger als Erfolg erscheint. Auch hier kann die Macht der Gewohnheit so groß werden, daß »Erfolg« und »Überleben« identisch werden. In der Tier- und Pflanzenwelt scheint dies ohnehin die Regel zu sein.

Kreativität

Noch ein weiterer, für unsere Diskussion sogar ganz zentraler Punkt sollte an dieser Stelle betrachtet werden. Wir haben schon mehrfach die Gewohnheit zur Kreativität in spannungsreiche Beziehung gestellt. Worin besteht eigentlich die Kreativität im Handeln? Es gibt sehr viele Möglichkeiten des Zugangs zu jenem offenen Potential, das wir mit »Kreativität« umschreiben. Für die vorliegende Untersuchung beschränke ich mich auf folgende Aspekte: *Erstens* können wir in freier Variation phantasierte oder vorgestellte Handlungen *erfinden*. Die einfachste Form besteht darin, daß man erinnerte Handlungsprogramme (Denkmodelle) langsam verfolgt und dabei bestimmte Elemente der Handlungssequenz verändert. Die *zweite* Form der Kreativität besteht darin, bekannte Handlungsprogramme auf neue, ungewohnte Situationen zu übertragen. *Drittens* zeigt sich Kreativität aber auch in der Änderung der *Interpretation* einer Situation. Das Umschlagen von Bedeutungen - ein beängstigender nächtlicher Schatten entpuppt sich als harmloses Kätzchen –, das »Aha-Erlebnis« ist ein untrennbarer Aspekt in der Kreativität des Handelns. Wenn sich nämlich die *Interpretation*, wenn sich die *Wahrnehmung* der Situation ändert, dann erlaubt dies völlig andere Handlungen. Gemeinsam ist diesen Formen der Kreativität - Variationen der *Handlungsprogramme* selbst, Variation der *Adaption* von Handlungsprogrammen und Variation der *Wahrnehmung* der Situation –, daß der Handlungsverlauf aus den Schranken der Gewohnheit befreit wird. Die für jede Handlung kritischen Übergänge vom Signal auf das Handlungsprogramm und vom Programm auf die Funktion der Handlung werden bei freien Entscheidungen und kreativen Veränderungen *entkoppelt*. Handlungen verlieren ihren gewohnheitsmäßigen, mechanischen Charakter. Die Kreativität der Handlung *erwächst* aus der prinzipiellen menschlichen Freiheit, aus der Fähigkeit, achtsam und bewußt neue Bewegungen des Denkens zu vollziehen - ohne äußere Regel, ohne innere Schranke. Die Macht der Gewohnheit mag diese Freiheit überdecken, aber sie kann sie nicht völlig aufheben.

Eigentlich ist *jede* Adaption eines Handlungsprogramms an eine Situation *auch* ein kreativer Akt. Selbst bei eingefleischten Gewohnheiten bleibt das Bewußtsein potentiell wach, um immer dann, wenn der Handelnde zu dem Urteil kommt, daß eine Handlung *mißlingen* könnte, *andere* Handlungsprogramme zu versuchen, andere Handlungsalternativen zu erproben. Der mangelnde Erfolg oder der drohende Mißerfolg weckt die Achtsamkeit des Handelnden auf. Die *Gefährdung* der Handlung *alarmiert*. Bei einer Gefährdung des Handlungserfolgs - auch wenn jede Gefahr subjektive Interpretation bleibt - zeigt sich die prinzipielle *Offenheit* der Situation. Veränderungen von Situationen gehorchen nie reinen Naturgesetzen. Naturgesetze gelten *innerhalb* einer Situation, aber Naturgesetze *verknüpfen* keine Situationen. Denn der Übergang von einer Situation auf eine andere ist eine Handlung, und jede Handlung *gründet* in der Freiheit, damit einer unbestimmten Offenheit. Gewohnheiten überbrücken diesen Abgrund der Freiheit, der vielfach auch Angst auslöst, und erwecken so den Anschein, als gäbe es »Gesetze« beim Übergang von einer Situation in eine andere. Aber alle Gesetze des Handelns sind nur Gewohnheiten, damit veränderbar und aufhebbar. Die *Kreativität* des Handelns übersteigt jede *Rationalität* einer Gesetzmäßigkeit - ich habe deshalb dafür den Begriff der *Trans-Rationalität* vorgeschlagen.[127]

Diese Transrationalität ist auch der Grund, weshalb es keine *historischen* Gesetze geben kann. Gesetze sagen etwas gemäß fester Regeln, eines starren Verhaltens voraus. Sie gelten jeweils nur dann, wenn man sie in einer Situation *isoliert*. Sicherlich gibt es in jeder Situation physische Aspekte, die man gemäß der Naturgesetze beschreiben kann. Aber Situationen sind eben nicht physische Gegenstände, sondern *Weltinterpretationen*. Und die menschliche Freiheit erlaubt nicht nur, neue - d. h. unvorhersehbare - Handlungsprogramme zu entwerfen, sie erlaubt auch eine völlige Neuinterpretation der historischen Situation. Gerade im sozialen Kontext spielt diese Art der Kreativität eine ganz besondere Rolle. Nur dann, wenn alle Handlungen *ausschließlich* durch Gewohnheiten bestimmt sind, wenn die Handlungsträger ihre Freiheit unter der Macht von Gewohnheiten verbergen, kann es historische Gesetze geben.[128]

10 Soziales Handeln

Sprache und Gesellschaft

Wir verfügen, nach den Analysen der vorhergehenden Kapitel, nunmehr über die notwendigen Voraussetzungen, um die sozialen Aspekte des Handelns genauer diskutieren zu können. Menschen in Gesellschaften sind *weder* eine formlose Masse, die durch die Moral und die Regierenden erst in *Form* gebracht werden müßten,[129] noch ist die Gesellschaft ein System, in dem »der Mensch zu einem raum-zeitlichen Massenpunkt in Bewegung«[130] wird. Weder die scholastische noch die mechanische Theorie werden der menschlichen *Freiheit* gerecht. Die scholastische Theorie verweist den Menschen auf eine ihm fremde, transzendente Ordnung; die mechanische Theorie, und hier vor allem die neoklassische Ökonomie, geht in ihrem Ansatz von der »Elimination der wirtschaftenden Person«[131] aus. Der Gehorsam ist die praktische, die Systemtheorie die theoretische Aufhebung der menschlichen Freiheit.

»Gesellschaft« und »Individuum« stellen als Extreme nur einseitige Abstraktionen dar. Tatsächlich kann man weder Gesellschaft ohne Individuen noch menschliche Individualität oder Subjektivität ohne soziale Bande verstehen. Die Frage lautet nicht nur: Wie kommen Individuen zu einer Gesellschaft? – die Frage lautet auch: Wie kristallisiert sich Individualität aus sozialen Strukturen? Kinder sind offenkundig zuerst völlig von ihren Eltern, später von ihren Lehrern und ihrer unmittelbaren Umgebung abhängig. *Zuneigung* ist das *erste* Prinzip menschlichen Kontakts. Im vielfältigen *Lernen* der Kinder und Jugendlichen vollzieht sich ein Prozeß der Einbindung, der Adaption an gesellschaftliche Strukturen. Das *Erlernte* – die Sprache und andere Fertigkeiten – ist sodann verinnerlichte soziale Struktur. Wir denken z. B. auch oder sogar überwiegend in innerlich gesprochenen Wörtern. Selbst unser innerstes Nachdenken *simuliert* also eine soziale Beziehung: den Dialog.

Bleiben wir für einen Moment bei der menschlichen Sprache. Sie ist das große soziale Band der Menschen, aber auch eine eigene Wirklichkeit, weder mit der Gesellschaft identisch noch mit ihren Individuen. Das ist leicht daran zu erkennen, daß niemand ohne den Preis der Lächerlichkeit oder Unverständlichkeit *gravierend* von der Sprache abweichen kann. Jeder muß, um verständlich zu sein, sich der Sprache und ihren Regeln unterordnen. Das heißt aber nicht, daß die Sprache unveränderlich bleiben würde, sie verändert sich mit den Handlungen der Menschen: Nicht nur der Wortschatz, auch die Sprechweise und das Sprachverstehen. Sprechen und Handeln verweisen in eigentümlicher Weise aufeinander.

Wie können wir Sprechen und Handeln gemäß den bislang gewonnenen Einsichten über die Natur des Handelns aufeinander beziehen? Wir hatten gesagt, daß jeder Handlung eine *Interpretation* der Situation zugrunde liegt. Interpretieren heißt, *Unterschiede* machen. Beim Heranwachsen *erlernen* wir das Unterscheiden, aber wir lernen jeweils in sozialen Situationen, wir erlernen das Unterscheiden *mit* der Sprache. Die Wörter werden zu den wichtigsten Zeichen situativer Unterschiede. Durch die Sprache erlernen wir zugleich funktionierende Handlungen. Wir ahmen das Verhalten anderer - der Eltern, Lehrer, Freunde - nach und erlernen *mit* diesem Verhalten die Bezeichnungen für die verschiedenen Aspekte der Situation. Die Sprache legt sich wie ein Netz über die Unterschiede der erlebten und handelnd veränderten Situationen. Wir lernen unsere eigene Situation in der Sprache aus einer sozialen Perspektive wahrzunehmen.

Welche *Funktion* erfüllt, ganz allgemein gesprochen, die Sprache bei sozialen Handlungen, d. h. beim Handeln von Gruppen? Die Sprache dient der *Koordination* der Handlungen. Durch Zeichen und Begriffe werden die verschiedenen Handlungen miteinander synchronisiert, aufeinander abgestimmt. Wenn jemand allein handelt, dann folgt er darin seinem Handlungsprogramm. Das Handlungsprogramm braucht eigentlich keinen sprachlichen Charakter zu besitzen; es kann einfach ein erinnertes und nachgeahmtes Verhalten sein - die Nachahmung fremden Verhaltens, aber auch die Wiederholung eigener, erfolgreich interpretierter Handlungsfunktionen. Beim Handeln in Gruppen kann eine Handlung nur dann als *Gruppenhandlung* gelingen, wenn die Individuen dem *gleichen* Handlungsprogramm folgen. Auch hier kann, in einfachen Fällen, das Handlungsprogramm eine Bewegung sein, die jemand vormacht, und alle anderen ahmen sie nach. Eine verfeinerte Koordination des Handelns wird jedoch nur dann möglich, wenn die Zeichen für bestimmte Verhaltensweisen sich vom Verhalten selbst trennen – kurz: wenn Menschen über Sprache verfügen.

Der Ursprung, das Wesen und die Struktur der Sprache sind wichtige und spannende Fragen – wir können sie hier nicht diskutieren. Sicherlich darf aber wenigstens die Vermutung formuliert werden, daß Sprechen und Handeln nicht *getrennt* werden können. Wie lernt man eine *neue, fremde* Sprache – und sei es eine Programmiersprache? Man lernt sie nur dann wirklich zu beherrschen, wenn man sie in den Situationen spricht, in denen diese Sprache *funktioniert*, also mit dem Handeln verknüpft ist. Zwar kann uns jemand die Arbeit abnehmen und *Wörterbücher* und eine *Syntax* schreiben, doch *letztlich* läßt sich eine Sprache nur im gemeinsamen *Handeln* erlernen: jemand muß *zeigen*, was die Zeichen bedeuten. Deshalb wird auch der Sprachwandel nur verständlich aus dem Wandel der sozialen Handlungen, der Differenzierung von Gruppen, der Verwendung neuer Gegenstände (Produkte).

Die wichtigsten Handlungsprogramme besitzen eine *sprachliche* Form, wobei wir die *Art* der Sprache hier ganz offen lassen können: Die gesprochene Alltagssprache, Texte, Bildzeichen und Abbildungen, Codes usw., all dies sind Elemente einer *funktionierenden* Sprache beim sozialen Handeln. Sprachliche Zeichen besitzen die Eigentümlichkeit, *neben* andere Strukturen der Handlungssituation zu treten. Allerdings ist die *Zuordnung* von Zeichen und Situation jeweils ein privater, innerer Vorgang. Wir haben gesehen, daß die Aspekte einer Situation kein objektiver, d. h. für alle eindeutig gegebener Sachverhalt sind; es sind wesentlich *Erscheinungen*, die auf der individuellen Erfahrung des Handlungsträgers beruhen. Das ist schon daran erkennbar, daß sprachliche Verständigung sehr häufig *scheitert*. Die Gesprächspartner interpretieren die *Bedeutungen* verschieden. Das gilt innerhalb von Gruppen und zwischen Gruppen auf analoge Weise. Wie, so müssen wir fragen, ist es *überhaupt* möglich, daß die private, individuelle Wahrnehmung von Situationen durch die Sprache überbrückt werden kann? Wie kann sich überhaupt *eine* Bedeutung für *ein* Wort und damit eine gelingende Handlungskoordination einstellen?

Wenn man die Extreme von privater Erfahrung und sozialer Struktur – sprachlichen Zeichen – *festhält*, wird eine Vermittlung unmöglich bleiben.

Blickt man aber auf das, was »Erfahrung« eigentlich heißt, so verschwindet dieses Rätsel. Erfahrung heißt, Handlungsprogramme zu erproben, ihre Funktion zu kennen; Erfahrung heißt auch, Gewohnheiten zu bilden. Da wir aber eher selten *allein* handeln und je schon in einen sozialen Kontext eingebunden sind, lernen wir in diesem sozialen Horizont. Die Sprache ermöglicht überhaupt erst die differenzierte Wahrnehmung von Unterschieden, von Aspekten. Unsere Erfahrungen vollziehen sich zu einem großen Teil in und mit Gruppen, und wir erlernen die Bedeutung der Wörter - d. h. die *Signale für unsere Handlungsprogramme* - nicht allein, sondern in menschlicher Gemeinschaft. Deshalb bildet sich bei allen Menschen - ungeachtet zahlreicher privater Erlebnisse - ein Grundstrom an sozialen Erfahrungen, und das *Sprechen, die Kommunikationsfähigkeit* ist der wichtigste Ausdruck dieser gemeinsamen Erfahrungen.

Handlungsprogramme besitzen als erinnerte Denkmodelle vorwiegend - wenn auch keineswegs ausschließlich - sprachlichen Charakter. Wenn wir nachdenken, spielen wir innerlich mit Handlungsprogrammen. Umgekehrt rufen gehörte Wörter unmittelbar situativ eingebettete Erfahrung wach. Das private, innere Reich lebt damit zu einem großen Teil von und mit der Gesellschaft. Wenn »ich« denke, bin ich »wir«. Denken heißt, situative Aspekte in sich zu versammeln und phantasierend zu verändern, und diese situativen Aspekte sind *auch* soziale Aspekte. Mehr noch. Da sich unsere Wahrnehmung mit unserer Erfahrung bildet und verändert, und da ferner die Erfahrung immer auch *Spracherfahrung* ist, deshalb ist unsere *Wahrnehmung* sozial vermittelt. Wir sehen zum großen Teil das, was *man* sieht, was alle sehen - und Schule und Medien tun das Ihre, um die Normierung der Wahrnehmung zu verfeinern und zu vervollständigen.

Glücklicherweise löst sich aber das Denken und Wahrnehmen niemals *völlig* in allen gemeinsame - »allgemeine« - Strukturen auf. Jeder ist und bleibt *individuell* verkörpert, jeder nimmt seine Situation *zentriert* wahr, jeder *versammelt* das Soziale zu einer Innenwelt, die er in Freiheit und Kreativität selbst verändern und gestalten kann. Das wichtigste »Individuationsprinzip« hierbei sind die Gefühle, ist das Körperbild. Zwar sind *Stimmungen* nicht bruchlos einzelnen Menschen zuzuordnen, sondern umfassen meist Gruppen, ja sogar eine ganze Zeitepoche; dies unterscheidet Stimmungen von privaten Gefühlen. Doch die Stimmungen sind nur ein - wiewohl zentraler - Teil des Gefühlslebens. Zudem sammelt jeder auch *allein* Erfahrungen, erprobt für sich selbst Handlungsprogramme und kann vielfältige Fertigkeiten *auf der Basis* von *sozialen* Erfahrungen entwickeln.

Ethik als soziale Gewohnheit

Was hat sich bislang ergeben? Handeln ist *ursprünglich* soziales Handeln. Individualität und Persönlichkeit bilden sich *aus* sozialen Strukturen, aus sozialen »Elementen«. Und das wichtigste soziale Phänomen ist die Sprache. Durch die Sprache erhalten Handlungsprogramme eine allgemeine - allen gemeinsame - Form. Das heißt aber auch: Menschen treten nicht einfach nur physisch oder körperlich in Kontakt, sie sind durch die Sprache je schon verbunden. Sie können in ihrer Kommunikation sich über Handlungsprogramme *vor* der Handlung verständigen. Und exakt dies ist der entscheidende Punkt, an dem die klassische, neoklassische Ökonomie und noch extremer der Sozialdarwinismus in die Irre gehen. Es ist nicht so, als würden Menschen *individuell* ihre Handlungen planen und erst dann *physischen* Kontakt aufnehmen - z. B. auf dem Markt durch ihre Produkte. Wenn das so wäre, dann wäre tatsächlich der Markt und die Konkurrenz auf dem Markt - wenn nicht das einzige - so doch das wesentliche soziale Band.

Soziales Handeln heißt aber nicht, daß die Menschen *nur* über ihre faktischen Handlungen, über die Resultate ihrer Handlungen Gemeinschaft herstellen. Sie stellen ihre Gemeinschaft auch und sogar *vor allem* durch die Kommunikation über ihre Handlungsprogramme her. Das bedeutet nicht, daß alle Handlungsprogramme *öffentlich* wären. Dies wäre eine unzulässige Folgerung. Tatsache ist aber, daß die sozialen Handlungen in wesentlichen Teilen in ihren Handlungsprogrammen koordiniert sind, noch ehe individuelle, abweichende oder private Handlungsprogramme formuliert werden. Es gibt eine *Fülle* von Handlungsprogrammen, die wir als *selbstverständlich* akzeptieren. Und wer nicht bereit ist, diese Handlungsprogramme zu übernehmen, den schließen wir aus der menschlichen Gemeinschaft aus: strafen ihn durch Mißachtung, fehlende

Unterstützung oder hindern ihn sogar mit *Gewalt* daran, Handlungen auszuführen, die nicht den Regeln der Gemeinschaft entsprechen.

Handlungen, die selbstverständlich geworden sind, die wir nicht jedesmal neu hinterfragen, bei denen wir unbewußt auf unsere Freiheit verzichten - solche Handlungen nannten wir *Gewohnheiten*. Beim Lernen, in der Erziehung, erlernen wir Gewohnheiten, üben wir Gewohnheiten ein. Wir brauchen hier nicht die Frage zu diskutieren, ob es nicht eine *innere* Instanz beim Menschen gibt - das Gewissen -, die verhindert, daß bestimmte (»böse«) Handlungen ausgeführt werden, daß bestimmte Handlungsprogramme als Denkmodelle abgelehnt werden. Es mag solch eine Instanz geben. Tatsache ist, daß die Menschen zu allen bekannten Zeiten bestimmte Gewohnheiten angenommen haben, die sozial sanktioniert waren. *Diese* Gewohnheiten, die *sozialen Regeln des Handelns*, bilden den Kern der *Ethik* einer Gesellschaft.

Ich verzichte darauf, den *Inhalt* solcher Regeln näher zu diskutieren oder gar definieren zu wollen. Es gibt keine »vernünftige« oder »konstruierte« Ableitung solcher Handlungsregeln. Zahlreiche dieser als Gewohnheiten, als Ethik tradierten Regeln entstammen den religiösen Überlieferungen, aber auch anderen lokalen oder ethnischen Traditionen. Zweifellos haben die großen Weltreligionen hier den stärksten Einfluß ausgeübt. Und selbst jemand, der den spirituellen Charakter dieser Traditionen ablehnt, wird nicht leugnen, daß zahlreiche Elemente religiöser Lehren »sozial nützlich« sind. Die Regeln »Du sollst nicht töten!« oder »Du sollst kein fremdes Eigentum nehmen!« - wir finden sie im Christentum, im Hinduismus, im Buddhismus und im Islam - sind Voraussetzungen eines kontinuierlichen Zusammenlebens. Die *sozialen Gewohnheiten*, die Ethik der Gesellschaft stellt eine große Zahl von Handlungsprogrammen dar, an denen sich andere Handlungsprogramme messen (oder messen lassen müssen). Diese Gewohnheiten sind die *Grundlage* jeglichen *individuellen* Verhaltens.

Neben diesen sozialen Gewohnheiten, die wir als *Ethik* erkennen und anerkennen, gibt es allerdings noch zahlreiche andere. In der Volkswirtschaftslehre rechnet man solche Verhaltensweisen zur jeweiligen *Wirtschaftsordnung*. Die Wirtschaftsordnung umfaßt nicht nur positives Recht, sie enthält auch zahllose Gewohnheiten des sozialen Verkehrs, die in unterschiedlichen Abstufungen als selbstverständlich anerkannt werden. Solche Gewohnheiten können durchaus auch *absichtlich* installiert werden; hierzu zählen die Vereinbarungen über Normen, Geräteformen, Anschlußtypen, Produktgrößen usw. Auf einen Verstoß gegen solche Normen steht weder soziale Ächtung noch Strafe, wie beim Verstoß gegen ethische Regeln oder positive Gesetze. Ihre Nichtbeachtung kann aber zu erheblichen privaten und wirtschaftlichen Nachteilen führen.

Derartige Regeln einer Wirtschaftsordnung haben die Konkurrenten längst an einen Tisch gebracht, bevor sie in eine Wettbewerbsschlacht eintreten. Es gilt hier ganz das, was Montesquieu gegen das *bellum omnium contra omnes* formulierte: »Aber er merkt nicht«, sagt Montesquieu gegen Hobbes, »daß er den Menschen vor der Gründung der Gesellschaften etwas zuschreibt, was ihnen erst nach dieser Gründung, die ihnen Veranlassung gibt, sich anzugreifen und zu verteidigen, einfallen kann.«[132] Die »Gründung« der Gesellschaft, ihr *Grund* also, ist das soziale Band der gemeinsamen Gewohnheiten. Nur *innerhalb* dieser Gewohnheiten, eingebettet in die sozialen Handlungsprogramme, ist Wettbewerb, Gegensatz, Egoismus überhaupt möglich. Der Konkurrent will etwas Soziales nur *für sich*, z. B. die Nachfrage zahlreicher Konsumenten, er will nicht *aus der Gesellschaft* austreten, er möchte sie *privatisieren*.

Eine Bemerkung zum Begriff der »Privation« ist an dieser Stelle vielleicht hilfreich. *Privation* ist in der Übersetzung von Kant eine »Beraubung«.[133] Es wird etwas einer Möglichkeit beraubt, wie etwa eine Kraft, die durch eine andere gehemmt wird. Diese beraubte Möglichkeit ist aber bereits vorausgesetzt. Die Privation ist keine reine *Negation*. Insofern besitzt die Privation einen *positiven* Inhalt, stellt also die Realisierung einer Möglichkeit oder die aktive Hemmung von etwas dar, das schon da ist. Wenn man in einen leeren Raum einen Tisch stellt, dann spricht man von einer *Privation des Raumes* durch den Tisch. Die Privation, die private Nutzung ist also immer die Nutzung von etwas, das im *voraus gesetzt* ist. Das Private hängt vom Gesellschaftlichen ab, nicht umgekehrt. Wenn jemand Privateigentümer einer Sache wird, dann behält diese Sache vielfältige Beziehungen zu anderen Menschen und Dingen. Ein Haus oder ein Grundstück bleibt ein soziales Ding. Nur die *Nutzung* durch eine natürliche oder juristische Person wird erlaubt. Privateigentum ist die

Erlaubnis zu *bestimmten* Handlungen, keineswegs zu *allen*. Jedermann darf sich ein Auto kaufen, doch niemand darf jemand anderen damit verletzen. Privation heißt also, im Netz der sozialen Gewohnheit einen bestimmten Freiraum eingeräumt zu bekommen für eigene Handlungen. Jede Privation, jede private Handlung unterstellt etwas *Gemeinsames*, *Verbindendes* als Voraussetzung. Das Soziale geht nicht aus Privaten hervor, das Private ist vielmehr eine »Privation« des Sozialen.

Soziale Denkmodelle und personale Identität

Gesellschaft stellt sich her durch die Übernahme gemeinsamer Handlungsprogramme und Denkmodelle, die zu einem großen Teil zu *Gewohnheiten* werden. Diese Gewohnheiten, ihr repetitiver und stabiler Charakter verleiht der Gesellschaft Beständigkeit, Ordnung und Struktur. Die soziale Ordnung ist die vielfältige Übernahme von Handlungsprogrammen durch die Individuen. Hier kommt ein weiterer Aspekt hinzu. Indem wir *gemeinsame* Handlungsprogramme als Gewohnheiten erlernen und übernehmen, bilden wir *zugleich* uns selbst als bewußte, erfahrene Subjekte. Das Selbst, das Ego besteht nicht darin, aus einem dunklen »Innen« hervorzugehen – einem transzendentalen Ego oder einer Seelensubstanz –, es beruht vielmehr auf einem Zum-mein-machen, auf einer *Privation*. Wir werden zu einem Subjekt durch unser Handeln, durch das Erfahrungspotential unserer erlebten Handlungen. Das Selbst ist keine Substanz, sondern ein Prozeß. »Jeder ist das, was er betreibt und besorgt.«[134] Das Subjekt ist damit, eben weil Handeln auch soziales Handeln bedeutet, so etwas wie ein *Brennpunkt* der Gesellschaft. »Die Individuen sind ein *Fokus* im Netzwerk der Beziehungen.«[135] Allerdings bleibt die Übernahme sozialer Strukturen, sozialer Gewohnheiten relativ zur menschlichen Freiheit. Jeder kann auch aus diesen Gewohnheiten ausscheren. Das Selbst als Fülle von Gewohnheiten und Fokussierung sozialer Strukturen ist nicht ein *letzter* Grund; es bleibt ein Prozeß, der sich verändert und aus freier Entscheidung verändert werden kann. Jeder ist *eigentlich* ein freies Wesen; sein Selbst, sein Ego, sein Charakter ist nicht ursprünglich, sondern erworben.

Daraus geht hervor, daß personale und soziale Identität nicht getrennt sind. Man macht sich in den Gewohnheiten auch die Strukturen einer Organisation, einer Gruppe, einer Gesellschaft *zu eigen*. Der »Charakter« ist das Skelett sozialer Gewohnheiten, belebt durch die individuelle Muskulatur der Wünsche und Gefühle. Die bewußte oder erlernte Adaption von Handlungsprogrammen, die Gewöhnung an sie, ist der *soziale Charakter* eines Menschen. Dieser soziale Charakter bildet sich auch *lokal*, d. h. er bildet sich im Prozeß mit jener Gruppe und Organisation, der jemand vorwiegend angehört. Man macht sich Traditionen seiner Familie, seiner Stadt, seiner Firma, seines Landes zu eigen und agiert im Konzert, in Harmonie mit den Handlungsprogrammen seiner täglichen Umgebung.

Dasselbe gilt für *Denkmodelle*. Denkmodelle sind die Gewohnheiten des Denkens und Sprechens. In ihrem Kern sind Denkmodelle erinnerte Handlungsmodelle; sie können irgendeine Handlung strukturieren und lenken. Das *Gespräch* ist eine besondere Form. Hier werden, ohne unmittelbare Handlungsabsicht, Denkmodelle konfrontiert und ausgetauscht. Die *Bedeutung* dieser Denkmodelle ist ihre erinnerte Funktion als Handlungsprogramm. Das Wort »Computer« bedeutet für jemand all die Erfahrungen, die er im Umgang mit dieser Maschine gewonnen hat. Die Kommunikation kann sich tendenziell vom faktischen Handeln lösen, wie sich sprachliche Zeichen von Aspekten der Situation, von »Dingen« ablösen. Aber Kommunikation ist ein Austausch von *Bedeutungen*, und Bedeutungen sind Handlungen. Auch das Sprechen ist eine Handlung; in ihr wird die Sprache verfeinert, gegliedert, geordnet. Doch die Bedeutung der Wörter weist über die Sprachhandlung hinaus.

Die Kommunikation wird vom ursprünglichen Handeln durch *Gewohnheiten* abgelöst, verfestigt und stabilisiert. *Sprech- und Denkgewohnheiten* können auch *unabhängig* von anderen Handlungen aufbewahrt und tradiert werden: entweder durch unmittelbare mündliche Weitergabe – die wichtigste Form in vielen alten Kulturen und auch heute noch im Unterricht unabdingbar –, oder durch die schriftliche Form (bzw. durch ein anderes Medium). Diese partiell abgelöste Welt der Kommunikation, in Gewohnheiten erstarrt und gesondert tradiert, bezeichnete Hegel als *objektiven Geist*. Dieser objektive Geist *lebt* aber aus einem Grund des

Handelns, ohne den er nur toter Buchstabe wäre. Die Entartungen bei einigen scholastischen Philosophen, die den Buchstabenautoritäten mehr trauten als ihren eigenen Augen, bezeugen die Macht dieser abgelösten und besonderten Gewohnheit. In der Neuzeit hat sich in den Wissenschaften eine Methode entwickelt, der ablösbaren Tradition der *Denkmodelle* den Kontakt mit der Empirie der Experimente, mit der lebendigen Bedeutung zu erhalten.[136]

Denkmodelle erhalten ihre Funktion und Bedeutung deshalb nicht nur als Bausteine oder Elemente von *Handlungsprogrammen*, sie können sich auf dem Wege der Kommunikation auch direkt verkoppeln und zu einer zweiten, selbständigen Wirklichkeit werden: Zur Welt des objektiven Geistes, der Paradigmata. Auch hier liegt eine Handlung zugrunde: Das Sprechen, die Kommunikation durch Medien. Die Sprechhandlung ist funktional von anderen Handlungen abgelöst. Es gibt auch hier Gewohnheiten, Adaption und eine Bewertung des Handlungserfolges. Doch diese Elemente des Handelns erhalten in der Kommunikation eine neue Bedeutung, eine neue Funktion. Der Erfolg einer »Sprechhandlung« ist die *Zustimmung* eines Gesprächspartners oder noch weniger: das bloße *Verstehen* des Gesprächspartners. Auch ein Satz wie »Alle nehmen die Hände hoch, oder es knallt!« hat als *Sprechhandlung* Erfolg; der Bankräuber erkennt an den hochgereckten Händen, daß er verstanden wurde. Eine Sprechhandlung ist erfolgreich, wenn sie verstanden wird. Programm und Funktion fallen beim Sprechen fast zusammen. Der *Erfolg* dieser Handlung ist dann nicht eine komplexe Folge von Operationen, wie etwa beim Funktionieren eines Gerätes gemäß einer Bauanleitung, der Erfolg ist die bloße *Verständigung*.

Meinung und soziale Resonanz

Aus dieser Besonderheit des Sprechens als Handlung ergibt sich ein merkwürdiges Phänomen. Wenn bestimmte Denkmodelle in der Kommunikation adaptiert, nachgeahmt werden, so *nimmt* dies den Denkmodellen nichts weg, es verleiht ihnen im Gegenteil sogar *Kraft*. Sicherlich beruht die Bereitschaft, Denkmodelle zu übernehmen und nachzuahmen, sie zu je *eigenen* Gewohnheiten zu machen, auch auf deren

Fähigkeit, sich in private Handlungsprogramme einbinden zu lassen. Je allgemeiner jedoch die Struktur eines Denkmodells ist, je weniger die Gefahr besteht, daß es *unmittelbar* in Konflikt mit privat verfolgten Handlungsprogrammen gerät, desto größer die Bereitschaft, solch ein Denkmodell zu kopieren und zu adaptieren. Im Ergebnis zeigt sich ein der Akustik verwandtes Phänomen: Die Massenhaftigkeit der Verwendung von Denkmodellen erzeugt eine *soziale Resonanz*, eine vielfache private Wiederkehr.

Auch Sätze der Ethik besitzen diesen Charakter; es geht also nicht darum, die soziale Resonanz nach »gut« oder »schlecht« zu bewerten. Es genügt, das Phänomen deutlich zu erkennen. Die soziale Resonanz von Denkmodellen ist allerdings abstrakter, allgemeiner als die Wiederkehr von Handlungsmodellen. Der im Handeln gefühlte Widerstand ist hier weit geringer, weil das *Medium* der Denkmodelle die Kommunikation ist. Sie können durch Medien tausendfach vervielfältigt werden. Die soziale Resonanz der Denkmodelle, ihre Massenhaftigkeit verleiht ihnen auch Stabilität. Sie bilden und formen die privaten Denkgewohnheiten, die *Meinungen* der Menschen. Die Stabilität des Sozialen, seine Ordnung und Struktur, besteht in der vielfachen Übernahme von Handlungs- und Denkmodellen, und diese kollektive Adaption bildet den Grund der öffentlichen Meinung. Die Meinung, das, was die Menschen zu dem Ihren, je zum Mein machen, das ist der schwankende Boden sozialer Stabilität. Die Meinungen über das Verhalten der Menschen und Dinge sind der Urgrund des Sozialen. Ihre »Substanz« ist die *Gewohnheit.*

Am klarsten hat die Bedeutung der Meinung David Hume ausgesprochen. Er sagt: »Der Mensch ist ein sehr flexibles Wesen und für viele verschiedene Meinungen, Prinzipien und Verhaltensregeln empfänglich. Was wahr sein mag, solange er Anhänger der einen Denkungsart ist, wird er falsch finden, sobald er entgegengesetzte System von Sitten und Meinungen angenommen hat.«[137] Hume sieht, daß die Meinung eine *relative* Struktur bleibt; die »Flexibilität« des Menschen ist nur ein anderes Wort für die Freiheit, Gewohnheiten auch aufgeben zu können. Dennoch erweisen sich Meinungen als selbsttätige Kraft in der sozialen Organisation. Hume knüpft folgende Überlegung daran an: »Nichts erscheint erstaunlicher bei der philosophischen Betrachtung menschlicher Angelegenheiten als die Leichtigkeit, mit der die Vielen von Wenigen regiert werden und die stillschweigende Unterwerfung, mit der Menschen ihre eigenen Gesinnungen und Leidenschaften denen ihrer Herrscher unterordnen. Fragt man sich, wie es zu diesem Wunder kommt, so stellt man fest, daß, zumal die Regierten stets die Stärke auf ihrer Seite haben, die Regierenden durch nichts anderes gestützt werden als durch *Meinung*. Regierungen gründen sich daher ausschließlich auf Meinung, und diese Tatsache gilt für die überaus despotischen und militärischen Regierungen ebenso wie für die freiesten und republikanischsten.«[138] Die Meinungen sind die soziale Resonanz der Denkmodelle, der tragende und schwankende Grund aller Regierung und Ordnung der Gesellschaft. Selbst die Macht der despotischsten aller denkbaren Regierungen gründet auf einer sozialen Resonanz. Wenn *jeder* Angst hat und aus Angst das nachplappert, was die Herrschenden vorsagen, dann bildet die Angst die Energie jener Resonanz. Der *Schein* solcher Macht wird an ihrem Ende deutlich. Wenn die soziale Resonanz ihre Macht verliert, wenn die sie begleitende *Stimmung* aufhört, alle zu *be-stimmen*, dann bröckelt die Macht, und ihr bleibt nur noch die nackte Gewalt. Kaum könnte man dies besser illustrieren als durch die letzten Monate der DDR oder das Ende der Herrschaft der Kommunisten in Rumänien. Im Nachhinein erscheint die Resonanz der Denkmodelle wie ein Spuk, ähnlichen dem, der sich den erstaunten Blicken der Kinder beim Betrachten der Sieg-Heil-Rufe ihrer Großeltern in alten Wochenschauen zeigt.

Der Meinung als sozialer Resonanz liegt eine jeweils symmetrische Verhaltenserwartung zugrunde: Man erwartet beim Aussprechen diesbezüglicher Denkmodelle die *Zustimmung* in der Kommunikation. Derartige Denkmodelle in sozialer Resonanz haben viele Schichten. Ihre oberste Schicht bezieht sich auf aktuelle politische Themen, Fragen der Mode und des öffentlichen Lebens. Hier ist die Resonanz meist schwach und deshalb vergänglich. Die Ethik, in Kindheit und Erziehung als Gewohnheit verankert, gründet tiefer. Die tiefste Schicht umfaßt die metaphysischen Überzeugungen der Menschen. Dazu gehört der Glaube an selbständige und getrennte Dinge der Außenwelt, an die Stabilität des eigenen Ich, an den Wert des Lebens und Überlebens, der *praktische* Glaube an die eigene Unsterblichkeit (denn wer außer ein paar Mönchen oder spirituellen Menschen kümmert sich um das einzig *tot*sichere Faktum menschlicher Existenz?) usw. Da diese metaphysischen Überzeugungen die eigentlich tragenden Denkmodelle sind, ohne die kaum Handlungen funktionieren könnten, weisen sie auch das höchste Alter und die größte Stabilität auf. Daß es sich allerdings auch hier nicht um absolute, unverbrüchliche Notwendigkeiten handelt, sondern auch um Gewohnheiten in sozialer Resonanz, zeigt sich daran, daß viele Denker aus allen Zeiten sie als Täuschung abgelehnt haben. Die *objektive Realität* (der Welt, der Dinge, der Natur) ist eine soziale Resonanz, eine *Meinung*.

Erwartungen

Meinungen haben aber neben ihrer sozial-verbindenden Funktion auch noch eine private, die Einzelhandlungen lenkende Bedeutung. Diese Meinungen sind die *Erwartungen*. Durch die Erwartungen überbrücken die Handelnden die unsichere Zukunft und die Gegenwart. In den Erwartungen ist die *Zukunft* der Handlung, die neue, künftige Situation und der Erfolg der Handlung in die Gegenwart hereingeholt. An den Erwartungen zeigt sich auch ein völlig anderer *Zeitbegriff* als jener, der in den Naturwissenschaften verbreitet ist. Nur wenn eine Gesellschaft vollständig durch Gewohnheit determiniert wäre, wenn sie aus der Freiheit in den Zustand eines bloßen Mechanismus zurücksinken würde, wenn sie also jene Gestalt aufweisen würde, die in der neoklassischen Theorie gezeichnet wird, dann wäre zwischen der physikalischen und der historischen Zeit kein Unterschied.

Erwartungen basieren auf einem grundlegenden Nichtwissen, einer grundlegenden *Unsicherheit*, die durch kein Wahrscheinlichkeitskalkül berechenbar wird. Darauf haben Keynes[139] und – mit anderer Zielrichtung und Terminologie – Hayek[140] nachdrücklich hingewiesen. Aber auch Alfred Marshall, der wichtigste, oft skeptische Begründer der Neoklassik hat schon gesagt, daß in der Wirtschaft Wunsch und Realisierung, Plan und Verwirklichung erheblich differieren. Sehr viele Pläne »basieren auf *Erwartungen*, die niemals erfüllt werden.«[141] Mit der Betrachtung individueller Handlungen im sozialen Kontext betreten wir das Reich der *unsicheren Erwartungen*.

Wie können wir Erwartungen genauer charakterisieren? Erwartungen zielen auf ein bestimmtes Verhalten von Menschen oder Dingen, sie zielen also auf Aspekte *zukünftiger* Situationen. Viele Aspekte künftiger Situationen sind durch natürliche Strukturen bestimmt. Das Verhalten von Naturgegenständen kann durch Naturgesetze prognostiziert werden. Daß es auch hier eine *grundlegende* Offenheit gibt, ist durch die Vertreter der Quantenphysik vielfach und mit Nachdruck betont worden, gleichwohl lassen sich *mechanische Gegenstände* in ihrem Verhalten sehr häufig relativ präzise prognostizieren. *Zufälle* bei natürlichen Gegenständen gehorchen bestimmten Wahrscheinlichkeitsverteilungen, so daß man auch das zufällige Verhalten für statistische Massen vorhersagen kann. Die *Gewohnheiten der Natur*[142] sind berechenbar, wenigstens einem Wahrscheinlichkeitskalkül zugänglich. Aus diesem Grund werden die Erwartungen der Naturwissenschaftler, die sich die Techniker in ihren Konstruktionen zu eigen machen, sehr häufig erfüllt. Gewohnheiten sind berechenbar.

Anders steht es um menschliches Verhalten. Es ist ja nur die *Außenseite* des Handelns, das prinzipiell auf der menschlichen Freiheit beruht. Freiheit ist auch Freiheit von Gesetzen und deshalb in ihrem Wesen *unberechenbar*. Wenn man das Verhalten einer Person oder einer Gruppe vorhersagen möchte, muß man das Handlungsprogramm kennen, das sie lenkt. Doch das ist keineswegs hinreichend. Wir haben bereits darauf hingewiesen, daß die Adaption von Handlungsprogrammen an bestimmte Situationen grundlegend ein kreativer Akt bleibt. Das, was sich als spezifische Situation zeigt, ist nicht eindeutig, es beruht auf Interpretation und Auslegung. Zwar wird die Erfahrung den Spielraum von Fehlurteilen einschränken; grundsätzlich bleibt aber jede Situation in mehrfacher Weise *offen*. Sie ist *erstens* offen hinsichtlich der Auslegung und Beschreibung der aktuellen Situation. Jede Diskussion über eine Lagebeurteilung kann diese Offenheit zeigen. *Zweitens* ist die Situation offen hinsichtlich der getroffenen Entscheidungen. Selbst wenn zwei Personen in der Beurteilung der Situation völlig übereinstimmen, brauchen sie keineswegs zur selben Entscheidung zu kommen. Das heißt: Die Wahl des jeweiligen Handlungsprogramms läßt sich nicht aus einer Situation deterministisch prognostizieren. *Drittens* schließlich sind Handlungsprogramme, im Unterschied zu Maschinenprogrammen, niemals völlig strukturiert. Sie enthalten unbestimmte, durch Spontaneität und Augenblicksentscheidungen zu füllende »Lücken«. *Viertens*, und das ist vielleicht der wichtigste Punkt, läßt sich niemals mit Sicherheit sagen, ob ein Handelnder sich tatsächlich an gewohnte Handlungsprogramme hält, oder sich nicht vielmehr *für die Kreativität entscheidet.*

Die formale Entscheidungstheorie, wie sie den Wirtschaftswissenschaften zugrundeliegt, beruht auf der Annahme, daß die Handlungsalternativen *gegeben* seien.[143] Auch die Spieltheorie geht davon aus. Doch der Fall, daß die Handlungsalternativen – d. h. die verfügbaren Handlungsprogramme – erstens überhaupt *diskret* sind, sich also klar in Alternativen aufteilen lassen, und zweitens vor allem *gegeben* seien, ist eine willkürliche Annahme. Sie trifft nur dann zu, wenn der Handelnde *vollständig* durch Gewohnheiten bestimmt wird. Selbst wenn die Macht der Gewohnheit die Freiheit dominiert, muß auch der Gewohnheitsmensch *Entscheidungen* treffen, d. h. zwischen seinen Gewohnheiten wählen und sie neuen Situationen anpassen. Die *Wiederholung* desselben Handlungsprogramms in differenten Situation *bleibt* eine kreative Entscheidung, die nicht rational rekonstruiert werden kann.

Was ergibt sich daraus? Es ergibt sich, daß niemand das Verhalten einer Person oder einer Gruppe sicher voraussagen kann. Mehr noch. Nicht einmal das je *eigene* Verhalten kann sicher prognostiziert werden. Man kann zwar sagen: Ich werde morgen dies oder jenes tun, d. h. diesem oder jenem Handlungsprogramm folgen, doch mit dieser Ankündigung ist nicht gesagt, daß die Handlung tatsächlich so funktioniert wie angekündigt, oder aber von jemand anders so *interpretiert* wird, wie der Handelnde ankündigt. Wenn dies dennoch gelingt, wenn also die Erwartungen mit Bezug auf andere Personen vielfach in Erfüllung gehen, wenn andere Menschen *berechenbar* sind, dann liegt der Grund auch hier darin, daß sie von *Gewohnheiten* gelenkt werden und ihre Entscheidungen von Gewohnheiten bestimmt sind – *hinreichend* für Berechenbarkeit ist allerdings auch das nicht.

Eine Verhaltenserwartung besitzt formal die Struktur: »Person A erwartet von Person B ein bestimmtes Verhalten.« Das erwartete Verhalten wird unter drei Voraussetzungen zu beobachten sein – sofern wir einen Zufall oder Präkognition ausschließen. *Erstens* muß die Person

B tatsächlich über ein Handlungsprogramm verfügen, das dem erwarteten Verhalten entspricht. Wenn ich von jemand erwarte, daß er Zigaretten kauft und sie raucht, dann muß es sich um einen Raucher handeln - oder einen Schauspieler, der einen Raucher spielt. *Zweitens* muß die Umwelt, die Situation die Entfaltung des erwarteten Verhaltens tatsächlich erlauben, und *drittens* muß die Person B dieses erwartete Verhalten als *Gewohnheit* verinnerlicht haben. Der Beobachter A kann aber das Verhalten von B nur aus zwei Quellen kennen: er kann B in seinem Verhalten *beobachten* und vermuten, daß es sich (in ähnlicher Situation) *wiederholt.* Das setzt aber eine sehr gründliche Beobachtung und richtige Interpretation des Verhaltens voraus. Zudem wird solch eine Beobachtung nur dann zuverlässig sein, wenn sie *wiederholtes* Verhalten beschreibt. Der andere Weg ist zuverlässiger: Der Beobachter *kommuniziert* über den Inhalt des Handlungsprogramms mit dem beobachteten Probanden. Nur im ersten Fall kann man aber hoffen, daß eine Verhaltensprognose mit gewisser Wahrscheinlichkeit erfüllt wird. Wenn der Beobachter *weiß*, was der Beobachtete tut, weil er sich über dessen Handlungsprogramm vorher mit ihm *verständigt,* dann hört B auf, einfach ein Gegenstand zu sein, den man passiv beobachtet. Das ist schon dann der Fall, wenn der Beobachtete sich beobachtet weiß, wie die Hawthorn-Experimente erstmals gezeigt haben.[144]

Prognosen als Handlungsprogramme

An dieser Stelle wird deutlich, was den Grund für Paradoxien der Vorhersage ausmacht, von denen wir mehrfach gesprochen haben. *Eine Prognose ist eine Verhaltenserwartung.* Menschliches Verhalten ist aber in seinem inneren Wesen ein *Handeln.* Das Handeln gehorcht Handlungsprogrammen. Über diese Handlungsprogramme kann *vor* und *während* der Handlung selbst kommuniziert werden. Dies wird die Handlungsprogramme - die Pläne, Ziele, Erwartungen, Absichten - in der Regel beeinflussen und modifizieren. Damit wird aber auch das zu erwartende Verhalten modifiziert.

Wenn ein Sozialwissenschaftler eine Hypothese über menschliches Verhalten formuliert, dann kann diese Hypothese *zugleich* als Handlungsprogramm aufgefaßt werden, wenigstens kann es andere Handlungsprogramme *modifizieren*. Eine Verhaltenshypothese *ist* formal ein Handlungsprogramm; es beschreibt die *Funktionen* des Handelns aus einer *äußeren* Perspektive. Durch Kommunikation tauschen die Handelnden aber partiell auch ihre *inneren* Perspektiven aus und beeinflussen so wechselseitig ihre Handlungsprogramme – lange bevor sie überhaupt gehandelt haben. Und in der menschlichen Kommunikation werden Aspekte von Handlungsprogrammen ausgetauscht, modifiziert bzw. kopiert. Jede soziale Handlung ist in ein Netz anderer Handlungen eingebettet, über die ein beständiger kommunikativer Austausch stattfindet.

Wenn deshalb jemand eine Prognose über sein *eigenes* Verhalten kennt, dann besitzt er prinzipiell die Freiheit, diese Prognose als Handlungsprogramm zu nutzen, oder eben darauf zu verzichten bzw. das Programm zu verändern. Jede Verhaltensprognose ist ein potentielles, wie auch immer unvollständiges Handlungsprogramm. Die kommunikative Rückkopplung aller Aussagen über Verhalten auf die Handlungsprogramme verhindert deshalb prinzipiell eine den Naturwissenschaften vergleichbare Verhaltensprognose. Was für die Geldpolitik in jüngerer Zeit als »Goodhart´s Law« in der Wirtschaftspresse auftaucht, die Aussage nämlich, daß jede von der Geldpolitik genutzte statistische Regelmäßigkeit diese Regel aufhebt, ist nur ein besonderer Ausdruck für diese Beziehung zwischen Verhaltensbeschreibung und Handlungsprogramm. Eine ähnliche Kritik an der Wirtschaftspolitik stammt von R. Lucas.[145] Hocking hat diesen Zusammenhang bereits in den 20er Jahren formuliert: »Wie wahr immer ein kausales Gesetz menschlichen Verhaltens im Augenblick seiner Entdeckung sein mag, die Entdeckung, die Feststellung eines kausalen Prinzips hat die sichere Tendenz, sich selbst *unwahr* zu machen.«[146]

Es ist nicht schwer, nach unserer Diskussion das hier waltende Prinzip zu erkennen. Eine kausale oder eine andere »Erklärung« von Verhalten besitzt in ihrer *mitgeteilten* Form eine Struktur, die selbst als Handlungsprogramm dienen kann. Wer den Mitschnitt einer Musikveranstaltung auf Tonband besitzt, kann anhand dieses Mitschnitts das »Verhalten« – das Musizieren – auf eine Partitur übertragen und somit in ein *Handlungs-*

programm verwandeln. Verhalten kann kopiert und so zum Handlungsprogramm werden. Das gilt ebenso und sogar vermehrt für *Beschreibungen* von Verhalten. Hier wird auch deutlich, weshalb es bei vollkommener Voraussicht zu Paradoxien kommen kann und muß. Nur ein mechanischer Gegenstand wäre gleichgültig gegen die Beschreibung seines Verhaltens; selbst derjenige, der fest durch seine Gewohnheiten bestimmt ist, bleibt fähig, die Gewohnheiten in freier Entscheidung aufzugeben. Wer also ein *künftiges* Verhalten vorhersieht, der formuliert damit für eine Handlung ein Programm. Da er aber bei jedem Programm frei darin bleibt, diesem Programm zu folgen oder aber nicht oder anders zu handeln, kann *keine* Verhaltensbeschreibung der Zukunft als eine *faktische* Aussage gewertet werden. Die Verhaltensbeschreibung: »Wenn ich jenen Vertrag unterschreibe, werde ich übermorgen insolvent«, ist immer ein Konditionalsatz, niemals eine Prognose der Art »morgen haben wir Vollmond«. Das Handlungsmodell »Unterschreiben jenes Vertrags« bleibt relativ auf die Entscheidungsfreiheit. Wenn das Ergebnis aber negativ bewertet oder erwartet wird, dann *unterbleibt* die Handlung.

Erwartungen in den Sozialwissenschaften sind also niemals Vorhersagen von künftigen *Fakten*, es sind Beschreibungen von *möglicherweise* realisierten Handlungsprogrammen. Das Modalwort »möglich« weist darauf hin, daß der letzte Grund allen Verhaltens die menschliche Freiheit und Kreativität bleibt. Wie wir aber schon gesehen haben, kann man kreative Leistungen nicht vorhersagen. Warum? Weil eine Prognose kreativer Leistungen die Beschreibung eines zukünftigen Verhaltens ist. *Funktioniert* dieses Verhalten, wird also die kreative Leistung positiv bewertet, dann *ist* die Verhaltensbeschreibung selbst die Formulierung jenes Handlungsprogramms, das doch erst erfunden werden soll. Kreative Leistungen zu beschreiben heißt also, die Handlungsprogramme in ihren Funktionen zu kennen. Wenn jemand heute *genau* beschreibt, wie morgen die funktionierenden Prozesse für Kernfusion aussehen werden, dann hat er *heute* die kontrollierte Kernfusion erfunden.[147] *Leere* Prognosen bleiben natürlich immer möglich. Solche Prognosen beschreiben kein konkretes Verhalten, sie liefern nur beliebig verwendbare Namen, wie etwa: »Morgen werden Menschen mit Dingen hantieren«.

Anders als in den Naturwissenschaften, ist *jede* nicht-leere Theorie ein potentielles Handlungsprogramm, folglich eine Ursache zur *Veränderung* jenes »Gegenstandes«, den die Theorie beschreiben soll.[148] Weil jede öffentliche Beschreibung von Verhalten die Handlungsprogramme und damit das Verhalten mittelbar oder unmittelbar beeinflußt, kann keine soziale Theorie wirklich *praktisch* werden, d. h. von einer großen Zahl von Menschen für ihr Handeln genutzt werden. »Praktische Nutzung« bedeutet, Einbettung in Handlungsprogramme und damit *Veränderung* von Handlungen, die durch die Theorie beschrieben werden sollen. Die Sozialwissenschaften sind also *gezwungen*, auf *gegenständliche* Theorien nach Analogie der Naturwissenschaften zu verzichten.

Das Scheitern verläßlicher Prognosen sozialen Verhaltens ist nicht Ausdruck einer noch unentwickelten Wissenschaft, Ausdruck davon, daß der Kopernikus, Galilei oder Newton der Sozialwissenschaften noch aussteht. Es wird niemals einen Newton der Sozialwissenschaften geben können. Vielmehr sind die gescheiterten Prognosen ein sehr *positives* Signal: Sie verkünden, daß die Menschen immer noch frei und kreativ handeln, daß die Macht der Gewohnheit die Menschen noch nicht zu einem toten Mechanismus aus Arbeit und Konsum verschweißt hat.

Ein sehr wichtiger Aspekt muß hier noch ergänzt werden. Theorien über soziales Verhalten verwandeln sich, sobald über sie kommuniziert wird, in eine potentielle *Ethik*. Das ist dann der Fall, wenn sie sehr *allgemein* und elementar menschliches Verhalten charakterisieren. Die Beschreibung des Verhaltens *erzeugt* Handlungsprogramme, die dann das beschriebene Verhalten erzeugen. Wenn die ökonomische Theorie die Menschen als egoistische Gewinn- und Nutzenmaximierer beschreibt, dann drückt sie nicht ein unveränderliches, quasi-naturgesetzliches Verhalten aus, sie *programmiert* vielmehr die Menschen zu eben dem Verhalten, das sie beschreibt. Es ist deshalb kein Zufall, wir haben darauf bereits hingewiesen, daß Studenten der Wirtschaftswissenschaften ein mit Abstand selbstsüchtigeres Verhalten nach einigen Semestern Ökonomie zeigen als Kommilitonen anderer Fakultäten. Und die meisten Führungskräfte, deren Vorliebe für Machiavelli kein Geheimnis geblieben ist, gehen durch solch eine Ausbildung.

Darin liegt ein *allgemeines* Problem der Kommunikation. *Jede* Art von Kommunikation besteht auch aus Beschreibungen. Und jede Verhaltensbeschreibung ist ein potentielles Handlungsprogramm. Die mechanistischen Dampfkesseltheorien einiger Zweige der Psychologie, wonach die Betrachtung grausamen Verhaltens angeblich aggressive Triebe »abbaue«, der »Triebabfuhr« diene, verkennen die Funktion von Beschreibungen für das Handeln. Verhaltensbeschreibungen sind *potentielle* Handlungsprogramme. Das heißt nicht, daß das Betrachten von tausendfachem Mord und Gewalt in den Medien *aktuell* gewaltsames Verhalten auslöst. Es stellt aber normierte und bornierte Verhaltensweisen als Handlungsprogramme zur Verfügung, die dann als Handlungsalternative genutzt werden können, wenn die Situation dies erlaubt. Wessen Gehirn Tag für Tag mit der Nutzung von Schußwaffen für die Regelung privater Wünsche programmiert wird, dem braucht man nur tatsächlich Schußwaffen zu geben, um diese Programme *funktionieren* zu lassen. War dies in alten Zeiten den *Kriegen* vorbehalten, so hat die Waffengewalt inzwischen längst den Alltag vieler Länder erobert.

Hierin liegt auch die große Gefahr, wenn die nur den privaten Wirtschaftsinteressen dienenden Medien mehr und mehr die Rolle der *Massenerziehung* übernehmen. Der liberale Schlachtruf nach »Privatisierung« hat sicherlich darin recht, daß ein *Staat* noch keine Garantie für die Tradierung wichtiger ethischer Normen bietet; zu sehr hat das 20. Jahrhundert hier das Gegenteil offenbart. Daß aber die Formulierung von Handlungsprogrammen, ja von wichtigen Bereichen der Ethik bei privaten Fernsehsendern besser aufgehoben sein soll, ist ebensowenig einleuchtend. Wir werden diese Fragen im nächsten Teil näher diskutieren.

Sozialer Handlungserfolg

Damit können wir den letzten Punkt der Struktur menschlichen Handelns im sozialen Kontext diskutieren: den *Erfolg* der Handlung. Wir haben schon darauf hingewiesen, daß der Handlungserfolg eine *Interpretation* darstellt. Jeder Handelnde bleibt insofern autonom, als er aufgrund seiner Freiheit *letztlich* niemals durch äußere Umstände gezwungen wird, den Mißerfolg einer Handlung anzuerkennen. Man kann *jede* Handlung als

Erfolg umdeuten. Der Handlungserfolg, das heißt das *Funktionieren* der Handlung, ist etwas, das sich in bestimmten Situationen zeigt, und jede Situation bedarf der Auslegung und Interpretation.

Im *sozialen* Kontext muß dies allerdings grundlegend modifiziert werden. Eine Handlung kann hier für den Handlungsträger selbst *oder* für jemand anders, eine Gruppe oder Organisation auf den Erfolg hin bemessen werden. Die Wirkung einer Handlung, das Funktionieren oder Verhalten, stellt eine *Äußerung* des Handelnden dar. Dies, wie aber ein Fremder das eigene Handeln beurteilt, gehorcht ganz anderen Regeln als die Beurteilung des eigenen Handlungserfolgs. Was wird eigentlich als »Erfolg« einer Handlung bezeichnet? Offenbar dies, daß das Ziel der Handlung erreicht wird, daß sie ihre vorgesehene *Funktion* erfüllt. Beim sozialen Handeln heißt das: Die Funktion der Handlung *einer* Person (oder Gruppe, Organisation) *dient* einer anderen Person als *Vorleistung*, als »Input« der je eigenen Handlung. Es kann sich hier um ein *Produkt* oder um eine *Dienstleistung* handeln – wie immer, die Handlung von A erfüllt in der Handlung von B eine Funktion. Also ist die Qualität des Funktionierens jeweils der Maßstab für die Beurteilung des Handlungserfolgs.

Bei sozialen Handlungen sind wir im Urteil über den Erfolg unserer Handlungen vielfach auf den je anderen angewiesen. Ein Handlungserfolg stellt sich nur dann ein, wenn er von jemand anders *als* ein Handlungserfolg interpretiert wird. Die Kriterien dafür können höchst beliebig und subjektiv sein. Kein Verkäufer kann dem Urteil des Käufers: »Das mag ich nicht!« *letztlich* etwas entgegensetzen. Viele soziale Handlungen hängen in ihrem Handlungserfolg von zufälligen und subjektiven Urteilen anderer Menschen ab. Das Erfolgs*kriterium* liegt nicht in der Handlung selbst, ist kein Bestandteil des Handlungsprogramms, sondern ist durch die Situation bestimmt, in der die Handlung *funktioniert* und ihr Funktionieren von anderen beurteilt wird. Der Handlungserfolg bleibt also vielfach ein Ergebnis des Zufalls und der Willkür.

Es gibt hier allerdings *Normen* der Beurteilung. Jede Gesellschaft entwickelt *allgemeine* Kriterien für den Erfolg von Handlungen. Die *ethischen* Bewertungen sind nur ein Teil dieser Normen, gemäß derer ein Handlungsresultat als »gut« oder »schlecht« gewertet wird – mit allen möglichen Zwischenstufen und Verfeinerungen. Zwar bleibt die *Zuordnung* eines

Kriteriums letztlich ein Akt, der einen Spielraum offenläßt – wie das Urteil eines Richters oder die Entscheidung eines Verwaltungsbeamten –, Regeln und Kriterien schränken den Spielraum allerdings ein.

Eine weitere Eigentümlichkeit sozialen Handelns tritt hier hervor. Der Handelnde selbst kann sich ein Beurteilungskriterium der *Gesellschaft* zur Bewertung des Handlungserfolgs *zu eigen* machen, und alle Ethik ist im Grunde solch ein Sich-zu-eigen-machen. Neben ethischen Regeln gibt es andere, die in sozialer Resonanz als Erfolgskriterien verinnerlicht und Teil des Individuums werden. Man kann sich das Urteil anderer zu eigen machen und die eigenen Handlungen, die eigenen Handlungsprogramme anhand dieses Urteils *zensieren*, obgleich dafür keine Notwendigkeit bestünde.

Ist jemand in seinem Handeln auf das Urteil, auf die Regeln der Gemeinschaft angewiesen, dann fällt die eigene Bewertung des Handlungserfolges und die Bewertung durch die Gesellschaft oftmals auseinander. Diese Differenz ist es, die zahlreiche persönliche Probleme verursacht. In seinem Handeln nicht die Anerkennung anderer zu finden, die man in den eigenen Handlungen selbst zu finden glaubt, ist eine unaufhebbare Spannung sozialen Handelns. Sie wird besonders drastisch an Handlungen deutlich, die nicht den erhofften *ökonomischen* Erfolg haben. Ein Techniker mag von der Qualität seiner Erfindung überzeugt sein, und vielleicht ist sogar die Nachwelt davon überzeugt, er wird scheitern, wenn seine Zeitgenossen *andere* Erfolgskriterien zugrundelegen. Andererseits können auch völlig wertlose Handlungen in sozialer Resonanz als große Taten erscheinen, wenn Medien sie entsprechend verkaufen.

Die weitgehend selbständige Sphäre der Kommunikation kann die Beurteilung des Handlungserfolges, die Denkmodelle zu seiner Beurteilung, erheblich modifizieren und beinflussen. Letztlich beruht das Urteil über den sozialen Erfolg von Handlungen auf der öffentlichen *Meinung*. Sie besitzt die Stabilität und Festigkeit von ethischen Regeln, hat aber durchaus eine eigene, unabhängige Wirklichkeit. Auch hier zeigt sich die Macht der Gewohnheit. Überträgt sich das Urteil über den Handlungserfolg vom *faktischen* Handlungsresultat auf den Handlungsträger, so ergibt sich eine neue Situation. Man spricht dann einem Handlungsträger eine bestimmte Fähigkeit überhaupt ab und verzichtet darauf, die Handlungs*funktion* zu beurteilen. Alle Formen ethnischer oder geschlechtsspezifischer Diskriminierung haben darin ihre Wurzel. Zum Teufelskreis wird diese Beurteilung, wenn sich die Handlungsträger derartige Vor-Urteile zu eigen machen und selbst in ihre Handlungsprogramme übernehmen.

Es scheint mir ein grundlegender Fehler zu sein, den Handlungsträger mit seinem Verhalten zu identifizieren. Nicht *Menschen* sind »schlecht«, sie sind nur durch sozial schädliche *Programme* bestimmt. Wer bestimmte Verhaltensweisen verändern möchte, muß die *Handlungsprogramme* verändern. Eine Bekämpfung der Handlungs*träger* wird die Macht der Gewohnheiten niemals überwinden. Ideen sind mächtiger als physische Gewalt. Deshalb liegt auch die Lösung von Problemen, die aus unsinnigen Handlungen erwachsen, nicht eigentlich im Verbot der *Handlung*, sondern in der Veränderung des Handlungsprogramms. Und dazu sind *Argumente* erforderlich. Handlungsprogrammen eine *äußere* Schranke zu setzen, mag zwar für einen Staat vielfach unverzichtbar erscheinen, dies wird aber ihre Macht, die auf Gewohnheit beruht, kaum schwächen, mag sie auch den Handlungsträger in seinen Funktionen beschränken.

Staatliche Normen

Ich kann dieses Kapitel nicht abschließen, ohne wenigstens einige Bemerkungen zu Recht und Staat gemacht zu haben. Wie die Fragen der Ethik, bedarf auch die Staatstheorie einer eigenständigen Untersuchung, die an dieser Stelle nicht geleistet werden kann. Soviel dürfte aber bereits klar geworden sein: Die Regeln *staatlichen* Handelns sind, formal betrachtet, auch Handlungsprogramme, die zum großen Teil zu festen sozialen Gewohnheiten geworden sind. Wie die Sprache, die Kultur, die Wissenschaft, werden auch die staatlichen Regeln durch eine eigenständige Tradition *jenseits* der alltäglichen Handlungen vermittelt. Die Besonderheit der staatlichen Normen, des tradierten und gesatzten Rechts, besteht darin, daß sie nicht nur auf die Meinung, auf die soziale Resonanz der Mehrheit angewiesen sind. Der Staat kann bestimmte Handlungsregeln durch *Gewalt* durchsetzen. Durch sein – wenigstens prinzipielles – Gewaltmonopol kann der Staat diejenigen, die nicht bereit sind, ethische

Regeln zu je eigenen Handlungsprogrammen zu machen, zu dieser Einhaltung zwingen. Dies wird zunächst in der Erziehung der Bürger zu den Grundwerten jedes Staates vorbereitet; mißlingt diese Erziehung, achtet jemand diese Werte (d. h. ethische Regeln) nicht, so wird ihn staatliche Gewalt an der Ausübung von Handlungen, die sozial als schädlich empfunden werden, hindern können.

Die staatlichen Regeln, die Rechtsnormen besitzen zunächst einen *negativen* Charakter, sie schreiben nicht *positives* Handeln vor. Das Recht formuliert Handlungs*grenzen*, schließt bestimmte Typen von Handlungen *aus*. Kein Gesetz bestimmt definitiv positives Verhalten. Es gleicht Interessen der Privaten aus, grenzt staatliche Interessen ab, schreibt aber nicht *Einzelhandlungen* bestimmte Inhalte vor. Gerichte müssen dann *in Zweifelsfällen* die jeweilige Situation definieren und sie rechtlichen Normen zuordnen. Dies gilt wenigstens für rein *bürgerliche* Ordnungen. Der Versuch der Planwirtschaften bestand darin, Handlungsprogramme *positiv* und in Einzelheiten vorzuschreiben. Auch Marktwirtschaften kennen derartige Planungen des Staates. Das bedeutet jedoch, daß die Bürger bereit sein müssen, Programme in ihre privaten Handlungen zu übernehmen; ganz zu schweigen von der Schwierigkeit, von einer Zentrale aus Programme zu disaggregieren. Diese Frage wollen wir an dieser Stelle ausklammern.

Wichtig bleibt die Einsicht, daß niemand *positiv* zur Ausübung von Handlungen, zur Einhaltung von Regeln genötigt werden kann. Das bleibt ein freier Akt - und viele haben den Tod der Anpassung an ein unliebsames Regime vorgezogen. Deshalb kann ein Staat nur solange seine Ordnung verteidigen, solange ihm wenigstens die Mehrheit derjenigen, die selbst hoheitliche Funktionen ausüben, die Treue hält. Weder in der Wirtschaft noch in den Gesetzen offenbart sich eine unverbrüchliche *Naturordnung*, eine womöglich *göttliche* Ordnung. Auch die staatlichen Regeln, millionenfach als Gewohnheiten zur alltäglichen Ethik geworden, bleiben letztlich *relativ* auf die menschliche Freiheit bezogen. Es ist keineswegs nur so, daß staatliche Ordnungen aus dieser Freiheit beseitigt wurden, wenn Terror und Gewalt verübt wurden. Die soziale Resonanz von Denkmodellen kann im Prinzip zu einer solchen Macht werden, daß alte Ordnungen durch neue Gewohnheiten beseitigt werden, nur weil die

Meinung des Publikums sich gewandelt hat. Die Macht über die Meinung ist die eigentliche soziale Macht. Denn Gewohnheiten bilden sich nicht nur durch das alltägliche Handeln, sie bilden sich auch *im Denken*, und die Denkgewohnheiten besitzen eine weit zähere Überlebenskraft als materielle Dinge.

Wie wenig ist von den griechischen Tempeln verblieben, wie wenig von der griechisch-römischen Kunst. Aber die *Ideen* der Griechen haben immer noch eine bestimmende Macht über unser Denken.[149] Die Philosophen haben die Welt durch ihre Interpretationen mehr verändert als alle »Praktiker« zusammen. Auch der Kommunismus ist weit mehr dem Kopf von Marx entwachsen, der Hegels Philosophie umdeutete, als »realen« sozialen Verhältnissen. Genauer gesagt: Ohne die *Handlungsprogramme* - denn das sind alle Denkmodelle potentiell - fehlte einer sozialen Bewegung die lenkende Kraft. Es gibt überhaupt keine menschliche Praxis ohne Theorie, weil jedes Handeln die Funktion von Handlungsprogrammen ist, und Handlungsprogramme sind *Gedanken*. Letztlich beruhen alle von Menschen verursachten Probleme auf *Denkgewohnheiten*.

11 Mensch, Technik, Natur

Verkörpertes Handeln

Es braucht kaum betont zu werden, daß sich menschliches Handeln immer auch auf physische oder natürliche Gegenstände bezieht. Es ist deshalb notwendig, die bislang gefundene Beschreibung des Handelns um diese Dimension zu erweitern. Worin zeigt sich die physische Dimension menschlichen Handelns? Sie zeigt sich *zweifach*: Einmal im Handlungsträger, einer Person oder einer Gruppe von Personen, zum anderen in den *Funktionen* des Handelns. Man kann den Handlungsträger nicht auf seine physische Struktur *reduzieren*, das wäre eine völlig unzureichende Bestimmung. Gleichwohl ist jede Handlung notwendig in einem Handlungsträger *verkörpert*. »Verkörperung« heißt, Errichten einer Grenze. Der Handlungsträger ist nicht mit dem menschlichen Körper identisch. Die Verkörperung umfaßt vielmehr all das, was in der Handlung eine Funktion erfüllt. Und eine Funktion zu erfüllen heißt auch, physische Wirkungen hervorzurufen.

Wie können wir diesen physischen Aspekt des Handelns präziser bestimmen? Hierzu müssen wir uns zunächst daran erinnern, was eine Handlung eigentlich ist: Eine Handlung soll eine *veränderte* Situation herbeiführen. Das *Ziel* der Handlung kann auch gänzlich »immaterieller« Natur sein, es kann ein bloßes Gefühl, eine Stimmung sein. Meist glauben wir jedoch, daß bestimmte Gefühle mit bestimmten Dingen oder Personen verbunden sind, so daß auch dieser Typus von Handlung eine *physische* Veränderung der Situation zu erfordern scheint. Wenn wir in *Gedanken* uns ein Handlungsprogramm vorstellen, wenn wir in Gedanken die Situation verändern, dann gehen wir von einer bestimmten Wahrnehmung dieser Situation aus. Es kann sich sehr leicht erweisen, daß diese Wahrnehmung fehlerhaft war. Was heißt das? Wir bezeichnen eine Wahrnehmung dann als Irrtum, wenn eine Handlung *nicht* zu dem erwarteten Ergebnis führt, wenn sie nicht so funktioniert, wie wir das erwartet haben. Umgekehrt sagen wir, ein Handlungsprogramm sei »realistisch«, wenn man es in bestimmten Situationen in den erwarteten

Funktionen verwirklichen kann. »Verwirklichung« heißt, in dem aus den Funktionen des Handelns hervorgehenden *Verhalten* das Handlungsprogramm *wiederzuerkennen. Widerspricht* die Beschreibung des Verhaltens der Beschreibung des Handlungsprogramms, dann sagen wir, die Handlung sei *nicht* gelungen, sie sei gescheitert - oder nur bis zu einem gewissen Grade gelungen, dem Grade, in dem die Beschreibung des Verhaltens mit der Beschreibung des Programms übereinstimmt.

Das Wort »Beschreibung« darf hier nicht ganz wörtlich genommen werden; es geht nicht nur um Elemente der natürlichen Sprache. Andere Arten von Zeichen können hier gleichfalls eine Funktion erfüllen. Ich will dies an dem bereits mehrfach herangezogenen Beispiel der Aufführung eines Musikstückes demonstrieren. Die Partitur ist das Handlungsprogramm, das tatsächliche Klavierspiel *verwirklicht* dieses Programm. Wenn nun jemand die Aufführung eines Klavierkonzertes mitschneidet und diese Aufzeichnung in Noten überträgt, dann können wir die ursprüngliche Partitur mit der Aufzeichnung des Mitschnittes vergleichen. An den bei diesem Vergleich erkennbaren Unterschieden läßt sich ein Kriterium für den *Erfolg* der Handlung ableiten: Das Kriterium der notengetreuen Wiedergabe. Sicherlich gibt es zahllose Handlungen, bei denen ein derartiger Vergleich nicht so einfach zu bewerkstelligen ist. Wir unterstellen bei unserem Beispiel, daß derjenige, der die Aufzeichnung auf Noten überträgt, über die geeignete musikalische Erfahrung verfügt. Auch hier bleibt also der Handlungserfolg relativ zur *Wahrnehmung*. Andere Handlungen sind weniger strukturiert als musikalische Ereignisse. Und selbst bei unserem Beispiel können wir die Qualität einer Aufführung nicht auf die notengetreue Wiedergabe beschränken, wir werden noch ganz andere Kriterien hinzuziehen.

Wichtig ist nur folgender Punkt: Bei der Verwirklichung des Handlungsprogramms taucht eine *doppelte* Beziehung zu physischen Gegenständen auf: Einmal bei der *Verwirklichung* des Handlungs*programms*, zum anderen bei der *Beurteilung* des Handlungs*resultats*. Beide Aspekte sind zu trennen, und ihre Trennung ist von besonderer Wichtigkeit. Bei der Verwirklichung des Handlungsprogramms zählt vorwiegend, ob es gelingt, Programm und Funktion der Handlung aufeinander abzustimmen. Hier bewegen wir uns im fremden Reich der Natur, der physischen Dinge;

denn *ob* eine Handlung gelingt oder scheitert, hängt davon ab, *ob* sich das Programm überhaupt mit den natürlichen Gegebenheiten der Situation in Einklang bringen läßt. Bei der Beurteilung des *Resultats* der Handlung dagegen sind wir letztlich *nur* auf unsere Wahrnehmung verwiesen, unsere Werte, Gefühle, all das, was unseren Urteilen zugrunde liegt. Das heißt: Das Handlungsergebnis ist notwendig ein *subjektiv* bewertetes Resultat, eine subjektiv bewertete Situation. Es trifft hier all das zu, was wir bei den kognitiven Aspekte des Handelns bereits diskutiert haben.

Im vorliegenden Kapitel wenden wir uns vor allem dem *ersten* der genannten beiden Aspekte zu. Um überhaupt als Erfolg zu erscheinen, muß eine Handlung *verwirklicht* werden, sie muß das Programm in physisches Verhalten transformiert haben. Letztlich bleibt natürlich auch die Beurteilung des *Erfolgs* solch einer Verwirklichung ein subjektives Urteil. Deshalb ist die Aussage, ein Experiment *beweise* ein Naturgesetz oder eine andere Regel, niemals *völlig* korrekt. Wenn man sich jedoch auf ein *soziales Maß* für die Bewertung des Handlungserfolges geeinigt hat, dann stellt dies kein grundlegendes Problem mehr dar. *Letztlich* bleibt natürlich *jede* Auslegung der Situation die Interpretation eines *Scheins*. *Relativ* zu einem *sozial* anerkannten Kriterium des Erfolgs von Handlungen sind aber empirische Aussagen *positiv* beweisbar. Damit ist gemeint, daß die Beschreibung des Programms und die Beschreibung des Verhaltens hinreichend genau identifiziert werden können. Wenn jemand ein *erfolgreiches Handlungsprogramm* übernimmt und in anderen Situationen erprobt, dann sprechen wir von der objektiven Geltung dieses Handlungsprogramms, sofern das erwartete Verhalten mit dem Programm übereinstimmt. Bei der Beurteilung fremden *menschlichen* Verhaltens haben sich, wie das letzte Kapitel zeigte, hier große Probleme ergeben. Bei *Naturdingen*, mit denen wir *nicht* über die Programme ihres Verhaltens kommunizieren, gilt das nicht. Hier ist es ausreichend, wenn Handlungen faktisch reproduziert werden können, wenn also die *theoretische* Beschreibung (Programm) mit dem praktischen Ergebnis (Verhalten) übereinstimmt, zu denselben Beschreibungen führt. Kurz gesagt: Das soziale Kriterium für den Handlungserfolg bleibt veränderlich, ist bestimmt durch die soziale Resonanz allgemeingültiger Denkmodelle. Was sich jedoch *relativ* zu diesen Denkmodellen zeigt, ist keine Projektion, sondern *erscheinende* Natur.[150]

List der Vernunft?

Doch damit haben wir nur den ersten Schritt getan, um das Verhältnis des handelnden Menschen zur Natur zu beschreiben. Betrachten wir näher, was das Handeln faktisch bewirkt und benötigt. Sofern wir von *physischen* Handlungen sprechen, ist das erhoffte Verhalten, das gewünschte Ziel ein Ding mit bestimmten Formen und Eigenschaften. Wir formulieren als Handlungsprogramm z. B. die Herstellung einer bestimmten *Form.* Diese Form findet sich nicht in der gegebenen Situation vor - sonst könnte die Handlung ja unterbleiben. Ich will auch den eher trivialen Fall hier ausklammern, daß wir an einem anderen Ort die gesuchte Form vorfinden - uns also ins Kaufhaus bequemen und das Gesuchte einfach einkaufen. Allerdings stellt die *Suche* sicher eine sehr frühe Form des menschlichen Handelns dar, der wir an dieser Stelle jedoch nicht nachspüren wollen. Um eine Form, z. B. eine einfache Coladose, zu erzeugen, bedarf es zahlreicher vermittelnder Handlungen, die das ursprüngliche Material (das Eisenerz) in die gewünschte Form verwandeln.

Es ist eine geläufige Vorstellung, diesen Zusammenhang so zu beschreiben: Der Mensch kann das Verhalten der Naturgegenstände erkennen. Die List der Technik besteht darin, sich dieses Wissen zu eigen zu machen und die Naturgegenstände unter Ausnutzung jener erkannten Gesetze, denen sie gehorchen, so zu formen, daß am Ende ein Resultat entsteht, das unseren Zwecken dient. »Denn der Natur bemächtigt man sich nur«, sagt Francis Bacon, »indem man ihr nachgibt, und was in der Betrachtung als *Ursache* erscheint, das dient in der Ausübung zur *Regel.*«[151] Die Natur gehorcht *nur* ihren Gewohnheiten - die wir als »Gesetze« beschreiben -, und deshalb können wir die Regeln ihres Verhaltens zu Programmen unseres Handelns machen. Dieser These von der »List der Vernunft«[152] liegt ein fataler Irrtum zugrunde. Sie vergißt, daß alle Naturdinge *in Situationen* begegnen. Wir treten der Natur niemals in einem leeren Raum der Gesetze gegenüber, sondern in jeweils höchst komplexen Situationen, in die wir auch körperlich eingebunden sind. Natürliches

Verhalten, ein Natur»gesetz« ist jeweils nur ein *Aspekt* einer Situation. Das *Ganze* menschlicher Situationen ist weder nur natürlich noch nur menschlich; »Situation« ist vielmehr ein weit grundlegenderes Prinzip, als jedes Gesetz beschreiben könnte. In Situationen *zeigen sich* Naturgesetze – im Labor, bei der technischen Anwendung in der Werkhalle –, aber weder umfassen Naturgesetze eine Situation, noch bringen sie Situationen hervor.

Um hier aber nicht bloß einen holistischen Glauben zu beschwören, möchte ich auf ein einfaches, leicht beobachtbares *Phänomen* hinweisen, das den Vertretern der Theorie von der »List der Vernunft« entgangen sein dürfte. Es ist keineswegs so, daß wir nur wie ein Schamane die Naturgesetze als geheimnisvolle Zauberformeln auszusprechen brauchten und die Naturdinge uns dann gehorchen würden. Wenn wir, um das obige Beispiel aufzugreifen, Eisenerz schließlich in eine Blechdose für Cola verwandeln wollen, so bedarf es zahlreicher *Zwischenschritte*. Jeder dieser Zwischenschritte ist aber eine dingliche Handlung, die sich dinglicher Mittel bedienen *muß*, soll das Ziel erreicht werden. Wir mögen wohl das Verhalten der Natur erkennen, ihre Gewohnheiten durchschauen – zunutze können wir uns diese Gewohnheiten nur machen, wenn wir uns der Natur angleichen und ihren materiellen Widerstand mit materiellen Mitteln *brechen*.[153] Die Natur *diktiert* uns die notwendigen Mittel unserer Handlungen. Die »List der Vernunft«, die Überlistung der Natur vergißt, daß wir unsere Zwecke *nur* durch physische Mittel erreichen.

Diese physischen Mittel, die *technischen Geräte*, besitzen zwei Seiten. Eine Seite ist geeignet, ein Handlungsprogramm zu tragen und zu »verstehen«. Jedes Mittel muß die Funktion der Handlung *erfüllen*, es muß für die Funktion geeignet sein. Diese Seite ist dem Menschen zugewandt, drückt seine steuernde und lenkende Funktion aus. Die andere, meist vergessene Seite wendet sich aber der Natur zu und *zwingt* die Naturdinge in jene Form, die wir uns wünschen. Naturdinge sind niemals bloßer Stoff, bloße Materie. Sie erscheinen mit *ihrer* Form in unseren Handlungssituationen. Diese Form kommt den Naturdingen von ihrer Seite her zu, wie die oxydierte Form dem Eisen als Erz. Weil die Naturdinge aber selbst jeweils eine Form besitzen, müssen wir diese Form *vernichten*, um sie für die von uns gewünschte Form *empfänglich* zu machen. Wer Holz für eine Tischplatte möchte, muß einen Baum *fällen, zersägen* und das Holz entsprechend *bearbeiten.* Darin liegt ein *negatives* Verhalten gegen die Natur, in dem die ihr selbst zukommende Form vernichtet wird.[154] Es liegt darin aber auch die für den *Menschen* negative Seite, sich in seinen Handlungen der Macht der »Naturgewohnheiten« *stellen* zu müssen, sich ihnen anpassen zu müssen.

In unserer Technik ragt Natur in die menschliche Gesellschaft herein. Was bedeutet dieser vielleicht dunkle Satz? Er bedeutet, daß die technischen Mittel selbst durch uns bedient werden müssen, wir müssen uns in diesen Mitteln der *Natur anpassen*, um die natürlichen Formen aufzuheben und ihr unsere Formen aufnötigen zu können. Die Natur leistet *Widerstand* gegen das menschliche Ansinnen, sie verändern zu wollen. Dieser Widerstand ist nichts *Zwecktätiges*, wir schreiben der Natur darin keine Absicht zu. Dieser Widerstand erwächst aus der Macht der Gewohnheiten der Natur, die wir in ihren Gesetzen vorfinden und beschreiben. Die innere *Gewalt* dieses überwundenen Naturwiderstandes wird dann deutlich, wenn der Schutz der Menschen vor dieser Gewalt bei der Anwendung technischer Mittel versagt: Bei Explosionen von Druckkesseln, bei ausgelaufenen Giften, bei jedem Autounfall, ganz zu schweigen von den großen technischen Katastrophen. Wir holen also in unserer Technik tatsächlich die Naturgewalten in die menschliche Gesellschaft herein. Es ist ziemlich naiv, nur das als »Natur« zu bezeichnen, was Naturschützer oder Tierfreunde für liebenswerte Idyllen halten.

Allerdings müssen wir hier differenzieren: Der Widerstand der Naturdinge, den wir in unserer Technik ganz unmittelbar erfahren, ist das *Ergebnis* des menschlichen Ansinnens, die Natur *beherrschen* zu wollen. Es gibt aber schlechterdings *keine* Möglichkeit des »friedlichen« Umgangs mit der Natur, denn die bloße Existenz der menschlichen Gattung bedeutet, wie die Existenz jeder anderen Gattung auch, daß andere, vorgelagerte Arten des Lebendigen *vernichtet* werden. Obgleich »die Grasarten für sich«, sagt Kant, »als organisierte Produkte der Natur, mithin kunstreich zu beurteilen sind, so werden sie doch in Beziehung auf Tiere, die sich davon nähren, als bloße rohe Materie angesehen.«[155] Die Schafe, die Gras fressen, reduzieren die Pflanzenvielfalt auf den rohen Zweck der Ernährung. Doch auch den Schafen ergeht es nicht anders, sie sind dem Menschen nützlich, »obgleich es einem Schaf schwerlich als eine seiner

›nützlichen‹ Eigenschaften vorkäme, daß es vom Menschen eßbar ist.«[156] Der *Begriff* der Materie ist aus diesem Verhältnis verständlich: Bloßer Stoff, bloße Nahrung zu sein, das drückt die *praktische* Gleichgültigkeit gegen den Eigenwert dessen aus, was in der Nahrung verzehrt wird. Die menschliche Technik führt dieses Verhältnis nur fort, sie erfindet es nicht neu. Es liegt in der Struktur des Verhältnisses zwischen den lebendigen Arten. Die Natur ist weit davon entfernt, idyllisch zu sein. In der Macht der technischen Mittel zeigt sich »Natur« ebenso wie in der Jagd der Raubtiere oder in japanischen Zen-Gärten.[157]

»Feindin Erde« oder Ökologie?

Philosophen und ökonomische Schriftsteller haben aus der Erfahrung des Naturwiderstandes den allgemeinen Schluß gezogen, der Mensch befinde sich mit der Natur in einem *Kriegszustand.* Aristoteles vergleicht die Jagd dem Krieg. »Darum ist auch die Kriegskunst von Natur eine Art von Erwerbskunst (die Jagdkunst ist ein Teil von ihr), die man anwenden muß gegen die Tiere.«[158] Es verwundert kaum, daß Mandeville diesen Gedanken aufnahm und auf seine Weise umformulierte: Die Erde, sagt er, birgt *Feinde,* »seit sie von Gott verflucht ward«. »Alle Elemente sind unsere Feinde (...). Die Erde erzeugt allerorten Gewächse der verschiedensten Art, die dem Menschen schädlich sind; sie nährt und pflegt gleichzeitig zahllose Geschöpfe, die ihn verderben können und birgt noch außerdem ein wahres Heer von Giften in ihrem Innern.«[159] Dies ist nun keineswegs nur der Ausdruck jenes Zynismus, der Mandeville vorgeworfen wurde. Der »romantische« Nationalökonom Adam Müller, der als deutsche Antwort auf die Lehre vom Egoismus bei Adam Smith gefeiert wurde, drückt sich sogar noch deutlicher aus: Jener *»gemeinschaftlichen Feindin, die wir Erde nannten«*[160], galt der Jahrhunderte währende Kampf der Menschen. »Mit diesem Planeten ist das menschliche Geschlecht im Kampf: es sucht ihm abzugewinnen, was es nur vermag; es sucht ihn zu zähmen und alle seine Erzeugnisse, alle seine Kräfte in das Interesse der bürgerlichen Gesellschaft hineinzuziehen.«[161]

Es ist bekannt, daß in der jüdisch-christlichen Tradition sogar ein göttlicher Auftrag vermutet wird, der besagt: »bevölkert die Erde, unterwerft sie euch« [Gen 1,29]. Dieses *Kriegsverhältnis* zur Natur durchzieht ökonomische wie juristische Schriften. Beim Verhältnis zur Natur, sagt Hotelling, der als ein Klassiker der Umweltökonomie gilt, geht es um die »Regulierung ihrer Ausbeutung«[162]. Die Natur ist für die Ökonomen »das Vorrathaus, aus dem der Mensch seine Bedürfnisse« befriedigt[163], ein »Behälter nicht ersetzbarer Stoffe«[164]. Ihr Wesen besteht darin, *verfügbar* zu sein. Es geht um eine »optimale Nutzung«, um ein »optimales gesellschaftliches Management« von Ressourcen.[165] Kein Wunder, daß sich in der Rechtstheorie derselbe Gedanke findet: »Es liegt in der Natur der Dinge, daß die wirtschaftenden Menschen, wenn sie von ihren Gütern irgendeinen Gebrauch oder Nutzen ziehen wollen, sich zu ihnen in ein *Gewaltverhältnis* setzen müssen.«[166] Denn Handeln gegen die Natur bedeutet Krieg. »Wo immer Mensch und Natur sich isoliert gegenüberstehen, kann auch von einem anderen als einem natürlichen *Gewaltverhältnis* füglich nicht die Rede sein«.[167] Dies ist der *gewöhnliche* römische Rechtsbegriff: »Den Tatbeständen der *possessio* ist hiernach gemeinsam, daß jemand die *tatsächliche Gewalt* über eine Sache hat, mag er sie unmittelbar ausüben oder durch andere«[168].

Die Natur wird dem menschlichen Handeln in so vielstimmigem Chor als Feindin entgegengestellt, daß man sich schwer tut, andere Stimmen zu vernehmen. Bevor man hier aber die ökologischen Zornesfalten zeigt und im Eifer der Naturfreunde die überkommene Lehre in Bausch und Bogen verdammt, gilt es, nach dem *Grund* für diese Beschreibung der Natur zu suchen. Relativ zu den menschlichen Zwecken ist es *tatsächlich* so, daß sich die Natur verweigert. Sie gibt ihre Gaben nicht als freie Geschenke – das erträumte Paradies der Wünsche sieht sich rasch mit den Dornen und Disteln der Erde konfrontiert, wenn es daran geht, diese Wünsche zu *verwirklichen.*

Die Natur besteht nicht aus einer passiven Materie, die nur auf menschliche Formen wartet, um sie tragen zu dürfen. Auch das aristotelische Handlungsmodell der vier Ursachen kann auf eine *Wirkursache* nicht verzichten. Diese Wirkursache ist es, die Naturformen ersetzt und den so freiwerdenden »Stoff« gemäß den menschlichen Zielen formt. »Stoff« oder »Materie« ist immer ein *relativer* Begriff, relativ zu menschlichen Zwecken: Naturdinge sind nur *dann* bloße Materie, wenn man die Mittel zur Überwindung jener der Natur eigenen Formen voraussetzt – und diese Voraussetzung wird meist vergessen. Schließlich darf auch nicht vergessen werden, daß die Natur zu allen Zeiten in ihren *Katastrophen* unmittelbar ihre größere Macht zeigt, die wir, durch vielfältige technische Mittel geschützt, noch dann spüren, wenn diese Mittel ihren Schutz versagen.

Man kann die menschlichen Handlungen niemals von dem »Fluch« freisprechen, immer dann Naturformen zu vernichten, wenn die eigenen Handlungsprogramme realisiert werden. Gleichwohl offenbart die Hypothese vom *Krieg* gegen die Natur einen grundlegend verzerrten Blick, auch wenn dieser Blick das ehrwürdige Alter der Bibel oder der aristotelischen Philosophie besitzt. Dieser irrende Blick auf die Natur hat in der neuzeitlichen Philosophie seine Vollendung gefunden, wenn sie – und in ihrem Fahrwasser die Physik – die Naturdinge *nur* als *leblose Gegenstände* beschreibt. Dem menschlichen Verhältnis zur Natur haftet unauslöschlich ein Moment der Vernichtung an – wie sonst könnten jemals lebendige Pflanzen und Tiere uns als Nahrung, d. h. als bloßes Material dienen. Die oft zitierten Aborigines Australiens brannten immer wieder ganze Waldflächen ab, und die nordamerikanischen Indianern begnügten sich nicht damit, Bisons einfach zu streicheln. Kinder erscheinen lieblicher als Erwachsene; aber sie sind eben *nur noch nicht* erwachsen. Die Projektion der verlorenen Unschuld moderner Technik auf kleine Gruppen verkennt zudem, daß fünf Milliarden Menschen nicht wie ein paar hundert Indianer auf diesem Planeten leben können. Wohl jedes Ökosystem verkraftet einen kleinen menschlichen Stamm, nicht aber Massen wie Tokio, Mexiko City oder New York.

Doch ich will nicht das tiefe Recht der ökologischen Bewegung bestreiten. Denn *eine* Wesensdifferenz in der Naturbetrachtung zwischen den alten Kulturen und der modernen Technik gibt es, sogar einen wirklichen Abgrund: Er tut sich auf, wenn man aufhört, der Natur einen *eigenen Wert* zuzuschreiben, etwas, das irreduzibel nur *ihr* angehört und der menschlichen Vernunft notwendig unzugänglich bleibt. Uns mag es naiv anmuten, die Natur als ein *lebendiges Du* zu betrachten, es liegt darin gleichwohl ein wahrer Gedanke. Die These, die Welt sei die Schöpfung eines als Handwerker interpretierten Gottes, und wir Menschen hätten in unserer Vernunft an der Vernunft Gottes ebenbildlichen Anteil, göttlicher und menschlicher Geist seien aber *strikt* von der Natur *getrennt* – diese schließlich von Descartes vollendete *Spaltung* des Seienden *nimmt* der Natur jeglichen Eigenwert und löst sie in bloße Regeln und Gesetze auf. Daß es sich hier nicht nur um einen *philosophischen* Irrtum handelt, beginnt erst die Gegenwart in vollem Umfang zu erahnen. Das menschliche Handeln steht der Natur nicht *gegenüber*, die Natur ist nicht ein *Gegen-stand*. Natur und Handlung sind vielmehr in *eine* Situation eingebettet, sind Aspekte einer *ganzen* Situation, die letztlich die Erde und mehr umfaßt.

Was beim menschlichen Handeln die *Freiheit*, ist beim natürlichen Verhalten die *Unbestimmtheit*, die als *zufälliger* oder *chaotischer* Prozeß erscheint. Das Unbestimmte bei unseren Überlegungen ist von *außen* betrachtet dem zufälligen Verhalten gleich. »Daher handeln Zufall und Überlegung vom selben. Denn es gibt keine Entscheidung getrennt von der Überlegung. Die Ursachen dafür, was durch Zufall entstehen kann, sind unbestimmt; deshalb ist der Zufall für menschliche Überlegung unerklärbar und eine akzidentelle Ursache«.[169] Menschliche Freiheit und die Unbestimmtheit der Natur sind der leere Spiel-Raum, in dem Situationen in ihren verschiedenen Aspekten erscheinen. Die erscheinende Natur kann niemals rational als *ganze* rekonstruiert werden, auch wenn es in der Natur berechenbare Gewohnheiten, Naturgesetze gibt. Natur ist *mehr* als das Verhalten *einzelner*, isolierter Naturgegenstände.

Die Hoffnung, durch die Naturgesetze alle natürlichen Vorgänge eines Tages in *Handlungsprogramme* verwandeln zu können, ist deshalb ebenso unmäßig wie lächerlich. *Das* ist der Kern des Irrtums, wenn man an eine List der Vernunft glaubt, die fähig ist zur »Regulierung der Ausbeutung« der Natur. Die der Natur wesentliche Unbestimmtheit und Offenheit ihres Prozesses *verhindert*, sie in ein Handlungsprogramm zu verwandeln. Der in den Naturwissenschaften bereits sterbende, in der Ökonomie aber ungehemmt lebendige Aberglaube an die *Steuerbarkeit* aller Naturprozesse ist das Erbe einer Allmachtsphantasie. Zuerst verlegte sie alles Verhalten der Natur in den Verstand eines Schöpfergottes, um sich dann selbst an dessen Stelle zu setzen. Der Schöpfungsmythos besagt eigentlich: Gott kennt das Handlungsprogramm der Natur. Wir aber sind göttliche Wesen, ihm ebenbildlich. Giambattista Vicos Schlußfolgerung wird dann unabweisbar: »Der Mensch macht, infolge der unbegrenzten Natur seines Geistes (...), sich selbst zur Richtschnur des Weltalls.«[170]

Wie lebendig dieser Aberglaube noch ist, zeigt sich an der ökologischen Debatte der letzten Jahrzehnte. Daß die *neoklassischen Ökonomen* behaupten, die ökologische Fragen seien eigentlich von ihnen gelöst, braucht nicht zu verwundern: Neoklassiker können *immer* und dann auch *alles* erklären. Mit gewohnter Verachtung der *Fakten* verkünden sie: »Als die ökologische Revolution in den 60er Jahren die Öffentlichkeit erreichte, waren die Ökonomen längst bereit und warteten«.[171] Für sie geht es nur darum, die Wirtschaftsmaschine an die Naturmaschine richtig anzukoppeln, und als universelles Heilmittel empfehlen sie auch hier den Egoismus. Es handle sich nur um eine Frage der *richtigen Allokation von Eigentumsrechten*: Wenn erst die gesamte Natur in menschlichem Privateigentum ist, dann werde der Egoismus schon dafür sorgen, daß mit der Natur sinnvoll verfahren wird. Die *konkreten* Vorschläge – z. B. Umweltzertifikate – gehen nicht nur davon aus, im Besitz von etwas zu sein, was den Menschen gar nicht gehört[172], sie unterstellen *vor allem*, daß die Privatinteressen die Fähigkeit und Macht besitzen würden, das Verhalten der Natur in private Handlungsprogramme zu verwandeln. Darin liegt eine *dreifache* Behauptung: *Erstens* daß die Natur vollständig durch berechenbare Gesetze determiniert sei, *zweitens* daß wir diese Gesetze auch alle kennen und *drittens* dadurch die Natur vollständig beherrschen können. Um Mißverständnisse zu vermeiden: Auch kein *Staat* ist Eigentümer der Erde oder eines ihrer Teile, wie immer die juristischen Fiktionen hier anderes behaupten mögen. Deshalb ist am Prinzip nur wenig geändert, wenn an der Stelle der *Privateigentümer* als Handlungsträger der Staat vorgeschlagen wird (bei Umweltstandards, Ökosteuern usw.). Kein Staat ist Eigentümer der Erde, und es hat auch kein National- oder (potentieller) Weltstaat *Kontrolle* über sie.

Viel ernster zu nehmen sind die Vorschläge und Bemühungen vieler Ökologen. Sie studieren wenigstens *faktische* Naturzusammenhänge und wissen, daß man ein komplexes, die Erde umfassendes Gefüge von Prozessen nicht *privatisieren* kann. Man kann nur Teile nutzen, dies jedoch um den Preis, in seinen Handlungen, in der menschlichen Technik *selbst* dieses Gefüge zu verändern. Denn jede menschliche Handlung *hat* in ihrer

Äußerung auch eine Wirkung auf die Naturdinge. Die Hoffnungen der Ökologen fallen nur dann in die cartesische Trennung zurück, wenn sie von einer Berechenbarkeit der ökologischen Systeme ausgehen. Sicherlich gibt es auch in der Ökologie berechenbare Strukturen. Doch sie besitzen eine große Nähe zu *menschlichen Gewohnheiten.* Das Verhalten der lebendigen Formen ist veränderbar. Bereits Darwin betonte die wichtige Rolle variablen Verhaltens bei den Tieren. Diese Variablität des Verhaltens, der genetischen Mutationen, der vielfältigen Parameter beim Klima, der Tektonosphäre usw. verhindern es, auf Natur- oder Ökosysteme die der Mechanik entliehenen Systemmodelle anzuwenden, obgleich das natürlich trotzdem eifrig geschieht.

Das Wesen evolutionärer Strukturen ist ihre *Offenheit* und Unvorhersagbarkeit. Wir wissen ganz einfach nicht, wie sich die Vielfalt der Erde und des Lebendingen unter dem Einfluß der menschlichen Handlungen verändern wird, wie rasch dies geschehen wird und wie langfristig diese Prozesse sind. Es mag durchaus für Teilstrukturen wie das Klima oder lokale Ökosysteme relativ zuverlässige Modelle geben. Der Punkt ist ein anderer: Wenn die menschlichen Handlungen, was faktisch und in wachsendem Umfang geschieht, Natur *einbinden*, so setzen sie etwas voraus, das kein Handlungsprogramm *kontrolliert* oder *verursacht* hat. Wir sind nicht einmal fähig, diese Voraussetzung *vollständig* in jenen Aspekten zu *erkennen*, die unmittelbar unser Handeln betreffen, und wir werden beständig mit Handlungsfolgen konfrontiert, die niemand beabsichtigt hatte. Die Hoffnungen der Aufklärung waren von vornherein eine Totgeburt, aber sie haben *als Denkmodelle* dazu geführt, die Handlungen der Neuzeit zu programmieren und zu beschleunigen.

Heilige Zwecke, neutrale Mittel?

Die menschliche Technik birgt noch eine weitere Täuschung, die auch zur Grundlage vieler ökonomischer Theorien geworden ist. Diese Täuschung verbirgt sich hinter der Formel von der *Neutralität der Mittel.* Erst der Zweck soll es sein, der die Mittel heiligt. Ein Gewehr sei wertneutral, man könne es zum Jagen, aber auch für den Krieg verwenden. In dieser These steckt eine Täuschung. Der wichtigste Aspekt dieser Täuschung ist der

Glaube, die Wirkung der Mittel sei im Zweck aufgehoben. Das Werk ist getan, nun wird sein Resultat genossen. In diesem Gedanken werden die *Mittel* des Handelns auf sehr seltsame Weise ignoriert. Ein Atomkraftwerk ist ein Mittel zur Erzeugung von elektrischer Energie. Der Nutzen des Werkes leitet sich von diesem Zweck der Energieerzeugung ab. Aber das Mittel *existiert auch*, es ist nicht *nichts*. Vom Mittel gehen *auch* Wirkungen auf die Menschen, die Natur, auf andere Handlungen aus.

Der Preis, den die Natur von den Handelnden dafür fordert, daß sie ihre Naturformen in menschlich nützliche Formen verwandeln läßt, *ist* das notwendige technische Mittel. Das Kraftwerk ist der Preis dafür, der Natur Energie in einer dem Menschen nützlichen Form abtrotzen zu wollen. Und dieser Preis, dieses notwendige technische Mittel hat selbst ein »Sein«, es ist nicht ein bloßes Programm oder eine Zauberformel. Wenn wir den Alltag betrachten, wenn wir die menschlichen Handlungen näher untersuchen, dann entdecken wir sogar *überwiegend* Tätigkeiten, die sich mit dem Weg zum Ziel, nicht mit dem Ziel beschäftigen. Wir sind vielmehr *umgeben* von vielfältigen technischen Mitteln, die wir in *ihren* Eigenschaften gar nicht gewünscht haben. Auch der eifrigste Verfechter der Kernenergie wird nicht die Atomkraftwerke um ihrer selbst willen schätzen, sondern deshalb, weil sie Energie erzeugen – übrigens auch nicht der Kaufmannsgeist, der einfach sein eingesetztes Kapital verzinsen möchte. Daß sie selbst – unabhängig von ihrem Zweck – eine Gefahr darstellen, wird niemand leugnen. Niemand liebt den Gestank von Autos, den Straßenlärm, verstopfte Innenstädte, Staus, Unfalltote usw. – eigentlich will jeder nur mit dem Auto eine bequeme Fortbewegungsart verwirklichen. Die Mittel, mit denen wir unsere Zwecke erreichen, haben ihre durchaus *eigenständige* Struktur. Sie ragen in unsere Alltagssituationen in steigendem Umfang hinein und bestimmen sie. Niemand hat das beabsichtigt oder geplant. Es war kein Element irgendeines Handlungsprogramms, es ergibt sich vielmehr als *Nebenprodukt* der Notwendigkeit, daß bei der *Verwirklichung* von Handlungsprogrammen die Natur ihren Preis einfordert: die technischen Mittel.

Wenn wir uns in unseren Alltagssituationen umsehen, so werden wir *zahllose* Wirkungen von »bloßen Mitteln« entdecken, die niemand geplant oder gewünscht hat. Man kann hier auch auf den Gedanken kommen, daß dies nur ein *vorübergehender* Zustand sei, daß die Häßlichkeit von Industrievierteln, von Städten nur der Ausdruck einer *noch fehlenden* Planung sei. Ist es nicht so, daß bei entsprechender finanzieller Ausstattung fast jeder Traum verwirklicht werden kann, daß traumhafte Wohnpaläste in traumhaften Gegenden alle negativen Spuren technischer Mittel beseitigt haben? Sicherlich könnte man hier auf den Gedanken kommen, daß dies wohl immer nur das Privileg einiger Menschen bleiben wird; doch wir wollen keinen Neid aufkommen lassen und bleiben beim reinen Phänomen. Um die *negativen* Auswirkungen der eingesetzten technischen Mittel zu beseitigen, müsse man, so lautet das vielfach vorgetragene Argument, eben neue, andere Techniken einsetzen, die diese negativen Auswirkungen beseitigen. Auch bei ökologischen Schäden findet sich exakt dieses Argument.

Was wird hierbei vergessen? Es wird vergessen, daß technische Mittel die Lösung einer *bestimmten* Aufgabe darstellen, die sich in einer *bestimmten* Situation stellt. Die zur Lösung der Aufgabe notwendigen technischen Mittel werden jeweils nur hinsichtlich ihres Zwecks, nämlich die fragliche Aufgabe zu lösen, entworfen und eingesetzt. Aber sie sind bei der Erfüllung dieser Funktion eine eigene Wirklichkeit, sie verändern und beeinflussen als physische Dinge wiederum die Situation. Nimmt man sich vor, negative Nebenwirkungen von technischen Prozessen nun *seinerseits* zu beseitigen, so ist das eine *neue Aufgabe* in einer neuen Situation. Diese Aufgabe wird *ihre* technischen Mittel zur Verwirklichung finden – wobei dies natürlich auch mißlingen kann, das ist hier nicht unser Punkt. Doch diese *neuen* Mittel sind nun *auch* wieder wirkliche Dinge, die physische Wirkungen haben, die im vorgesetzten Zweck notwendigerweise *nicht* berücksichtigt wurden. Es ist zwar möglich, daß ein technisches Gerät zugleich mehrere Funktionen erfüllt, aber kein technisches Gerät kann eine Funktion erfüllen und *zugleich* alle Wirkungen auf seine Umgebung aufheben. Es müßte seine eigene Existenz zugleich mit der Verwirklichung des Zwecks aufheben, um dieses Wunder vollbringen zu können.

Diese Frage wurde vielfach unter dem Schlagwort »Der Zweck heiligt die Mittel« auch in der Ökonomie diskutiert, dort allerdings meist unter *politischen* Vorzeichen; die Relevanz dieser Frage für die menschliche Technik wurde nicht erkannt. Schon der frühe Marx hat gegen diese

Formel eingewendet: »Aber ein Zweck, der unheiliger Mittel bedarf, ist kein heiliger Zweck«.[173] In diesem Gedanken findet sich vielleicht die Ahnung des eben diskutierten, durchaus *verhängnisvollen* Verhältnisses. Dieser Einwand wurde auch gegen totalitäre Gesellschaftssysteme erhoben, z. B. von Hayek. Hierauf entgegnet Milton Friedman: »Ein häufig erhobener Einwand gegen totalitäre Gesellschaftssysteme besteht darin, daß für sie der Zweck die Mittel heilige. Genau genommen ist dieser Einwand völlig unlogisch. Wenn nicht der Endzweck die Mittel heiligt, was sonst? Aber diese simple Antwort schafft den Vorwurf nicht aus der Welt; sie zeigt nur, daß die Formulierung des Einwandes nicht sehr glücklich ist. In Abrede zu stellen, daß der Zweck die Mittel rechtfertigt, bedeutet indirekt, daß das betreffende Ziel nicht endgültig ist und daß der eigentliche Zweck darin besteht, die geeigneten Mittel einzusetzen. Ob wünschenswert oder nicht, jedes Ziel, das nur durch den Einsatz schlechter Mittel erreicht werden kann, muß den Weg freigeben für den ursprünglichen Endzweck, nämlich die Anwendung geeigneter Mittel.«[174]

Der Einwand Friedmans wurde vielfach vorgebracht und wird im Rahmen der Technik fast uneingeschränkt akzeptiert. Dennoch ist dieser Einwand *logisch* unhaltbar. Der Einwand übersieht, daß das *Prinzip »Mittel«* selbst es ist, das menschlichen Zwecken partiell widerspricht. Wie ist das gemeint? Ein Mittel erfüllt eine Funktion. Der Zweck, das Handlungsprogramm gibt das wieder, was als Resultat der Handlung *gewünscht* wird. Doch die Verwirklichung dieses Handlungsprogramm setzt etwas *Fremdes* voraus, das nicht ein Element des Handlungsprogramms selbst ist – sonst wäre ja das Programm und seine Verwirklichung von vornherein identisch. Was kommt zum Programm *hinzu*, damit wir sagen: Es wurde *verwirklicht*? Ein Programm wird in einer Handlung verwirklicht, wenn die Handlung eine *äußere, physische oder natürliche* Grundlage findet, die das Handlungsprogramm *trägt*. Ein Zweck verwandelt sich nur dann in ein dingliches Resultat, wenn er das Reich der Wünsche und Gedanken verläßt und sich in die physische Welt einläßt. Das Handlungsprogramm, z. B. der Bauplan eines Hauses, wird erst dann eine *Wirklichkeit*, wenn es *in Stein* gebaut ist. Es verbündet sich mit der Natur, mit der Materie, die jene Form tragen soll, die in der Handlung angestrebt wurde.

Die Behauptung, ein ungeeignetes Mittel müsse in einen *verbesserten* Zweck verwandelt werden, verkennt damit das Prinzip *Verwirklichung*. Bei der Verwirklichung von Handlungsprogrammen, also beim Einsatz der Technik, setzt sich der Handlungsträger *aktiv* mit der Natur auseinander. Und die Natur fordert ihren Preis dafür, denn *sie* diktiert durch ihre Verhaltensweisen, *daß* technische Mittel notwendig werden, *um* das Programm zu verwirklichen. »Verwirklichen« heißt also: Sich auf die Natur einzulassen und *ihre* Regel in der Technik praktisch anzunehmen.

Das Ergebnis ist dann ein doppeltes: Zwar gelingt es durch das technische Mittel, den Zweck, das Programm der Handlung zu verwirklichen. Das Mittel selbst - ein Ding mit bestimmten Eigenschaften - ist nun aber *neben* das Ziel der Handlung getreten. Ob man durch Windmühlen, Wasserkraftwerke oder Atomkraftwerke elektrische Energie für Kühlschränke und CD-Player erzeugt, in jedem Fall tritt das technische Mittel *neben* den Gegenstand, den wir in unseren Zwecken uns *eigentlich* gewünscht hatten. Zwar kann man bei mehreren möglichen Mitteln jene auswählen, deren Nebenwirkungen man als relativ günstig einschätzt – darin liegt eine Chance der umweltfreundlichen Technik –, doch keine Technik der Welt kann diese »Rache der Natur in den Mitteln« jemals aufheben. In den technischen Mitteln spricht die Natur so zu uns, wie sie von *sich aus* ist, nicht so, wie wir sie in unseren Produkten, den realisierten Zwecken, gerne haben würden. Kein Zweck wird deshalb jemals die Mittel heiligen, man kann die Mittel nur *vergessen*, doch ihre nachhaltigen Wirkungen werden sich früher oder später in Erinnerung bringen.

Dieser Sachverhalt hat noch eine *unmittelbare* Wirkung auf den Menschen. Wenn jemand ein Handlungsprogramm verwirklichen möchte, dann muß er sich diesem Handlungsprogramm unterordnen, sonst wird die Realisierung mißlingen. Diese Unterordnung des Handlungsträgers unter den Zweck der Handlung gehorcht demselben Prinzip, das wir an den technischen Mitteln entdeckt haben. Der Handwerker muß sich in seinen Bewegungen an die Natur anschmiegen, sein Werkzeug dem Widerstand der Natur so anpassen, daß die Handlung verwirklicht werden kann. Diese Arbeit kann Freude bereiten, bleibt aber prinzipiell eine *Notwendigkeit*, die von der Verwirklichung des Zwecks eingefordert wird. So ist denn auch jener Aspekt des menschlichen Handelns, der diese dienende Funktion ausdrückt, die *Arbeit,* in fast allen Sprachen als *Mühsal* bezeichnet worden (vgl. Lat. *labor*): »Labor omnia vicit improbus« (über alles siegte arge Mühsal), sagt Vergil.[175] Das Produkt der Arbeit, der verwirklichte Zweck, ist erwünscht, nicht aber der mühsame Weg, der zu ihm führt.

Da die Menschen sehr viel Zeit damit verbringen, ihre Zwecke zu verwirklichen und weniger Zeit damit, die realisierten Zwecke zu genießen, werden sie vor allem von dieser Arbeit *geprägt.* Die Handlungsprogramme, die nur notwendig zur Erreichung eines Zieles sind, lenken nicht nur die Funktionen der Handlung, sie *programmieren* auch den Handlungsträger. Das Handeln *selbst* formt und verändert die Menschen in ihrer Wahrnehmung, in ihrer Empfindung. Nur ein relativ kleiner Teil der alltäglichen Handlungen dient – wenigstens für die große Mehrzahl der Menschen – rein dem *Genuß.* Weitaus die meisten Handlungen sind ein »Muß«, man verrichtet sie, weil man eigentlich etwas ganz *anderes* möchte, z. B. eine Überweisung auf das Konto als Entlohnung der Arbeit. Der Zweck »heiligt« nicht die Mittel, er *programmiert* sie. Die Arbeit verändert und prägt die Menschen in ihren Gewohnheiten. Viele Wünsche und Bedürfnisse haben oft nur eine *kompensatorische* Funktion für jene Einschränkungen, die von der Arbeit auferlegt werden. Dieser wichtige Gedanke, daß die Handlungen nicht in ihre *Zwecke* aufzulösen sind, daß sie Mittel benötigen und Menschen in ihrer Mittelfunktion Wirkungen erleiden, wurde eigentlich nur in der *Karma-Lehre* der indischen Philosophie erkannt und gedacht. »Karma« heißt Handeln, und die Karma-Lehre besagt, daß die Handlungen selbst – also nicht ihre Resultate – die Menschen prägen. Dieses Karma schafft Gewohnheiten, und diese *Gewohnheiten* sind das unbeabsichtigte Nebenprodukt allen Handelns. Da die Gewohnheiten aber die Fähigkeit, in späteren Situationen wahrzunehmen und zu erkennen, wesentlich bestimmen, kann man auch sagen, daß das »Karma« die Wahrnehmung künftiger Situationen »erzeugt«. Diese so verstandene Karma-Lehre ist für die Handlungstheorie von grundlegender Bedeutung, und es ist bedauerlich, daß europäische Denkgewohnheiten es bislang verhindert haben, den darin enthaltenen, äußerst brisanten Gedanken für das westliche Denken nutzbar zu machen.[176]

Was läßt sich hieraus folgern? Es ergibt sich daraus, daß der Versuch, den Wert der Handlungen nur an ihren *Resultaten* zu messen, ein grundlegender Irrweg ist. Wenn das Handeln, wenn die menschliche Arbeit jeden *inneren* Wert verliert, wenn sie selbst etwas ist, das wir eigentlich ablehnen und nur deshalb verrichten, weil dafür Geld bezahlt wird, dann entstehen unkalkulierbare und unkalkulierte Kosten der Gütererzeugung, die eine Wohlfahrtsrechnung auf Güterbasis obsolet macht – die Kosten einer verödeten Natur, die künftigen Generationen aus unseren gegenwärtigen Handlungen entstehen, noch gar nicht abgezogen. Wir werden diesen Punkt im Kapitel 18 nochmals aufgreifen.

12 Ökonomische Vernetzung

Handlungsbedarf und Trans-Formation

Ökonomisches Handeln ist jener Prozeß, der eine *zweifache* Spannungsbeziehung zum Ausgleich bringt: die Beziehung zwischen Mensch und Natur und die sozialen Beziehungen der Menschen untereinander. In Marktwirtschaften erscheint dieser Prozeß in der Bewegung der *Preise*. Um diesen Prozeß verstehen zu können, müssen wir zunächst die zugrundeliegende Handlungsstruktur beschreiben. Die sich daraus ergebenden Einsichten werden wir im dritten Teil dieser Abhandlung fruchtbar zu machen versuchen. Erst die Einsicht in die zugrundeliegenden Handlungsstrukturen ermöglicht eine Beurteilung jener Kategorien, in denen wirtschaftliches Handeln gewöhnlich beschrieben wird. Hierzu betrachten wir in diesem Kapitel vor allem die *physischen* Beziehungen der sozialen Handlungen untereinander. Wir haben über die sozialen Handlungen - im Kapitel 10 - unter anderen Gesichtpunkten bereits gesprochen. Die dort vorgelegte Analyse werden wir nunmehr um das ergänzen, was sich im vorigen Kapitel über die Beziehungen zwischen Mensch und Natur ergeben hat.

Beim Handeln realisiert ein Handlungsträger ein Programm, einen Zweck. Hierzu sind physische Mittel erforderlich. Handlungsprogramme werden *wirklich* durch die Anwendung von *Techniken*. Diese Struktur ist sehr allgemein und umfaßt alle Arten des sozialen Handelns. Gleichgültig, ob es Haushalte, staatliche Einrichtungen, Organisationen oder Unternehmen sind, ein Handlungsträger realisiert bestimmte Programme. Zur Verwirklichung der Handlungsprogramme werden neben Personen auch andere physische Mittel eingesetzt. Nur ein Teil dieser Mittel wird unmittelbar der natürlichen Umwelt entnommen; die überwiegende Zahl der verwendeten Mittel ist bereits das *Resultat* von anderen menschlichen Handlungen. Die jeweils individuellen Handlungsprozesse setzen deshalb auf vielfältige Weise andere Handlungen - neben den natürlichen Grundlagen - voraus.

Es ist in der ökonomischen Literatur üblich geworden, verschiedene Arten von Wirtschaftssubjekten zu unterscheiden: Haushalte, Unternehmen, Staat und Ausland. Diese Einteilung ist für bestimmte Fragestellungen sicherlich hilfreich und nützlich. Sie verstellt allerdings auch den Blick auf die *reine Struktur* der sozialen Vernetzung von Handlungen. Denn *jede* Handlung, mag es sich um einen privaten Haushalt, eine Unternehmung oder eine andere Organisation handeln, weist ein *analoges* Prinzip auf. Soziale Handlungen setzten jeweils *andere* soziale Handlungen voraus und verwenden deren Handlungsresultate als *Mittel* zur Realisierung je eigener Handlungsprogramme. Wir können deshalb, um die Grundstruktur der sozialen Vernetzung klarer erkennen zu können, ganz allgemein von *Handlungsträgern* ausgehen und offen lassen, ob es sich um Haushalte, Unternehmen, den Staat oder andere Organisationen handelt.

Der Träger einer sozialen Handlung verwendet als Mittel zur Realisierung seines individuellen Handlungsprogramms die *Produkte* anderer Handlungen. Was ist ein Produkt? Ein Produkt ist ein *verwirklichtes Handlungsprogramm.* Auch »Naturprodukte« sind Handlungsresultate. Das Handlungsprogramm kann sehr elementar sein, etwa das Schöpfen von Wasser aus einem Brunnen. Wichtig ist nur, daß *kein* Produkt ohne die vermittelnde Tätigkeit einer Handlung verfügbar ist. Wir können zwei Arten von Produkten unterscheiden: Dinge und Prozesse. Ein Ding ist durch eine gewisse Dauer, eine bleibende Form charakterisiert; Prozesse vergehen im selben Augenblick, in dem das Programm der Handlung verwirklicht wird. In der traditionellen Ausdrucksweise spricht man von *Gütern* und *Dienstleistungen.* Diese üblich gewordene Definition gerät dadurch etwas in Verwirrung, daß Dienstleistungen ja eigentlich auch Güter sind. Ich werde auf den Güterbegriff gleich zurückkommen. Ohne auf Worten herumzureiten, genügt das Verständnis dafür, daß manche Handlungen zu *bleibenden* Produkten führen, also Dingen, die von sich aus für eine bestimmte Zeitspanne die ihnen durch die Arbeit verliehene Form bewahren; andere Handlungen dagegen werden in ihrem Funktionieren *direkt* zur Vorleistung für eine andere Handlung. Zu solchen Dienstleistungen gehören alle Arbeitsleistungen, aber auch die Darbietung von Künstlern, die Tätigkeit eines Richters oder eines Friseurs. Es ist aus der Tradition verständlich, daß man den Arbeitsleistungen einen *besonderen*

Status zubilligt; im Prinzip sind aber Arbeitsleistungen nichts anderes als Dienstleistungen.

Der Unterschied zwischen materiellen Produkten und Dienstleistungen zeigt sich vor allem in der *zeitlichen Synchronisation* von sozialen Handlungen. Eine Arbeitsleistung kann nicht aufbewahrt werden. Das, was sie vollbringt – die Realisierung eines Handlungsprogramms –, und das, was sie für eine andere Handlung *leistet*, fällt zusammen. Dienstleistungen können nicht gespeichert werden, sie müssen *immer wieder neu* erbracht werden. Die Wiederholung ersetzt hier die Dauer. Gleichwohl bedarf auch jede Dienstleistung (oder Arbeitsleistung) gewisser *Vorleistungen*, Produkte anderer Handlungen. Das können seinerseits Dienstleistungen sein – ein Richter kann ein Theater besuchen oder ein Angestellter einen Friseur –, oder es handelt sich um dingliche Produkte: Lebensmittel, Wohnungen, Urlaubsreisen usw. Das Zustandekommen einer Handlung, die Realisierung eines Handlungsprogramms erfordert Dienstleistungen und Produkte, damit sie ihre Funktion *erfüllen* kann. (»Erfüllen« heißt hier ganz wörtlich »verwirklichen«, mit Substanz erfüllen – sonst bliebe die Handlung bloße Absichtserklärung, bloßes Programm, es muß sich mit dinglich-materiellem Gehalt erfüllen.)

Ich möchte hier, unter Rückgriff auf einen alten Begriff der aristotelischen Philosophie, all dies, was zur Realisierung eines Handlungsprogramms benötigt wird, den *Bedarf* (*chreia*) der Handlung nennen. Bedarf ist all das, was zur Verwirklichung einer Handlung erforderlich, notwendig ist. Zwar ist der Bedarf kein bloß individueller Wunsch, er ist aber auch keine objektive, naturwissenschaftliche Ursache.[177] Das, was der Handlungsträger zur Realisierung des Handlungsprogramms als notwendig *interpretiert*, ist der Bedarf der Handlung. Es geht hier also gerade nicht um eine Naturkausalität, auch um keine »Nutzen- oder Produktionsfunktion« im Sinne der Neoklassik. Dem Bedarf zur Realisierung einer Handlung liegt vielmehr jene Interpretation der Handlungssituation zugrunde, die der Handlungsträger als Ausgangspunkt der Realisierung seines Programms nimmt. Sicherlich gibt es zwischen eingesetzten Produkten und hergestellten Produkten *auch* naturgesetzliche Beziehungen. Aber niemals ist eine Handlung auf eine Anzahl von Naturgesetzen *reduzierbar*. Das kann man schon daran erkennen, daß oftmals eine *geringe* Verbesserung, eine kreative Änderung den notwendigen Einsatz erheblich vermindert. Die *Technik*, das Wissen darum, wie man physische Mittel und Arbeitsleistungen in Produkte oder andere Dienstleistungen *transformiert*, wendet zwar Naturwissenschaft an, reduziert sich aber nicht auf naturwissenschaftliche Kausalität. Auch hier bleibt die Handlung unabtrennbar auf die menschliche Kreativität relativiert.

Produktion und Kognition

Es ist deshalb ein Irrtum, die *Produktion* als Ausdruck von Naturgesetzen zu interpretieren - wiewohl Naturgesetze dabei Anwendung finden. Die neoklassischen Ökonomen bringen hier zwei Sachverhalte durcheinander: Zwar kann man formal sagen, daß materielle oder energetische »Inputs« bei der Produktion eingesetzt werden, um »Outputs« zu erzeugen, doch ist dies ein Prozeß des *Formwandels*, der *Trans-Formation*, nicht ein physikalisch-kausaler Prozeß. Deshalb ist die Logik Samuelsons nicht haltbar, wenn er sagt: »Solange man die Gesetze der Thermodynamik als gültig anerkennt, werde ich weiterhin Inputs auf Outputs beziehen, d. h. an Produktionsfunktionen glauben.«[178] Die Thermodynamik setzt in ihren Gesetzen *qualitativ* identische Inputs und Outputs voraus, nämlich reine Energie. Bei der menschlichen Produktion, bei der Realisierung von Handlungsprogrammen geht es aber darum, bestimmten Naturdingen menschliche *Formen* zu verleihen. Was im Handlungsziel erstrebt wird, ist eine bestimmte Form, nicht ein nacktes Energiequantum. *Deshalb* kann menschliche Kreativität *neue* Wege der *Trans-Form*ation entdecken, Wege, wie Formen von Vorleistungen auf erzeugte Formen bezogen werden. Wenn eine Tasse Kaffee am frühen Nachmittag die Arbeitsleistung eines Laboranten wesentlich verbessert, so offenbart sich hier kein *Naturgesetz*, wohl aber eine »Funktion in der Produktion«, ein Bedarf.

Die Produktion als besondere Form menschlichen Handelns verknüpft nicht einfach kausal Naturkräfte, sie *realisiert Handlungsprogramme*, sie verleiht Naturformen *andere*, den menschlichen Zielen angepaßte Formen. Und die Naturwissenschaft ist keine Wissenschaft der Beziehung zwischen *Formen*. Formen sind immer *Erscheinungen*, und Erscheinungen bleiben relativ zur Wahrnehmung. Deshalb sind die notwendigen Vorleistungen für Handlungen nicht *Ursachen*, sondern ein *Bedarf*, also das, was der Handlungsträger als Notwendigkeit *interpretiert*.

Dies wird noch viel offensichtlicher bei dem, was die traditionelle Theorie als »Haushalt« bezeichnet. Ich möchte keineswegs die vielen Resultate der Haushaltstheorie mit einem Federstrich vom Tisch wischen, gleichwohl liegt auch dieser Theorie ein grundlegend irriger Blickwinkel zugrunde. Der »Konsum« der Haushalte wird als etwas betrachtet, das aus dem ökonomischen Prozeß herausfällt, eine Art nützlicher Müllkippe für Konsumgüter. Tatsächlich *produzieren* aber die Haushalte auch etwas: Sie bieten wenigstens *Dienstleistungen*, also *Arbeitsleistungen* an. Das, was die Haushalte zur Bereitstellung dieser Dienstleistungen als *notwendig* erachten, ist ihr *Bedarf*. Der Urlaub, das Fernsehprogramm oder der Kinoabend gehören genauso dazu wie die Lebensmittel. Auch ein »Haushalt« ist ein »Unternehmer«. Er produziert soziale Güter: z. B. Dienstleistungen. Wir werden noch genauer sehen, wie der Einsatz von Gütern und Dienstleistungen beim menschlichen Handeln einem äußeren Kriterium unterworfen wird: der Effizienz des Marktes. Doch dieses Effizienzkriterium ist ein *soziales* Kriterium, nicht eines, das naturwissenschaftliche Zusammenhänge zum Ausdruck brächte. Die notwendigen »Inputs« für eine Unternehmung sind jene Produkte, die von der Unternehmung verbraucht werden. Es besteht hier prinzipiell *kein* Unterschied zu einem Haushalt.

Mit Bezug auf die Konsumentscheidungen haben die Begründer der Nutzentheorie sehr seltsame Vorstellungen entwickelt. Carl Menger sagt etwa: »Ob und unter welchen Bedingungen ein Ding mir *nützlich*, ob und unter welchen Bedingungen es ein Gut (ist), (...), all´ dies ist von meinem Willen ebenso unabhängig, wie ein Gesetz der Chemie von dem Willen des practischen Chemikers.«[179] Daß mir ein Messer unter den Bedingungen meines Zorns als Mordwaffe nützlich ist, soll also ein von meinem Willen unabhängiges Gesetz sein? Man weiß nicht, ob man eine solche Äußerung von einer der drei großen Autoritäten der Nutzentheorie (Jevons, Menger, Walras) durch Lächeln oder Bedauern quittieren soll. Wie armselig wäre ein Mensch, der *so* vollständig von seinen Gewohnheiten bestimmt ist, daß der Nutzen eines Gutes gänzlich seinen freien

Willen dominiert? Weder die Notwendigkeiten der Produktion noch die des privaten Verbrauchs sind den Naturgesetzen unterworfen.

Das Vorbeigleiten eines mit kleinen Eisenpartikeln versehenen Kunststoffbandes an einem Magneten, der mit einer Vielzahl von Transistoren, elektrischen Widerständen und Kondensatoren verbunden ist, gehorcht zweifellos physikalischen Gesetzen. Die so durch ein Tonband wiedergegebene *Klaviermusik* aber steht in *keiner wesentlichen* Beziehung zu dem, was sie hervorbringt – man kann sie auch ohne diese Geräte *unmittelbar* erklingen lassen. Es ist charakteristisch für menschliche Handlungen, daß derselbe Zweck durch verschiedene Mittel realisiert werden kann, aber auch dies, daß ein Mittel vielen Zwecken dienen kann. Die darin liegende *Offenheit* der Zuordnung ist jener Freiraum, den die menschliche Kreativität nutzt, um Resultate zustande zu bringen, die unseren Wünschen entsprechen.

Zwischen Bedarf und Resultat einer Handlung besteht damit nicht einfach eine *kausale*, sondern vor allem eine *kognitive* Beziehung. Sie bleibt variabel, relativ zur menschlichen Kreativität, die sich damit als der *eigentliche* Produktionsfaktor erweist. Es gibt *viele* Wege, ein Handlungsprogramm zu realisieren. Jede Handlungssituation ist in ihrem Wesen *offen* für Neuerungen. Dieser leere Spiel-Raum des Handelns wird erfüllt von unseren Entscheidungen, unseren Erfindungen und unseren Gewohnheiten. Nur dann, wenn Handlungen vollständig durch Gewohnheiten überlagert sind, wenn der Spiel-Raum der Handlungssituation, der Produktion, des privaten Verbrauchs *völlig* von Gewohnheitsmustern dominiert wird, *dann* kann die Neoklassik auf den Plan treten und diese starren Gewohnheiten durch Produktionsfunktionen oder Nutzenfunktionen *abbilden*. Wir sehen damit, *wann und unter welchen Voraussetzungen* die traditionelle Theorie »gültig« ist: Sie gilt, wenn die menschliche Freiheit und Kreativität *verschwunden* sind, also in einer *Wirtschaft ohne Menschen*.

Eine kleine »Fall-Studie« kann das Verständnis dieser Zusammenhänge vertiefen; ich beschränke mich hierbei auf den Produktionsbereich. Betrachten wir ein Unternehmen mit zwei Betriebsstätten, zwischen denen Halbfabrikate transportiert werden. Für den Transport werden mehrere firmeneigene Lastwagen eingesetzt. Greifen wir einen Lastwagen heraus. Der Fahrer fährt streng nach den gesetzlich erlaubten Zeitvorgaben, hängt sein Maskottchen an den Rückspiegel und kann ohne Country-music gar nicht fahren. Seine Arbeitsleistung, die Kilometer-Tonnen-Leistung pro Woche, bleibt im Mittel gleich. Wie können wir diesen Fall interpretieren? Zweifellos wird niemand dem Fahrer in Abrede stellen, daß er mit seinem Maskottchen und Country-music fährt; man wird ihm auch gerne glauben, daß er nur so die erforderte Fahrleistung erbringt. Also ist seine *Handlung* von diesen »Faktoren« sicherlich beeinflußt, aber es wäre albern, sie als Input einer Produktionsfunktion zu bezeichnen. Mehr noch. Die Fahrleistung wird bestimmt durch die gesetzlichen Vorschriften, am Fahrtenschreiber überprüft. Ist damit auch der Staat ein »Inputfaktor«? Die erbrachte Leistung basiert auf einem sozialen Konsens, wieviel Arbeit pro Zeiteinheit durchschnittlich zu leisten ist, und dieser Konsens ist durchaus variabel. Selbst der Benzinverbrauch hängt vom Fahrverhalten ab und kann deshalb nicht bruchlos als »naturgesetzlich« beschrieben werden.

Reichen diese Einschränkungen schon hin, den Gedanken an eine quasi-physikalische Produktionsfunktion ad absurdum zu führen, so können wir sie durch folgende kleine Überlegung gänzlich beiseite legen: Die Fahreinsätze werden z. B. vom Betriebsleiter geplant. Wenn nun der Betriebsleiter auf den Gedanken kommt, den Lastwagentransport durch die Bahn, das Flugzeug oder den Lastwagen einer anderen Firma zu ersetzen, so könnte man von »alternativen Produktionsverfahren« sprechen, wie dies in der Produktionstheorie geschieht. Diese alternativen Produktionsverfahren werden nach Kostengesichtspunkten verglichen und entsprechende Entscheidungen getroffen. Doch diese Überlegung verkennt die Fähigkeiten der menschlichen Kreativität. Nichts steht z. B. im Wege, die beiden Betriebsstätten so umzurüsten, daß jede ein in sich vollständiges, marktfähiges Produkt erstellt, so daß der Transport gänzlich entfällt. Oder beide Betriebsstätten fertigen nur das Endprodukt und kaufen die Vorprodukte am Markt. Oder die Unternehmung löst eine Betriebsstätte gänzlich auf, erweitert die andere und spart so die Transporte – zahllose andere Fälle sind denkbar und werden praktiziert. Diese verschiedenen Möglichkeit kombinieren jeweils eingesetzte Mittel und führen zum erwünschten Produkt, sie realisieren also das Handlungsprogramm. Dennoch sind sie nicht einfach »gegeben«, sie erwachsen aus der Kreativität des Managements oder einer Beraterfirma; viele Lösungen tauchen überhaupt erst spät und unerwartet auf.

Zwischen den eingesetzten Mitteln und dem Endprodukt gibt es also einen *Raum offener Möglichkeiten* der Entscheidung, und dieser Raum wird durch die freien Entscheidungen »gefüllt«. Zwischen Produkt und Bedarf gibt es keine ein-eindeutige Beziehung, vielmehr nur eine offene Verbindung, die durch *freie Entscheidungen* überbrückt wird. Wird aber eine Handlung zur *Gewohnheit*, verliert die Unternehmung die Fähigkeit, den offenen Freiraum tatsächlich mit neuen Ideen zu erfüllen, *dann* können die Anhänger von neoklassischen Produktionsfunktionen auf den Plan treten und den Produktionsprozeß »erklären«. Doch wenn das der Fall sein wird, ist die betrachtete Unternehmung längst aufgrund ihrer Inflexibilität insolvent geworden, und es gilt, was Hegel von den Gewohnheiten sagt: »Es ist die Gewohnheit des Lebens, welche den Tod herbeiführt«[180].

Wirtschaftliche Güter

Wir wollen die Diskussion bis hierher zusammenfassen und sie mit einigen Kategorien der ökonomischen Theorie konfrontieren. Die Vernetzung von Handlungen bedeutet, daß auch physisch die *vorgelagerten* Handlungen in *nachgelagerten* Handlungen Funktionen erfüllen. Dies kann *indirekt* geschehen, über die erzeugten Produkte, es kann *direkt* geschehen durch die Dienstleistungen vorgelagerter Handlungsträger. Hier besteht, wie gesagt, keine Differenz zwischen dem privaten Verbrauch und der Produktion von Unternehmen. In beiden Fällen definiert der *Handlungsträger*, welcher *Bedarf* zur Bereitstellung von Handlungsfunktionen *notwendig* ist. Die Verknüpfung von Handlungsbedarf, eingesetzten Mitteln und Handlungsergebnis ist, wie jede Handlung, auf die menschliche Freiheit und Kreativität relativiert. Wird diese Verknüpfung aber zur *Gewohnheit*, so sinkt *jede* Handlung auf die Stufe eines einfachen Mechanismus herab.

Ich möchte nun diese Struktur vor dem Hintergrund einiger in der ökonomischen Theorie eingeführten *termini technici* näher diskutieren und das hier vorliegende Denkmodell erläutern. Der Grundbegriff der Ökonomie ist der des *Gutes*. Was ist ein Gut? Ein Gut ist ein Ding, das *nützlich* ist. Der Güterbegriff basiert also auf dem Nutzenbegriff. Doch hier ergeben sich einige Ungereimtheiten: Was für eine Person ein Gut, also nützlich ist, mag für eine andere Person sogar schädlich sein – der Hinweis auf den Kleinkrieg zwischen Rauchern und Nichtrauchern kann hier genügen. Die Nutzentheorie hat deshalb bereits sehr früh den Gedanken *interpersonalen* Nutzenvergleichs aufgegeben. Gleichwohl bleibt der »Nutzen« ein sehr dunkler Begriff, den Joan Robinson so charakterisiert: »Der *Nutzen* ist ein metaphysischer Begriff von unüberwindlicher Zirkularität; *Nutzen* ist diejenige Eigenschaft der Güter, die den Individuen ihren Erwerb wünschenswert erscheinen läßt, und die Tatsache, daß die Individuen Güter zu kaufen wünschen, zeigt wiederum, daß sie *Nutzen* haben.«[181]

Joan Robinson hat sicherlich recht darin, daß eine nicht beobachtbare – auch für niemand als *innere Erscheinung* beobachtbare – Größe ein leerer Begriff ist. Dennoch bleibt die *Beurteilung* der Produkte für den Bedarf unabweisbar eine Sache der Interpretation. Der Nutzenbegriff ist solange harmlos, solange damit nicht versucht wird, eine *Werttheorie* zu formulieren. Was macht ein Produkt oder eine Dienstleistung »nützlich«? Dies, daß sie in einer Handlung eine *Funktion* erfüllen. *Welche* Funktionen Güter erfüllen, hängt ausschließlich ab von dem, was ein Handlungsträger als Handlungsprogramm akzeptiert. Die Funktion von Gütern in einer Handlung ist abhängig vom *Handlungsprogramm*. Und da Handlungsprogramme auf je individuellen Interpretationen der Situation beruhen, läßt sich niemals *von außen* ein Kriterium dafür angeben, was nützlich ist. Der Nutzen eines Gutes hängt ab von seiner Funktion im Handlungsprogramm.

Für den Raucher erfüllt die Zigarette in seinen vielfältigen alltäglichen Handlungsprogrammen eine wichtige Funktion – welche, das ist ganz gleichgültig. Die bloße Tatsache, *daß* jemand Güter als Elemente eines Handlungsprogramms verwendet, *definiert* ihre Funktion. Dasselbe gilt für die weit komplexeren Handlungen in Unternehmen. Es gibt kein Naturgesetz, das Vorzimmerteppiche, Forschungsaufwendungen und den Energieverbrauch »kausal« auf eine bestimmte Produktpalette zu verrechnen erlaubte. Der Handlungsträger erprobt in einer bestimmten Situation eine Handlung; wenn diese Handlung nach *seinen Kriterien* funktioniert, dann ist diese Handlung *erfolgreich*. Und eine erfolgreiche

Handlung ist bereits der *hinreichende* Grund dafür, jene Güter als *Bedarf* zu benötigen, die in der Handlung Verwendung finden.

Die Tatsache, daß eine Handlung *funktioniert*, ist der notwendige und hinreichende Grund dafür, Mittel und Zweck zu verknüpfen, den Bedarf zur Realisierung eines Handlungsprogramms als »unabdingbar« zu bestimmen. Das heißt natürlich nicht, daß nicht eine *andere* Handlung, ein anderes Handlungsprogramm *auch* funktionieren könnte, vielleicht sogar an den selbst gesetzten Kriterien *besser* funktionieren würde. Doch dann wird das alte Handlungsprogramm durch ein *neues* ersetzt. Es gibt Handlungsprogramme für *Raucher* und solche für *Nichtraucher*. Sie kommen vermutlich sehr häufig zum *selben* Resultat, man kann sie austauschen. Es ist nicht so, daß eine Zigarette, der Vorzimmerteppich oder eine bestimmte Ausstattung für ein Büro *an sich* einen Nutzen hätte, auch nicht, daß dieser Nutzen von einem bestimmten *Subjekt* abhängig wäre, was bei Gruppen leicht einsichtig ist. Der Nutzen ist ganz einfach die Fähigkeit eines Gutes, in einem (erfolgreichen) Handlungsprogramm eine Funktion zu erfüllen. Weder reduziert sich der Nutzen auf ein Ding noch auf ein Subjekt. Der Nutzen ist eine funktionale Eigenschaft bestimmter Handlungsprogramme.

Subjekte können in freier Entscheidung Handlungsprogramme austauschen, und dieser Austausch kann ein gestern noch nützliches Gut heute oder morgen in bloßen Abfall verwandeln. Wie die Handlungsprogramme, ist damit der Nutzen der Güter *relativ* zur Freiheit der Entscheidung und zur Kreativität. Eine Maschine kann *heute* in einem Handlungsprogramm, einem Produktionsplan eine notwendige und wichtige Rolle spielen, sie wird dennoch *morgen* völlig *nutzlos* sein, wenn ein neues Produktionsverfahren eingeführt wird. Das, was ein Gut, was also *nützlich* ist, hängt ab von der Funktion, die ein Ding oder eine Dienstleistung in einem Handlungsprogramm spielt. Eine *äußere* Beurteilung ist hier ebenso unmöglich wie überflüssig. Keinen Raucher können *Argumente* oder sogar *ethische* Urteile beeinflussen, wenn er entschlossen bleibt, weiter zu rauchen.

Doch hier müssen wir eine Einschränkung machen. Der Nutzen von Gütern ist identisch mit ihrer Funktion in Handlungsprogrammen, es gibt ihn nur *relativ* zu Handlungsprogrammen; die Handlungsprogramme wiederum sind relativ zur Freiheit der Entscheidung, zur kreativen Veränderung. Werden aber Handlungsprogramme zu *Gewohnheiten*, verbünden sich diese Gewohnheiten sogar mit *physiologischen* Prozessen – wie in allen Fällen der *Sucht* –, so wird die tragende Basis der Freiheit und Kreativität wirkungslos. Die *Gewohnheit* ergreift die Macht und übernimmt das Steuerruder der Handlung. Ist das der Fall, dann wird mit der mechanischen Funktion auch die Nützlichkeit zu einer berechenbaren, mechanischen Eigenschaft. Das gilt auch dann noch, wenn das Bewußtsein gar keine *Chance* hat, unbewußte Reaktionen zu bemerken, wie dies von einigen konditionierten Reflexen bekannt ist. Vor allem die Werbung versucht, privaten Handlungsprogrammen *fremde* Bedeutungen zu überlagern, sie in bedingte Reflexe zu verwandeln und somit Gewohnheiten zu installieren.

Der *Bedarf* einer Handlung ist jene zu ihrer Realisierung notwendige Menge an Gütern und Dienstleistungen, die in einem bestimmen Handlungsprogramm zur Gewohnheit werden. Die *Bedürfnisse* der Menschen sind hiervon funktional nicht verschieden. Angeborene Bedürfnisse sind gar nicht denkbar, denn Bedürfnisse besitzen eine bestimmte Form, sind Bedürfnisse *nach etwas*, und dieses Etwas ist vermittelt durch die Gesellschaft, die Kommunikation, die Erziehung. Selbst so elementare Bedürfnisse wie Hunger oder Sexualität sind niemals *an sich* gegeben, sie äußern sich in einer bestimmten *Form*. Die Sexualität eines chinesischen Mandarins aus der Zeit der Han-Dynastie unterscheidet sich von der eines sizilianischen Bauern ebenso wie von der eines Großstadtneurotikers. Das, was man hier an Gemeinsamkeit entdecken mag, ist kaum sonderlich interessant. Menschliche *Bedürfnisse* sind also *auch* bestimmte Funktionen in Handlungsprogrammen. Sie werden durch die sozialen Kommunikationsprozesse nicht minder beeinflußt als durch das, was man alltäglich an Handlungen verrichtet. Nur in *absoluten Notsituationen* fallen die Bedürfnisse auf das physiologisch Notwendige zurück, werden also von den »Gewohnheiten des Körpers«, nicht denen des Geistes diktiert. Wie andere Handlungsprogramme, sind aber auch die Bedürfnisse veränderlich und wandelbar.

Öffentliche Güter und soziale Vernetzung

Die soziale Vernetzung umfaßt *alle* menschlichen Handlungen. Wenn in der Wirtschaftswissenschaft der Konsum gewöhnlich als *Endverbrauch* bezeichnet wird, so ist das eine wesentliche Verkürzung des Sachverhalts. Tatsächlich stellen *alle* sozialen Handlungen einen *Kreislauf* dar. Das traditionelle Bild eines *linearen* Produktionsverlaufs von der Urproduktion bis zum Konsum, das durch die Input-Output-Analyse bereits eingeschränkt wurde, verkennt die *funktionale* Vernetzung der Handlungen. Die Funktion, die eine Handlung bzw. ein Handlungsresultat erfüllt, wird durch die je nachgelagerten Handlungen bestimmt. Die Schwierigkeit in der Analyse der sozialen Vernetzung besteht darin, daß viele derartige Funktionen nicht *privatisiert* werden können. Nur materielle Produkte sind in der Regel so abgrenzbar, daß eine eindeutige Zurechnung und die Definition eines Eigentumsrechts möglich wird. Es ist jedoch in der Ökonomie ein bekanntes Phänomen, daß zahlreiche Güter solch einer Zurechnung nicht fähig sind. Sie werden »öffentliche Güter« genannt. Normalerweise – wie schon die Wortbildung verrät – versteht man darunter Güter, die vom Staat bereitgestellt werden oder werden müssen. Öffentliche Güter im allgemeineren Sinn sind aber solche Güter, die *keiner Privation* fähig sind.

Güter, die nicht privatisiert werden können, erfüllen gleichwohl eine *Funktion.* Welcher Art diese Funktion ist, spielt für die besondere Form der sozialen Vernetzung keine Rolle. Die Erde ist in ihren vielfachen Funktionen für die menschliche Produktion ein öffentliches Gut, selbst in jenen Teilen, die privatisiert sind. Ein privat genutzter Boden ist gleichwohl Teil der ökologischen Vernetzung, trägt zum Klima, zum Grundwasser usw. bei. Ganz andere öffentliche Güter sind die *kulturellen Traditionen.* Sie bestehen zu einem wesentlichen Teil vor allem aus der Sprache, überliefertem Wissen, aus Bildern, Mythen, ethischen Traditionen usw. Als Fülle *immaterieller* Güter ist die Kultur darin – technisch ausgedrückt – »Information«, auch dann, wenn es sich um einen öffentlich zugänglich Kunstgegenstand oder eine Landschaft handelt. Diese bislang genannten öffentlichen Güter sind in ihrem Charakter weitgehend unstrittig.

Verkannt wird meist, daß prinzipiell *jede* Handlung auch in ihrer privaten Funktion eine *öffentliche* »Seite« besitzt. Es gibt keine *nur* private Handlung. Nur bestimmte Aspekte, Teile des gesamten vernetzten sozialen Gefüges lassen sich – und das auch nur temporär – privatisieren. Wir haben im Kapitel über das Verhältnis von Mensch und Natur bereits gesehen, daß sich kein Mittel in seinen Zweck »auflösen« läßt. Es *ist* außerhalb seiner Mittelfunktion nicht nichts. Das gilt, auf analoge Weise, für alle Handlungen. Ein Handlungsprogramm wird nur dadurch vom Handlungsträger *verwirklicht*, daß *andere* physische Bedingungen verändert werden. Diese Veränderung der Handlungssituation reicht prinzipiell über die isolierte Handlung hinaus. Viele dieser weiterreichenden Wirkungen und Funktionen von Handlungen sind nur partiell erkannt. Andere Funktionen haben *nur* eine kognitive Bedeutung. Gleichwohl sind solche Funktionen Elemente von anderen Handlungsprogrammen – auch wenn hier keinerlei Zurechnung möglich ist. Zahlreiche *traditionelle* öffentliche Güter besitzen diesen Charakter. Das Gut »Rechtssicherheit« erfüllt auch und gerade dann seine Funktion, wenn keinerlei faktische Inanspruchnahme von Anwälten oder Gerichten erfolgt. Bereits im privaten Bereich ist die *Abwehr* eines Schadens zwar kein physisches, gleichwohl aber ein wirtschaftliches Gut.

Diese Bemerkungen mögen hinreichen, um zu einem für das traditionelle Verständnis ungewohnten Gedanken hinzuführen: Beim Konsum *endet* der Wirtschaftsprozeß auch dann nicht, wenn die Konsumenten in ihrem Bedarf *keinerlei* Dienstleistungen auf dem Markt anbieten, dem Geldmarkt Kapital zur Verfügung stellen oder Grundstücke verpachten. Auch der Konsum der Rentner, der Sozialhilfeempfänger, der Jugendlichen in Ausbildung oder Schule erfüllt in der sozialen Vernetzung eine *Funktion*. Man kann diese Funktion als »öffentliches Gut« bezeichnen. Wer an seinem Lebensabend Rente bezieht, erfüllt durch sein bloßes »Weiterleben« nicht nur eine private, vielmehr eine öffentliche, eine soziale Funktion. Selbst wenn man unterstellt, daß eine Gesellschaft nur aus Egoisten besteht, so besitzt jeder Egoist ein Interesse auch an *seiner* Alterssicherung. Also ist, durchaus in Übereinstimmung mit der traditionellen Theorie, die »soziale Sicherheit« ein öffentliches Gut. Ebenso der Konsum, der Lebensstil breiter Massen, aber auch der in der Regenbogenpresse breit dargestellte Lebensstil der oberen sozialen Klassen. Der Lebensstil, der Konsumstil ist ein öffentliches Gut; es gewährt dem wöchentlich hoffenden, potentiellen Lottokönig die Sicherheit, im Glücksfall *auch* auf diese erträumte Weise leben zu können.

Doch das ist nur der erste, eher traditionelle Aspekt. Die soziale Vernetzung geht viel weiter. Der Richter, der in seinem Urteil über einen Dieb seine soziale Funktion erfüllt, ist in dieser besonderen Funktion vom Dieb *abhängig*. Der Dieb erfüllt für die richterliche Tätigkeit ebenso eine unabdingbare Funktion wie das Telefon in einem Büro oder die Maschine in der industriellen Fertigung. Kranke sind, in der sozialen Vernetzung, eine Vorbedingung für die Handlungen der Ärzte, der Krankenhäuser. Der Pflegefall erfüllt seine Funktion im Handlungsprogramm eines Altenheims usw. Die Fixierung der ökonomischen Theorie auf die *materielle Produktion* verkennt, daß sich in all den genannten Handlungen eine analoge soziale Vernetzung vollzieht wie in den Beziehungen zwischen Firmen des verarbeitenden Gewerbes. Auch im sozialen Bereich gibt es Innovation, gibt es kreative Veränderungen, wird ein »Wert« erwirtschaftet, nicht verschieden von den produktiven Leistungen der Stahlindustrie oder der Landwirtschaft.

Es war ein verhängnisvolles Erbe der klassischen Ökonomie, daß sie derartige Leistungen als *unproduktive* aus der sozialen Wertrechnung ausklammerte. Der Zusammenhang der Handlungen über die Märkte, der ökonomische Aspekt der sozialen Vernetzung umfaßt *alle* Bereiche menschlichen Handelns. Es kann allerdings geschehen – und wir werden im dritten Teil die Gründe dafür kennenlernen –, daß bestimmte Handlungen und die damit verbundenen Handlungsträger entweder in der sozialen Wertschätzung sinken und damit aufhören, ihre ursprüngliche Funktion zu erfüllen (sie in geringerem Umfang zu erfüllen), oder daß einige Handlungsformen als »Abfallprodukt« des wirtschaftlichen Wachstums »anfallen« und nur noch durch die Gnade oder das Mitgefühl der übrigen Gesellschaft ein Dasein fristen. Zwar bringen auch Welthungerhilfen zum Ausdruck, daß hungernde Menschen an anderen Standorten des Weltmarktes Teil der weltweiten sozialen Vernetzung sind; ihre mediale Präsenz reicht jedoch kaum hin, für die Menschen in den entwickelten Ländern solch eine Funktion als »öffentliches Gut« zu erfüllen, daß

Aktionen, den Hunger tatsächlich abzuschaffen, auch wirklich initiiert würden.

Das gilt auch im nationalen Kontext. Das Maß sozialer Fürsorge ist für einen Nationalstaat im internationalen Wettbewerb nur ein – nach unten variabler – Kostenfaktor. Die Fürsorge ist nur solange ein öffentliches Gut, solange die Versorgung der Randgruppen als »Wert« in der Meinung der Mehrheit oder der Regierenden anerkannt wird. Die *Funktion*, die soziale Sicherung erfüllt, ist – wie jede andere Handlungsfunktion – ein *kognitiver* Prozeß. Der Charakter, ein öffentliches *Gut* zu sein, ist relativiert auf die Meinung der Mehrheit. Die Eigenschaft, ein »Gut« zu sein, kommt öffentlichen Güter nicht selbst zu, sie basiert auf einer sozialen Resonanz. Mit den schwankenden Meinungen der Vielen, mit den Veränderungen der Wettbewerbsfähigkeit eines Standortes verändert sich auch die Funktion der öffentlichen Güter. Wie eine Technologie durch eine neue, verbesserte Variante über Nacht wertlos werden kann und die zugehörigen Maschinen aufhören, eine *Funktion* zu erfüllen, ebenso verändert der soziale oder politische Wandel den Charakter der öffentlichen Güter. Mit der Meinung der Vielen verändern sich öffentliche Güter. Und die wachsende Beherrschung aller nationalen Standorte durch den Weltmarkt und seine Wettbewerbsregeln hat auch in Staaten, in denen soziale Fürsorge zum nationalen Stolz zählte, sozialdarwinistischen Ideologien wieder eine Mehrheit verschafft.

Knappheit

Nunmehr können wir auch den wichtigsten Grundbegriff der ökonomischen Wissenschaften - die *Knappheit der Güter* - in unserem Kontext rekonstruieren. Handlungsprogramme können nur verwirklicht werden, wenn sie über die geeigneten *Mittel* verfügen. Handlungsprogramme haben ein anderes Dasein als physische Güter. Sie können beliebig durch Kommunikation vervielfältigt werden. Man kann Handlungsprogramme fast kostenlos kopieren oder nachahmen. Sie haben »nur« ein *geistiges* Dasein, ihr materieller Träger ist, wiewohl unentbehrlich, für ihre Funktion irrelevant. In der einfachsten Form braucht man nur jemand zu fragen: »Wie geht das?«, und die Antwort auf diese Frage bedeutet nichts weniger als eine Kopie eines Handlungsprogramms. Handlungsprogramme bewegen sich in der Sphäre der sozialen Kommunikation, sie sind allein durch ihre *Form* öffentlich. Um sie zu privatisieren, muß man sie *geheim* halten, das heißt den Zugang zu ihnen als Information aktiv verhindern. Ein weiteres kommt hinzu. Kreativität bedeutet, daß man Handlungsprogramme in ihrer Form als Denkmodelle auch variieren und verändern kann. Es stehen hier nur die Schranken der *Phantasie* entgegen, nicht aber äußere, dingliche Schranken.

Die *menschlichen Bedürfnisse* und ihr Wandel sind durch den Wandel der Handlungsprogramme bestimmt. Sie sind, wie diese, nachahmbar und leicht zu vervielfältigen. Es genügt oft, von einigen Gütern zu *hören*, um sie als potentiellen Bedarf zu empfinden. Dazu bedarf es nicht mehr als der Nachahmung und einiger Phantasie. Die *Alltagsträume* besitzen vielfach den Charakter von variierten, bislang unerprobten Handlungsprogrammen. Aus diesem Grund kann man sagen, daß mit den Programmen des Handelns die menschlichen Bedürfnisse *unbestimmt* und *offen* sind. Man kann dies auch so ausdrücken, daß man sagt, die Bedürfnisse seien ohne innere Grenzen – ohne ein Ende, also un-endlich. Zu dieser inneren Offenheit der menschlichen Bedürfnisse, ihrer kreativen Veränderungsfähigkeit kommt die Nachahmungsfähigkeit, das Kopieren von Handlungsprogrammen hinzu. Beide Eigenschaften beinhalten, daß den menschlichen Wünschen keine Grenzen gesetzt sind.

Wie aber ein Zweck nur dadurch verwirklicht wird, daß er sich mit der Natur einläßt, ebenso werden Handlungsprogramme nur realisiert, wenn sie über geeignete physische Mittel verfügen. Im Unterschied aber zu den Handlungsprogrammen, sind *physische* Dinge durch ihre *Grenzen* definiert. Was in unserer Wahrnehmung erscheint, erscheint als ein *Unterschied*. Es ist das Wesen der Naturdinge, *begrenzt* zu sein. Keine Naturform kommt in unendlicher Menge vor. Diese *prinzipielle* Überlegung ist bereits hinreichend.

Die endlos vielfältigen Handlungsprogramme, nur begrenzt durch die menschliche Kreativität, treten damit in einen Gegensatz zu den endlichen Mitteln ihrer Realisierung. Diese Spannung macht die Knappheit der Güter aus. In ihr verbirgt sich der Gegensatz von menschlicher Kreativität und den Gewohnheiten der Natur. Da die Handlungsprogramme *relativ* zur Interpretation der jeweiligen Handlungssituation sind, ist aber auch die Knappheit der Güter *relativ* zu diesem kognitiven Erfassen; das gilt für private und öffentliche Güter gleichermaßen. Eine bloße Information und ihre soziale Resonanz kann die Knappheit von Gütern steigern oder vermindern. Wenn etwa bekannt wird, daß es zu einer bestimmten Technik eine *neue* Alternative gibt, wenn also ein neues, funktionierendes Handlungsprogramm entdeckt wird, dann kann ein Gut, das im alten Handlungsprogramm wichtige Funktionen erfüllte, über Nacht *überflüssig* werden. So geschah es bei den Rechenschiebern, als Taschenrechner zu erschwinglichen Preisen auf den Markt kamen. Güter sind also niemals *an sich* knapp, sie sind knapp relativ zu den Handlungsprogrammen, die sie verwenden. Alte Turnschuhe können auf Müllhalden landen oder als Kultobjekte für viel Geld der Disco-Jugend verkauft werden, wenn sie derartiges Schuhwerk als unentbehrlichen Bedarf definiert. Doch auch die Tatsache, daß Güter obsolet werden können, hebt nicht die grundlegende Spannung zwischen den beliebig vervielfältigbaren Handlungsprogrammen und den physischen Mitteln zu ihrer Verwirklichung auf. Die Güterknappheit ist also, wie die traditionelle Lehre behauptet, eine unaufhebbare Grundbedingung menschlichen Handelns.

Knappheit ist letztlich eine Beziehung zwischen menschlichem Bedarf und natürlicher Verfügbarkeit. *Preise* sind aber ein Binnenphänomen des Sozialen. Man kann allein aus der Knappheit von Gütern keine Preistheorie entwickeln. Knappe Ressourcen erhalten erst dann Preise, wenn sie *Privateigentum* sind. Erst die Rechtsbeziehung bindet einen Naturgegenstand in das soziale Netz ein. Wie wir im Kapitel 14 sehen werden, läßt sich der Bodenpreis - und analog der Preis für alle Naturgüter - erst *innerhalb* eines Preissystems bestimmen, wenn die Eigentumsrechte entsprechend definiert sind. Menger, Böhm-Bawerk und andere Nutzentheoretiker bringen mehrfach das Beispiel vor, daß ein Schluck Wasser für einen Dürstenden in der Wüste aufgrund der Knappheit einen sehr hohen Preis zu erzielen erlaube. Woran man sehen soll, daß die Knappheit der Güter den Preis bestimme. Doch diese Theoretiker vergessen zu erklären, weshalb die Oase überhaupt in Privatbesitz ist und weshalb der Eigentümer so herzlos sein soll, den Durst der Wüstengänger ausbeuten zu wollen, um einen Gewinn zu erzielen. Stillschweigend wird in der

Nutzentheorie etwas ganz anderes vorausgesetzt: die Gier der Kaufmannsseele, noch jede Situation auszunutzen, um einen Gewinn daraus zu schlagen.

Daß die Preise durch die Güterknappheit nicht hinreichend erklärbar sind, zeigt sich vor allem bei den *öffentlichen* Gütern. Öffentliche Güter – wie Sprache, Kultur, Weltklima usw. – sind keiner Privation fähig. Gleichwohl sind es *knappe* Güter, die des wirtschaftlichen Umgangs, der Bewahrung und Pflege bedürfen. In einer Marktwirtschaft sind es aber – sofern nicht ein Rechtsanspruch geltend gemacht werden kann – faktisch *freie* Güter. Freie Güter sind dadurch definiert, daß für sie kein Eigentumsrecht definiert ist oder definiert werden kann. Erst die durch das Rechtssystem transformierte Knappheit der Güter kann überhaupt zu einem *ökonomischen* Tatbestand werden. Faktisch setzt jede Handlung eine Vielzahl von öffentlichen Gütern voraus, die in keiner Kostenrechnung erscheinen, gleichwohl aber eine wichtige Funktion erfüllen. So wird das öffentliche Gut »Sprache« von keiner Unternehmung als besonderer Faktor bezahlt, wohl aber kann der *Mangel* an Sprachfähigkeit ein Selektionsgrund werden, der etwa Ausländer von bestimmten Tätigkeiten ausschließt. Nur Güter, die der Privation fähig sind, können Teil der Wirtschaftsrechnung von Privaten werden. Andererseits können Güter, die gar nicht eigentlich knapp sind, durch Eigentumsrechte monopolisiert und so künstlich verknappt werden. So landete schon manches Produkt auf der Müllkippe, um »die Preise nicht zu verderben«. Daraus ergibt sich: Die Knappheit ist weder *notwendig* noch *hinreichend* für positive Preise von Gütern.

Arbeitsteilung und Maschinerie

Zwei weiteren Grundbegriffen der ökonomischen Theorie sollten wir uns noch zuwenden: *der Arbeitsteilung* und *der Maschinerie*. Die Arbeitsteilung gilt weit über die ökonomische Theorie hinaus als Grundtatsache und Grundphänomen der menschlichen Gesellschaft überhaupt. Ich will das gar nicht bestreiten, denke aber, daß dieser Begriff weit weniger erklärt, als auf den ersten Blick scheinen mag. Um es gleich vorweg zu sagen: Die Arbeitsteilung ist nur *ein* Aspekt der sozialen Vernetzung von Handlungen. Sie setzt mehr voraus, als gewöhnlich bedacht wird. Die Maschinerie findet sich in seltsamer Konkurrenz zur Arbeitsteilung: beiden wird eine *produktivitätssteigernde Wirkung* zugeschrieben. Es ist deshalb notwendig, ihren inneren Zusammenhang darzustellen.

Die Arbeitsteilung ist in ihrem *ersten* Sinn eine Aufteilung von *Tätigkeiten*. Was sind Tätigkeiten? Es sind Handlungen, die in einem Handlungsprogramm eine Funktion erfüllen, Dienst- oder Arbeitsleistungen, die mit anderen Faktoren kombiniert werden. Der *Zweck* der Tätigkeit selbst kann unterschiedlich sein. In der Produktion ist die Arbeit, die Realisierung von Handlungsprogrammen nur ein *Mittel*, das Ziel der Produktion zu erreichen. Beim privaten Verbrauch steht die Sache umgekehrt: Hier sind die Konsumhandlungen das eigentlich Erwünschte, die sich dadurch ergebende *Reproduktion* des Arbeitsvermögens erscheint als bloßes Mittel. Allerdings sind weder Produktion noch privater Verbrauch bruchlos nach diesem Zweck-Mittel-Schema aufzuteilen. Auch in der Produktion gibt es zahlreiche Handlungen, die *als diese* Handlungen erwünscht sind; nicht jede Tätigkeit ist – mit einem Begriff von Jevons – »Arbeitsleid« (disutility of labour). Andererseits sind viele häusliche Handlungen wirkliche Vorbereitung auf die berufliche Tätigkeit: Weiterbildung, Informationssammlung usw. Gleichwohl kann man sagen, daß hinsichtlich ihrer *Wünschbarkeit* die Tätigkeiten in der Produktion und bei den Haushalten differenziert werden können. Diese Differenzierung ist aber eher eine des *Grades*, sie kann kaum nach der Logik von Freude-Leid eingeteilt werden.

Sicherlich besteht zwischen Handlungsträger und Handlungsprogramm eine *prinzipielle* Trennung. Es mag Programme geben, die überhaupt nur von einem Menschen erbracht werden können; zahlreiche kreative Produkte haben diesen Charakter, denn es wird keinen zweiten Beethoven, Heisenberg oder Klee geben. Normalerweise sind aber Handlungsprogramme *übertragbar*. Ein Handlungsträger kann *viele* Handlungsprogramme realisieren, und ein Handlungsprogramm kann von *vielen* Handlungsträgern verfolgt werden. Hinzu kommt folgendes: Handlungsprogramme besitzen einen *sequentiellen* Charakter, stellen also eine *Tätigkeitsfolge* dar; meist ist deshalb eine Tätigkeitsfolge in *Teilprogramme* aufzuspalten. Ein Handlungsprogramm besteht aus vielen Programmteilen, die in einer bestimmten sequentiellen Folge verknüpft sind.

Von Handlungen, die als diese Handlungen *erwünscht* sind – vor allem beim Konsum, in der Freizeit, aber auch in der Kunst – können wir nicht sinnvoll von einer *Arbeitsteilung* sprechen. Jede *Einseitigkeit* nimmt der Handlung dort ihre Qualität. Bei Tätigkeiten, die bloßes Mittel zum Zweck sind, verhält es sich anders. Hier bedeutet die Abgabe von Teiltätigkeiten eine *Erleichterung*; die Handlung wird nicht um ihrer selbst willen getan, sondern zur Erreichung des Zwecks. Hier besteht also eine innere Bereitschaft und Tendenz, solche Handlungsprogramme oder Teile davon *abzugeben*. Die Arbeitsteilung ist die Aufspaltung eines Handlungsprogramms in Teilprogramme und ihre Übertragung auf *verschiedene* Handlungsträger. Eine solche Arbeitsteilung bedeutet eine Befreiung der Tätigkeit von der Last, eine komplexe Handlungsfolge verrichten zu müssen. Nach solch einer Arbeitsteilung wird, wie Platon sagt, »alles reichlicher zustande kommen und schöner und leichter, wenn einer *eines* seiner Natur gemäß und zur rechten Zeit, mit allem andern unbefaßt, verrichtet.«[182] Xenophon hat diesen Gedanken Platons vertieft: »Notwendig muß nun, wer beständig auf eine Arbeit beschränkt ist, es darin auch zur Vollkommenheit bringen.«[183] William Petty, Adam Fergueson und Adam Smith haben diese Lehre übernommen.[184]

Es liegt darin ein doppelter Gedanke. *Erstens* findet durch Arbeitsteilung eine *Entlastung* statt. Diese Entlastung schafft Raum für die verbleibenden Teile des Handlungsprogramms. *Zweitens* bedeutet jede Handlung zugleich ein Lernen; die einfachere Tätigkeit wird öfters wiederholt und damit besser eingeübt. Es findet eine Vervollkommnung der Fertigkeit statt. Platon sagt ausdrücklich, daß diese Vervollkommnung keineswegs nur – wie bei Adam Smith – eine *quantitative* Steigerung beinhaltet. Es liegt darin auch eine ästhetische Qualität, sofern Tätigkeiten *besser* verrichtet werden können und somit zu »schöneren« Resultaten führen. Wie jede ästhetische Aussage, kann auch diese skeptisch beurteilt werden. Beschränken wir uns also auf ihren formalen Kern: Eine Entlastung von Tätigkeiten, die Aufspaltung von Handlungsprogrammen auf viele Handlungsträger, erhöht die *Fertigkeit* in der Realisierung der Programmteile.

Hegel hat hier einen wichtigen Gedanken ergänzt. »Das Arbeiten des Einzelnen«, so faßt er diese Struktur zusammen, »wird durch die Teilung *einfacher* und hierdurch die Geschicklichkeit in seiner abstrakten Arbeit sowie die Menge seiner Produktionen größer. (...) Die Abstraktion des Produzierens macht das Arbeiten ferner immer mehr *mechanisch* und damit am Ende fähig, daß der Mensch davon wegtreten und an seine Stelle die *Maschine* eintreten lassen kann.«[185] Hegel bezieht dies ausdrücklich auch auf mechanische Denkoperationen: »Weil das Rechnen ein so sehr äußerliches, somit mechanisches Geschäft ist, haben sich *Maschinen* verfertigen lassen, welche die arithmetischen Operationen auf vollkommenste vollführen.«[186] Hier wird deutlich, wie Arbeitsteilung und Maschinerie aufeinander verweisen.

Was wir bei der Arbeitsteilung beobachten können, ist eine *Gewohnheitsbildung*. Je einfacher eine Tätigkeit wird, je mehr Teile eines Handlungsprogramms auf verschiedene Handlungsträger verteilt werden, desto *mechanischer* wird die Teiltätigkeit. Die stupide Wiederholung von einfachen Fertigkeiten, zu einer Gewohnheit geworden, *ist* bereits ein vollständiger Mechanismus. Sein Träger ist noch aus Fleisch und Blut, erst die Maschine ersetzt diesen Träger durch Stahl. Je mehr Tätigkeiten, je mehr Programme die Menschen aber auf Maschinen übertrugen, desto *komplexer* wurde die Maschinerie. So ist es kein Wunder, daß auch mechanische Denkoperationen inzwischen von Maschinen (Computern) übernommen werden, wie Hegel als Konsequenz der Gewohnheitsbildung erkannte, denn das Rechnen ist eine *geistige Gewohnheit*.

Die Arbeitsteilung besitzt damit durchaus die ihr zugeschriebenen positiven Wirkungen der Produktivitätssteigerung; sie ist auch letztlich verantwortlich für die Möglichkeit des Einsatzes von Maschinen, die inzwischen auch sehr komplexe Handlungsprogramme substituieren können. Gleichzeitig aber, darauf hat vor allem Adam Smith hingewiesen, führt die Arbeitsteilung zu einer *Einseitigkeit* des Lebens. Smith hat, anders als seine Nachfolger, bemerkt, daß die Handlungen den Menschen *programmieren*, das heißt ihn in seiner gesamten Wahrnehmungs- und Erlebniswelt bestimmen. Dieses Karma des Handelns, das wir im vorhergehenden Kapitel diskutierten, ist Adam Smith bei der Arbeitsteilung aufgefallen: »Mit fortschreitender Arbeitsteilung wird die Tätigkeit der überwiegenden Mehrheit derjenigen, die von ihrer Arbeit leben, also der Masse des Volkes, nach und nach auf einige wenige Arbeitsgänge eingeengt, oftmals auf nur einen oder zwei. Nun formt aber die Alltagsbeschäftigung ganz zwangsläufig das Verständnis der meisten Menschen. Jemand, der tagtäglich nur wenige einfache Handgriffe ausführt, die zudem immer das gleiche oder ein ähnliches Ergebnis haben, hat keinerlei Gelegenheit, seinen Verstand zu üben. Denn da Hindernisse nicht auftreten, braucht er sich auch über deren Beseitigung keine Gedanken zu machen. So ist es ganz natürlich, daß er verlernt, seinen Verstand zu gebrauchen, und so stumpfsinnig und einfältig wird, wie ein menschliches Wesen nur eben werden kann. Solch geistige Trägheit beraubt ihn nicht nur der Fähigkeit, Gefallen an einer vernünftigen Unterhaltung zu finden oder sich daran zu beteiligen, sie stumpft ihn auch gegenüber differenzierten Empfindungen, wie Selbstlosigkeit, Großmut oder Güte, ab, so daß er auch vielen Dingen gegenüber, selbst jenen des täglichen Lebens, seine gesunde Urteilsfähigkeit verliert.«[187]

Es ist sicherlich richtig, daß diese Beschreibung vielfach modifiziert werden muß. Sie bewahrt aber, ungeachtet der Abkehr auch vieler Unternehmen von der monotonen Fließfertigung und der Ersetzung vieler solcher Tätigkeiten durch Automaten, einen zutiefst wahren Kern. Weil die Menschen durch ihre Handlungen nicht einfach Ziele erreichen, die sie *danach* genießen, weil die Arbeit *selbst* eine Wirklichkeit ist, die Menschen bestimmt und programmiert, deshalb sind auch die *Bedürfnisse* in vielerlei Hinsicht durch etwas bestimmt, das von niemand beabsichtigt oder gar gewünscht wird.

Ein zentraler Punkt sollte an dieser Stelle noch ergänzt werden. Die Bildung von körperlichen und geistigen Gewohnheiten reduziert menschliches Handeln faktisch auf einen *mechanischen* Vorgang. Dies bedeutet, daß in seinen Gewohnheiten das menschliche Handeln *formal* einer maschinellen Programmierung gleichgesetzt werden kann - wir haben soeben Hegels Darstellung zitiert. Eine wachsende Organisation und Normierung von Handlungsabläufen, die bürokratische Organisation und Verwaltung und die soziale Vereinheitlichung von Funktionen bildet ein offenes Potential für eine maschinelle Substitution. Von dem von Max Weber beschriebenen bürokratischen Handlungstypus bis zu modernen Betriebsorganisationen zeichnet sich in der Organisation von Handlungen ein hoher Grad an Normierung ab. Diese Normierung ist die Voraussetzung und die Grundlage für ihre maschinelle Substitution durch Computerprogramme. Ferner hat die zunehmende *Berechnung* von Handlungsabläufen, die Programmierung von Handlungen durch mathematische Kalküle auch den Weg bereitet, relativ komplexe formale Vorgänge maschinell bearbeiten zu können.

Die informale Revolution seit den 80er Jahren *erntet* die Früchte der formalen Handlungsprogrammierung, die mit der kaufmännischen Berechnung und der modernen Naturwissenschaft und Technik das soziale Handlungssystem mit formalen Strukturen durchzogen hat. Die Übertragung von Handlungsprogrammen auf Rechenmaschinen zeigt, daß Menschen als Handlungsträger nicht nur vielfach entbehrlich sind, sie zeigt auch, daß der Mechanismus der Maschinen menschlichen Gewohnheiten, die immer mit dem »Makel« der Freiheit und Kreativität behaftet bleiben, *funktional* überlegen ist. Auch in der Fähigkeit, beliebig komplexe Programme mechanisch-berechnend zu verarbeiten, zeigen sich Computer überlegen. Da Menschen immer noch vielfach auf wenige, zudem relativ einfache Gewohnheitsmuster hin programmiert werden, ist eine massenhafte *Freisetzung von Arbeitskräften* bei einer Vervielfältigung von Systemen der Informationsverarbeitung unvermeidlich. Die wachsende weltweite Arbeitslosigkeit der 80er und 90er Jahre ist eine Konsequenz dieser Entwicklung.

Und diese Entwicklung hat ihren Höhepunkt noch längst nicht erreicht. Das Ausmaß der Gewohnheitsbildung, die Reduktion der sozialen und kulturellen Vielfalt durch die moderne Industrie und ihre Massenproduktion, die Verwandlung vieler Berufe in *komplementäre Funktionen* von Produktionsabläufen, die immer exaktere zeitliche Organisation vieler Handlungsprozesse, all dies bildet ein ungeheures Potential künftiger Substitutionsmöglichkeiten menschlicher Gewohnheiten durch »intelligente« Maschinen. Viele Berufe sind im Zuge dieser Substitution bereits obsolet geworden. Auch eine wachsende Vielfalt immer neuer Handlungstypen (»Modeberufe«) bildet *dann* für maschinelle Substitution kein Hindernis, wenn damit eine ebenso wachsende Spezialisierung und Gewohnheitsbildung verbunden sind.

Die vorläufig Endstufe dieser Entwicklung ist erreicht, wenn die Vervielfältigung von Handlungsprogrammen gar keine »Zwischenphase«

mehr durchläuft, in der *Menschen* durch Gewohnheitsbildung als Handlungsträger auftauchen, wenn vielmehr neue Handlungsprogramme *sogleich* von komplexen Automaten übernommen werden. Allerdings ist dieser Prozeß immer nur *lokal* oder *vereinzelt* denkbar, denn Handlungsprogramme bleiben in ihren Produkten, in ihrer Funktion auf Mensch und Natur bezogen – und gerade darin liegt die Grenze jeder Substitution von Handlungsprogrammen. Diese Grenze ist jedoch nicht definiert oder definierbar. Sie erwächst aus der menschlichen Freiheit und der Offenheit der Naturprozesse. Es gibt Programme, die *in* der menschlichen Gesellschaft, *in* natürlichen Gewohnheitssystemen verwirklicht werden (und tradierte Gewohnheiten zerstören), aber es gibt keine Programmierung »der« Gesellschaft oder »der« Natur. Wachsende Automatisierung in der Folge der Informationsrevolution verwandelt weder die Natur noch die Gesellschaft in einen Automaten. Computer sind keine Maschinen zur Erzeugung natürlicher oder sozialer Ordnung.

Vernetzung mit der Natur

Im sozialen Kontext der vernetzten Handlungen findet generell eine Aufteilung der Handlungsprogramme auf zum Teil sehr verschiedene Handlungsträger statt. Je vielfältiger die menschlichen Bedürfnisse und je vielfältiger die sich daraus ergebenden notwendigen Mittel, die jeweils auch durch eigene, ganz neue Handlungen hervorgebracht werden, desto komplexer und vielgestaltiger werden die sozialen Handlungstypen. Adam Smith sagt, daß der Grad der Arbeitsteilung durch die Größe des Marktes bestimmt wird. Ein wachsender Weltmarkt mit wachsender Weltbevölkerung bietet ungeahnte Differenzierungsmöglichkeiten. Kein Geist, keine »Zentrale« könnte die vielfältigen Handlungsprogramme auch nur *aufzuzählen*, die weltweit den Alltag bestimmen.

Hier können wir uns an das erinnern, was sich im letzten Kapitel ergeben hat. In der menschlichen Technik ragt die Natur in die menschliche Gesellschaft. All die komplexen und vielfältigen Handlungen, die zur Bereitstellung und Bedienung der Techniken notwendig werden, wurden von niemand *gewünscht*. Es sind »Notwendigkeiten«, die sich daraus ergeben, daß wir bei der *Realisierung* von Handlungen von jenen Strukturen abhängen, welche die Natur»beherrschung« uns abnötigt. Hierdurch gibt es immer mehr Tätigkeiten, die keine *ursprüngliche* Beziehung zu menschlichen Bedürfnissen haben, die aber dennoch Bedürfnisse hervorrufen, weil Handlungen Menschen programmieren. Darin zeigt sich ein großes irrationales und prinzipiell unverstehbares Element der wirtschaftlichen Entwicklung.

Es ist nicht ganz so, wie Adam Smith vermutete, wenn er sagt, daß die Handlungen einfacher und stupider werden. Dennoch bleibt der *Kern* des Gedankens richtig. Die Stupidität der Handlung ist etwas dem lebendigen menschlichen Wesen *Fremdes*, sie hemmt seine natürliche Spontaneität und Freiheit. Selbst wenn die einseitig zu verrichtende Tätigkeit *komplexer* wird, *fremd* bleibt sie allemal. Der Mensch ist hierbei nicht *von sich selbst* entfremdet, seinem *eigenen* Wesen entfremdet, wie Karl Marx vermutete. In den technischen Mitteln und den Handlungsprogrammen, die sie bedienen, dringt vielmehr eine fremde Natur in die menschliche Gesellschaft, keiner Vernunft entwachsen, in keinem Plan erdacht und keinem ursprünglichen Bedürfnis entsprungen.

Die Hoffnung darauf, daß alle derartigen Tätigkeiten einmal von Automaten und Robotern übernommen werden könnten, ist weder realistisch noch verlockend. Eigentlich besagt diese Hoffnung, in der sich sozialistische und postindustrielle Utopien treffen, daß die von der Natur in unserer Technik diktierten notwendigen Handlungen durch vernünftige List auf Maschinen übertragen werden können. Doch diese Hoffnung vergißt, daß auch Maschinen ein *situatives* Dasein haben, sie stehen nicht in einem leeren Raum und erfüllen magisch Funktionen. Und damit kommen wir zu einem letzten wichtigen Punkt: der *Einbettung der sozial vernetzten Handlungen in die Natur*, in den lebendigen Prozeß der Erde.

Wie immer die jeweiligen Handlungen sozial verknüpft werden – dieses »Wie?« ist das Thema des dritten Teils –, durch welches Prinzip auch immer die Handlungsprogramme sozial verkettet werden, sie sind und bleiben *in* dieser Vernetzung in die Natur eingebettet. Die Natur ist aber keine passive, beliebig formbare Materie. Sie ist selbst bestimmt durch vielfältige Prozesse, die formal unseren Handlungsprogrammen gleichen. Die Verflechtung der lebendigen Arten, der Rhythmus der Jahreszeiten, die Klimawechsel, der Stoffkreislauf, wie ihn die Ökologie beschreibt,

Verhaltensweisen von Tieren usw. – all dies sind auch »Programme«, Funktionen, in die der Mensch in seinem sozialen Handeln *eingebettet* ist. Die wachsende Komplexität der menschlichen Handlungsprogramme, die sich auch immer *verkörpern* wollen – Verkörpern heißt, jenem Naturprozeß Teile zu entreißen und sie gemäß menschlichen Zwecken umzuformen –, diese wachsende Komplexität *frißt* sich in einen endlichen Naturprozeß und *muß* ihn deshalb gravierend *stören* und verändern.

Wie immer also die menschlichen Handlungsprogramme ökonomisch vernetzt sein mögen, wie positiv wir immer diese Vernetzung bewerten mögen, sie läßt *letztlich* die Vernetzung mit der Natur unberücksichtigt. Die soziale Vernetzung der Handlungen *beruht* auf einer vernetzten Natur, doch die »Schnittstellen« mit der Natur sind *keine* sozialen Handlungen. Es ist deshalb naiv, von einem System, das die *sozialen Handlungen* koordiniert, zu erwarten, daß es auch die Vernetzung mit der Natur zu koordinieren in der Lage ist. Man muß diesen Gedanken nur wirklich *denken*, um seine Absurdität zu ermessen: Es wäre ein Meta-Handlungsprogramm erfordert, das die Erde und die menschliche Gesellschaft umfaßt.

Gleichwohl gibt es die Utopie eines solchen Handlungsträgers – wir haben schon davon gesprochen. Er wurde im christlichen Abendland zunächst als ein *anderes* Wesen verehrt: als Schöpfergott. Es mag sein, daß heute viele Nietzsche darin folgen zu sagen: *Dieser Gott ist tot.* Doch wer würde Nietzsche noch in dem Satz folgen: Jetzt ist *alles* möglich? Wenn man den Urgrund der Welt als *Schöpfergott* umdeutet, dann wird Theologie eigentlich zum Glauben an ein *Meta-Handlungsprogramm*, das Mensch und Natur umfaßt, regelt und am Ende alles in Ordnung bringt. Bis dahin können sich die Menschen dann noch reichlich vermehren und sich den »Stoff Natur« (Karl Rahner) einverleiben.

Solch ein Glaube ist, anders als seine Verfechter meinen, das sichere Programm für die ökologische Katastrophe, die ökonomische und politische Nebenschauplätze nicht vermissen lassen wird. *Das* ungelöste Problem allen Wirtschaftens ist weniger die Verteilung der Handlungsprogramme auf arbeitsteilige Handlungsträger, *das ungelöste* Problem der Ökonomie ist das Verhältnis des Menschen zur Natur. Die arbeitsteilige Übergabe dieser Frage an die *Naturwissenschaften* im 16. Jahrhundert hat zwar eine übergroße Fülle an *realisierbaren* Handlungsprogrammen erbracht. Diese *Spezialisierung* der Tätigkeit hatte aber auch jene Einseitigkeit des Denkens zur Folge, vor der Adam Smith warnte. Die Naturwissenschaft sucht *isolierte* Handlungsprogramme ohne Rücksicht auf die Umwelt zu realisieren - deshalb herrschen in Labors auch *künstliche* Bedingungen, und die Anwendung der Naturwissenschaft in der wirtschaftlichen Produktion reproduziert diese künstlichen Bedingungen. Die Naturwissenschaft ist durch ihren methodischen Ansatz ungeeignet, das Verhältnis der *vernetzten sozialen Handlungsprogramme* zur Erde zu beschreiben. Jedes Naturgesetz ist eine *Abstraktion*, eine *Einseitigkeit*. Darauf beruht der Erfolg der Naturwissenschaften. Wenn Abstraktionen aber *praktisch* werden, dann *zerstören* sie Wirklichkeit. Die Arbeitsteilung zwischen Ökonomie und Naturwissenschaft war einerseits die *Bedingung* für die wirtschaftlich-technische Entwicklung seit dem 16. Jahrhundert, sie ist aber andererseits auch der Grund für jene ökologischen Probleme, deren Ausmaß erst im *Vorschein* sichtbar ist. Auch hier gilt das von Adam Smith formulierte doppelte Gesetz der Arbeitsteilung: Durch Arbeitsteilung werden die *einzelnen* Tätigkeiten in ihrer Kraft gesteigert, gleichzeitig werden aber die Tätigen selbst einseitiger und beschränkter; und das bleibt nicht ohne Wirkung auf das Denken.

III Kreativität und Wirtschaft

13 Wirtschaftlichkeit und kaufmännische Rationalität

Kaufmannsseele und Ratio

Es ist keineswegs so, daß menschliche Selbstsucht erst durch das bürgerliche Zeitalter die Bühne der Weltgeschichte betreten hätte. Die Weisen der Erde sahen seit alter Zeit im Ich das grundlegende Prinzip, durch das menschliches Glück verhindert wird. Wer sich von der Welt abtrennt und als eine besondere, womöglich ewige Substanz interpretiert, der hat – so lautet eine vielfach wiederholte Diagnose – sich *selbst* noch gar nicht erkannt. Die Aufforderung des Delphischen Orakels »Erkenne dich selbst!« war auch die Aufforderung, sich als ein Wesen zu erkennen, das jedes Ego übersteigt. Obwohl der Logos allem gemeinsam ist, »leben die Vielen, als hätten sie ein Denken für sich«, sagt Heraklit im Fragment B 2. Egoismus und wirtschaftlicher Eigennutz sind nicht identisch.

Gleichwohl hat sich mit der Moderne die *Form* des Egoismus gewandelt. Ihm hat sich ein Prinzip wirtschaftlichen Handelns überlagert, das mehr und mehr andere Handlungen dominiert. Max Weber hat dafür den zutreffendsten Namen gefunden. Er nennt jenes Prinzip, das die menschlichen Handlungen überlagert, die »*Kaufmannsseele*«[188]. Dieses Prinzip hat zahlreiche andere Namen gefunden: *homo oeconomicus*, »economical man« (Marshall), »automatisches Subjekt« (Marx)[189], »kapitalistischer Geist« (Sombart)[190] – die zeitgenössische Ökonomie spricht schlicht vom »*rationalen Handeln*«[191]. Diese wachsende Abstraktion verdeckt jedoch eher das Grundprinzip. Bei den frühen Kaufleuten ist dieses Prinzip noch sehr klar erkennbar. Als Jakob Fugger von einem Geschäftskollegen aufgefordert wird, da er doch reich geworden sei, sich zur Ruhe zu setzen, antwortet Fugger: »er habe viel einen anderen Sinn, wollte gewinnen, dieweil er könnte«[192].

Die Gleichsetzung von »Rationalität« und »Berechnung« ist kein Zufall. Die Wortwurzel von *ratio* gibt einen eindeutigen Hinweis: *ratio* heißt ursprünglich »Rechnung«, »Rechnungen stellen«, aber auch »Geldgeschäfte abwickeln«, erst daraus abgeleitet findet sich die Bedeutung von »Gesetzmäßigkeit«, »Denkart«, »Beschaffenheit« und schließlich »Grund« und »Vernunft«. Wenn Hobbes in der Neuzeit sagt: »Unter rationeller Erkenntnis vielmehr verstehe ich Berechnung«[193], dann greift er nur diese Tradition wieder auf. Und es ist sicherlich keine Übertreibung, wenn Ludwig von Mises feststellt, daß »der menschliche Rationalismus aus der Wirtschaft erwachsen«[194] ist. Die Philosophie ist gerade dann, wenn sie nach *Vernunftgründen* (= *ratio*) fragt, der schnöden Welt der praktischen Interessen näher als ihr lieb sein kann.

Wie ist diese seltsame Verknüpfung von kaufmännischem Handeln, Berechnung und Vernunft zu verstehen? Weshalb findet sich vom alten Griechenland bis zur zitierten Formulierung von Max Weber der Gedanke, daß kaufmännisches Handeln eine besondere *seelische* Eigenschaft sei? Weshalb verweist der Ursprung vieler Rechensysteme auf kaufmännisches Handeln? Vor allem: Wie kommt ein so alltägliches Geschäft wie das des Kaufmanns dazu, das Denken bis in die hohen Ränge der Philosophie zu bestimmen? Ja, liegt nicht darin, daß das Rechnen dem kaufmännischen Händlergeist entsprungen ist, sogar eine Quelle der Naturwissenschaft und des darin ausgedrückten Verhältnisses des Menschen zur Natur? Und dies vorausgesetzt: Erfordert dann nicht auch ein *Wandel* des Verhältnisses zur Natur einen *grundlegenden* Wandel der »wirtschaftlichen Rationalität«? – Um diesen Fragen näher zu kommen, sollten wir *zwei* Sachverhalte unterscheiden: *Einmal* die innere Struktur kaufmännischen Handelns, d. h. des spezifisch kaufmännischen Denk- und Handlungsmodells selbst; *zum anderen* die Übertragung dieses Denkmodells auf andere Bereiche des Handelns und die Motivation für diese Diffusion.

Unendliche Geldvermehrung

Betrachten wir zunächst die besonderen Aspekte kaufmännischen Handelns. Kaufleute kann es offenbar erst dann geben, wenn die Vernetzung menschlicher Handlungen zu einem großen Teil über den *Markt* abgewickelt wird. Zwar finden wir immer wieder einfache

Tauschvorgänge als soziales Austauschprinzip, kaufmännisches Handeln in einem nennenswerten Umfang setzt jedoch Geldverkehr voraus. Die Eigenschaften des Geldes und der Güterpreise werden wir in einem späteren Kapitel genauer untersuchen. Im Augenblick genügt als Voraussetzung einfach das, was jedermann aus dem Alltag einer Marktwirtschaft kennt.

Ein Kaufmann bewegt sich in einer Welt der Waren und Preise. Das Geld dient hierbei als grundlegender Maßstab. Was immer sich hinter dem Geld und den Preisen verbergen mag, das praktische Prinzip der Geldrechnung ist einfach: eine bestimmte Quantität Geld wird mit einer bestimmten Quantität der Ware verglichen. Die Geldmenge pro Warenmenge ist der formale Ausdruck für den *Güterpreis*. Wo und wie immer die Menschen den Umgang mit Zahlen erlernt haben mögen, beim Kauf und Verkauf spielen sie eine vordringliche Rolle. Vom Kaufmann können wir sagen: »Du aber hast alles nach Maß, Zahl und Gewicht geordnet« (Weisheit 11, 20). Ein Kaufmann ordnet sein Handeln nach einem Maß. Was für Waren auch beim Handel auftauchen werden, sie werden auf *eine* Recheneinheit zurückgeführt.

Wer ein guter Kaufmann sein will, sagt Luca Pacioli, der Erfinder der doppelten Buchführung, muß »ein guter Rechner und geschickter Buchhalter sein«.[195] Lange bevor in der Physik alle Kräfte auf *eine* Kraft zurückgeführt wurden, rechnen Kaufleute alle Waren in Geld um. Zuerst, lehrt Pacioli, muß im Memorial alles fein säuberlich verzeichnet werden, was dem Kaufmann zufließt oder verkauft wurde. Und nachdem du, sagt Pacioli, jeden Posten »so beschrieben hast, wirst Du ihn schließlich auf bares Geld zurückführen«.[196] Das Geld wurde zum Denkmodell für alles Berechenbare und Zählbare, und die Kaufmannskunst zur Quelle der Rationalität. »Aller Dinge Inbegriff aber ist das *Geld*«, sagt Spinoza.[197]

Alle Handlungen des Kaufmanns werden durch *ein* Handlungsprogramm überlagert und an ihm gemessen: die Geldrechnung. Welches *Motiv* liegt diesem Handeln zugrunde? Offenbar ein Motiv, das an Einfachheit kaum zu übertreffen ist: Die Summe der Einnahmen soll die Summe der Ausgaben übersteigen. Auch Privathaushalte in Marktwirtschaften gehorchen dieser Logik. Der täglich Bedarf soll mit minimalen Ausgaben bestritten werden, oder die Einnahmen aus Entlohnungen für geleistete Dienste sollen möglichst groß werden. Der Arbeitslohn ist in seiner ökonomischen Funktion nicht von anderen Preisen unterschieden.[198] Haushalte sind, wie Unternehmen, »Gewinnmaximierer«. Forderungen nach Lohnerhöhungen sind der Ausdruck dieser Gewinnmaximierung; von einer eigentlichen *Not*, die gewerkschaftlich gewendet werden müßte, kann an den wohlhabenden Standorten der Weltwirtschaft nicht gesprochen werden. Unternehmen handeln genau nach demselben Prinzip.[199] Man benötigt ein wirksames Gesetz und wirksame ethische Regeln, um das kaufmännische Rechnen in ein Prinzip der *Kostendeckung* zu verwandeln. Doch im *Wettbewerb* zu Unternehmen, die privat betrieben werden, kann kein Kostendeckungsprinzip (wie bei gemeinwirtschaftlichen Betrieben) mithalten. In einer Marktwirtschaft werden *alle* Handlungen an der Kaufmannslogik der endlosen Gewinnmaximierung gemessen. Ist diese Bedingung erfüllt, so ist der Handlungserfolg garantiert. Vergleicht man zwei Handlungsprogramme, so ist aus kaufmännischer Perspektive jenes das *erfolgreichere*, das zu einer *größeren* Differenz zwischen Einnahmen und Ausgaben führt.

Man darf auch hier nicht das Programm mit dem Träger identifizieren. *Jeder*, der auf kaufmännische Weise die Funktionen seines Handelns daran mißt, wieviel er für seine erbrachte Leistung in Geld erlösen kann und wieviel er für seinen Bedarf an Geld aufzubringen hat, handelt *kaufmännisch*. Um kaufmännisch handeln zu können, ist natürlich ein Markt und Geldverkehr vorausgesetzt; das kaufmännische Handeln ist eine *Privation* sozialer Tatsachen. Doch ist diese Voraussetzung gegeben, so erwächst aus dem kaufmännischen Handeln eine neuartige Zielsetzung.

Erinnern wir uns an die Definition des Egoismus: Egoistisches Handeln heißt, all das, was man sich selbst zurechnen kann, all das, was man zum *Mein* macht, zu verteidigen und auszuweiten. Jedem Ego geht es darum, sein Territorium auszudehnen, seine Grenzen hinauszuschieben oder Gefährdungen seines Besitzes aggressiv zu verteidigen. Die dem Ego eigentümliche Blindheit gegenüber der sozialen und natürlichen Einbettung jeglichen menschlichen Lebens erzeugt die Begierde zur Ausweitung des Besitzes und die Aggression gegen jede Gefährdung dieses Besitzes. Solch egoistisches Handeln ist nicht vom menschlichen Dasein zu trennen.[200] Bereits die ältesten Schriften zeugen davon. Buddha, Laotse, Heraklit und die meisten der alten Griechen, Jesus, andere Religionsstifter und Philosophen haben dieses Verhalten angeprangert. Ich wähle nur eine Stimme aus. Pascal sagt: Das »*Ich* hat zwei Eigenschaften: es ist ungerecht in sich, darin, daß es sich zum Mittelpunkt von allem macht; es ist für die anderen unbequem, darin, daß es diese sich unterwerfen will: denn jedes *Ich* ist der Feind aller anderen und möchte ihr Tyrann sein.«[201]

Unter den Bedingungen *kaufmännischen Handelns* erhält dieser Egoismus eine neue, eigenständige Gestalt; eine Gestalt, die bereits im frühen Griechenland, Indien und China erkennbar wurde. Der vielfache Wunsch zur Ausweitung des Ego-Territoriums wandelt sich unter kaufmännischer Regie in eine sehr einfache Motivation: *Mehr* einzunehmen als auszugeben. Hinzu kommt: nie mit einer Geldsumme *zufrieden* zu sein, immer *mehr* zu wollen. Dies war das neue Phänomen, mit dem sich Platon und Aristoteles im alten Griechenland konfrontiert sahen – und es schien ihnen nichts weniger als »am meisten gegen die Natur«[202] des Menschen zu sein. Aristoteles begründet dies so: Beim Handeln sind alle Mittel, alle Werkzeuge *begrenzt*; sie besitzen im Ziel der Handlung ihr *Maß*, ihre Schranke. »Kein Werkzeug irgendeiner Kunst ist nach Zahl und Größe unbegrenzt«.[203] Das Streben des Kaufmanns ist aber anders. Geld dient, so Aristoteles, nur dem Austausch, dem Kauf von Waren. Der Kaufmann *mißbraucht* diese soziale Funktion für seine Ziele. Zwar verwendet auch er Geld, »aber nicht in derselben Weise: im einen Fall ist das Ziel ein anderes, im anderen ist es eben seine Vermehrung«.[204] In diesem rein quantitativen Ziel der bloßen Vermehrung gibt es keine natürliche Schranke, und es entsteht das schrankenlose Streben, den Geldbesitz »ins Unbegrenzte«[205] zu vermehren.

Damit hat Aristoteles die Formel gefunden, die wirtschaftliches Handeln mehr und mehr bestimmen sollte. Alles Handeln wird schrittweise der kaufmännischen Rationalität unterworfen, und diese Rationalität besitzt die doppelte Eigenschaft: *Erstens* alle Dinge »nach Maß, Zahl und Gewicht« zu bemessen und in Geld umzurechnen, *zweitens* diese Messung nur vorzunehmen, um am Ende *einen Überschuß*, einen Gewinn, den *Zins* in Händen zu halten. Mehr noch. Kaum ist der Zins dem eingesetzten Kapital zugeschlagen und hat die Geldsumme vermehrt, wird die rastlose Kaufmannsseele *erneut* dessen Vermehrung anstreben. Der Kaufmann ist *nie am Ziel*, er hat kein Ende, sein Streben ist un-endlich. Deshalb ist die Kaufmannsseele auch das Prinzip der Unzufriedenheit, aber auch des Neids: Solange noch *ein anderer* über Geld verfügt, wird es ihm geneidet. Der Kaufmann will *sein* Geld vermehren. So wird jeder andere zum Gegner, zum Konkurrenten, und Freundlichkeit ist die *vorläufige* Heuchelei, bis man im Besitz dessen ist, was der andere *noch* hat: Geld. Der menschliche Egoismus erhält in der Kaufmannsseele seine moderne, neuzeitliche Form, wie er von Machiavelli und Mandeville zuerst porträtiert wurde.[206]

Daß es sich hier um eine *seelische* Veränderung des Menschen handelt, haben Platon und Aristoteles immer wieder gesagt. Durch die Geldgier, sagt Platon, unterwirft der Mensch »seinen besten Teil dem schlechtesten«.[207] Es geht nichts weniger als die *Seelenruhe* verloren. Auch Augustinus betont diese fesselnde Kraft der Kaufmannsseele, die den Geist der Kaufleute »mit der Sorge, ohne körperliche Arbeit Geld anzuhäufen«, erfüllt, »daher ihr Geist von dem Gedanken, zu erwerben, in Beschlag genommen ist.«[208] Es gehört zum Wesen des Kaufmanns, des »Homo Speculator« wie André Kostolany dessen Börsianervariante nennt, daß »sein Geist niemals richtig zur Ruhe« kommt.[209] Die *Sorge* um das Geld beginnt alle anderen Sorgen zu überlagern und zu durchtönen.[210] Wenn glücklich sein *auch* heißt, ein Ziel zu *erreichen*, dann ist die Kaufmannsseele der Archetypus der *unglücklichen Seele*. Sie hat die Natur des Spielers: Jeder Gewinn ist *vorläufig* und weckt nur die Gier auf neue Beute. Deshalb fällt die volle Entfaltung des kaufmännischen Handlungsprogramms mit der Entwicklung der modernen Seelenkunde zusammen. Daß in der Tiefenpsychologie weit mehr als nur die überlagerte Kaufmannsseele untersucht wird, daß viele Strukturen der Psyche überhaupt erst entdeckt wurden, beeile ich mich sogleich hinzuzufügen. Und dennoch wird keine Psychologie *das* Leiden der Moderne beseitigen können, solange die Kaufmannsseele die Handlungen regiert.

Das kaufmännische Streben, alles am Geld zu messen und für dessen Vermehrung zu sorgen, ist ein *Handlungsprogramm*. Da in Marktwirtschaften wachsende Bereiche dem Markt unterworfen werden, wird dieses Handlungsprogramm zur *gewichtigsten* sozialen Resonanz, zur universalen sozialen Gewohnheit. Die Macht des Geldes *beruht* auf dieser Gewohnheit der Kaufmannsseele. Es handelt sich also tatsächlich um eine »seelische«

Wirklichkeit. Vor allem aber ist es das *Denken*, das sich der kaufmännischen Logik unterwirft. Dieses zum universellen Denkmodell gewordene Programm zur Kontrolle anderer Handlungsprogramme ist trotz seiner Macht von erhabener Schlichtheit. Jedes Kind begreift es sofort: Man braucht Geld, um seine Wünsche zu erfüllen, doch man hat nie genug davon.

Irreale Kreativität?

Die Einfachheit und Abstraktheit des kaufmännischen Handlungsprogramms zeigt nicht nur eine auffällige Differenz zum Reichtum des menschlichen Handelns, diesem Programm steht auch die vielfältige *innere* Wirklichkeit des Seelenlebens als fremdes Reich entgegen. Der für die Moderne typische Gegensatz aus »berechnender Vernunft« und »bloß subjektivem Gefühlsleben« bringt den äußeren Gegensatz zum inneren Austrag. Die Kaufmannsseele unterjocht in der menschlichen Subjektivität andere Strebungen, wie das kaufmännische Handlungsprogramm sich andere Handlungsprogramme untertan macht. Der berechnenden *Ratio* des kaufmännischen Denkens wird das *irrationale* Seelenleben entgegengesetzt. Alles, was sich der *berechnenden, rationalen* Denkweise nicht einordnen läßt, erscheint als *irrational*.

Aristoteles hat dies zuerst ausgesprochen, denn er kennt »die Teilung der Seele in ein irrationales (alogon) und ein rationales Element.«[211] Er hat nicht nur das Verhalten der Kaufleute als »wider die Natur« anprangert, er war es auch, der die kaufmännische Logik als *innerseelischen* Vorgang entdeckte. Nicht etwa erst Freud, der kaufmännisch-bürgerliche Psychologe par excellence, bereits Aristoteles hat die Bedeutung des »irrationalen« Seelenteils betont. Er kennt sogar *zwei* Formen: »So hat sich denn erwiesen, daß (gleich der ganzen Seele) auch das Irrationale zweifacher Art ist: da ist erstens die vegetative Grundlage, die keinerlei Anteil hat am Rationalen, und zweitens das Begehrungsvermögen – mit einem umfassenden Ausdruck: das Strebevermögen.«[212] All das, was vielfach immer wieder als *Ziel* ökonomischen Handelns beschrieben wird, der Nutzen der Güter, das Objekt menschlicher Strebungen, erweist sich als etwas, das *jenseits* der berechnenden Ratio liegt.

Dieser Zusammenhang wurde von der Stoa, besonders von Seneca schon sehr klar formuliert; er nimmt vieles von dem vorweg, was Frank Knight, George Shackle und Herbert Simon und andere als Kritik am Rationalitätspostulat der Ökonomie vorbrachten.[213] Seneca sagt: »Niemand stellt sich klar vor Augen, was er eigentlich will, und tut er es etwa, so beharrt er doch nicht dabei, sondern springt ab, und nicht genug mit einer Änderung, nein, er tritt geradezu den Rückmarsch an und kommt wieder zurück auf das, was er aufgegeben und verurteilt hat. (...) Täglich schwankt das Urteil, ja wandelt sich in das Gegenteil, und so wird den meisten das Leben zu einem Spiel.«[214] Die Aussage: »Handeln ist immer vernünftig«[215], wäre den Alten als reichlich unvernünftig erschienen.

Die Forderung, alles der Vernunft zu unterwerfen, ist - obgleich in sozialer Resonanz zu einem universellen Denkmodell geworden - gar nicht verstehbar. Denn *welche* Vernunft ist gemeint, das heißt *welchem* Denkmodell sollen wir gemäß dieser Forderung folgen? Jedes Lexikon der Philosophie bietet hier eine reichliche Auswahl. Das Programm der Aufklärung erweist sich als leer. Es wird aber *verständlich*, wenn man, in römischer Tradition und mit Hobbes, Vernunft und *Berechnung* gleichsetzt. Dann ist gemeint, alle Handlungen einer berechnenden Kontrolle zu unterziehen. Vor allem die Naturwissenschaften sind dieser Aufforderung nachgekommen, in später Schülerschaft zu Phythagoras, der von allen Dingen sagte: »das ewige Wesen der Zahl ist der Ursprung«[216]. Somit werden Mathematik und Statistik die sichtbaren Zeichen einer kaufmännischen Eroberung der Welt.

Doch weder die menschliche Seele noch ihr *tragender Grund*, die menschliche Freiheit und Kreativität, gehorchen dem Diktat der Zahl. Die Kreativität entwirft neue Ziele, und die freien Entscheidungen wählen aus den so entworfenen Zielen aus. Die *berechnende*, die *ökonomische* Vernunft verbannt solches aus ihrem Bereich. »Ökonomie beschäftigt sich nicht mit Zielen als solchen.«[217] Zwar *bemächtigt* sich die Kaufmannsseele all dessen, was Kreativität hervorbringt, und unterwirft es der berechnenden Logik; sie selbst bleibt aber impotent und nährt sich aus dem Reich des Irrationalen. Für die traditionelle Theorie, dem *Sprachrohr der Kaufmannsseele*, wird Kreativität zum »Datum«, zum »exogenen Faktor«. Deshalb kennt die Mainstream-Ökonomie Kreativität gar nicht als Wirtschaftsfaktor. Technischer Fortschritt erscheint als *verborgene Quelle*, als »Manna vom Himmel«, wie die Wachstumstheoretiker sich auszudrücken belieben. »Der neoklassische Formalismus umfaßt weder Konzepte wie Kreativität und Einsicht noch Genialität«, sagt Richard Nelson.[218] So erweist sich die Freiheit und die Kreativität nicht nur als *Schranke* der kaufmännischen Ratio, sie ist für die Kaufmannsseele auch ein bleibendes Rätsel.

Die Lehre vom Oikos

Gibt es einen Unterschied zwischen der *kaufmännischen* und der *wirtschaftlichen* Vernunft? Nachdem wir gesehen haben, daß die Vernunft (= Ratio) in ihrem Ursprung unabtrennbar von der kaufmännischen Berechnung ist, scheint solch eine Frage müßig. Obgleich die Erblast unverkennbar bleibt, so hat sich das Denken dennoch von seinem Ursprung weitgehend losgelöst. Tatsächlich gibt es für das Wirtschaften aber *zwei* Quellen, und die *andere* Quelle ist geeignet, die kaufmännische mit einer *anderen* wirtschaftlichen Vernunft zu konfrontieren. Hier gibt uns das Wort »Ökonomie« selbst einen Hinweis. Ökonomie setzt sich aus zwei griechischen Wörtern zusammen: Oikos und Nomos. »Nomos« heißt Gesetz, ist aber auch die Wortwurzel für die Münze (*nummus*). Der Oikos ist die Bewirtschaftung des griechischen »Hauses«, worunter wir uns durchaus größere Agrarbetriebe mit zahlreichen Beschäftigten vorstellen dürfen. Der Oikos bestimmt damit besonders die Beziehung zwischen Mensch und Natur, Nomos dagegen drückt die Herrschaft der *kaufmännischen* Vernunft *über* den Oikos aus. Öko-Nomie heißt damit eigentlich: Das durch die Kaufmannslogik beherrschte Verhältnis zwischen Mensch und Natur.

In der alten Tradition gab es dafür auch zwei Begriffe: der Oikonomie, der Hauswirtschaftslehre, stand die Chremastik, die Lehre von der Geldrechnung gegenüber. Diese Trennung von Oikonomie und Chremastik blieb bis ins frühe 18. Jahrhundert feste Lehrtradition, wobei vorwiegend die *oikonomia* gelehrt wurde. Die Forderung von J. B. von Rohr nach einer Institutionalisierung des Studiums »Oeconomico« und die 1727 vom preußischen König »neu angerichtete Profession in Oeconomie, Policey und Cammersachen an den Universitäten Halle und

Frankfurt/O. können den Eindruck erwecken, daß es um die Einführung einer neuen Disziplin an Universitäten ginge. Die Ökonomik wurde jedoch seit dem Mittelalter an den Universitäten in der Artistenfakultät gelehrt.«[219] Erst mit Pettys Entwicklung einer »Politischen Arithmetik«[220] 1690 kann von dem Versuch gesprochen werden, die gesamte Volkswirtschaft statistisch, d. h. nach dem kaufmännischen Kalkül zu erfassen. Noch das sozialistische Experiment, eine ganze Nation wie einen kaufmännischen Betrieb zu führen, ist ein Ergebnis dieser Überlagerung der Oikonomie durch die Chremastik. Marx hat gesagt, daß im Kommunismus »die Buchführung wesentlicher denn je wird«.[221] Es wäre jedenfalls ein großer Irrtum, die kaufmännische Ratio mit der bürgerlichen Gesellschaft gleichzusetzen.

Die Differenz ist eine andere. Der Oikos ist bestimmt durch seine *Einbindung in die umgebende Natur.* Die Wirtschaftlichkeit des Oikos ist, wie menschliche Zwecke zumeist, durchaus auch gegenüber der Natur erobernd: er ringt ihr das ab, was die Menschen benötigen. Dennoch steht dem (griechischen) Hauswirt seine Einbindung in die natürliche Umgebung klar vor Augen. Deshalb ist das Handeln im Oikos auch durch strikte *Regeln und Schranken* (ethos) bestimmt, die ein altes Herkommen haben und als Tradition gewahrt werden. Bis in unsere Zeit weisen einfache Bauerndörfer derartige Strukturen auf.

Ein Blick in die Etymologie kann dies verdeutlichen. Bei Homer heißt *oikos* Wohnstätte, z. B. auch das Zelt des Achill im Felde vor Troja (Od. 24, 417); bei Hesiod wird sogar die Unterwelt zum »furchtbaren *oikos* der finsteren Nacht« (Theog. 744).[222] Auch die Götter haben ihre irdischen Wohnstätten, und »alles Leben ist hier mit den Sachen, ist mit dem oikos verbunden«.[223] Hesiod verwendet anstelle von *oikos* auch das Wort *ethos.* Die Wortverwendung im Zusammenhang mit den Göttern deutet auch darauf hin, daß im Oikos ein herrschaftliches Moment zu finden ist, allerdings gedeutet als Helfer und Hausvater, als Herr des Hauses, als Stellvertreter des Zeus. Der Herd ist das Verbindende, um den Herr und Diener versammelt sind. Von Heraklit wird berichtet, er habe Gäste hereingewunken an den Herd, »denn auch dort seien die Götter«.[224] Der Herr des Oikos ist ein *Beschützer* des ihm zugewiesenen Lebens- und Herrschaftsbereichs. Das älteste Königtum trägt den Titel des »poimen laon«, des *Hirten*, der sein Haus schützt und behütet; daher auch der Hirtenstab als Symbol des Amtes, »und ihr Herrschen wird als ›hüten‹ verstanden«.[225] Der Hausherr ist der Zeus des Hauses. Das Göttliche ist in der häuslichen Ordnung gegenwärtig. Der Hausherr ist auch der Hauswirt der Heimatlosen, der Fremdlinge und der Hungernden; das Gastrecht ist heilig. Das Hauswesen ruht ferner auf gründenden Mächten, worunter Gaia, die große Mutter Erde, den ersten Rang einnimmt. Sie wird durch Aufstampfen auf die Erde angerufen und sorgt mit Eros und Poseidon, dem Herrn der Quellen, Flüsse und Meere, für ihre Fruchtbarkeit. Unter der Erde ist der Hades, der den Menschen ihre Endlichkeit, ihre Grenze zuweist. – Ich breche diese Rückerinnerung hier ab, denn das Prinzip dieser anderen Wirtschaftlichkeit des *oikos* (= *ethos*) dürfte deutlich geworden sein: Es ist ein behütender, sparsamer Umgang mit den Schätzen der Erde, erreicht durch eine Einbindung in ethische Traditionen.

Diese *andere* Tradition wirtschaftlicher Vernunft, wiewohl nie ganz vergessen und in der Hauswirtschaftslehre der Schulphilosophie aufbewahrt, steht in deutlichem Kontrast zur kaufmännischen Vernunft. Es wäre aber sicher naiv, sie nach ökologischem Bußbekenntnis einfach *über* die Aufklärung und die Moderne, Ausflüsse kaufmännischer Ratio, zu stellen. Niemand darf die dumpfe Macht einiger Traditionen vergessen. Geschichte läßt sich zudem nicht umkehren. Gleichwohl ist es richtig, daß die Ökologie vielfach wieder an *diese* Tradition erinnert, ist doch auch die *Öko*logie eine Haushaltslehre, die Lehre vom Naturhaushalt. Auch die Forderung vieler Ökologen, erst eine Re-Spiritualisierung der Natur würde gegen die kalte Berechnung der Ratio eine Alternative bilden, kann aus der Erinnerung an den alten Oikos eine Stütze finden.

Wichtig ist festzuhalten, daß »Wirtschaftlichkeit« noch einen ganz anderen Sinn hat, einen Sinn, der sich aus einer anderen Quelle als der kaufmännischen Ratio speist, einen Sinn auch, den wir in vielen alten asiatischen Kulturen wiederentdecken können. Diese Tatsache läßt den Versuch, zur planetarischen Resonanz des kaufmännischen Handlungsprogramms und seinen – noch näher zu bestimmenden – Folgen für das Wirtschaften eine Alternative anzubieten, nicht als völlige Donquichotterie erscheinen. Die bloße *Rückkehr* ist einem Planenten mit fünf, acht oder vielleicht sogar zehn Milliarden Menschen verbaut. Aber auch die massenhafte Gewohnheit der Kaufmannsseele bleibt eine Gewohnheit, ist also durch Freiheit auflösbar und veränderbar. Hierzu müssen wir aber zuerst verstehen, wie sich das Wechselspiel aus Kreativität und Gewohnheit in der weltweiten Marktwirtschaft als ökonomischer Prozeß zeigt und *aus sich* einen Wandel fordert.

Wirtschaftlichkeit, Kreativität und kaufmännische Ratio

Zwischen der kaufmännischen und hauswirtschaftlichen Logik, zwischen dem Gewinnstreben und dem Wirtschaftlichkeitsprinzip besteht eine Differenz. Die Schwierigkeit, diese Differenz zu sehen, liegt darin, daß beide Prinzipien sich nicht einfach ausschließen. Nicht einmal eine Geldrechnung zieht notwendig das unendliche Streben des Kaufmanns zur Vermehrung seines Geldbesitzes nach sich. Das Wirtschaftlichkeitsprinzip wird traditionell so formuliert: Es gilt, ein gegebenes Ziel mit minimalem Mitteleinsatz zu erreichen; oder: es gilt, bei gegebenen Mitteln ein Ziel maximal zu realisieren. Wirtschaftlichkeit heißt, *sparsam* mit dem umgehen, was verfügbar ist. Ganz ohne Zweifel läßt sich dieses Prinzip mit der *kaufmännischen* Rechnung vereinbaren. Diese Rechnung ist ja bestrebt, die Kosten so niedrig als möglich zu halten, oder bei gegebenen Kosten den Erlös zu maximieren. Doch die kaufmännische Logik *beschränkt* sich nicht darauf. Sie nimmt dieses Wirtschaftlichkeitsprinzip in ihrem Dienst, läßt sich aber nicht darauf reduzieren.

Ein Kaufmann ist nämlich *niemals* mit seinem erreichten Resultat zufrieden. In dieser *Unruhe* besteht gerade sein Wesen. Schon Buddha hat vor 2500 Jahren diese unendliche Begierde charakterisiert: »Und würde auch der ganze Berg zu Gold und zu Silber, selbst doppelt wäre es nicht genug für einen einzigen Mann.«[226] Geiler von Kaisersberg sagt in einer Predigt: »An seinem gewin ist kein endt, er kan nitt uffhören und der sack mag nit fol werden. Er hat keinen boden. Er ist bodenlos. Er facht hübschlich an und gat stets für sich.«[227] Das Gewinnstreben des Kaufmanns ist *endlos*, es hat keine Grenze, es erreicht niemals ein Ziel. Jedes erreichte Ziel ist nur eine *beschränkte* Geldsumme, die es *erneut* zu vermehren gilt. Und es ist nur *sein* Gewinn, der zählt. Es ist kein Zufall, daß es *Kritiker des Ego* waren, denen dieses Prinzip aufgefallen ist.

Dieses Streben, den Geldbesitz »ins Unbegrenzte« zu vermehren – wir haben Aristoteles bereits zitiert –, findet sich in der philosophischen Lehre vom unendlichen Willen wieder. Es muß der Wille, sagt Descartes, »in gewisser Weise als unendlich bezeichnet werden«[228]. Auch Spinoza bezeichnet »den Willen als unendlich«[229]. Das ist eine sehr seltsame Übersetzung des Wesens menschlicher Freiheit. Wenn man das Wort »unendlich« so auffaßt, daß damit die prinzipielle Unbeschränktheit (= ohne Ende, ohne Grenze) der Freiheit gemeint ist, dann ist der Begriff unproblematisch. Ist damit aber gemeint, daß der menschliche Wille *nie* mit einem Ziel *zufrieden* ist – so legen es Neoklassiker aus, wenn sie vom Axiom der »Unersättlichkeit« sprechen –, dann wird diese Behauptung unverständlich. Es sei denn, man denkt hier an die kaufmännische Logik. Geld ist tatsächlich ein Ding, von dem keine Kaufmannsseele je genug bekommen könnte. Der »unendliche Wille« ist dann die philosophische oder theologische Übersetzung aus der profanen Welt des Marktplatzes.

Die menschliche Freiheit ist tatsächlich *offen*, unbeschränkt; die Kreativität erwächst aus dieser Offenheit jenseits aller Kausalität. Auch hier kann sich also die Kaufmannsseele als Gewohnheit *überlagern*, ohne sogleich in ihrer Einschränkung bemerkt zu werden. Im Unterschied zur Offenheit der menschlichen Freiheit, ist jedoch das Streben ins Unbegrenzte beim Kaufmann nur an *einer* Sache interessiert, an der Mehrung des Geldbesitzes. Wie das Wirtschaftlichkeitsprinzip, kann die Kaufmannsseele auch die Kreativität in ihren Dienst nehmen.

Wir bemerken hier eine *zweifache* Ähnlichkeit des kaufmännischen Handlungsprogramms mit anderen, wesensverschiedenen Sachverhalten. Einmal widerspricht die kaufmännische Ratio nicht dem Wirtschaftlichkeitsprinzip; sie kann das Wirtschaftlichkeitsprinzip im Gegenteil vollständig in sein eigenes Denkmodell einbinden. Im Unterschied aber zur *statischen* Minimierung eines Aufwandes für ein Ziel – ein Prinzip, das sich aus der Knappheit der Güter ergibt –, ist die Kaufmannslogik ein *dynamisches* Prinzip. Es geht nicht um eine statische Gewinnmaximierung, es geht um *Wachstum* des Gewinns ohne Ende. Um dieses Handlungsprogramm zu realisieren, verwandelt die Kaufmannsseele den Willen, ein *bestimmtes* Ziel zu erreichen, in einen *unendlichen* Willen. Sie befreit den Willen von allen Schranken, erlegt ihm aber dennoch die eherne Fessel einer Gewohnheit auf: Was immer erstrebt wird, es muß sich in klingender Münze (oder im steigenden Kontostand) niederschlagen.

Dieses Niederreißen aller Schranken zur Erreichung des *einen* Ziels, zur Befriedigung des *einen* Bedürfnisses, zur Realisierung des einen Handlungsprogramms »*Mehr* Geld!«, besitzt *formal* eine Ähnlichkeit mit der menschlichen Freiheit. Auch die menschliche Freiheit ist Freiheit von allen inneren Begrenzungen, und auch mit der Kreativität zeigt sich solch eine strukturelle Ähnlichkeit. So wie durch *ein* Gut – das Geld – ein unendlicher Güterkosmos verfügbar wird, so kann aus der Kreativität eine unendliche Vielfalt von Formen hervorgehen. Doch auch hier ergibt sich eine grundlegende Differenz zwischen »irrationaler Kreativität« und »rationaler« Kaufmannslogik: Die Kreativität findet ihr Ziel im Erschaffen einer *Vielfalt* neuer, wertvoller oder ästhetischer Formen. Die Kaufmannsseele ruht nicht, bis sie alle Vielfalt wieder auf die *eine* monotone Form zurückgeführt hat: das Geld.

Diese partielle Überlagerung zwischen Wirtschaftlichkeitsprinzip, Freiheit einerseits und der kaufmännischen Rationalität andererseits ist vermutlich der eigentliche Grund, weshalb es vor allem Kaufleute waren, die Freiheit und Fortschritt auf ihre Fahnen geschrieben haben. In der Durchsetzung der Freiheit kam gerade den Kaufleuten deshalb eine sehr wichtige Rolle zu, die nie zu gering zu achten ist. Es waren die großen Handelsplätze, die sich für neue Ideen und eine freie oder freiere Lebensweise offen zeigten. Viele neue Gedanken verbreiteten sich entlang der alten Handelsstraßen. Aufgrund der *äußeren Verwandtschaft* zwischen Kaufmannsseele und Kreativität sind es vor allem die Kaufleute gewesen, die vielfältige Neuerungen einführten, verbreiten halfen oder anregten.

Doch dies hat und hatte seinen Preis. Trotz dieser partiellen Harmonie zwischen Kaufmannsseele und Kreativität darf nicht übersehen werden, daß die Überlagerung des kaufmännischen Handlungsprogramms eine *Gewohnheit* darstellt, unmerklich fast für viele, doch gerade dadurch in sozialer Resonanz sehr mächtig. Die Kaufmannsseele legt, bei aller *Förderung*, der Kreativität eine sehr mächtige Fessel an: Das, was die Kreativität hervorbringt, muß sich *lohnen*. Diese negative Schranke, dieses *Selektionsprinzip* ist die große Fessel. Der Kaufmann eröffnet einen Spielraum der *rentablen* Neuerung; *in* diesem Spielraum darf auch gespielt werden, doch jenseits der Grenzen dieses Paradieses gelten ganz andere Gesetze.

Eine analoge Struktur zeigt sich beim Verhältnis zwischen dem kaufmännischen Handlungsprogramm und dem Wirtschaftlichkeitsprinzip. Kaufmännisches Handeln nimmt Handlungen nach dem Wirtschaftlichkeitsprinzip in Dienst, solange sich für das unendliche Gewinnstreben keine *bessere* Alternative bietet. Der Handlungsprozeß, der *heute* unter kaufmännischer Leitung eine strenge Sparsamkeit der Mittel verordnet bekommt, kann *morgen* obsolet werden. Dann stößt die kaufmännische Logik die gesamte Handlung und ihre Mittel von sich, und *diese Verschwendung* taucht in keiner Buchhaltung mehr auf. Wenn ein Betrieb für den Weltmarkt produziert, verbünden sich Kaufmannslogik und Wirtschaftlichkeit; verändern sich die Wettbewerbsbedingungen und eine Schließung des Betriebes ist *vorteilhafter*, dann ist jede Sparsamkeit vergessen. Jenseits der Grenzen kaufmännischer Logik herrscht dann eitle Verschwendung, die ganze Landstriche, ganze Städte auf die Müllhalde des Fortschritts wirft.

Man kann unsere Analyse so zusammenfassen: Solange sich das kaufmännische Handlungsprogramm andere Handlungsprogramme unterordnet, weil es sich davon eine Realisierung des *einen* Ziels – Vermehrung des Geldbesitzes – verspricht, solange fördert die Kaufmannsseele alle Wirtschaftlichkeit, die menschliche Kreativität und fordert Entscheidungsfreiheit. Doch eine so untergeordnete Handlung muß potentiell einer *anderen* Handlung weichen, wenn diese der kaufmännischen Gewohnheit der Geldvermehrung *besser* entspricht. Das Entlassen einer Handlung aus der Kontrolle des Kaufmanns nötigt den Handlungsträgern – den beteiligten Menschen samt Familie, Fabrik, Gebäuden, Maschinen etc. – nicht etwas *anderes* auf. Sie werden tatsächlich in ihre Freiheit zurückgeworfen. Sind jedoch soziale Handlungen nur oder überwiegend durch das kaufmännische Handlungsprogramm vernetzt, über die Güter- und Geldmärkte, so bedeutet solch eine *Entlassung* zugleich den Verstoß aus der bürgerlichen Gemeinschaft der Eigentümer. Vor allem die Hoffnung, kaufmännische Logik würde bei einer entsprechenden Eigentumsordnung den gesamten Wirtschaftsprozeß auf einen ökologischen Sparkurs zwingen, verkennt diesen Zusammenhang.

Um hier eine Änderung zu erzeugen, muß die Wirtschaftlichkeit und die Kreativität erst aus den Fesseln der Kaufmannsseele befreit werden. Auch hier gilt: Handlungsprogramme sind niemals mit den Handlungsträgern identisch. Es geht nicht um *Kaufleute* als Personen, es geht um ein Denkmodell, das in über zweitausend Jahren zunehmend an Macht gewonnen hat und fast *alle* Köpfe beherrscht. Das kaufmännische Handlungsprogramm ist die Quelle der Wachstumsideologien. Es hat sich auch der Politik bemächtigt und fühlte und fühlt sich in diversen Verteidigungsministerien wie zuhause. Auch und vorwiegend in jenen, die vormals ein roter Stern zierte. Was in der Sowjetunion und im Ostblock scheiterte, war keineswegs eine Welt friedlicher Brüderlichkeit, es waren nur die *schlechteren* Kaufleute.

Der Sozialismus war der Versuch, den ganzen Staat in einen kaufmännischen Betrieb zu verwandeln. Wie es innerbetrieblich weder Preise für Zwischenprodukte noch Eigentumsrechte gibt, wie ferner innerbetriebliche Demokratie ein Traum deutscher Gewerkschaftsfunktionäre geblieben ist, ebenso verwandelte sich auch der sozialistische Staat in ein *totalitäres* Regime. Die wesentliche Differenz zwischen diesem uniformen Staatsbetrieb und einem bürgerlichen Unternehmen bestand darin, daß sich der innerbetrieblichen Hierarchie im Sozialismus die Gewalt des Staates *überlagert* hat. Zwar ist das Verhältnis zwischen Management und Belegschaft keineswegs von Zärtlichkeiten bestimmt, *Gewalt* bleibt hier ausgeschlossen – auch wenn man eine *Entlassung* durchaus nicht als einen *freundschaftlichen* Akt interpretieren möchte. Ohne also diese wesentliche Differenz zu übersehen, war der sowjetische Sozialismus in seinem Wesen ein Unternehmen, das auf dem Weltmarkt konkurrierte. Der Sozialismus war nur eine *andere* Form der Kaufmannslogik, keineswegs deren »Abschaffung«, wie seine Väter glaubten.

Kaum wird dies deutlicher als bei der maßlosen Verschwendung der natürlichen Umwelt. Kein Betrieb des kapitalistischen Widerparts würde sich anders verhalten, wenn *ihm allein* und *unkontrolliert* Natur zur Verfügung stünde, wie bei einem sozialistischen Staatswesen, das hoheitlich geschützt die territoriale Ausbeutung der Erde betreibt. Der Wettbewerb wäre hier weit davon entfernt, ökologischer Zuchtmeister zu sein: Wenn alle anderen auch kostengünstig die Umwelt schädigen, wer wollte sich deren Wettbewerb entziehen? Und hat nicht auch der Wettbewerb der sozialistischen Länder auf dem *Weltmarkt*, zu schweigen vom Wettrüsten, das Seine dazu beigetragen? Nur die Tatsache, daß Unternehmen in Marktwirtschaften gerade *nicht* mit staatlicher Gewalt identisch sind, dieser vielmehr unterworfen bleiben, und auch dies, daß ein Staat noch andere Aufgaben hat, als *Eigentum* nach innen und außen zu schützen, hat durch Umweltgesetze ein klein wenig von dem verhindert, was der Sozialismus mit der natürlichen Umwelt angestellt hat. So zeigt »das sozialistische Experiment« die Kaufmannslogik selbst im Hohlspiegel, nicht etwa eine Wirtschaft, die *gegen* diese Logik verstoßen hätte.

14 Geld und Preise in Gewohnheitssystemen

Das Wesen des Geldes

Wir können uns nunmehr einem Herzstück der ökonomischen Theorie zuwenden und erproben, ob die im zweiten Teil vorgestellte Erklärung des menschlichen Handelns hier fruchtbar werden kann: dem Geld und den Güterpreisen. Sie sind das, womit sich die Kaufmannsseele endlos beunruhigt und sie in hektische Aktivität stürzt, denn »bedenke, daß Zeit Geld ist«, sagt Benjamin Franklin, und »bedenke, daß Geld, seiner Natur nach, sich stark vermehrt. Geld zeugt Geld.«[230] Im »tiefen Ozean aller das Geld betreffenden Mysterien«[231] verbirgt sich auch das Mysterium der Gesellschaft. Geld und Tausch »vergesellschaften«, sie binden »die Menschen unweigerlich zusammen«.[232] Für Hobbes sind die Gold- und Silbermünzen »dem Staate dasselbe wie das Blut dem menschlichen Körper«.[233] Und Hume sieht im Geld »nicht eines der Räder des Handelns, es ist das Öl, das die Räder leicht und glatt laufen läßt.«[234] Bei solch hektischer Bilderfülle ist es angebracht, Franklins Rat in den Wind zu schlagen, sich Zeit zu nehmen und Ruhe zu bewahren.

Den eigentlichen Anfang der Theorie des Geldes und der Preise finden wir bei Aristoteles: Die moderne Ökonomie ist gar nicht so viel weiter gekommen, als sich bereits in der »Nikomachischen Ethik« findet. Denn Aristoteles ist »derjenige Denker, der am tiefsten auch die Probleme des Wirtschaftslebens erfaßt hat und der mit seiner Art der Betrachtung auch für die Lehre von der Wirtschaft zweitausend Jahre hindurch die Richtlinien vorgezeichnet hat.«[235] Eine Rückerinnerung an seine Theorie ist aus zwei Gründen hilfreich: *Erstens* macht sie sogleich deutlich, daß der Tausch nicht aus sich selbst heraus eine gesellschaftliche Ordnung erzeugt; er ist vielmehr in solch eine Ordnung *eingebettet*. *Zweitens* besitzt die aristotelische Fragestellung den Vorzug, das menschliche Handeln nicht hinter der Fassade dinglicher Begriffe wie »Kapital«, »Boden« und »Arbeit« zu verbergen. Seine Preistheorie enthält alle wesentlichen Elemente der späteren Gleichgewichtstheorie, auch wenn es ihr an dem eleganten mathematischen Existenzbeweis fehlt, den John von Neumann zweitausend Jahre später geliefert hat.

Werfen wir, bevor wir das aristotelische Argument näher betrachten, einen kurzen Blick in die frühe Geldgeschichte. Hier zeigt sich etwas Befremdliches: Die These, Geld sei aus dem *Tausch* hervorgegangen, aus der Einsicht, daß es *zweckmäßig* sei[236], findet keine Stütze. Wichtige Fakten sprechen dagegen. Frühe Nachrichten über das Geld erscheinen im Kontext von *Rechtsnormen*. Aristoteles berichtet, wie Marktaufseher in Piräus die Preise überwachten und dafür sorgten, daß alle Waren »rein und unverfälscht verkauft werden.«[237] Der oft zitierte Hinweis auf Homer, wonach Geld aus dem Viehhandel hervorgegangen sein soll, ist ein historischer Fehlgriff. Zwar läßt sich die Wortwurzel pecunia (Geld) auf »Vieh« zurückführen, es wird aber einfach vergessen, daß im »homerischen Griechenland (kein) regelmäßiger und geregelter Güteraustausch existiert.«[238] Deshalb, sagt Laum, »ist es also unmöglich, daß der Wertmesser ›Rind‹ aus dem Handel entsprungen ist.«[239] Die oft zitierte Passage aus Homers Odysse I, 430-431, wonach Laertes Eurykleia »mit eigenem Gut« kaufte und dafür »zwanzig Ochsen gab«, ist keineswegs der Ausdruck eines regelmäßigen Handels auf dem Markt. »Weder Vieh, noch irgendetwas anderes entsprach der vielfachen späteren Verwendung von Geld.«[240] Im Gesetzeskodex des Königs Hammurabi (18. Jahrhundert v.u.Z.), dem ältesten erhaltenen Gesetzbuch überhaupt, werden in vielen Bestimmungen Preise und Zinssätze festgelegt, die auf typische Lebenssituationen bezogen sind.[241] Die Preisliste umfaßt Sklaven ebenso wie Schadensersatzleistungen für gebrochene Knochen, geschlagene Söhne, Ohrfeigen, Schwangerschaftsabbruch usw.[242] Hammurabis Kodex schreibt z. B. vor, daß ein Pflüger 960, ein Ochsentreiber 720, ein Hirt für Groß- oder Kleinvieh 960 Liter Getreide pro Jahr erhalten soll; ein Rind zum Dreschen kostete 8 Liter Getreide pro Tag.[243] Hier wird auch deutlich, daß Preise prinzipiell *alle* Arten von Handlungen umfassen und so Teil des gesamten Sozialsystems sind. Die verfügbaren Dokumente verbieten es, von einem freien »Markt« in unserem Sinn auszugehen. Der »marktlose Handel zur Zeit Hammurabis«[244], die Beschreibungen bei Aristoteles und der Hinweis auf das Perserreich, in dem Märkte gänzlich fehlten – »die Perser nämlich pflegen keine Märkte anzulegen und haben daher überhaupt keinen derartigen Platz«[245], sagt Herodot –, all dies deutet darauf hin, daß Geld gerade *nicht* aus dem Tausch entstanden ist. Aristoteles hatte also einen guten Grund, das Geld und den Tausch *als Aspekte* der sozialen Handlungen zu beschreiben und sie deshalb in seiner *Ethik* zu behandeln.

Aristoteles betrachtet wirtschaftliche Vorgänge als Beziehung zwischen verschiedenen Handlungen in einer Gesellschaft.[246] Die Gemeinschaft (*koinonia*), ihr Recht und ihre Sprache sind vorausgesetzt. Aufgabe einer Gemeinschaft ist es, die insgesamt erzeugten oder verfügbaren Güter zu verteilen. Es ist hilfreich, das Bild, das Aristoteles hier vorschwebt, explizit zu zeichnen. Er diskutiert das Verhältnis zwischen Schuhmacher und Baumeister und ihren jeweiligen Produkten (Schuhe, Haus). Es ergibt sich ein rechteckiges Schema. *Sechs* Beziehungen charakterisierten diese soziale Situation: (1) Schuhmacher und Baumeister stehen als *Bürger* einander gegenüber. In dieser Beziehung sind sie bereits vielfach sozial verbunden, durch die Sprache, gemeinsame Erfahrungen und Traditionen, durch Ethik und Recht. Die Relationen (2) und (3) sind mehrfach zu deuten: Sie charakterisieren die Handelnden – Schuhmacher und Baumeister – einmal als Handlungsträger, zum anderen als Besitzer ihrer Produkte. Zwar können wir davon ausgehen, daß Schuhe auch zum Bedarf des Schuhmachers gehören, ein Haus zum Bedarf des Baumeisters; da sie sich jedoch *diesen* Bedarf selbst befriedigen können, ohne in sozialen Kontakt zu treten, braucht uns dieser Punkt hier nicht zu beschäftigen. Der sozial wichtige Bedarf wird durch die Linien (5) und (6) charakterisiert. Es ist ein Bedarf, der sich jeweils auf das Produkt eines *anderen* richtet. Aristoteles knüpft hier an Platons Lehre von der Arbeitsteilung an: »Aus zwei Ärzten wird keine Gemeinschaft.«[247] In der Relation (4) schließlich finden wir das *Tauschverhältnis* zwischen den beiden Waren: Schuhe und Haus.[248] Der Tauschwert ist nur ein Element, eine Teilstruktur

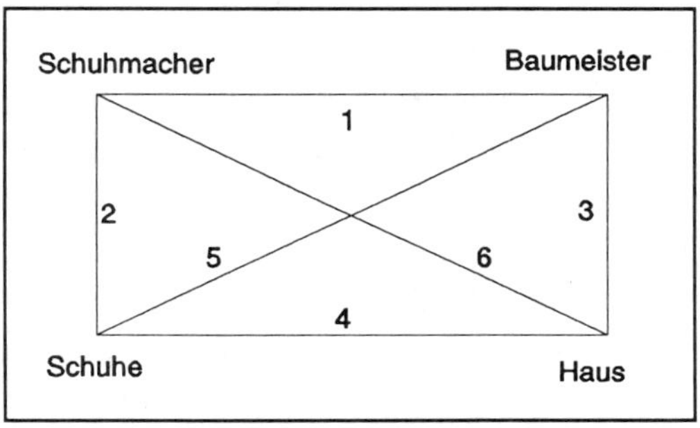

einer ganzen sozialen Beziehung; die Preise sind nur *relativ* zu dieser *ganzen* Struktur determiniert.

Ich möchte die aristotelische Analyse nicht im Detail verfolgen, nur seine *Lösung* des Tauschproblems ist hier für uns wichtig. Dieser Tausch ist ein Teil der Ethik, setzt also *Gewohnheiten* sowohl des sozialen Verkehrs wie der Erzeugung von Gütern voraus. Die wie immer bestimmten Tauschwerte zwischen den beiden Produkten beruhen damit auf der gemeinsamen sozialen Situation der Tauschpartner. Zwischen Fremden mag Krieg herrschen – *hier* ist soziale Harmonie in vielfacher Hinsicht vorausgesetzt. Erst unter dieser Voraussetzung wird das Argument des Aristoteles einsichtig. Betrachten wir nämlich die *Produkte* der Tauschpartner, so bemerken wir ihre *Verschiedenheit*. Als Tauschwerte in Geld gerechnet sind die verschiedenen Produkte aber *gleich*. Und hier stehen wir vor einer Paradoxie: Verschiedene Dinge – wie Schuhe und Haus – werden im Geld durch ein gleiches Maß gemessen. Daß die verschiedenen Güter »in Wahrheit durch ein gleiches Maß gemessen werden, ist allerdings unmöglich«, sagt Aristoteles. Was heißt das? Als Produkte oder als Dienstleistungen haben die Güter keine Eigenschaft, kein Maß gemeinsam, das hier in Betracht käme. Es kann also nichts an oder in den Gütern geben, das sie gleich macht – auch nicht ein subjektiver oder objektiver Wert. Die These, daß Tauschwerte oder Preise einen (verborgenen) Wert ausdrücken würden, ist eine Erfindung der klassischen und neoklassischen Ökonomie. Daraus ergibt sich, daß das, was im Tausch als Tauschverhältnis erscheint oder was in Geld ausgedrückt wird, keine Produkteigenschaft sein kann, weder ein »Grenznutzen« noch ein »Kostenwert«. Aber *dennoch* werden Tauschwerte ermittelt und Preise in Geld ausgedrückt.

Wie löst Aristoteles dieses Dilemma? Er sagt, daß solch ein Maß *erzwungen* wird durch den sozialen Zusammenhalt, dadurch, daß der Bedarf eines Tauschpartners jeweils auf den anderen Tauschpartner verweist: »soweit es der Bedarf erfordert, ist das Maß möglich.«[249] Die Tauschrelation ist damit der quantitative Ausdruck dafür, wie und in welchem Umfang die Tauschenden in ihrem Bedarf voneinander abhängig sind. Die *Berechnung* der ausgetauschten Bedarfsmengen drückt aus, in welchem Umfang jemand vom je anderen *abhängig* ist. Das darin gebildete Maß, das schließlich im Geld erscheint, ist die Recheneinheit dieser

Berechnung. Ihre konkrete Festlegung ist für Aristoteles eine Frage der Übereinkunft, und diese Übereinkunft ist *möglich*, weil sich die Tauschpartner jeweils schon in einer gemeinsamen gesellschaftlichen Situation befinden. Nicht das *Geld* stiftet die soziale Einheit, der *Bedarf* in seiner Beziehung auf den je anderen ist der Grund jener Gemeinschaft, die auf dem Markt erkennbar wird.

Preise in Gewohnheitssystemen: Ein Modell

Damit sind die wichtigsten Bausteine für eine Preistheorie vorgestellt. Ich möchte unsere Analyse dieser Frage gleichfalls mit einem Beispiel beginnen, durchaus in der Tradition des Aristoteles. Betrachten wir eine sehr einfache Gesellschaft aus Bauern und Schmieden. Alle Handlungen seien durch Tradition, also durch *Gewohnheit* bestimmt. Jahr für Jahr wiederholen sich dieselben Handlungen; die Kinder lernen von den Eltern und führen die Tradition fort. Wir sollten hinzufügen: Die Bevölkerung bleibe konstant. Solch ein System mit unveränderlichen, durch Gewohnheiten geprägten Handlungen möchte ich ein *Gewohnheitssystem* nennen. Die Bauern kaufen die Produkte der Schmiede, und die Schmiede (plus ihre Gehilfen) ernähren sich von den Produkten der Bauern. Um die Sache einfach zu machen, beschränken wir uns auf *zwei* Produkte, die wir »Getreide« und »Eisen« nennen wollen. Der jeweilige Eigenbedarf der Bauern und Schmiede bleibe unberücksichtigt. Wenn beide Berufsgruppen eine Gesellschaft bilden, dann müssen sie *füreinander* arbeiten, ihre Produkte also austauschen. Nur durch *Annahmen* erhalten wir ein Rechenbeispiel, nehmen wir also an: Die Bauern erzeugen 500 Tonnen Getreide für den Markt, benötigen aber

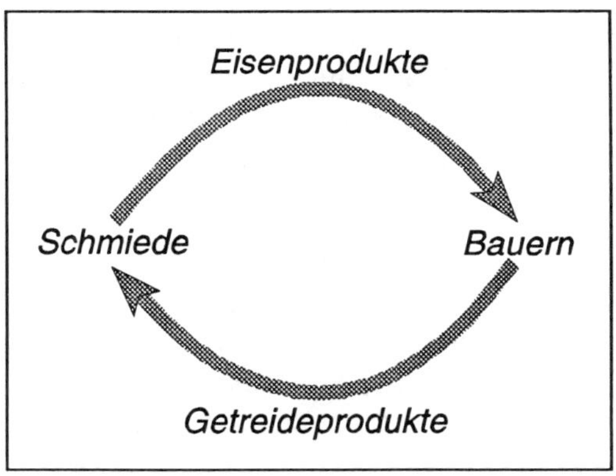

Werkzeuge, Hufeisen etc. im Umfang von 10 Tonnen Eisen. Umgekehrt gehen wir davon aus, daß die Schmiede insgesamt diese Menge an Eisen erzeugen und dafür 500 Tonnen Getreide benötigen.

Nur unter dieser Voraussetzung ergibt sich ein geschlossenes, zirkuläres System. Wir können die beiden Sektoren dieser einfachen Volkswirtschaft durch zwei Produktionsprozesse charakterisieren:

Schmiede : 500 *Tonnen Getreide* → 10 *Tonnen Eisen*
Bauern : 10 *Tonnen Eisen* → 500 *Tonnen Getreide*

Die 500 Tonnen Getreide stellen den Bedarf der Schmiedebetriebe dar, die 10 Tonnen Eisen den Bedarf der Bauern. Im Austausch wird Getreide gegen Eisen getauscht; die *Tauschmengen* ergeben sich durch den Bedarf. Es gibt nur *ein* Tauschverhältnis, bei dem diese einfache Gesellschaft über längere Zeit als *Gewohnheitssystem* bestehen kann: Dann, wenn 50 (= 500/10) Tonnen Getreide gegen eine Tonne Eisen getauscht werden.

Es würde für solch ein Gewohnheitssystem auch keine Rolle spielen, wenn die Tauschwerte in Geld berechnet würden. Wenn die Bauern und die Schmiede seit langer Zeit jeweils über 1000 Goldstücke verfügen, so ergibt sich ein Preis von 2 Goldstücken pro Getreidetonne und von 100 Goldstücken pro Eisentonne. Das Gold würde nicht diese einfache Gesellschaft in ihren Gewohnheiten *stiften*, es würde nur der Rechnung auf dem Markt dienen, auf dem man Getreideprodukte gegen Eisenprodukte eintauscht.

Es ist nun nicht weiter schwer, sich ein Gewohnheitssystem auszumalen, das aus beliebig vielen Produkten und Handlungen besteht, die miteinander Handel treiben. Es ließe sich unter *einer* Voraussetzung ein Vektor der Güterpreise ermitteln: Dieses Gewohnheitssystem muß ebensoviel verbrauchen als es erzeugt. Zwar verteilt sich die Erzeugung und der Verbrauch jeweils auf verschiedene Handlungsträger, *insgesamt* bilden aber die sozialen Handlungen *ein* Gewohnheitssystem. Die *Zurechnung* der Güter und des Bedarfs findet seinen Ausdruck in den Preisen bzw. in den Tauschwerten. Wenn Geld verwendet wird, dann erfüllt es nur die Aufgabe, diese Rechnung zu vereinheitlichen und als allgemeine Recheneinheit zu dienen.

Es ist der Leserin, dem Leser sicherlich aufgefallen, daß wir in diesem Beispiel genau jene Fehler gemacht haben, denen im ersten Teil unsere Kritik galt. Wir haben das menschliche Handeln auf bloße *Gewohnheiten* reduziert und dann durch frei gewählte Annahmen eine formale Lösung herbeigeführt, deren mathematische Verfeinerung leicht möglich ist. Menschliche Handlungen *sind* nicht bloß mechanische Gewohnheitssysteme. Sie beruhen auf situativen Entscheidungen, auf durchaus subjektiven Wahrnehmungen der Situation – und vor allem hat die bislang vorgeführte, von Aristoteles entwickelte Analyse einen wichtigen, für Marktwirtschaften den *wichtigsten*, Punkt ausgelassen: So fand und findet der Austausch nicht statt. Besser gesagt: Wenn er auf diese Weise stattfindet, dann geschieht dies *im Rahmen einer relativ starren Rechtsordnung*, wie in den gesetzlich festgeschriebenen Preisen im Reich des Königs Hammurabi. So könnte man gesellschaftlich stimmige und rationale Tauschwerte ermitteln und per Gesetz festlegen; man würde dadurch das Gewohnheitssystem vielleicht sogar stabilisieren. Eine *Marktwirtschaft* ist das noch keineswegs. Es fehlt ihr das wichtigste Handlungsprogramm: der Kaufmann.

Doch suchen wir nach Gründen, weshalb das beschriebene System gerade *kein* quasi-naturgesetzliches System ist, weshalb die ermittelten Preise fern davon sind, eine starre mechanische Ordnung zu bilden. Zunächst wollen wir uns klar machen, daß der *Bedarf* der Handlungen eine Größe ist, die durch Wahrnehmung, Interpretation, soziale Strukturen etc. bestimmt ist, auch in dem eben behandelten einfachen Beispiel. Wenn etwa günstige Witterungsverhältnisse den Ertrag der Bauern von 500 auf 600 Tonnen Getreide pro Jahr steigern, dann entsteht im betrachteten System ein Überschuß. Bieten die Bauern die 600 Tonnen Getreide auf dem Markt an, so verändern sich die Tauschwerte: Getreide wird relativ billiger, weil es vermehrt angeboten wird. Dies erlaubt den Schmieden und ihren Gehilfen, den Verbrauch zu erhöhen. Wird der erhöhte Verbrauch, gesetzt die günstige Ernte hält für zwei oder drei Jahre an, zu einer Gewohnheit, so steigt auch der *Bedarf*. Es könnte sein, daß dadurch etwas mehr Eisen produziert wird, es ist aber auch möglich, daß die Schmiede einfach mehr Bier aus Getreide brauen und ihre Arbeitsleistung sogar sinkt. Der Tauschwert ist also abhängig von dem, was als »Bedarf« empfunden und tradiert wird.

Ein weiterer Punkt. Die gekauften Werkzeuge durch die Bauern werden normalerweise für viele Jahre verwendet. Unter völlig konstanten Umweltbedingungen und bei völlig unveränderlichen Erwartungen werden die Pflüge, Hacken, Hufeisen usw. mit einer bestimmten, durch Erfahrung zu ermittelnden Wahrscheinlichkeit durch neue ersetzt werden müssen. Wie viele Jahre ein Werkzeug hält, legt also die Erfahrung und die Gewohnheit fest. Das, was im Bedarf der Bauern erscheint, sind *Ersatzinvestitionen.* Die Höhe der Abschreibungen, der Prozentsatz der ausgefallenen Werkzeuge, ist dennoch eine *Erwartungsgröße.* Auch hier kann eine ungünstige Witterung zu einem höheren Verschleiß führen.

Was ergibt sich daraus? Wenn wir die Preise der Güter als soziale Gleichgewichte des Bedarfs in Gewohnheitssystemen beschreiben, so fließen bereits hier in die Höhe der Preise rein subjektive, auf Erwartungen beruhende Größen ein. Würden sich die Erwartungen der Bauern erhöhen, so stiege der soziale Eisenbedarf. Dies beeinflußte unmittelbar die Preise. Die Preise sind abhängig von den Abschreibungen, die wiederum Ausdruck des erwarteten Materialverbrauchs sind. Es ergibt sich aber ein Weiteres. Wie das diskutierte Beispiel zeigt, könnte ein reines Gewohnheitssystem kaum längere Zeit existieren. Eine kleine Störung aus der Umwelt könnte es aufheben. Steigt z. B. witterungsbedingt der Eisenbedarf der Bauern, so kann das System nicht mehr wie bisher existieren, weil die Schmiede nicht mehr Eisen auf der Basis ihrer gewohnten Arbeit erzeugen können. Der ungestillte Bedarf würde zu Einschränkungen in der Getreideproduktion führen, weil wichtige Werkzeuge nicht ersetzt werden könnten. Dies wiederum hätte negative Konsequenzen für die Nahrungsversorgung der Schmiede, die dadurch weniger arbeiten könnten usw. Wie man leicht sieht, wären rein reproduktive Marktsysteme *instabil,* durchaus auch im Sinne der Mechanik. Kleinere Störungen würden sie in eine depressive Spirale treiben und somit aufheben.

Überschuß in Gewohnheitssystemen[250]

Gibt es eine Möglichkeit, Gewohnheitssysteme dennoch als reproduktive Systeme zu beschreiben, auch *ohne* die Möglichkeit kreativer Veränderungen? Es gibt diese Möglichkeit. Und hierfür gibt es durchaus zahlreiche, auch historische Belege. Im Gesetzeskodex Hammurabis finden sich z. B. Vorschriften für Speichermieten; von Vorratshäusern wird in zahlreichen Dokumenten, auch in der Bibel berichtet. Gewohnheitssysteme werden dadurch stabilisiert, daß sie *Vorräte* bilden, um gegen Störungen der Umwelt gewappnet zu sein. Doch Vorräte deuten noch auf etwas anderes hin. Wenn Gewohnheitssysteme wenigstens periodisch Vorräte aufbauen können - denn geleerte Läger müssen aus der Produktion über den sozialen Bedarf hinaus aufgefüllt werden –, dann gibt es in solchen Systemen einen *Überschuß an Gütern.*

Hier ist es wichtig, sich daran zu erinnern, was menschliche Handlungen sind und was ihr Handlungsbedarf jeweils ist. Man kann von »Bedarf« nur in Verbindung mit *Gewohnheiten* sprechen; die für eine spontane Handlung anfallenden Mittel sind zufällig und gehorchen, wie die Handlung selbst, keiner angebbaren Regel. *Die Gewohnheit ist das Maß des Bedarfs für eine Handlung.* Was sich als Bedarf hierbei festsetzt, ist weder durch ein Natur- noch ein psychologisches Gesetz determiniert. Der Bedarf einer Handlung ist durch den Handlungsträger selbst bestimmt. Er kann aber auch *von außen* und durch soziale Bedingungen beeinflußt, *eingeschränkt* sein. Es gibt, relativ zu jedem Gewohnheitssystem, eine »implizite Ethik des Bedarfs«.

Der Bedarf einer Handlung ist keine mit dem Handlungsresultat ursächlich oder ein-eindeutig verknüpfte Größe. Wieviel ein durchschnittlicher Arbeitnehmerhaushalt benötigt, um sein angebotenes Arbeitsvermögen in einer gegebenen historischen Situation anbieten zu können, ist ebenso variabel wie die zur Produktion eines bestimmten Gutes notwendigen Rohstoffe, Hilfsstoffe, Maschinen, Gebäude, die genutzte Naturkapazität (Wasser, Luft, Boden) usw. Es gibt sicherlich *untere Grenzen* für den Bedarf, unterhalb derer die Handlung überhaupt nicht zustandekommen wird. Nach *oben* sind die Grenzen jedoch fast durchweg offen. Die Höhe des Bedarfs der einzelnen Handlungen legt aber fest, ob ein soziales System einen Überschuß erzeugt und in welcher Höhe. Hier kommt eine weitere, *kognitive* Komponente hinzu. Man kann an keiner *isolierten, einzelnen* Handlung erkennen, ob und wieviel Überschuß erzeugt wird. Der Überschuß ist eine *soziale* Größe. Das gilt auch dann, wenn noch keine entwickelte Geldrechnung den Austausch der Güter begleitet.

Kehren wir nochmals zu unserem einfachen Beispiel zurück, um dies zu illustrieren. Nehmen wir nach wie vor an, daß das gesamte Gewohnheitssystem 10 Tonnen Eisen und 500 Tonnen Getreide erzeugt. Gehen wir nun aber davon aus, daß der Bedarf der Schmiedebetriebe nur 400 Tonnen Getreide betrage und die Bauern nur 8 Tonnen Eisen jährlich zum Ersatz ihrer Werkzeuge benötigen. Wie ist solch ein System überhaupt denkbar? Offenbar produziert dieses System einen Überschuß an 100 Tonnen Getreide und 2 Tonnen Eisen.

Schmiede :	400 *Tonnen Getreide*	→	10 *Tonnen Eisen*
Bauern :	8 *Tonnen Eisen*	→	500 *Tonnen Getreide*

Ohne *wesentliche* Änderung bliebe das System, wenn der Überschuß von je 100 Tonnen Getreide und 2 Tonnen Stahl an den Staat oder eine andere Organisation *natural* abgeführt würde; als Naturalsteuer oder als eine Art Zehnter an eine Kirche oder einen Tempel. Die abgeführten Überschüsse würden die Produktivität jeder Handlung um die Abgaben mindern; die privaten Handlungen würden den Staat oder eine Kirche ernähren. In diesem Fall kann man das Gewohnheitssystem aus Schmieden und Bauern um einen Wirtschaftssektor erweitern, den wir »Tempel« nennen wollen. Auch der Tempel ist in diesem Fall Teil des sozialen Gewohnheitssystems. Er dient der Befriedigung religiöser Bedürfnisse und produziert somit im sozialen Sinn durchaus ein »Produkt«, das »Kult« heißen soll. Daß der »Bedarf« einer Priesterkaste, noch weniger als bei den Bauern und Handwerkern, nicht »objektiv« bestimmbar ist, bleibt offenkundig. Gleichwohl *ist* er Teil des sozialen Bedarfs, denn kein Naturgesetz, das Herkommen, die Tradition, die Gewohnheiten entscheiden darüber. Der »Kult« wäre in diesem Fall ein öffentliches Gut, ohne das weder gläubige Handwerker noch gläubige Bauern produzieren würden. Es kommt allen wie ein Segen gleichermaßen zugute, so daß wir den Kult zum Bedarf des gesamten Systems rechnen können. Er wird aber, bei Naturalabgaben, nicht im Bedarf der Bauern und Handwerker als Kostengröße erscheinen, weil er keiner Privation fähig ist (vgl. Kapitel 12). Es ergibt sich folgende Modifikation:

Schmiede : 400 *Tonnen Getreide* → 10 *Tonnen Eisen minus* 2 *Tonnen*
Bauern : 8 *Tonnen Eisen* → 500 *Tonnen Getreide minus* 100 *Tonnen*
Tempel : 2 *Tonnen Eisen plus* 100 *Tonnen Getreide* → *Kult*

Wenn wir für dieses modifizierte System die Tauschwerte ermitteln, müssen wir nach wie vor nur das System der Bauern und Handwerker berücksichtigen. Das öffentliche Gut »Kult«, wiewohl es eine wichtige soziale Funktion erfüllen mag, wenn religiöse Bräuche in sozialer Resonanz als Handlungsfunktion vorausgesetzt und »bedurft« werden, ist kein Kostenfaktor, kein *monetär* bewerteter Bedarf. Der Güterpreis wird *ohne* Verrechnung dieser Funktion ermittelt. Das gilt natürlich für *alle* Arten von öffentlichen Gütern: Sie erfüllen eine Funktion im Netz der sozialen Handlungen, aber sie sind kein Preisbestimmungsgrund.

Es ergibt sich im obigen Beispiel ein Tauschwert von 50 Tonnen Getreide je Tonne Eisen – der Tauschwert ist unverändert geblieben. Doch dieses Ergebnis ist zufällig; hätte sich die Gewohnheit eingebürgert, 3 Tonnen Eisen an den Tempel abzuführen, so würde sich ein Tauschwert von etwas mehr als 57 Tonnen Getreide pro Eisentonne ergeben haben. Daran ist zu erkennen, daß öffentliche Güter das soziale Preissystem beeinflussen, *ohne* in der privaten Kalkulation in ihrer Funktion berechnet zu werden. Die relative Belastung der Bauern und Schmiede durch Abgaben steht in keiner unmittelbaren Beziehung zum öffentlichen Gut »Kult«. Anders gesagt: Die individuelle *Steuerbelastung* steht in keiner funktionalen Beziehung zur Erzeugung der Güter, obgleich öffentliche Güter eine Funktion in den Handlungen erfüllen – allerdings eine nicht privatisierbare Funktion. Dieselbe Summe an Steuerlast kann zur Finanzierung eines öffentlichen Gutes dienen, während die Lastverteilung höchst unterschiedlich gestaltet ist. Jede Lastverteilung beeinflußt aber die relativen Preise.

Wir wollen dieses Beispiel noch etwas modifizieren und damit Licht auf eine in der ökonomischen Literatur lange geführte Debatte werfen: Die Debatte um die Grundrente. Die Antwort hierzu ist recht einfach: Das Bereitstellen von Grund und Boden ist eine *soziale Handlung*. Der Bedarf dieser Handlung ist identisch mit den Lebensgewohnheiten der Grundeigentümer. Dadurch, daß ihnen die Gesellschaft das Recht auf Grundbesitz einräumt und diese Gewohnheit zur Tradition wird, ergibt sich eine Grundrente. Das läßt sich an unserem Beispiel leicht demonstrieren. Nehmen wir hierzu an, der Tempel sei Grundeigentümer; er verfüge über 10 Einheiten Boden (nach irgendeinem geeigneten Maß gemessen). 9 Bodeneinheiten werden an die Bauern verpachtet, eine Einheit an die Handwerker. Wie zuvor wird der Tempel den Überschuß des sozialen Systems erhalten, allerdings auf dem Wege über die Bodenrente.

Wie sieht die betrachtete Modell-Wirtschaft aus? Es ergeben sich nunmehr *drei* Handlungstypen:

Schmiede : 400 *Tonnen Getreide plus* 1 *Bodeneinheit* → 10 *Tonnen Eisen*
Bauern : 8 *Tonnen Eisen plus* 9 *Bodeneinheiten* → 500 *Tonnen Getreide*
Tempel : 2 *Tonnen Eisen plus* 100 *Tonnen Getreide* → 10 *Bodeneinheiten*

Die formale Behandlung dieses Problems ist etwas komplizierter; ich möchte darauf nicht näher eingehen und gebe nur die Werte für die Gleichgewichtslösung an. Rechnen wir pro Tonne Getreide eine Goldmünze, so ergibt sich nunmehr ein Preis für Eisen von 41,8 Goldstücken pro Tonne. Die Bodenrente beträgt 18,4 Goldstücke für eine Bodeneinheit. Bei diesen Preisen ist das betrachtete System im Gleichgewicht. Der Tempel erhält eine Bodenrente von 184 Goldstücken und kann dafür 2 Tonnen Eisenwaren zum Preis von 41,8 Goldstücken, sowie 100 Tonnen Getreide zum Preis von je einem Goldstück je Tonne erwerben, woraus sich die bezahlte Bodenrente ergibt (= 2×41,8+100×1 = 184 Goldstücke).

Sicherlich kann man hier auf allerlei kritische Gedanken kommen; Adam Smith war der erste lautstarke Kämpfer gegen das Grundeigentum. Die Bodenrente setzt ein Eigentumsmonopol an Grund und Boden voraus. Adam Müller, in vielen Fragen der Gegenpol zu Adam Smith, hat auch den Adel als Grundeigentümer verteidigt, denn der Adel *verhindere* den allgemeinen Raubbau an der Erde gerade durch sein Grundmonopol.[251] Doch das ist hier nicht unser Punkt. Die Bodenrente ist das Resultat einer bestimmten sozialen Gewohnheit, die sich über den Markt und den Tausch vermittelt. Was jedoch in keiner Weise als eine *menschliche Handlung* bestimmt werden kann, das wird auch keinen Preis erhalten. Es läßt sich leicht zeigen, daß das obige System für ein *öffentliches* Gut, wie etwa das Klima oder die Luftqualität, zu keiner Lösung führen würde. Solche Güter sind nicht *privatisierbar*, können einzelnen Handlungen nicht anteilsmäßig zugerechnet werden und liegen deshalb außerhalb des Preissystems.

Eine schon einmal - im Kapitel 12 - angesprochene Beziehung sollte an dieser Stelle noch erwähnt werden: der Einfluß der *Knappheit* auf die Güterpreise. Die Nutzentheorie und die Neoklassik behaupten, daß Güterpreise letztlich Ausdruck der Güter*knappheit* sind. Das hier diskutierte Preissystem zeigt, inwiefern in dieser Behauptung ein Körnchen Wahrheit steckt, aber nicht die ganze Wahrheit. *Letztlich*, säkular knapp sind nur nichtreproduzierbare natürliche und kulturell tradierte Ressourcen. Andere Güter - Arbeit bestimmter Qualifikation, reproduzierbare natürliche Ressourcen oder Anlagegüter - sind stets nur *temporär* knapp. Für natürliche Ressourcen gilt das, was wir eben von den Bodenrente sagten: Sie werden dadurch ein Kostenbestandteil, daß sie im Privateigentum sind und wie andere Produkte als Handlungsresultate zur Verfügung gestellt werden. Spielen solche Ressourcen in sehr vielen Handlungen eine Rolle, so kann auch viel dafür bezahlt werden. Sonderprobleme ergeben sich, wenn diese Ressourcen *erschöpfbar* sind. Gewöhnlich wird einfach gemäß der aktuellen Nachfrage und den entstehenden Förderkosten abgebaut, ohne Berücksichtigung künftiger Knappheiten (vgl. Kapitel 16).[252]

Tatsächlich gibt es aber zahlreiche knappe Güter - öffentliche Güter -, die in keiner Kostenrechnung auftauchen *können*, gleichwohl aber eine soziale Funktion für alle Handlungen erfüllen; wir haben dies oben am Beispiel des Gutes »Kult« demonstriert. Zwar gibt es öffentliche Güter, die bereitgestellt und finanziert werden müssen; doch die *Lastverteilung* dieser Finanzierung gehorcht vorgängigen *ethischen* (politischen) Voraussetzungen. Jede Art der Lastverteilung führt aber zu jeweils ganz anderen Preisen. Das zeigt, weshalb die Güterpreise nicht generell durch »die« Güterknappheit erklärt werden können: Ein Teil der für die sozialen Handlungen unabdingbaren knappen Güter besitzt überhaupt keinen Preis und erscheint in keiner Kostenrechnung; ein anderer Teil wird staatlich finanziert, die Lastverteilung der Finanzierung aber (durch Steuerbelastungen oder die indirekten Wirkungen staatlicher Schuldenpolitik) wird *extern* zum zirkulären System der Preise durch die politischen und ethischen *Gewohnheiten* bestimmt. Deshalb können Knappheiten, die sich auf *privatisierbare* Güter beziehen, bei entsprechenden Eigentumsmonopolen zwar die Preise verändern und somit beeinflussen; »die« Knappheit der Güter aber erklärt weder die Preise überhaupt noch ihre allgemeine Veränderungsrichtung. Erdöl ist z. B. säkular knapp, Sonnen- und Windenergie nur temporär. Da der Erdölbedarf *künftiger* Generationen aber ein öffentliches Gut ist, erscheint seine Knappheit in keinem Preis. Jede *Steuer* auf Erdölprodukte wäre nur ein willkürliches Maß dieses unbekannten, künftigen Bedarfs – woraus sich weder ein Argument für noch gegen solch eine wirtschaftspolitische Maßnahme ergibt, wie bei allen Fragen der Ethik.

Sozialer Überschuß und kaufmännischer Gewinn

Die Absicht des obigen Beispiels ist es nicht, ein ökonomisches Modell für theokratische Kulturen zu liefern, es zeigt jedoch, wie die Preise der Güter durch den sozialen Bedarf bestimmt sind. Das wird noch deutlicher, wenn wir die Frage stellen: Wie verändert sich das Gewohnheitssystem der Handlungen durch die Tätigkeit von *Kaufleuten*? Da auch Kaufleute nicht von Luft leben, werden sie, ähnlich dem Tempel, am Überschuß des Gewohnheitssystems partizipieren. Doch das ist offenbar nicht das Wesen dieser Funktion. Wir modifizieren zur Beantwortung dieser Frage nochmals unser Beispiel. Der Bedarf der beiden Handlungen – der Bauern und

Schmiede – bleibe unverändert, auch die Produktion. Was sich durch die Kaufleute ändert, ist der Austausch selbst.

Hierzu brauchen wir uns nur daran zu erinnern, was Kaufleute ursprünglich sind: *Tauschvermittler*. Sie kaufen Waren, um sie an andere Personen wieder zu verkaufen. Normalerweise werden sie dabei auf die Einkaufspreise etwas aufschlagen, einen bestimmten Prozentsatz, den sie als ihren Handelsgewinn behalten. Und hier zeigt sich das Merkwürdige, daß in einem Gewohnheitssystem dieser Handelsgewinn, der aufgeschlagene Prozentsatz nicht *beliebig* ist. Mit den Kaufleuten als Kaufvermittlern läßt sich – wenigstens prinzipiell – ein erneutes, erweiteres Gewohnheitssystem formulieren. Um dies zu zeigen, bleiben wir bei unserem obigen Beispiel. Alle Käufe und Verkäufe werden nun durch Kaufleute vorgenommen.

Das bislang betrachtete Gewohnheitssystem, erweitert um die Tätigkeit der Kaufleute, wäre im imaginären Gleichgewicht wie folgt beschaffen: Alle Preise werden in Gold berechnet. Einfachheitshalber sprechen wir nur von *einem* Kaufmann. Dieser Kaufmann kauft von den Handwerkern, den Schmieden, die gesamte Eisenproduktion von 10 Tonnen zu einem Preis von 40 Goldstücken je Tonne; er *verkauft* an die Bauern 8 Tonnen zu einem Preis von 50 Goldstücken. Gleichzeitig kauft er den Bauern 500 Tonnen Getreide zu einem Preis von 0,8 Goldstücken je Tonne ab und verkauft 400 Tonnen zu einem Preis von einem Goldstück je Tonne. Wie sieht, bei dieser Rechnung, das gesamte System aus? Die Schmiede halten 400 Goldstücke in Händen und können dafür ihren Bedarf von 400 Tonnen Getreide beim Kaufmann für je 1 Goldstück je Tonne decken. Die Bauern halten ebenfalls 400 Goldstücke in Händen und können dafür ihren Eisenbedarf von 8 Tonnen zu einem Preis von 50 Goldstücken je Tonne decken. Der Kaufmann hat den Bedarf der beiden Sektoren dieser einfachen Wirtschaft vermittelt; ein Marktpreis von 50 Goldstücken pro Tonne Eisen und von einem Goldstück pro Tonne Getreide hat sich als eine gleichgewichtige Lösung ergeben.

Um diesen Prozeß vermitteln zu können, benötigt der Kaufmann 800 Goldstücke. Am Ende des Marktprozesses behält er aber einen Überschuß in Händen, den Überschuß von 2 Tonnen Eisen und 100 Tonnen Getreide. Dieser Gewinn entspricht dem, was der Kaufmann durch die

Differenz aus Einkaufs- und Verkaufspreis erlöst hat: er hat bei beiden Produkten um 25% aufgeschlagen. Bewerten wir den vom Kaufmann einbehaltenen Überschuß mit den Verkaufspreisen des Marktes, so ergibt sich ein rechnerischer Gewinn von 2 Tonnen Eisen mal 50 Goldstücke/Tonne plus 100 Tonnen Getreide mal 1 Goldstück/Tonne = 200 Goldstücke. 200 Goldstücke bezogen auf 800 Goldstücke (die Ausgaben des Kaufmanns beim Einkauf) ergeben einen Zinssatz von 25% (0,25 = 200/800). Man kann zeigen, daß *nur* bei diesem Aufschlagssatz das Gewohnheitssystem im Gleichgewicht ist. Die mathematische Lösung für formal analoge mathematische Systeme stammt von John von Neumann.[253]

Nun wollen wir uns an dieser Stelle nicht den Kopf darüber zerbrechen, was der Kaufmann mit den zwei Tonnen Eisenwerkzeugen und den 100 Tonnen landwirtschaftlicher Produkte anfangen wird. Wichtig ist vorläufig nur das Verständnis von zwei Punkten: *Erstens* setzt die Existenz von Kaufleuten ein Gewohnheitssystem voraus, das einen Überschuß erwirtschaftet, und *zweitens* sorgt der Marktprozeß durch reinen Kauf und Verkauf für eine Übertragung des Überschusses in die Hände der Kaufleute.

Etwas muß noch ergänzt werden. Wir gingen bislang von einem einheitlichen Zuschlagssatz für alle Waren aus, den der Kaufmann zugrunde legt. Eine Lösung für das betrachtete Gewohnheitssystem gibt es auch dann, wenn diese Zuschlagssätze unterschiedlich ausfallen. Eine kleine Änderung unseres Beispiels: Stellen wir uns vor, die Handwerker selbst würden sich als Kaufleute betätigen. Bei einem Preis für Eisenwerkzeuge von 62,5 Goldstücken je Tonne würden die Schmiede (= Kaufleute) damit für 8 Tonnen Eisen (dem Bedarf der Bauern) 500 Goldstücke erhalten. Da ihr ursprünglicher Bedarf aber nur 400 Goldstücke beträgt, erlöste ihre Produktion von 10 Tonnen Eisen einem Wert von 625 Goldstücken, ein Aufschlag auf den Wert des Bedarfs von 56¼ %. Der Überschuß würde hierdurch gänzlich dem Handwerkssektor in die Hände fallen, der, gemäß unserer Voraussetzung, mit den Kaufleuten identisch ist. Die Preise, die Tauschwerte zwischen Eisen und Getreide, hätten sich durch diese *andere* Verteilung jedoch erheblich verändert (eine Erhöhung von 50 auf 62,5 Goldstücke je Tonne Eisen).[254]

Verlassen wir die Modellwelt unseres Rechenbeispiels. Einige Sachverhalte sind deutlich geworden: *Erstens* hängen die Preise der Güter in einem Gewohnheitssystem vom Bedarf der einzelnen Handlungen ab. Dieser Bedarf ist eine tradierte und prinzipiell veränderliche Gewohnheitsgröße. Sie wird beeinflußt von den Erfahrungen der Vergangenheit und den Erwartungen zukünftiger Ereignisse. Diese Faktoren legen z. B. die Höhe der angesetzten Abschreibungen bzw. Ersatzinvestitionen fest, die wiederum die Höhe des Handlungsbedarfs bestimmen. *Zweitens* kann durch die Vermittlung der Kaufleute ein *Überschuß* des Gewohnheitssystems über den Markt abgeschöpft werden. Er fällt den Kaufleuten zu. Das Gewohnheitssystem *mit* der Vermittlung der Kaufleute besitzt prinzipiell eine gleichgewichtige Lösung, bei der die Höhe der Preise relativ zueinander oder in Geldeinheiten bestimmt werden kann. Die Höhe des durchschnittlichen Aufschlags auf eingekaufte Waren, das Verhältnis aus Verkaufs- und Einkaufspreis ist allerdings nicht beliebig. Sie hängt ab vom Überschuß des gesamten sozialen Systems. Da der Überschuß des Gewohnheitssystems durch das *gesamte* System erzeugt wird, kann man ihn einer *einzelnen* Handlung nicht zurechnen; er ist ein zwar sozial erzeugtes, jedoch privatisierbares »Gut«.

Preise als Gewohnheit

Drei Sachverhalte sind in unserer bisherigen Überlegung noch unberücksichtigt geblieben. Und diese drei Sachverhalte sind es, die erst zu einem wirklichen Verständnis der Rolle des Geldes, der Preise und des kaufmännischen Handelns führen. *Erstens* sind wir davon ausgegangen, daß sich die Preise immer schon im Gleichgewicht befinden und sich vollständig an die genannten Bestimmungsfaktoren anpassen (Bedarf der Handlungen, Verteilung des Überschusses, Erwartungen). Faktisch beobachten wir aber in Marktwirtschaften eher das *Umgekehrte*: Die Handlungen passen sich an die gegebenen Marktpreise an. Wie also verwandeln sich die Preise in eine *selbständige* soziale Realität, an die sich die Handelnden anpassen? *Zweitens* sind wir bislang davon ausgegangen, daß das Geld eine bloße Recheneinheit für den Tausch sei. Doch bereits Aristoteles hat eine wichtige andere Bestimmung des Geldes entdeckt. Geld verliert seine

Bedeutung nicht, »wenn augenblicklich kein Bedarf gegeben ist«. In diesem Fall, wie er sagt, dient das Geld als »Bürge«[255] für den späteren Tausch. Die neuere Literatur spricht hier von einer »Wertaufbewahrungsfunktion des Geldes«. Das greift zu weit. Geld bewahrt keinen Wert, es bewahrt aber seine *Funktion*. Was ist das Besondere an dieser Funktion? - das ist unsere weitere Frage. *Drittens* hatten wir die Kaufleute formal in ein Gewohnheitssystem einbezogen. Die Diskussion des letzten Kapitels hat jedoch ergeben, daß dies dem Handlungsprogramm der Kaufmannsseele völlig widerspricht. Der Kaufmann zieht aus dem Tauschprozeß einen Überschuß - doch was wird er mit diesem Überschuß anfangen? Und hier dringen wir zum Hauptproblem und zur Hauptfrage vor. Wäre der über den Tausch privatisierte Überschuß des Kaufmanns nur ein Bedarf wie jeder andere, so könnte man dem Gewohnheitssystem insgesamt ein statisches Gleichgewicht zuschreiben. Doch das ist nicht der Fall. Der Überschuß des Kaufmanns erfüllt eine ganz andere Funktion. Er dient dazu, einen *größeren* Überschuß zu erwirtschaften. Die passive Handelsfreiheit des Kaufmanns paart sich mit der kreativen Freiheit, die Änderungen anregt und einen dynamischen Prozeß in Gang bringt. Diesen dritten Punkt werden wir im Kapitel 16 näher untersuchen.

Betrachten wir den *ersten* Punkt. Man mag davon ausgehen und auch historische Belege dafür anführen - wir haben einige am Eingang zu diesem Kapitel erwähnt -, daß Preise ursprünglich in ein Rechtssystem eingebettet waren und überwacht wurden, so daß von einer »Markt«wirtschaft gar nicht gesprochen werden konnte. Für reine Gewohnheitssysteme lassen sich tatsächlich Preissysteme *errechnen*, und vielleicht sind frühe Rechtsnormen Erfahrungswerte für solche »Rechnungen« gewesen, die der Willkür des zufälligen Tauschs entrissen und gesetzlich normiert wurden. Solche rechtlichen Einbettungen - Aristoteles spricht von Marktaufsehern - sind ein Indiz dafür, daß die Preise für längere Zeit unveränderlich waren. Die Preise, ihre ungefähre Höhe in einer Recheneinheit, ihre gelegentlichen Schwankungen in bestimmten Größenordnungen sind nicht nur der *soziale Ausdruck* des Zusammenhangs der vielen Handlungen und ihres Bedarfs, sie werden selbst zu einem sozialen Phänomen. Preise werden zu Signalen, an denen sich

Handlungen orientieren. Die vermittelnde Funktion wird zu einer eigenständigen *Wirklichkeit*, an der sich ihrerseits Handlungen orientieren.

In einer entwickelten Marktwirtschaft ist diese Verselbständigung der Preise offensichtlich. Zwar spielt die Qualität der Produkte keine geringe Rolle beim Kauf und Verkauf; insgesamt haben alle Handlungen aber die Güterpreise als Grundlage ihrer Handlungsprogramme akzeptiert. Die Preise werden zu wichtigen Elementen der Handlungsprogramme. Es bleibt umgekehrt richtig, daß die sozialen Beziehungen der Handlungen und ihres Bedarfs die imaginären Gleichgewichte für diese Preise festlegen. Doch aus dem Mittel für den Austausch ist aus der Funktion von Geld und Preisen längst ein eigener Zweck geworden. Preise werden zu Elementen von Handlungsprogrammen und deshalb zu *Gewohnheiten*. Für jede Marktwirtschaft bilden sich neben anderen Gewohnheiten auch solche, die sich auf Preise beziehen. Jedermann weiß, wieviel etwa für ein Hotelzimmer, 250 Gramm Butter, einen Mittelklassewagen oder einen Quadratmeter Wohnraum mittlerer Lage zu bezahlen sind. Sicherlich gibt es hier Differenzen, und in jedem erwacht die Kaufmannsseele, wenn irgendwo ein Schnäppchen winkt. Insgesamt sind aber die Preise nicht ein komplexes Chaos, sondern sie stellen relativ stabile Bausteine von Gewohnheiten des Kaufs und Verkaufs dar. Das wird besonders deutlich, wenn bei technologischen Umbrüchen oder bei hohen Inflationsraten diese »sichere« Kalkulationsgrundlage *entfällt*.

Damit ist also nicht gesagt, daß die Preise *konstant* bleiben müßten. Auch kann man die klassische Lehre, wonach sich Preise durch das Gewicht der Angebots- und Nachfragemengen verändern werden, prinzipiell gelten lassen. Dennoch greift diese Erklärung zu kurz. Angebots- und Nachfragemengen sind der Ausdruck des Wechselspiels zwischen Bedarf und Produkt der sozialen Handlungen. Dies wird vielfältig überlagert durch andere Prozesse, die wir erst noch genauer kennenlernen werden; die Rolle des Kaufmanns bildet hierfür den Schlüssel. Was immer sich aber bei den Preisen für Einflußfaktoren geltend machen, die sie kurzfristig verändern, ihre bewegende Kraft bleibt die Beziehung der sozialen Handlungen und ihres Bedarfs.

Geld als Marktzutrittsschranke

Greifen wir den *zweiten* Punkt auf. Das Geld ist zunächst ein äußerer Gegenstand. In seiner den Tausch vermittelnden Funktion muß es dauerhaft und teilbar sein. *Gold* war von jeher die Inkarnation dieser Eigenschaften, aber auch eine bloß *nominale* Definition des Geldwertes durch ein *Gesetz* besitzt dieselbe Eigenschaft. Insofern ist der bekannte Satz von Knapp: »Das Geld ist ein Geschöpf der Rechtsordnung«[256] durchaus zutreffend, denn auch Gold erhält seine Funktion nur im Rahmen einer Rechtsordnung. In der – physischen oder definitorischen – Dauerhaftigkeit ist allerdings kein *Geld-Wert* verbürgt. Der »Wert« des Geldes ist die einer Geldeinheit entsprechende Gütermenge auf dem Markt. Doch dieser Punkt, ein Problem der Preisstatistik, ist hier nicht unsere Frage. Mag auch der Gegenwert in Gütern veränderlich sein, das Geld *als* Geld behält seine Funktion, gegen Güter eintauschbar zu sein.

Die Beziehung zwischen Geld und Gütern ist *asymmetrisch*. Geld kann immer gegen Güter, Güter können jedoch nicht immer gegen Geld getauscht werden. Das Geld ist der Ausdruck des *sozialen* Handlungsbedarfs; es stellt nicht Gesellschaft her, aber es vermittelt die wechselweisen Beziehungen der vielfältigen Handlungen. Ob eine Ware sich zusätzlich in das System des sozialen Bedarfs einfügt, ist prinzipiell offen. Jemand mag eine Ware produzieren, die von niemand benötigt wird; sie gehört dann nicht zum sozialen Gewohnheitssystem und ist *deshalb* auch nicht gegen Geld eintauschbar. Niemand wird sie kaufen. Das Geld spricht ein *soziales Urteil* über jede Ware, jede Dienstleistung. Am erzielten Geldpreis kann man erkennen, inwiefern man in seiner Handlung *zur Wirtschaftsgesellschaft* gehört. Im Güterpreis erkennt die Gemeinschaft eine Handlung als *soziale* an. Das Geld dient nicht nur als Maß der Preise, es ist auch *qualitativ* eine *Grenze* des Marktes, der Handlungsgemeinschaft.

Neben und in dieser doppelten Funktion als Maß der Preise und als Hürde für die Teilnahme am sozialen Gewohnheitssystem ist aber das Geld *selbst* eine soziale Wirklichkeit, wie die Preise. Es wird selbst Gegenstand von Handlungsprogrammen. Sofern Handlungen sich auf den Markt beziehen, also Geld und Preise als Elemente ihrer Handlungsprogramme aufnehmen, insofern handeln *alle* am Marktprozeß Beteiligten *kaufmännisch.* Der Markt und die Geldverwendung nötigen kaufmännisches Handeln auf; man kann sich dem nicht entziehen und gleichzeitig am sozialen Tauschprozeß teilnehmen. Da das Geld *stets* der Richter über die Marktteilnahme ist, *sichert* der Geldbesitz die Möglichkeit, am sozialen Prozeß teilzunehmen. Nur wer Geld hat, kann Güter kaufen, die *anders* gar nicht *rechtmäßig* erworben werden können. Der Geldbesitz wird damit selbst zu einem eigenen Handlungsziel. Hier aber nicht im Geist des Kaufmanns, der auf seine *Vermehrung* zielt. Der Geldbesitz wird in Marktwirtschaften zu einer *Versicherung.* Er gewährt die Sicherheit, jederzeit am Marktprozeß teilnehmen zu können.

Die meisten Waren erlauben auch die Marktteilnahme, doch dies mit einem geringeren Grad an Sicherheit. Gute Arbeitskräfte werden Arbeit finden, aber *sicher* ist das nicht. Und auch hochwertige Produkte können im Wechselbad der Konjunkturen möglicherweise keine Käufer finden. Die Güter weisen in ihrer *Verkäuflichkeit* eine unterschiedliche Marktnähe auf. Sie sind unterschiedlich verkäuflich. Nur das Geld ist immer »verkäuflich«, es ist der *Bürge,* daß jemand am Marktprozeß *immer* teilnehmen kann. In der Literatur spricht man von unterschiedlicher *Liquiditätsnähe* verschiedener Güter. Geld hat naturgemäß die höchste Liquidität; andere Güter, je nach Situation und Eigenschaft, besitzen eine geringere Liquiditätsnähe.

Aus dieser Eigenschaft des Geldes, den Marktzutritt *immer* – wenn auch im Umfang begrenzt durch die Höhe des Geldbetrages – zu garantieren, erwächst ihm die Rolle als Sicherheitsträger, es bietet Sicherheit im Marktprozeß. Aus diesem Grund ergibt sich neben der Kaufmannsseele ein weiteres Handlungsmotiv, das sich *nur* auf das Geld bezieht. Dieses Motiv beinhaltet, kurzfristig am Marktprozeß teilnehmen zu können, also *liquide* zu sein. Die *Unsicherheit* ist der Grund für dieses Sicherheitsbedürfnis, das zu einer Geldhaltung über die Zwecke des Tauschs hinaus führt. Diese Geldhaltung ist *formal* der Schatzbildung analog, ihr *Motiv* ist jedoch nicht das der Kaufmannsseele. Keynes nennt dieses aus der Unsicherheit erwachsende Motiv der Geldhaltung die *Liquiditätspräferenz.* »Unser Wunsch, Geld als einen Schatz zu halten«, sagt Keynes, »ist ein Barometer für den Grad unseres Mißtrauens in unsere eigenen Berechnungen und Konventionen in bezug auf die Zukunft.«[257] In der

Schatzbildung bleiben dieses und das Motiv der Kaufmannsseele vermengt. Bereits Kautalya gibt in seinem Artha-Shâstra im Indien des vierten vorchristlichen Jahrhunderts den Ratschlag an den Fürsten: »Alle Unternehmungen haben als erste Voraussetzung den Schatz. Deshalb soll der Fürst seine Aufmerksamkeit zuerst auf den Schatz richten.«[258] Dagegen spricht aus dem Munde von Friedrich dem Großen bereits die Kaufmannsseele: »Man muß aber nicht Schätze haben ohne Umlauf, sondern starke Einkünfte.«[259]

Geld spielt also auch in der Motivation der Handlungen eine Doppelrolle: Der Kaufmann in seiner Liebe zum Geld strebt danach, Situationen zu schaffen, die dessen *Vermehrung* erlauben. Er zerstört gewohnte Handlungen und schafft so für jeweils andere *Unsicherheit.* Diese Unsicherheit wiederum ist der Grund für jenes Sicherheitsstreben, das zur Geldhaltung führt. Auf den Konten der Spekulanten können sich beide Motive durchaus vermengen, ihre Funktion bleibt gleichwohl verschieden. Des einen Kreativität ist des anderen Unsicherheit. Beides wird in Marktwirtschaften überlagert und motiviert den Geldbesitz.

Der Geld*besitz* ist damit ein unabdingbares Element des Tauschprozesses einer Gesellschaft. Geld hat in Marktwirtschaften *niemals* nur eine Rechenfunktion (*numéraire*) erfüllt, wie Leon Walras lehrt. Wenn aber das Geld selbst, das Geld *als* Geld, Gegenstand von Handlungen wird, wenn *Schatzbildung* – und sei es nur ein Sparstrumpf – den Marktprozeß begleitet, dann geht von diesem Geldbesitz auch eine Wirkung auf die *Preise* aus. Wer viel Geld besitzt, kann viel nachfragen, und eine starke Nachfrage führt zu Preiserhöhungen. Das, was sich im *realen* Marktprozeß – nicht im imaginären Gleichgewicht eines Gewohnheitssystems – an Preisen ergibt, ist durch die Verteilung des Geldbesitzes ganz wesentlich mitbestimmt. Geldbesitz hebt nicht die soziale Funktion des Geldes auf; im Gegenteil, er *privatisiert* sie. Wie veränderte Abschreibungen oder ein veränderter, anders motivierter Bedarf die relativen Preise verändert, ebenso verändert sie die Verteilung des Geldbesitzes.

Der Geldbesitz ist es auch, der das reine mechanische Funktionieren des »Marktpreismechanismus« stört und sogar gänzlich verhindern kann. Der Preismechanismus fordert, daß bei einem Überschußangebot die Preise sinken und bei einer Überschußnachfrage steigen. Die Rede ist hier aber von einem Überschußangebot oder einer Überschußnachfrage an *Gütern*. Sicherlich werden die Händler die Preise erhöhen, wenn die Kunden in langen Schlangen vor den Geschäften drängeln, sie werden die Preise auch senken, wenn die Kunden ausbleiben. Dieser Kern der Preismechanik ist durchaus richtig. Ein Punkt muß hier aber ergänzt werden. Womit die Kunden in Konkurrenz treten, ist eine Nachfrage *in Geld*. Wenn die Kunden, gemessen an einem imaginären Gleichgewicht, *zu viel* Geld besitzen, dann bleibt es immer noch deren freie Entscheidung, dieses Geld auch *auszugeben*. Sie könnten sich auch als clevere *Kaufleute* erweisen. Wenn die Nachfrager ihr Geld *verleihen*, dann werden sie keine Nachfrage entfalten; die Preise bleiben unbewegt. Es ist sogar folgendes denkbar: Die Kunden können ihren Bedarf decken, verfügen aber über mehr Geld, als dafür erforderlich ist, und gleichwohl bleiben Produktionskapazitäten unterausgelastet. *Verleihen* sie dieses Geld an die Produzenten als *Kredit* und nutzen die Produzenten diesen Kredit, um ihre Produktion neu zu organisieren und kostengünstiger zu produzieren, so werden die Preise sogar fallen. Das Bankensystem kann einen derartigen Kredit auch ohne zugehörige Einlagen schöpfen. Es waren derartige Zusammenhänge, die Keynes – etwas unglücklich – mit dem Begriff einer zu hohen »Sparneigung« als Störelement entwickelter Marktwirtschaften dechiffriert hatte.

Ein Mißverhältnis aus Angebotsmenge und Nachfrage entsteht also erst dann, wenn die Nachfrage auch tatsächlich entfaltet wird. Sie wird aber nur dann entfaltet, wenn der Handlungsbedarf diese Nachfrage *erforderlich* oder wünschenswert macht. Ein Nachfrage- oder Angebotsüberschuß setzt also eine Veränderung des *Bedarfs* voraus, so daß die Preise durch den sozialen Bedarf bestimmt bleiben. Allerdings ist der Bedarf, wie wir gesehen haben, »nach oben offen«. Ein großer Geldbesitz wird zu einer »Anpassung« des Bedarfs nach oben führen und somit *indirekt* die Preise beeinflussen. Es sind deshalb letztlich die sozialen Handlungen und ihre Bedarfsstruktur, die für die Güterpreise und die Preise für Dienstleistungen verantwortlich bleiben.

Der Bedarf ist keine naturhafte, unabhängige Größe (»Nutzen«, »Produktionsfunktion«), er ist durch Gewohnheit bestimmt. Gewohnheiten sind aber veränderbar. Deshalb gibt es keine »Dichotomie« zwischen Geld und »realen Faktoren«, wie Klassik und Neoklassik behaupten. Geld ist kein bloßer Schleier. Es ist ein Element der Handlungsprogramme: Durch die Preise, die Geldhorte aus Vorsicht und die Schatzbildung aus Geldgier. Die Handlungsprogramme werden durch das Geld reprogrammiert, und aus diesen veränderten Handlungsprogrammen erwächst ein veränderter Bedarf. Eine reine Preismechanik vergißt deshalb, daß sich durch Preisänderungen und Geldtransfers im Tauschprozeß *die Handlungsprogramme* selbst verändern, damit aber auch der Bedarf, und daraus folgend wiederum die Preise. Die Preise passen sich nicht an »gegebene« Daten an, die durch Naturgesetze festgelegt wären (in der Produktion und in der menschlichen Seele), sie verändern diese »Daten«, denn diese Daten sind Elemente von Handlungsprogrammen. *Wie* sich aber der Bedarf durch die Preise verändert, wie sich *Gewohnheiten* verändern, wenn Handlungsprogramme nicht mehr in gewohnter Weise realisiert werden können, läßt sich nicht vorhersagen. Derartige Änderungen geschehen aus *freien Entscheidungen* und führen zu kreativen Variationen der Handlungsprogramme, die in der Regel nicht prognostiziert werden können.

15 Der soziale Überschuss und seine Quelle

Das Wesen des sozialen Überschusses

Für das Verständnis der wirtschaftlichen Dynamik ist der in Kapitel 14 eingeführte Begriff des *sozialen Überschusses* ein Schlüssel. Obgleich wir die Umrisse davon bereits im letzten Kapitel skizziert haben, wollen wir in diesem Kapitel jene Aspekte herausarbeiten, die zur inneren Dynamik der kaufmännischen Rationalität in Beziehung stehen. Der soziale Überschuß entsteht in einem sozialen System von Handlungen. Ein *allgemeines* System - im Sinne der Systemtheorie - erzeugt nur dann einen Überschuß, wenn es *offen* ist. In einem völlig geschlossenen System könnte weder Abnahme noch Zunahme stattfinden, denn es wäre durch seine Systemgrenzen vollständig definiert. Geschlossene Systeme enthalten ihre eigene Umwelt. Sie sind also nur ein *gedankliches* Konstrukt, denn nirgendwo im Kosmos kann es geschlossene Systeme geben.

Die menschliche Wirtschaft, als *physisches* System betrachtet, ist naturgemäß von der Umwelt, d. h. vor allem von der Erde und der Sonnenenergie abhängig. Da im System Wirtschaft keine Energie und Materie *erschaffen* werden kann - ein Gedanke, der von vielen Ökonomen betont wurde[260] -, kann der *soziale* Überschuß niemals ein energetisch-materieller Überschuß sein. Vielmehr entzieht dieses System Wirtschaft der Erde Materie und Energie, formt sie für menschliche Zwecke um und gibt sie in der Form von Abfall und Wärme wieder an die Erde zurück. Einen physisch-materiellen Überschuß des Systems Wirtschaft kann es also nicht geben.

So nützlich die Analyse energetischer Beziehungen zwischen Mensch und Erde sein mag - vor allem Nicolas Georgescu-Roegen hat diesen Zusammenhang untersucht[261] -, sie ist ungeeignet, die innere Natur des sozialen Überschusses zu verstehen. Eher ist solch ein Zugang sogar ein Hindernis, und aus diesem Grund sollte er hier zur Klarstellung und Abgrenzung an- und ausgesprochen werden. Der soziale Überschuß ist ein Phänomen der wechselseitigen Abhängigkeit von *Handlungen.* Handlungen können nicht auf *physische* Kausalbeziehungen zurückgeführt werden. Das menschliche Handeln bezieht sich *auch* auf physische Gegenstände; wir haben das im elften Kapitel diskutiert. Aber das Handeln erschöpft sich nicht darin.

Das Einräumen eines *Nutzungsrechtes* ist z. B. eine sehr häufige und wichtige soziale Handlung. Wer seine Arbeitsleistung verkauft, räumt dem Arbeitgeber ein bestimmtes Nutzungsrecht seiner Arbeitskraft ein; ähnlich räumt der Grundbesitzer oder der Hauseigentümer ein Nutzungsrecht seines Eigentums ein. Dieses eingeräumte Nutzungsrecht mag physische Aspekte besitzen, es ist sachlich dennoch völlig von ihnen verschieden. Gleichfalls ist all das ein Produkt einer Handlung, was in einer *nachgelagerten* Handlung eine *Funktion* erfüllt. Welcher *Art* diese Funktion ist, spielt keine Rolle, solange der Handlungsträger, der sie nachfragt, von dieser Funktion überzeugt ist. Insofern sind auch rein *fiktive* Leistungen ökonomische Güter, *wenn* sie nachgefragt werden. Wer ein Duschbad nur deshalb kauft, weil das Werbefernsehen in seinem Denken einen konditionierten Reflex installiert hat, der mit diesem Duschbad - und keinem anderen! - den Sprung ins Meer verbindet, für den *ist* diese Funktion die Qualität des nachgefragten Gutes. Wer wollte einem Nichtraucher die Funktion einer Zigarette klarmachen? einem Bruckner-Hörer die Qualität von Techno? oder einem Leser des Feuilletons der Frankfurter Allgemeinen Zeitung die Unverzichtbarkeit eines knallbunten Blattes der Regenbogenpresse?

Die Produkte von Handlungen erhalten ihre Funktion relativ zu der Bedeutung, die sie in einer nachgelagerten Handlung haben, und diese *Bedeutung* der Handlungsfunktion ist kognitiv, nicht aber physisch zu bestimmen, auch wenn sie notwendig physische Aspekte besitzt. Die menschliche Produktion erzeugt vor allem *Bedeutungen*, sie produziert »Information«, nicht »Energie«. *Güter* sind dadurch Güter, daß sie Funktionen in (nachgelagerten) Handlungen erfüllen, nicht aufgrund physischer Eigenschaften.[262] Das gilt auch für industrielle Vorprodukte. Zwar wird hier das kaufmännische Sparregiment dafür sorgen, daß keine *Verschwendung* stattfindet, die Wiederholung eines bestimmten Produktionsprozesses ist gleichwohl abhängig von *kognitiven* Schranken. Eine *Neuerung* wird, wenn sie die Kosten zu senken erlaubt, sogleich die bislang notwendige Produktionsmethode verdrängen. Eine bloße *Information* kann einen für die Produktion bislang unverzichtbaren Bedarf als blanke Verschwendung erscheinen lassen, etwa bei einer Reorganisation des Produktionsablaufs oder der Anwendung eines (verschwindend geringen) Katalysators für einen chemischen Prozeß.

Menschliche Handlungen - der Produktion, des Konsums - beziehen damit die Bedeutungen von Gütern aufeinander und verknüpfen sie durch bestimmte Handlungssequenzen. Die Beschreibung derartiger Handlungssequenzen nannten wir *Handlungsprogramme.* Der Handlungsverlauf, den ein Programm erzeugt, verknüpft Handlungsresultate *anderer* Handlungen und führt zu einem ganz andersartigen Produkt. Dieser darin stattfindende *Formwandel* - die Trans-Formation -, der den Handlungsbedarf mit den Produkten der Handlung verknüpft, tritt nach außen, tritt in Erscheinung als *physisches* Verhalten von Waren oder Dienstleistungen. Die sozialen Handlungen insgesamt erscheinen als vielfach verflochtener Prozeß solch eines Formwandels.

Das, was sich als relativ stabiler Bedarf der Handlungen ergibt - die aus den wiederholten Handlungsprogrammen hervorgehenden *Gewohnheiten* - bilden in ihrer sozialen Vernetzung ein *Gewohnheitssystem.* Und dieses Gewohnheitssystem kann einen *Überschuß* hervorbringen. Dieser Überschuß ist ein *soziales* Mehr an Gütern und Dienstleistungen. Die Arbeitsteilung, die Vielfalt der Handlungen verhindert, daß dieser Überschuß auf irgendeine Weise *lokal* zugerechnet werden kann. Jede lokale Handlung im System sozialer Handlungen ist durch eine *Trans-Formation* charakterisiert. Sie setzt *heterogene* Formen bzw. physische Mengen zueinander in Beziehung. Ein Sänger ernährt sich von Champagner, Kaviar und Weißbrot; dieser sein Bedarf steht in *keiner* Beziehung zu dem Schubert-Lied, das er abends auf der Bühne zu Gehör bringt. Ähnlich heterogen sind *alle* sozialen Handlungen.

Damit haben wir drei wesentliche Bestimmungen des sozialen Überschusses kennengelernt. *Erstens* ist der soziale Überschuß jeweils *relativ* zur Interpretation, die eine Handlung für nachfolgende Handlungen besitzt. Die Funktion der Handlung ist kein bloß *physisches Verhalten*, sie ist relativ zur Bedeutung im jeweiligen Handlungsprogramm. *Zweitens* zeigt sich der soziale Überschuß relativ zu einer Gewohnheit, zu einem Handlungs*bedarf.* Der Handlungsbedarf impliziert eine gewisse Regelmäßigkeit der Handlung. Zwar verwenden auch spontane oder zufällige Handlungen Güter und Dienstleistungen; ihr »Bedarf« vergeht aber mit der Handlung selbst und konstituiert damit keine wiederholte soziale Funktion. *Drittens* erscheint der Überschuß nur *sozial*, er ist keiner Einzelhandlung zuzurechnen, ist durch keine Einzelhandlung »verursacht«. Er entsteht *relativ* zum sozialen Bedarf. Ein veränderter Handlungsbedarf in irgendeinem Sektor der Volkswirtschaft würde den Überschuß des gesamten Systems mindern oder erhöhen. Eine Zurechnung verbietet sich, weil meist beide Effekte *zugleich* auftreten. Wenn ein Stahlwerk durch eine neue Anlage Energie einspart, so mag dies für den sozialen Energieverbrauch positiv sein, die Einsparung bedeutet für die Lieferanten von Ersatzteilen der alten Anlage aber den Verlust eines Marktes, sie kann Arbeitsplätze vernichten oder in anderen Sektoren völlig neue Produkte induzieren. Qualitative Änderungen oder Neuerungen entziehen sich der kausalen Zurechnung.

Nun haben wir *eine* Möglichkeit kennengelernt, den sozialen Überschuß in seinen heterogenen Gütern und Dienstleistungen berechenbar zu machen: durch die Preise des sozialen Gewohnheitssystems. Hierbei ist aber auch ein sehr merkwürdiges Phänomen sichtbar geworden. Der soziale Überschuß wird in *Marktwirtschaften* durch Preise und Geld, also durch Tausch verteilt, wie alle anderen Güter auch. Wer aber Güter kauft, *offenbart* einen Bedarf. Wenn also der soziale Überschuß *gekauft* wird, entsteht dadurch ein verändertes System, bei dem dieser Überschuß als neuer *Bedarf* von Handlungen erscheint. Wird solch ein Austausch in den geeigneten Proportionen - wir haben im vorigen Kapitel Beispiele kennengelernt - *wiederholt*, wird der Bedarf tatsächlich Ausdruck einer *Gewohnheit*, so entsteht ein neues, geschlossenes Gewohnheitssystem *ohne* Überschuß. Was zuvor Überschuß war, wird gekauft und Bedarf einer anderen Handlung. Damit aber wird diese neue Handlung in das soziale System integriert und bildet mit diesem System ein neues Gewohnheitssystem. Woher der soziale Überschuß auch stammen mag, der Marktprozeß wird ihn absorbieren und neue Handlungen dem geschlossenen Gewohnheitssystem angliedern. Der soziale Überschuß hat sich in eine Gewohnheit, in sozialen Bedarf verwandelt.

Wir wollen das erläutern. Wenn in einem Gewohnheitssystem ein sozialer Überschuß entstanden ist, der aufgrund der Marktverhältnisse von Kaufleuten absorbiert wird, dann bildet das soziale System *plus* Kaufleute ein neues Sozialsystem. Der vom Kaufmann gewonnene Überschuß kann zu seinem Bedarf werden; es entsteht ein neues, geschlossenes System. Doch das ist nur dann der Fall, wenn der Kaufmann *aufhört*, Kaufmann zu sein, wenn er sich in einen *Rentier* verwandelt, der von den Zinsen seiner Rentenpapiere den Lebensunterhalt ohne Streben nach Veränderung bestreitet. Und hier zeigt sich, daß die Annahme eines *geschlossenen Gewohnheitssystems* mit den Voraussetzungen der Kaufmannsseele unvereinbar ist. Es taucht ein wesentlich anderes, neues und dynamisches Element in Marktwirtschaften auf, das uns nunmehr beschäftigen wird. Der soziale Überschuß ist keine *hinreichende* Bedingung für die permanente Veränderung von Handlungssystemen, aber vermittelt durch die Bestrebungen der Kaufmannsseele ist er eine *notwendige* Bedingung.

Kredit und Kapital

Ein *neues* Element, das wir bislang ausgeklammert haben, muß hier in Betracht gezogen werden: der *Kredit.* Prinzipiell gibt es viele, sehr einfache Formen von Kredit, doch erst der *Geldkredit* hat historisch jene Dynamik eingeleitet, die wir bei Marktwirtschaften beobachten können. Das Wort »Kredit« (Lat. *credere* = vertrauen) drückt ein Vertrauensverhältnis aus. Wir konnten schon feststellen, daß das Geld nicht einfach eine Rechnungsfunktion auf dem Markt erfüllt, es dient als Sicherheit gegen die Wechselfälle des Marktes. Der Marktprozeß schließt ein, und er schließt aus. Die Grenze markiert das Geld. Das Geld erfüllt eine Trennfunktion, in der die sozial vermittelten Handlungen durch den Markt von solchen Handlungen geschieden werden, die sich nicht in das soziale Handlungssystem eingliedern lassen. Wenn man Geld besitzt, besitzt man die Eintrittskarte für das Marktspiel. Jemandem Geld zu *leihen* bedeutet, ihm zu vertrauen, ihm zuzutrauen, an diesem Marktspiel mitmischen zu können.

Das Geld liefert ein sozial gültiges Kriterium für den *Erfolg* von Handlungsprogrammen. Handlungsprogramme sind *erfolgreich*, wenn sich ihre Produkte in das soziale Handlungssystem *einbinden* lassen. Wer Geld verleiht, traut einer Handlung diesen Erfolg zu. Es gilt aber, und das wird sehr oft vergessen, auch das Umgekehrte: Wer jemandem verkäufliche Waren überläßt, wer ihm einen zeitlichen Aufschub gewährt, wer eine Dienstleistung vorab erbringt, der *vertraut* einem Geschäftspartner. Dadurch gewährt er Kredit und *schafft Geld.* Geldbesitz ermöglicht nicht nur Kredit, das dem Kredit zugrundeliegende Vertrauensverhältnis erzeugt auch Geld. Geld ist der Ausdruck der *gelungenen* sozialen Beziehung zwischen Handlungen. Jede geschaffene Verknüpfung zwischen Handlungen erzeugt damit potentiell Geld, auch dann, wenn die Handelspartner zunächst nur naturale Güter und Dienstleistungen austauschen.

Es gibt, gemäß diesen Formen des Kredits, eine schier unendliche Fülle an Geldformen. Wechsel, Lieferantenkredite, Factoring etc., selbst der Kredit bei einem Barkeeper sind eine Form von Geld. Allerdings besitzen diese Geldformen jeweils unterschiedliche Liquiditätsnähe. Sie können nur in Sonderfällen *unmittelbar* in das *allgemeine* Rechnungs- und Zahlungsmedium verwandelt werden. Man kann einen Wechsel diskontieren, kaum aber den Kredit bei einem Barkeeper. Insgesamt ist also der Kredit und das Geld eine vielschichtige, vielstufige und komplexe Mannigfaltigkeit, die sich keineswegs auf das Zentralbankgeld reduziert. Letztlich wird dieses Zentralbankgeld als Rechenbasis fungieren; gleichwohl erfolgen nicht alle Transaktionen unmittelbar in diesem Geld. Dem kaufmännischen Rechnungswesen war das schon lange bekannt. In der bereits zitierten Abhandlung von Luca Pacioli über die Buchhaltung erläutert der Autor genau, wie die verschiedenen Waren, Münzen und Papiere ineinander umzurechnen sind. Es wäre allerdings eine buchhalterische Täuschung, »Geld« höchst unterschiedlicher Liquidität einfach zu addieren. Zweifelhafte Forderungen haben bei derartigen Rechnungen schon so manchem Kaufmann das Genick gebrochen. Das einem Kredit zugrundeliegende Vertrauen basiert notwendig auf *unsicheren Erwartungen*, die – nicht erfüllt – *Schulden* hinterlassen.

Ein Privatkaufmann, in anderer Form eine Bank, gibt allerdings nur dann einen Kredit, wenn eine entsprechende *Verzinsung* zu erwarten oder zu erhoffen ist. Der Kredit ist deshalb untrennbar mit dem *Kapital* verbunden. Was versteht man unter einem »Kapital«? Der Begriff wird vielfach in übertragenem Sinn verwendet; das macht seine Erklärung etwas schwierig. Dennoch ist das Kapital durch eine ganz einfache Formel definiert, die Karl Marx zuerst explizit in dieser Form verwendet hat: Kapital ist Geld, das zum Kauf von Waren irgendeiner Art verwendet wird, mit dem Ziel, *mehr* Geld zurückzuerhalten. Formal ausgedrückt (G = Geld; W = Ware; ΔG = zusätzliches Geld, Zins) lautet diese Formel:

$$G \rightarrow W \rightarrow G+\Delta G$$

Diese Formel für das Kapital ist das Handlungsprogramm der Kaufmannsseele. Bei dieser Formel bleibt ein Aspekt noch unberücksichtigt: die Zeit. Die Verzinsung des eingesetzten Kapitals G durch den Zins ΔG erfolgt erst *später.* Deshalb kann man auch sagen: Kapital ist *Geld auf Zeit*, eine in der Betriebswirtschaftslehre mehrfach gebrauchte, sinnvolle Ergänzung der Kapitalformel.

Damit haben wir einige wichtige Grundbegriffe eingeführt und erläutert. Kapital ist ein Geldbetrag, der für einen Zeitraum in Gütern gebunden wird, um zu einem späteren Zeitpunkt - und dies ist der Zweck des kaufmännischen Handelns - *vermehrt um den Zins* zurückzufließen. Verwendet ein Kaufmann eine Geldsumme selbst zu diesem Zweck, so realisiert er das Handlungsprogramm des Kapitals auf direkte Weise. Vergibt er sein Kapital als *Kredit*, so fordert er zu der zurückzuzahlenden Kreditsumme einen entsprechenden Zins. Die vielfältigen Kreditformen machen das Handlungsprogramm, das in der Kapitalformel ausgedrückt ist, sehr komplex und undurchsichtig; sein *einfaches Prinzip*, die Logik der Kaufmannsseele, bleibt aber erhalten. Der Zins ist ein reiner Geldbetrag. Ihm steht aber *sachlich* ein Teil des sozialen Überschusses gegenüber. Wenn in der Absicht, die ursprüngliche Kapitalsumme zu vermehren, Waren eingekauft werden und diese Waren für einen Zeitraum in einem Handlungssystem eine bestimmte Funktion erfüllen (Maschinen, Gebäude, dauerhafte Güter), dann scheint es - aus der Sicht des Kaufmanns -, als würde in diesen Waren der Geldbetrag »stecken«, als wäre er darin verkörpert. Doch das ist ein Schein. Die Definition von Kapital durch »vorrätige wirtschaftliche Güter aller Art«, die Schmalenbach vorschlägt[263], erliegt ebenso dieser Illusion wie der neoklassische Begriff des »Realkapitals«. Diese Illusion wird sogleich durchschaut, wenn die

Waren selbst oder die damit erzeugten Produkte *unverkäuflich* sind. Der Kaufmann hat sich dann geirrt, oder ein Kredit kann nicht zurückbezahlt werden. Die erhoffte Verzinsung des Kapitals ist ausgeblieben. Das Geld hat seine ausgrenzende Macht entfaltet. Zwar diente es dazu, Güter und Dienstleistungen einzukaufen; da diese Güter und Dienstleistungen aber nicht zu Handlungen führten, die sozial einzubinden waren, hat der Markt die *Rückverwandlung* der Waren in Geld verweigert. Nur *verkäufliche* Güter sind Teil des Kapitalprozesses, nicht Güter »aller Art«. Das gilt vor allem für Maschinen mit einer veralteten Technologie, die zwar völlig funktionsfähig, aber nicht mehr ökonomisch tragbar sind. »Verkäuflichkeit« ist eine *soziale Funktion*, keine individuelle *Eigenschaft* von Gütern (wie der Begriff »Güterwert« suggeriert).

Sozialer Überschuß und Innovation

Die Kapitalformel als Handlungsprogramm ist eine bleibende Aufforderung, *jede* Geldsumme zu vermehren, sich bei keinem Geldbetrag zu beruhigen. Und in diesem Handlungsprogramm ist der Grund zu suchen, weshalb Gewohnheitssysteme durch den Kapitalprozeß, durch das kaufmännische Handeln unentwegt gesprengt und verändert werden. Andere Handlungen neigen dazu, in Gewohnheiten überzugehen. Der soziale Überschuß, der sich in klingender Münze niederschlägt, wird den Bedarf von Handlungen verändern. Die bloße *Realisierung* des Überschusses hebt ihn auf, mehr noch, verwandelt den so entfalteten Bedarf potentiell in eine Gewohnheit. Der soziale Überschuß hat von sich aus die Tendenz, in den Gewohnheiten, im Bedarf zu »versickern«. An einen Mehrverbrauch gewöhnt man sich sehr rasch. Man weise irgendeiner Abteilung eines Unternehmens, der Fakultät einer Hochschule ein höheres Budget zu – sie wird es verbrauchen. Aus sich selbst heraus hat das Gewohnheitssystem keine Kraft, einen Überschuß zu erzeugen. Im Gegenteil. Dies ändert sich grundlegend, wenn der ökonomische Prozeß *kaufmännisch* gelenkt wird, wenn die Kapitalformel das Handlungsprogramm vieler Handlungsträger überlagert.

Was geschieht, wenn ein *Kaufmann* Teile des sozialen Überschusses in Händen hält? Die *Form*, in der ihm dieser Überschuß zufließt, ist gewöhnlich die Geldform, ein bestimmter Geldbetrag. Die historisch frühere und nach wie vor zentrale Form der Verwendung dieses Geldbetrags ist der Kredit. Der Kaufmann, der *Kapitalist* verleiht Kapital an andere. Diese anderen Personen sind *Unternehmer* im weitesten Sinn. Sie *erwarten*, daß sie durch den Kredit Waren und Dienstleistungen kaufen können, mit denen sie *erfolgreiche* Handlungen durchführen. Es spielt hierbei keine Rolle, ob ein Konsument glaubt, durch einen aufwendigeren Lebensstil die Qualifikation seiner Arbeit erhöhen zu können oder ob ein Unternehmer ein neues Unternehmen gründet. Der Kredit wird dazu verwendet, eine Handlung zu *verändern*, neue Handlungsprogramme hinzuzufügen oder alte zu erweitern. Der Kredit ist geradezu der *Zwang* zu solcher Kreativität, denn der Kreditgeber fordert nicht nur die Rückzahlung der Geldsumme, er fordert auch deren Verzinsung. In einem *Gewohnheitssystem* gibt es keinen Kredit im modernen Wortsinn – er könnte nur die Funktion erfüllen, *zufällige* Einflüsse auf das Gewohnheitssystem auszugleichen, etwa bei einer Mißernte. In einem Gewohnheitssystem verdienen alle Handelnden durch den Verkauf ihrer Handlungsresultate so viel, daß sie ihren Handlungsbedarf *decken* können. Ein Kredit hat hier keine *prinzipielle* Funktion, er spielt nur die Rolle eines *Ausgleichs*, der durch Vorräte zwischen einzelnen Jahren hergestellt wird.

Und hier erreichen wir das *Zentrum* unserer Fragestellung: Gesetzt, ein Geldkredit finanziere tatsächlich eine neue Handlung, die Erprobung eines neuen Handlungsprogramms. Was erlaubt dem Handelnden die *Rückzahlung* des Kredits plus Zins? Er bietet ein neues Produkt an, oder er produziert mit verändertem Bedarf. In jedem Fall tritt er zunächst *neben* das übrige System der gewohnten Handlungen. Durch den Kredit werden neue Handlungsprogramme induziert, und es ist »in der Tat auch wahr, daß der Kredit *neue, vorher nicht vorhandene Güter geschaffen* hat«.[264] Hier zeigt sich eine ganz andere, neuartige soziale Vernetzung. Das Erfolgskriterium für Handlungen in Marktwirtschaften ist die Realisierung der Kapitalformel, die Vermehrung des eingesetzten Geldes. Das ist nur möglich, wenn ein sozialer Überschuß existiert. Ein sozialer Überschuß kann aber nur existieren, wenn die Handlungen ein *zirkuläres* System bilden. Wer ein neues Produkt verkauft, muß einen Käufer finden, der bereit ist, *sein* Handlungsprogramm gleichfalls zu verändern. Der kreative Produzent fordert den kreativen Konsumenten. Da aber Variationen von Handlungsprogrammen zahllose andere Veränderungen induzieren, bedeutet die Variation *eines* Handlungsprogramms zugleich die Störung des *gesamten* Gewohnheitssystems.

Was induziert damit *eigentlich* die Kapitalformel in die Handlungsprogramme der Gesellschaft? Sie induziert die *permanente* Veränderung von Handlungsprogrammen. Nur wenn sich mehrere Handlungsprogramme verändern, besteht die Chance, daß sich *symmetrische* Austauschbeziehungen herstellen, die *insgesamt* ein neues, potentiell zirkuläres Gewohnheitssystem mit einem sozialen Überschuß bilden. Würde man nur eine isolierte Änderung betrachten, so erschiene es als ein *Wunder*, wenn der Versuch, ein neues Handlungsprogramm sozial einzubinden, auch gelingen würde. Doch Kreativität ist weitaus vielfältiger. Der kaufmännisch gelenkte Marktprozeß führt dazu, daß ohne Ende zahllose neue Handlungsprogramme erprobt und aufeinander bezogen werden. Zeigt sich bei irgendeiner dieser Handlungen ein Erfolg, gelingt es, ein Produkt oder eine Arbeitsleistung zu verkaufen, so kann dieses Handlungsprogramm zur Basis neuer Programme werden.

Wir bemerken an dieser Stelle, wie die Fragestellung, die uns im gesamten ersten Teil beschäftigt hat, nun in neuem Gewande wiederkehrt: Wie ist es möglich, daß die durch die Kaufmannslogik beständig umgewälzten und veränderten Handlungsprogramme *so* aufeinander abgestimmt werden, daß sich überhaupt ein System daraus ergibt? Wie ist es möglich, daß jemand neue Produkte oder Dienstleistungen anbietet, die in einer nachgelagerten Handlung, die *ihrerseits* verändert wird, eine sinnvolle Funktion erfüllen? Wie kann permanenter Wandel, permanente Innovation überhaupt mit einem Systemzusammenhang vereinbart werden? Die Antwort auf diese Frage muß *doppelt* formuliert werden: *Erstens*, weil dieser Innovationsprozeß sich *relativ* zu einem Gewohnheitssystem vollzieht, und *zweitens*, weil ein sozialer Überschuß je schon vorausgesetzt ist. Der bereits bestehende Überschuß erlaubt Handlungen, die neuen Überschuß erzeugen.

So formuliert, muß diese Antwort natürlich noch dunkel bleiben. Ich beeile mich deshalb, sie zu erläutern. *Erstens* haben wir bislang nur vom *Markt* gesprochen, auf dem sich dieser Prozeß vollzieht. Was ist ein

Markt? Ein Markt ist in einer Hinsicht ein Gewohnheitssystem. Wie Verträge zu schließen sind, welche Rechtsnormen zu beachten sind, wie Kaufleute gewöhnlich miteinander umgehen und welches Vertrauen sie – bei aller Konkurrenz – bestimmten Verhaltensweisen entgegenbringen können, das steht vor jeder Veränderung und nach jeder Veränderung fest. Ein Markt für ein neues Produkt ist niemals in *jeder* Hinsicht neu, er ist eingebettet in ein Gewohnheitssystem, das *nicht* dem Markt angehört, ihn aber trägt. *Zweitens* ist der Markt in eine *Kommunikationssphäre*, eine Öffentlichkeit eingebettet. Lange bevor neue Unternehmen gegründet werden, bevor neue Produkte angeboten werden, bevor sich jemand zu einer bestimmten Berufsausbildung entschließt, finden ausführliche *informale* Prozesse statt. Daß hierbei auch in Marktwirtschaften der Staat eine wichtige Rolle spielt, ist unbestritten. Viele neue Technologien werden sogar in staatlicher Regie erprobt und eingeführt. Sicherlich gibt es auch *reine* Spieler im Marktspiel, die ohne viel Information sich einfach in ein unternehmerisches Abenteuer stürzen. Es gibt aber auch ebensoviele *Insolvenzen* von Unternehmen, Berufswechsel usw. *Drittens* erschafft menschliche Kreativität niemals etwas *völlig Neues*. Die meisten kreativen Formen sind *Übertragungen* aus anderen Handlungsbereichen. Man weiß schon, daß ein Handlungsprogramm in einem *anderen* Bereich *erfolgreich* war und ahmt es nach. Kreativität ist die *Übertragung* eines (erfolgreichen) Handlungsprogramms auf einen anderen Handlungstypus, oder die *Modifikation* einer bereits erprobten Handlung.

Dennoch gibt es auch das *völlig* Neue, die Basisinnovation, den revolutionären Umsturz in der Technik. Und hier kommen wir zum zweiten Teil der oben kurz gegebenen Antwort auf die Frage nach der Quelle des sozialen Überschusses. *Wenn* es einen sozialen Überschuß gibt, dann stehen Mittel zur Verfügung, die für keine bislang verfolgte Handlung *notwendig* sind. Denn der soziale Überschuß ist ja gerade das, was über den erforderten Handlungsbedarf hinaus erzeugt wird. Daneben gibt es auch Mittel, die *öffentlich* und *unentgeltlich* zur Verfügung stehen, wie etwa ein allgemein zugängliches Wissen, das die früheren Generationen an die Gegenwart vererbt haben. Diese verfügbaren Mittel stehen zu einem beständigen sozialen Experiment zur Erprobung neuer Handlungsprogramme zur Verfügung. Ihr Charakteristikum liegt darin, daß ihr

Verbrauch *keine* gewohnte Handlung einschränkt. Wenn ein Forschungsvorhaben scheitert, wenn die Gründung einer Unternehmung mißlingt, wenn die Einführung einer neuen Technologie vom Markt nicht akzeptiert wird – in all diesen Fällen wird sozialer Überschuß verbraucht. Dies mag zwar *individuell* mit erheblichen Schwierigkeiten verknüpft sein und persönliche Tragödien bedeuten, *sozial* sind derartige Handlungen ein *Verbrauch* jener Mittel, die das gesamte Wirtschaftssystem als Überschuß erzeugt.[265]

Auch für die *Einbindung* neuer Technologien, neuer Handlungsprogramme stehen vielen Unternehmen und Konsumenten Teile des sozialen Überschusses zur Verfügung. Viele Handlungsträger verfügen in einer entwickelten Marktwirtschaft über ein »Forschungsbudget«.[266] Dieses Budget dient auch dazu, neue Produkte zu erproben, ihre Verwendung zu testen und sie im Erfolgsfalle in bisher gewohnte Handlungskomplexe einzubinden. Auch dies gilt für Privathaushalte ebenso wie für Unternehmen. Wenn ein Haushalt auf eine neue Bildschirmtechnologie setzt, die sich dann doch nicht durchsetzt, so hat er zwar Geld verloren, doch es war – in den meisten Fällen wenigstens – Geld, das seinen *gewohnten* Bedarf nicht gefährdet. Weil es also sozialen Überschuß gibt, deshalb können *neue* Handlungsprogramme in allen gesellschaftlichen Bereichen erprobt werden, und die *Einbindung* des Neuen in das jeweils schon Gewohnte bleibt kein Rätsel.

Doch auch bei völligen Neuerungen, aus dem sozialen »Forschungsbudget« finanziert, mißlingen nicht *alle*. Faktisch ist bekannt, daß von sehr vielen neuen Ideen, die in der Wirtschaft aktiv erprobt werden, nur ein sehr kleiner Prozentsatz auf dem Markt erfolgreich ist – unterschiedliche Studien kommen hier zu Werten zwischen etwa einem und zehn Prozent, je nach Industriezweig. Doch das ist für den *Markterfolg* nicht das Kriterium. Denn neue Ideen können vielfach nachgeahmt werden, neue Handlungsprogramme können kopiert werden (»Diffusion«). Das aus einer neuen Idee entspringende *Marktvolumen*, wenn sie sich in das übrige Handlungssystem einbetten läßt, kann den ursprünglichen Einsatz tausendfach übertreffen.

Wettbewerbskriege und zerstörte Natur

Es ist keineswegs eine Paradoxie zu sagen: Nur ein System, das einen sozialen Überschuß erzeugt, besitzt das Potential, *weiteren* sozialen Überschuß zu erzeugen. Nur wenn der soziale Überschuß *kreativ* verwendet wird, wenn er in die vielfältigen »Forschungsbudgets« der Handelnden einfließt, können daraus *neue* Handlungssysteme entstehen, die *ihrerseits* einen Überschuß erzeugen. Doch hier gelangen wir an einen Punkt, der ein neues Rätsel aufgibt: Wann entsteht überhaupt ein sozialer Überschuß? Was genau ist seine *Quelle*? Wir haben zwar gesehen, daß es zur Natur der Kaufmannsseele, zur Struktur der Kapitalformel gehört, beständig auf der Suche nach Gewinnmöglichkeiten zu sein. Doch die Suche bedeutet nicht, auch etwas zu finden. Und die Tatsache, daß Kaufleute die grundlegende Motivation für Veränderungen in sich tragen, heißt nicht, daß nur *Unternehmen* und *Banken* vom sozialen Überschuß profitieren. Auch ein Privathaushalt ist auf *seine Weise* vom Handlungsprogramm der Kaufmannsseele bestimmt.

Zur Beantwortung dieser Grundfrage müssen wir uns daran erinnern, *was* der soziale Überschuß eigentlich ist. Er entsteht jeweils *relativ* zum Marktprozeß. Wissenschaftliche Erkenntnisse stehen (fast) unentgeltlich jedem zur Verfügung und sind deshalb auch ein »Überschuß« an Information, der frei verwendbar ist. Doch dieser »Überschuß« ist bereits *öffentlich*, er ist nicht privatisierbar, er liegt *außerhalb* des Marktes. Der hier diskutierte soziale Überschuß ist jener Überschuß, der sich auf den *Märkten* ergibt, also in jenen Handlungen, die durch Märkte zirkulär vernetzt sind. Die *älteste* Quelle für den sozialen Überschuß ist deshalb die *Einbeziehung* von Handlungen und Produkten, die *bislang* außerhalb des Marktprozesses verliefen. Was ist damit gemeint? Unter »Markt« müssen wir – wir erinnern an die Diskussion im ersten Teil dieser Untersuchung – tendentiell immer den *Weltmarkt* verstehen. Doch auch lokal zeigt sich dieses Phänomen. Wenn es Handlungen gibt, die *nützliche* Resultate hervorbringen, die aber bislang jenseits der Märkte ihren Platz hatten, dann bedeutet die *Einbeziehung* solcher Handlungen in den Marktprozeß die Verfügung über Handlungsprodukte, also *Waren*, die *potentiell* auf einen Bedarf stoßen. Sicherlich ist normalerweise eine *Gegengabe* notwendig, um an solche Produkte zu kommen. Da die Handlungen sich aber *außerhalb* des Marktes vollzogen haben, sind sie von ganz anderen Gewohnheiten bestimmt, und aus dem Vergleich dieser Gewohnheiten mit jenen, die bereits in den Marktprozeß einbezogen sind, kann sich ein *komparativer* Vorteil ergeben.[267]

Dies war auch *historisch* das ursprüngliche Betätigungsfeld der Kaufleute entlang der alten Handelsstraßen. Sie haben lokale Kulturen, die bislang autonom lebten, in ihren Produkten in den Weltmarkt mit einbezogen. Teile des Überschusses auf diesem Weltmarkt, Produkte, deren Erzeugung relativ weniger Aufwand erforderten, konnten als Gegengaben für die Produkte der neu einbezogenen Kulturen verwendet werden. Es darf aber nicht verschwiegen werden, daß die Gegengabe vielfach *unterblieben* ist. Die spanischen Eroberer, die den gesamten südamerikanischen Kontinent mit Kreuz, Mord und Totschlag überzogen, boten der einheimischen Kultur die Segnungen christlicher Redewendungen gegen unzählige Tonnen Gold. Schon für Aristoteles war es selbstverständlich, »daß, wie man sagt, das im Kriege Besiegte Eigentum des Siegers wird.«[268]

Vor allem die *Römer* waren Meister in der wirtschaftlichen Kriegsführung. Man hat oft gerätselt, weshalb aus der hoch entwickelten römischen Kultur keine moderne Marktwirtschaft hervorgegangen ist. Die Antwort ist einfach: Das Römische Reich *war* eine Marktwirtschaft, allerdings waren die Methoden zur Erzeugung des sozialen Überschusses andere. Hegel sagt von den Römern zurecht, daß sie »durch die Kleinkrämerei der Kriege zu den Kapitalisten der eigentümlichen Stärke geworden waren«.[269] Anstelle der heute verwendeten Lohn-Arbeiter und Maschinen fanden sich in Rom Lohn-Soldaten und Waffen. Vom zweiten Punischen Krieg an treffen wir auf römische *Söldner*heere; die Kaufmannsseele ergreift zunächst die mächtigste Form der Erwerbskunst und organisiert die Kriegsführung unter einträglichen Gesichtspunkten: Kriegsmaterialien werden gekauft, und Heeresstraßen werden gebaut, und »bald wird der Ruhm der Generäle nach der Menge Geldes geschätzt, die sie nach Rom bringen, und Generäle, Statthalter, Zöllner wetteifern, fremde Völker und die Provinzen zu plündern. Der große Reichtum Roms war das Ergebnis des kapitalistisch organisierten Kriegs.«[270] Wachsende Knappheit der Beute in eroberten Provinzen und wachsende Knappheit neuer Provinzen selbst bereiteten dieser Wirtschaftsweise allerdings ein Ende, machten sie selbst zur Beute der germanischen Räuber.

Diese Erinnerung bewahrt vor einigen grundlegenden Täuschungen über die innere Natur des marktwirtschaftlichen Wachstums. Die *ersten* Innovationen waren *Kriegsmittel*, und noch in der Gegenwart benötigen Konzernführer die militärische Sprache, um ihr Tun zu charakterisieren. Wir brauchen nur ein wenig zu lauschen, was *Machiavelli* darüber sagte, um an den grauen Alltag des modernen Wirtschaftskrieges erinnert zu werden. Er beschreibt etwas, was uns aus diesem Kontext vertraut ist: *Die überraschende Macht der Erfindung.* Machiavelli betont den »Einfluß in Gefechten und Schlachten«, den »ein unerwarteter Vorfall hat«.[271] Man muß, sagt Machiavelli, »erstens den Feind durch solche neuen Erfindungen zu erschrecken suchen, und zweitens darauf gefaßt sein, die Erfindungen des Feindes zu entdecken und zu vereiteln«.[272] Er betont auch den *kognitiven* Charakter, den Raum des Scheins, in dem sich dieser Prozeß der Kreativität im Krieg vollzieht. Denn die Wirkung von Neuerungen kommt dadurch zustande, daß sie »plötzlich gesehen oder gehört« werden.[273] So kommt es darauf an, was der jeweilige Gegner *glaubt*, nicht was »ist«. Deshalb gibt Machiavelli den Rat, »daß solche Erfindungen nur dann in der Nähe gezeigt werden dürfen, wenn sie mehr Wahrheit als Blendwerk sind, denn dann machen sie so viel Eindruck, daß ihre Schwäche sich nicht so leicht herausstellt.«[274] Es ist also verständlich, wenn Heraklit den Krieg als Vater aller Dinge bezeichnet, wenigstens ist der Krieg der Vater des sozialen Überschusses, auch wenn der gewaltfreie Handel seine Mutter bleibt. In beiden Fällen wird in das Marktsystem etwas einbezogen, das sich *bislang* außerhalb des Marktsystems befand: *Andere* Gewohnheitssysteme oder *neue* Handlungsprogramme.

An dieser Stelle werden wir auch auf die *Hauptquelle* des sozialen Überschusses verwiesen, was seinen *materialen* Inhalt anlangt: die Natur. Das Marktsystem bezieht unaufhörlich jene Elemente und Formen *neu* in seinen Prozeß mit ein, die *unentgeltlich*, wenn auch nicht ohne geeignete Mittel, zur Verfügung stehen: die Erde und die Sonnenenergie. Auch die Natur wird wie im Krieg erobert; wir haben diesbezügliche Äußerungen bereits im elften Kapitel gehört. Wirtschaften heißt, kaufmännisch organisiert, *Krieg gegen die Erde.* Im Wirtschaftsprozeß werden die *Ge-*

wohnheiten der Natur zum Teil zerstört, zum Teil in die menschlichen Gewohnheiten eingebunden und somit genutzt. Doch auch hier zeigt sich die *Macht* der Gewohnheit, und dies sogar doppelt: *Erstens* zwingt uns dieser Krieg gegen die Natur Waffen auf, die unsere Handlungen grundlegend bestimmen: die technischen Mittel und die aus ihren Wechselwirkungen hervorgehenden Strukturen (Städte, Fabriken, Verkehrsverbindungen usw.). *Zweitens* aber wird jedes Stück eroberte Natur Teil des menschlichen Bedarfs, wird selbst zu einer Gewohnheit. Ein *neuer* sozialer Überschuß benötigt auch neue »materielle Träger«, Rohstoffe und Energie. Bereits der *gewohnte Bedarf* entnimmt jährlich der Erde Rohstoffe und Energie. Ein Überschuß *beschleunigt* diesen Prozeß der Naturaneignung, der Störung und Zerstörung von Naturgewohnheiten. Jedes *neue* Produkt – und kein Gut ist *nur* eine Fiktion, es besitzt einen bestimmten materiellen Träger – benötigt *zusätzlich zum bereits gewohnten* Bedarf *neue* Teile der Erde, die es umzuformen und zu erobern gilt.[275] Zwar stirbt mit jedem Menschen auch ein Bedarf; die immer noch *zahlreicheren* Nachkommen treten jedoch sogleich das Erbe der Gewohnheit an.

Formale Beschreibung der Quelle des sozialen Überschusses

Der »Krieg« erscheint somit in vielfacher Form als Quelle des sozialen Überschusses. Doch wir wollen uns nicht auf diese Bemerkung beschränken und die Entstehung dieses Überschusses in seiner *formalen Struktur* etwas genauer studieren. Hierzu erinnern wir uns an das zu beobachtende Phänomen. Auch das kaufmännische Handeln ist eine *zirkuläre Gewohnheit*, eine Wiederholung, ein *Kreislauf*. In bezug auf das *Geld* bleibt der Kaufmann ein Gewohnheitstier, wie es monotoner nicht zu denken ist. Er möchte nur *mehr* davon besitzen. Diese kaufmännische Logik entfaltet sich als Prozeß des Kapitals, und auch dieser Prozeß des Kapitals ist ein Kreislauf: Das Ziel, *mehr* Geld zu erwirtschaften, sieht sich, sobald es erreicht ist, wieder auf den Anfang zurückgeworfen. Der Prozeß muß sich wiederholen; er ist endlos. Diesem Kreislauf des Geldes korrespondiert ein Kreislauf der Handlungen. In einem reproduktiven Gewohnheitssystem garantiert die *Wiederholung*, daß Handlungsresultate von *heute* auch Bedarf von *morgen* sind. Reproduktive Gewohnheitssysteme legen Handlungen auf bestimmte Regeln fest, die als ethisches System tradiert und wiederholt werden.

Durch die Entwicklung der Marktwirtschaft hat die Ethik diese *bestimmende* Rolle verloren; nicht mehr einzelne Handlungsprogramme gehören zum ethischen Kodex, nurmehr *allgemeine* Meta-Regeln – Regeln, die sich ihrerseits auf Handlungsprogramme beziehen, nicht aber selbst die Handlungen steuern. Es bedarf der *Justiz* und der *Exekutive*, um die im Recht verkörperte Ethik durchzusetzen und anzuwenden. Gleichwohl bleiben auch hier solche Regeln bestimmend. Soziale Gruppen verfügen jeweils über eine eigene, vergleichbare »Ethik«, ein Regelsystem: Vereine über Vereinssatzungen, Firmen über Organisations- und Führungsrichtlinien. Sie treten neben die aktuellen Produktions- und Haushaltspläne, neben häusliche Regeln und Gewohnheiten.

Reproduktive Gewohnheitssysteme kann man als vielfach verflochtene Ketten aus Handlungsprogrammen, traditionell gesagt: aus Zwecken und Mitteln, begreifen. Ein Zweck führt zu einem Handlungsresultat a; dieses Handlungsresultat erfüllt als Mittel in einer nachgelagerten Handlung eine bestimmte Funktion, die zu einem Handlungsresultat b führt, das wieder für nachgelagerte Handlungen als Mittel dient usw. Man kann also reproduktive Gewohnheitssysteme auch so beschreiben, daß die Verkettung der Zwecke oder die VeOrkettung der Mittel *geschlossen* ist. Betrachtet man die Handlungsresultate, so ergibt sich eine vielfach verkettete Struktur: a ⇒ b ⇒ c ⇒ ... ⇒ x ⇒ y ⇒ z, die aber auf irgendeiner Stufe geschlossen wird. Wir erhalten z. B.: a ⇒ b ⇒ ... ⇒ y ⇒ z ⇒ a. Ein Beispiel für solch eine Struktur wäre: Kleidung eines Bauern ⇒ Getreide ⇒ Mehl ⇒ Brot ⇒ Nahrung eines Schneiders ⇒ Kleidung eines Bauern. Das Geld ist das Maß dieser in sich geschlossenen Handlungen. Doch das Geld ist mehr, es wird zum *selbsttätigen* Prozeß, der das reproduktive Gewohnheitssystem überlagert – und es wird in jedem *neuen* Handlungssystem auch neu *geschaffen.* Die Handlungsresultate werden zu Waren, werden gegen Geld verkauft, und das Geld, vermittelt durch den Kaufmann, wird auf jeder Stufe *mehr.* Der Kaufmann privatisiert durch die Geldform sozialen Überschuß. Als *Kapital* stört das Geld die Verkettung der Mittel und Zwecke. Der qualitative Kreislauf, den wir formal durch a ⇒ b ⇒ ... ⇒ z ⇒ a charakterisiert haben, wird *offen.* Handlungsresultate dienen als Mittel nicht mehr nur tradierten, gewohnten Zwecken, Handlungsresultate werden zu Mitteln für *neue* Zwecke. Man könnte dies formal so ausdrücken: a ⇒ b ⇒ ... ⇒ z ⇒ a* ⇒ b* usw. Neue Zwecke können zu gewohnten Zwecken *hinzutreten*, sie können tradierte Zwecke aber auch substituieren und verdrängen.

Nur wenn sich nun die *neuen* Handlungsresultate a*, b* etc. wieder auf einer Stufe in die soziale Vernetzung einbinden lassen, werden sie Teil des zugleich veränderten Handlungssystems. Produkte oder Handlungsprogramme, für die das nicht gelingt, *scheitern* am Markt. Es ergibt sich im vielfach vernetzten Handlungssystem eine *neue* Schleife, etwa: a ⇒ b ⇒ ... ⇒ z ⇒ a* ⇒ b*⇒ c* ⇒ a. Diese *neue* Schleife in der zirkulären Vernetzung von Handlungen ist die Quelle des neuen Überschusses. Da aber jede zirkuläre Vernetzung sich auch dem Preissystem einfügt, entsteht dadurch auch *Geld*. Die vielfach geläufige Vorstellung in der ökonomischen Theorie, die Carl Menger eingeführt hat, wonach sich von der »Urproduktion« ein Stufenprozeß ergibt, der schließlich in Konsumgütern mündet, verkennt die zirkuläre Struktur jedes Geldsystems. Bereits bei der Förderung von Rohstoffen werden Arbeitskräfte und Maschinen eingesetzt. »Arbeitskraft« ist aber ein *Produkt*, das seinen spezifischen Bedarf hat; für Maschinen gilt dasselbe.

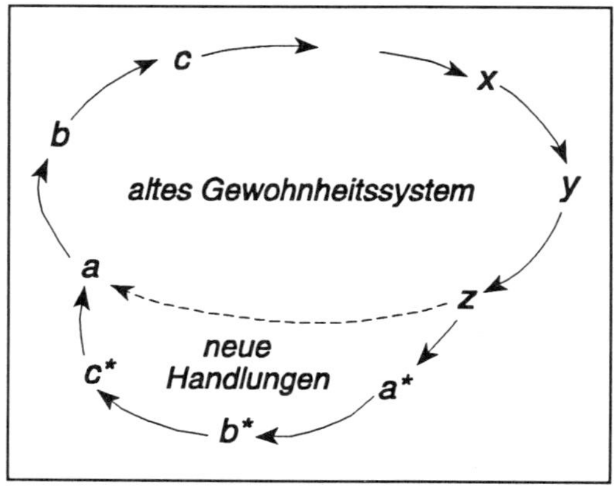

Daß zwischen den einzelnen, zirkulär verketteten Handlungen jeweils auch *Zeit* vergeht, ist unbestritten. Diese zeitlichen Verhältnisse machen eine Synchronisation der Handlungen vielfach schwierig; man denke an die Anpassung an *Erntezeiten*. Sie sind auch ein Grund für vielfache *Krisen*. Eine Wirtschaftskrise ist dadurch gekennzeichnet, daß es vielen Handlungen nicht mehr oder in geringerem Umfang gelingt, *weiter* in die zirkuläre Vernetzung eingebunden zu sein. Es kann sich hierbei um

Unternehmen ebenso handeln wie um unselbständige Arbeitskräfte oder selbständig Tätige. Ob diese Krise ausgelöst wird durch eine *kreative* Umwälzung, etwa durch andere Weltmarktanbieter, ob bei der *Nachahmung* von Handlungen *zu viele* Anbieter auftreten, ob die zeitliche Anpassung der durch Gewohnheiten erstarrten Preissysteme nicht rasch genug erfolgt, oder überhaupt erfolgen *kann* (»Cobweb-Zyklus«), all dies kennzeichnet in seiner eigentümlichen Vermischung die verschiedenen *historischen* Wirtschaftskrisen. Ein für alle Sektoren *gleichmäßig* oder *gleichzeitig* fortschreitender Wirtschaftsprozeß ist, kaufmännisch organisiert, unmöglich, denn das Prinzip des sozialen Überschusses ist die jeweils *relativ* zu anderen Handlungen erfolgende Innovation. Es gibt deshalb kein Wachstum ohne Krisen, Rezessionen, Strukturbrüche, Freisetzung von Arbeitskräften usw.

Zusammenfassend können wir diesen Prozeß so charakterisieren: Die jeweils neu hinzutretenden Zwecke, die neuen Handlungsprogramme verwenden *einerseits* zusätzliche Teile der Erde, der Natur – in ihrem Material, ihrem Energieverbrauch – und zerstören so »Gewohnheiten der Natur«. Sie treten *andererseits* als neue Elemente in traditionellen Handlungsprogrammen auf, und auch dies bedeutet eine *Zerstörung* alter Gewohnheiten. Hier ist dieses Wort keineswegs nur *negativ* zu verstehen. Wer einen alten Vinyl-Plattenspieler durch einen CD-Player ersetzt, ändert eine alte Gewohnheit, »zerstört« eine alte Gewohnheit des Musikhörens; zugleich tritt aber eine ganz neue Gewohnheit auf. Es ist möglich, daß sie einfach »additiv« hinzukommt – man hört auch weiter Vinyl-Schallplatten –, sie kann aber auch die alte Gewohnheit ersetzen. In jedem Fall entsteht mit der neuen Gewohnheit ein neuer *Bedarf*. Dieser neue Bedarf ist ein neuer Markt, Quelle von sozialem Überschuß.

Ein zusätzlicher Bedarf bedeutet eine zusätzliche Nachfrage. Doch der Nachfrager benötigt dazu *Geld*. Wie kommt er in den Besitz dieses zusätzlichen Geldes? Hier wird ein alter Gedanke, den Jean Baptiste Say das »Gesetz der Absatzwege« nannte, hilfreich: Wer ein zusätzliches Produkt anbietet, benötigt dazu Vorleistungen und fragt Dienstleistungen nach. Er *schafft* also tatsächlich durch sein Angebot ein Geldeinkommen, das er in den Ausgaben für seinen Bedarf wieder dem Markt zur Verfügung stellt. Und woher, so kann man fragen, kommt dieser zusätzliche

Geldbetrag? Antwort: Durch den *Kredit* bzw. durch das im Marktprozeß selbst geschaffene Geld. Sicherlich darf dieses »Saysche Gesetz« nicht *mechanistisch* interpretiert werden. Es ist vor allem unzulässig, daraus in bezug auf das Verhältnis zwischen freigesetzten Arbeitskräften und neu eingestellten Arbeitskräften im Zuge des technischen Wandels Schlußfolgerungen zu ziehen; keine mechanische Kompensation verhindert prinzipiell technologische Arbeitslosigkeit.[276] Ferner erwirtschaftet nur ein Angebot, das bereits auf eine Nachfrage stößt, jenes Geld, das wiederum beim Kauf des notwendigen Bedarfs seinerseits Nachfrage »schafft«. Dieser auf Marx und Keynes zurückgehende Einwand gegen das »Saysche Gesetz« ist völlig zutreffend. Wenn es aber gelingt, im sozialen Handlungssystem ein neues Handlungsprogramm zu installieren, das sowohl die notwendigen Mittel auf dem Markt vorfindet als auch in seinen Produkten auf eine Nachfrage stößt, dann erzeugt das Marktsystem auch das nötige Geld zur Zirkulation der zugehörigen Güter bzw. zur Rückzahlung der Kredite.

Marktwirtschaftliche Selektion

Wir können damit die *Quelle* des *sozialen Überschusses* so zusammenfassen: Der soziale Überschuß entsteht durch die kreative Umwälzung von Gewohnheitssystemen, durch deren Verwandlung, Ergänzung, Erweiterung oder Substitution. In einem *reinen* Gewohnheitssystem verwandelt sich jeder Überschuß in einen Bedarf und *verschwindet* damit aus dem ökonomischen System. Wohin? Er wird Teil des sozialen Bedarfs und verwandelt sich in eine Gewohnheit. Nur *relativ* zu einer Gewohnheit also gibt es einen Überschuß. Doch jede Veränderung *zerstört* auch Gewohnheiten. Und wir haben gesehen, daß die *wichtigste* materiale Quelle die »Gewohnheiten der Natur« sind; auch sie werden *zerstört* und die verbleibenden Stoffe menschlichen Zwecken zugeführt.

Es läßt sich hier durchaus eine Dynamik erkennen, die formal einem Evolutionsprozeß gleicht.[277] Wie Hayek jedoch zurecht betont, ist es eher so, daß die Biologie bei den Sozialwissenschaften eine Anleihe machte, als umgekehrt.[278] Im Unterschied zur Biologie gibt es aber in der Wirtschaft ein eindeutiges Selektionskriterium: den kaufmännischen Erfolg, den

Vollzug der Kapitalformel, die Vermehrung des eingesetzten Geldes. Wir können die formale Struktur dieses Evolutionsprozesses kurz so skizzieren: Handlungen, gleich welcher Art und Struktur, werden durch Programme gelenkt. Handlungsprogramme werden wiederholt und somit zu Gewohnheiten. Sie können aber auch, und gerade darin besteht das Wesen der menschlichen Freiheit, variiert werden. In einem aus zahlreichen Gründen veränderlichen wirtschaftlichen Umfeld ist die kreative Adaption der Handlungsprogramme sogar eine alltägliche Notwendigkeit. Aus dem sozialen Überschuß einer laufenden Periode ergibt sich die Möglichkeit, kreativ veränderte Handlungsprogramme zu erproben. Scheitert solch ein Versuch, so wird sozialer Überschuß verbraucht, keine Handlung braucht eingeschränkt zu werden; gelingt die Realisierung eines variierten Handlungsprogramms, so ergibt sich - vermittelt über den Kredit - die Möglichkeit einer *Veränderung* des sozialen Handlungssystems. Diese Veränderung, relativ zum gewohnten Handlungssystem, erzeugt zusätzlich Geld durch die neu geschaffene Vernetzungen von Handlungen.

Dieser Prozeß wird motiviert und gelenkt durch ein alle Handlungen durchziehendes Programm, das in der Kapitalformel ausgedrückt ist. Die Variation von Handlungsprogrammen, von der industriellen und staatlichen Forschung systematisch betrieben, im mittelständischen Bereich eher zufällig und individuell vollzogen, ist *motiviert* durch den erhofften Gewinn. Sie wird *finanziert* aus Mitteln des sozialen Überschusses. Es ist also der Überschuß, der potentiellen Überschuß erzeugt, wie wir schon sagten. Diese *Variation* der Handlungsprogramme findet eine *innere* Schranke am kreativen Potential einer Wirtschaft, sie findet eine *äußere* Schranke an *rechtlichen* Normen, *ethischen* Normen und schließlich an *finanziellen* Mitteln. Nicht jede Idee wird erst am Marktprozeß selektiert; viele scheiden vorher aus, weil sie gegen Gesetze verstoßen oder mit ethischen Normen und anderen Gewohnheiten nicht zu vereinbaren sind. Sie können aber auch daran scheitern, daß die Erprobungen ihrer Funktionen zu kostspielig sind. Schließlich gibt es auch noch *psychologische* Kreativitätshemmnisse; auch an mangelnden Ideen kann eine Wirtschaft leiden. Diese *inneren* Selektionsmechanismen werden ergänzt durch die *äußere* Selektion am Markt. Hier ist das Kriterium eindeutig: Wenn eine

Handlung keinen wirtschaftlichen Erfolg nach sich zieht, wird sie – früher oder später – ausscheiden.

Es gibt Ausnahmen für diese äußere Selektionsregel. Das ist der Fall bei allen Gütern, die gar nicht anders als in staatlicher Obhut bereitgestellt werden können. Für öffentliche Güter gibt es keine oder nur eine sehr unvollkommene Möglichkeit der Privation, der privaten Zurechnung; hier versagt also das kaufmännische Kalkül. Hier setzt der Staat administrativ die äußere Selektionsregel des Marktes außer Kraft. *Temporär* kann für jede Handlung dieser Selektionsmechanismus ausgeschaltet werden: durch *Kredit* oder *Subventionierung*. Weite Bereiche von Wissenschaft und Kunst werden subventioniert, d. h. dem Selektionskriterium des Marktes entzogen.

Viele Unternehmen bieten ein breites Spektrum von Produkten auf dem Markt an. Es gibt für sehr viele Kostenarten keine Möglichkeit der eindeutigen Zurechnung (Gemeinkosten). Mit welchen Gemeinkosten ein Einzelprodukt belastet wird, bleibt der kaufmännischen Willkür überlassen. Sich gut verkaufende Produkte können so andere, weniger gut verkäufliche Waren subventionieren. Es kann aus Gründen der Werbung oder der Öffentlichkeitsarbeit auch eine *langfristige* Subventionierung sinnvoll für die kaufmännische Rationalität sein, wenn z. B. ein Unternehmen die Bereitstellung einer ganzen Produktpalette *garantiert* und mit dieser Werbebotschaft Kunden gewinnt. Auch auf ausländischen Märkten gibt es diese bekannte Praktik der Subventionierung von Produkten (Dumping), um Marktanteile zu gewinnen. Daran zeigt sich aber nur, daß für *Handlungskomplexe*, wie Konzerne mit breiter Produktpalette, nicht die Kriterien *individueller* Selektion von Handlungsprogrammen anwendbar sind. Was zählt, ist nur das *Gesamtergebnis*. Es ist nicht schwer zu sehen, daß mit wachsender Größe der Konzerne der Markt als Selektions- und Rationalitätskriterium an Bedeutung verliert. Wird eine Wirtschaft nur noch von *einer* Zentrale aus geleitet (Staat), so verliert das Selektionskriterium des Binnenmarktes *gänzlich* seine Bedeutung.

Dieser Prozeß der Variation und Selektion von Handlungsprogrammen erinnert in mehrfacher Hinsicht an die moderne Evolutionstheorie. Doch gerade diese Ähnlichkeit macht es nötig, auf gravierende Unterschiede hinzuweisen. *Erstens* vollzieht sich die Variation der Handlungsprogramme in einer wenigstens teilweise öffentlichen Sphäre der Kommunikation. Bereits die *Variation* von Handlungsprogrammen unterliegt damit vielfältigen sozialen Einflüssen einerseits, Einschränkungen andererseits. Sich mit einer Theorie *außerhalb* des herrschenden Paradigmas zu begeben, ist für einen wissenschaftlichen Ketzer meist mit erheblichen finanziellen und anderen Nachteilen verbunden. Der *kreative Freiraum* der Variation von Handlungsprogrammen ist damit stärker beschränkt, als die ideologische Auslegung der Kreativität wahrhaben möchte. Aus diesem Grund sind Variationen der Handlungsprogramme auch vielfach keineswegs *zufällig*, sie sind vielmehr selbst Resultate von zielstrebigen Handlungen, wie großen oder kleinen Forschungsprojekten. Das betrifft durchaus auch die private Produktentwicklung. Gelingt es nicht, *vorab* sich über bestimmte Produkt*normen* zu einigen, so bleibt einer vielleicht durchaus erfolgversprechenden Produktidee jede Chance versagt.

Ein zweiter wichtiger Unterschied zur biologischen Evolution betrifft die *Selektion*. Da der Erfolg in einer Marktwirtschaft einen sehr einfachen Charakter besitzt, kann er auch mit sehr einfachen Mitteln *beeinflußt* werden. Zum einen braucht ein Produkt nicht auf eine völlig unvorbereitete Umgebung zu treffen; durch kommunikative Maßnahmen (Werbung, PR) läßt sich ein potentieller Bedarf wecken und – wenn auch nicht steuern so doch – beeinflussen. Man könnte derartige Aufwendung als »Bestechungsgelder« an jene Konsumenten bezeichnen, die mit ihren monetären Stimmzetteln ansonsten unvorbereitet ein Produkt in das Abseits des Marktes katapultieren würden. »Erklärt« man aber den Konsumenten zuvor durch Werbung, weshalb es unabdingbar sei, ein Kaffeepulver nur deshalb zu kaufen, weil es einen neuen Namen besitzt, dann greifen sie zu und *verzichten* auf die rote Karte für das Produkt. Erreicht dieses *Schauspiel* – denn man kann es allabendlich, nur unwesentlich durch Sequenzen aus Spielfilmen oder Talkshows unterbrochen, in den privaten Kanälen des Fernsehens beobachten – schon im Konsumbereich einen ungeahnten Tiefpunkt, so wird es durch *staatliche* Einflüsse vollends zur Karikatur auf die Segnungen der »Marktrationalität«. Der Staat als *Käufer* erspart vielfachen Kampf um Märkte und Kunden. Zudem lassen sich staatliche Einkäufer meist viel kostengünstiger und effektiver auf den verschiedenen Standorten des Weltmarktes *bestechen*, als kritische Privatkäufer durch Reklame *überreden*.

Diese wohlbekannten und im wörtlichen Sinn *offensichtlichen* Tatsachen verbieten den Vergleich mit der natürlichen Selektion. Es ist jedenfalls nicht bekannt geworden, daß Zebras Löwen je bestochen hätten, um ihre Jagdleidenschaft einzudämmen. Die zweifellos vorhandene Selektion von Handlungsprogrammen durch den Markt bleibt eingebettet in eine vielfach anders vernetzte Gesellschaft, so daß der Vergleich mit der natürlichen Selektion verfehlt ist. Man mag daran zweifeln, ob der Zustand der Weltwirtschaft und die in ihr geübten Praktiken Ausdruck einer »Überlegenheit« des Menschen sind; ein *Unterschied* zum Tierreich ist unverkennbar.

Der schöne Gedanke einer »rationalen Selektion« vieler kreativer Produkte durch das Marktspiel, ist jedenfalls - wiewohl nicht völlig verfehlt - ein bloßer Gedanke geblieben. Keine Gesetzgebung und keine Kartellbehörde an irgendeinem Standort des Weltmarktes hat es je vermocht, die Spielregeln für dieses Spiel auch nur im *Groben* dem Ideal anzunähern, worin »souveräne« Konsumenten »letztlich« die Ziele der Wirtschaft steuern. Noch niemals haben *Konsumenten* irgendein neues Handlungsprogramm *erzeugt* - obgleich natürlich aus privaten Haushalten zahlreiche Unternehmer hervorgegangen sind. Sowohl die Richtung der Großforschung als auch der Einsatz der Werbemittel entzieht sich der Kontrolle durch die Nachfrage. Die *Gewohnheiten* des Verbrauchs *verhindern* sogar in der Regel eine Veränderung der privaten Handlungsprogramme.

Nur wenig ist deshalb an Schumpeters Feststellung zu korrigieren: »Eisenbahnen sind nicht gebaut worden, weil irgendwelche Verbraucher die Initiative ergriffen haben und eine wirksame Nachfrage nach Eisenbahnen unter Zurücksetztung von Postkutschen geschaffen haben«. Schumpeter sagt weiter: »Es liegt offenbar kein Mangel an Realismus in dem Satz, daß die Mehrzahl von Veränderungen bei Verbrauchsgütern von seiten der Produzenten den Verbrauchern aufgezwungen wurde, die in den meisten Fällen Widerstand gegen die Veränderung leisteten und durch eine raffinierte Reklamepsychologie erst erzogen werden mußten.«[279] Schumpeter wäre nur darin zu ergänzen, daß sich dieselbe Macht der Gewohnheit auch in Unternehmen zeigt und sich deshalb in endlosem Kampf mit den Absichten der Kaufmannsseele befindet. Der Kampf zwischen Kreativität und Gewohnheit, Quelle des sozialen Überschusses und der wirtschaftlichen Entwicklung, ist weit davon entfernt, sich an die Spielregeln natürlicher Mutation und Selektion zu halten.

16 Die Verteilung des sozialen Überschusses

Empirische Erfassung des sozialen Überschusses

Wollte man den sozialen Überschuß aus den Konten der Volkswirtschaftlichen Gesamtrechnung ermitteln, so sähe man sich enttäuscht. Keiner der darin verwendeten Kategorien deckt sich mit dem hier entwickelten Begriff des sozialen Überschusses. Welcher Anteil der Konsumausgaben erfolgt rein gewohnheitsmäßig, welcher Anteil wird benutzt, neue Güter oder Dienstleistungen zu erproben? Ebenso ist der Anteil der Staatsausgaben, die für kreative Veränderung genutzt werden, kaum exakt zu bestimmen. Von den privaten Investitionen können wir den weitaus größten Teil dem sozialen Überschuß zurechnen, weil auch reine Erweiterungsinvestitionen *wenigstens* zusätzliche Rohstoffe verwenden und deshalb Naturgewohnheiten verändern oder zerstören werden. Die volkswirtschaftliche Wertschöpfung ist normalerweise größer als der soziale Überschuß; das wird auch deutlich, wenn wir die Einkommensverwendung des Sozialprodukts betrachten. Hinter dem vermutlich größten Teil des Einkommens aus unselbständiger Arbeit verbirgt sich ein gewohnter Bedarf. Aber auch große Teile des Einkommens aus selbständiger Arbeit (Gewinne, Zinsen, Renten) umfassen Einkommen, die für solchen Bedarf verwendet werden. Der Rentier entfaltet kaum die Dynamik der Kaufmannsseele.

Auch die *volkswirtschaftliche Ersparnis* ist nicht mit dem sozialen Überschuß identisch. Ein Teil der privaten Ersparnisse ergibt sich aus dem Ansparen von Geld zum Kauf langlebiger Konsumgüter oder Häuser. Es verbirgt sich darin also ein Bedarf. Ein anderer Teil dient dem Aufstocken von Geld aus *Vorsichtsmotiven.* Die durch die kreative Umwälzung der Volkswirtschaft fortwährend geschaffene *Unsicherheit* zwingt alle am Marktprozeß Beteiligten, *liquide* zu bleiben, also bestimmte »Geldhorte« zu halten und konjunkturell auf- oder abzubauen. Diese werden zwar, auch bei kurzfristiger Anlage, verzinst, wenn sie dem Bankensystem zur Verfügung gestellt werden. Ihre Funktion ist jedoch durch kurzfristige Verfügbarkeit bestimmt. Die »unfreiwillige Ersparnis«, vor allem also die konjunkturell schwankenden, einbehaltenen Unternehmensgewinne, stellen sozialen Überschuß dar, während für die ausgeschütteten Gewinnanteile dasselbe gilt wie für alle privaten Einkommen: sie dienen überwiegend einem Bedarf. Allerdings hat Keynes gezeigt, daß Ersparnis – *negativ* definiert als nichtkonsumiertes Einkommen – in der Volkswirtschaftlichen Gesamtrechnung ex post mit dem Investitionsvolumen identisch ist. Was Haushalte und Unternehmen *nicht* konsumieren, ist identisch mit dem Anteil des Nichtkonsums am Sozialprodukt, also den Investitionen. Diese Identität aus Ersparnis und Investitionen wird nicht durch den Zins oder Veränderungen der Ersparnisse »erzeugt«. Die geplanten Investitionen ergeben sich aus dem Maß der geplanten Umwälzung der Produktion (auch bei »Ersatzinvestitionen«); sie bestimmen letztlich, wie Keynes zeigte, die Höhe des Sozialproduktes, sieht man vom Staat und dem Außenhandel ab. Der *Kredit* sorgt dafür, daß den Investitionen entsprechend Geldmittel zur Verfügung stehen. Dennoch sind, wie gesagt, auch die Investitionen nicht mit der Höhe des sozialen Überschusses identisch.

Trotz dieser unscharfen Bestimmung ist der soziale Überschuß kein bloß theoretischer Kunstbegriff. Die Schwierigkeit liegt im Begriff der Gewohnheit, die *kein* physischer Gegenstand sein *kann*, sich deshalb – wie Gedanken, Gefühle, Träume – einer *empirischen* (objektiven) Überprüfung entzieht. Nur relativ zu den jeweiligen Gewohnheiten entsteht ein Überschuß. Was ein durchschnittlicher Mitteleuropäer, US-Amerikaner oder Japaner für »unverzichtbar« halten mag, erschiene einem Bangladesha, einem Bewohner der Sahel-Zone oder in einem der vielen Slums Südamerikas als *völliger* Luxus. Umgekehrt wäre der Arbeitsaufwand in vielen Ländern des Südens im industrialisierten Norden innerbetrieblich die *reine* Verschwendung. Wenn man den früheren sozialistischen Ländern eine »versteckte Arbeitslosigkeit« vorrechnete, so legte man den Maßstab des Weltmarkts an eine gegen dessen Effizienzkriterien temporär geschützte Region, die sich erst bei der Anbindung dieser Länder an die Erfolgskriterien der Weltmarktgesellschaft zeigte. Was Überschuß und was Bedarf ist, ist eine *Interpretation.* Allerdings ist es keine *individuelle* Interpretation, sie wird vielmehr durch die Märkte und die entfaltete Nachfrage wirklich. Nur *weil* verschiedene Bedarfsstrukturen *nebeneinander* bestehen, gibt es sozialen Überschuß.

Die Relativität des Bedarfs und der Prozeß der Innovation

Doch wir wollen schrittweise vorgehen. Verfolgen wir die Entstehung und Verteilung von sozialem Überschuß am Beispiel einer industriellen Innovation. Sieht man ab von *zufälligen* Verbesserungsvorschlägen oder Ideen, so sind die meisten industriellen Neuerungen Resultate teilweise sehr aufwendiger Forschungen. Kreativität fällt nicht vom Himmel, man muß sich zur Kreativität entscheiden, und das heißt im industriellen Bereich, entsprechende finanzielle Mittel verfügbar machen. Diese Mittel *sind* Teile des sozialen Überschusses, der von einer Firma oder vom Staat privatisiert bzw. angeeignet wurde. Neuer Überschuß setzt vergangenen Überschuß voraus – dies ist auch einer der Gründe für das Dilemma der Unterentwicklung. Unterstellen wir also, durch entsprechende Forschungsaufwendungen sei ein neues Produkt entwickelt worden. Dieses Produkt muß erst alle vorgelagerten Hürden passieren, auf die wir schon mit dem Begriff der *inneren* Selektion hingewiesen haben: von der technischen Realisierbarkeit bis zur rechtlichen Erlaubnis und der sozialen oder ökologischen Akzeptanz gibt es hier eine Vielzahl von Kriterien. Hat ein Projekt all diese Hürden genommen, so kann es zur Marktreife entwickelt und schließlich angeboten werden.

Der *Käufer* des neuen Produktes – wir nehmen an, es sei eine Maschine zur industriellen Fertigung – wird dann bereit sein, es zu kaufen, wenn er durch die Anwendung des Produkts einen zusätzlichen *Gewinn* erwarten kann. Das ist z. B. der Fall, wenn die eingesetzte Maschine Arbeit und/oder veraltete Maschinen mit höheren Kosten substituiert. Selbst wenn sich diese Kostenersparnis erst in den nächsten Jahren einstellen würde, könnte die Maschine finanziert werden: der erwartete Gewinn aus der Kostenreduktion erlaubt es, einen *Kredit* aufzunehmen, und eine Bank wird den Kredit gewähren, wenn der Anwender der neuen Maschine die Kostenersparnis plausibel machen kann. Durch die Anwendung der neuen Maschine verringern sich also die Produktionskosten und es entsteht ein Überschuß, ein *Gewinn.* Die Höhe des Gewinns wird vom Verkaufspreis der Maschine abhängen. Andererseits hängt auch der erzielte Erlös beim *Verkäufer* der Maschine vom Preis der Maschine ab. Da *beide* aber durch den Verkauf gewinnen können, wird sich *ein* Marktpreis ergeben, bei dem beide gewinnen.[280]

Der bei Produzenten und beim Anwender entstandene Gewinn ist offenbar Teil des neu erzeugten sozialen Überschusses. Dieser Überschuß entsteht, weil das bislang *gewohnte* Preissystem einen höheren Bedarf, höhere Kosten verursacht, die durch die neue Technik unterboten werden. Nur *relativ* zu den *alten* Gewohnheiten und den ihnen entsprechenden Preisen entsteht also ein »Pioniergewinn«. Dieser Pioniergewinn wird *zunächst* aufgeteilt zwischen Hersteller und Anwender der neuen Maschine. Doch dies bleibt keineswegs die einzige Wirkung. Nur *zufällig* werden jene Arbeitskräfte, die bei der Anwendung der *neuen* Maschine freigesetzt werden, beim *Produzenten* der neuen Maschine eine Anstellung finden. Durch die Produktion der neuen Maschine entsteht viel wahrscheinlicher für eine bestimmte Berufsqualifikation eine *Mehrnachfrage* – z. B. nach Elektroingenieuren –, während durch die *Anwendung* der neuen Maschine vielleicht *einfache, angelernte* Arbeit freigesetzt wird. Die *zusätzliche* Nachfrage nach Elektroingenieuren führt tendenziell zu höheren Löhnen für diese Arbeitsqualifikation. Woraus werden diese höheren Löhne bezahlt? Sie werden aus dem *neu* entstandenen sozialen Überschuß bei der Produktion und Anwendung der Maschine finanziert. Zugleich werden die Löhne für *einfache* Arbeit *sinken.* Es bilden sich *neue, niedrigere* Konsumgewohnheiten für diese Arbeitsart.

Ob die *Summe* der Löhne der neu eingestellten Arbeitskräfte saldiert mit der verminderten Lohnsumme aufgrund von Entlassungen gestiegen oder gesunken ist, läßt sich sicherlich nicht allgemein angeben; mechanische Regeln sind hier bestenfalls irreführend. Steigt aber die Lohnsumme, so wird diese *zusätzliche* Nachfrage auch zu höheren Einkommen in *anderen* Wirtschaftszweigen führen, von denen wiederum alle am Wirtschaftsprozeß Beteiligten potentiell profitieren können. Dies wäre ein weiterer, multiplikativer Effekt in der Verteilung des neu entstandenen sozialen Überschusses.

Doch auch damit nicht genug. Wenn die Einführung oder die Herstellung der neuen Maschine kreditfinanziert wurde, dann werden mit der Kredittilgung auch *Zinsen* fällig, und auch der Banksektor erhält seinen Anteil am neu entstandenen sozialen Überschuß. Auch der Staat wird erhöhte *Steuereinnahmen* verzeichnen, weil sowohl die Gewinne als auch evtl. die Löhne gestiegen sind. Schließlich werden sich durch die veränderte Nachfragestruktur auch die *Güterpreise* ändern, damit die Kosten für zahlreiche andere Handlungen, so daß schließlich durch die Interdependenz der Handlungen über die Märkte weitere Teile des neu erwirtschafteten sozialen Überschusses verteilt werden. Daß davon auch über den Import marginale oder sogar größere Effekte auf *andere* Länder ausstrahlen, sollte ebenfalls berücksichtigt werden. Allerdings sind diese Effekte stark abgeschwächt. Es ist kaum allgemein zu erwarten, daß andere Standorte auf dem Weltmarkt sehr große Teile dieses neuen Überschusses privatisieren werden.[281]

Es greift zu kurz, wenn man sagt, daß der »Pionierunternehmer« als Entlohnung für seine Pioniertat einen entsprechenden Gewinn monopolisieren kann. Bereits *vor* dem Zeitpunkt, zu dem dieser Gewinn wieder *realisiert* wird, verteilt sich über die vielfältigen Nachfragekanäle und die Preise der soziale Überschuß auf das gesamte Wirtschaftssystem. Allerdings ist es richtig, daß die *Erstanwender* von Neuerungen, von neuen Handlungsprogrammen, in der Regel auch die Möglichkeit besitzen, die weitaus größten Teile des entstandenen sozialen Überschusses zu privatisieren. Doch hier wie überhaupt in der Wirtschaft ist die *kausale* Zurechnung eine Illusion; der Pionierunternehmer bringt nicht *kausal*, als ein »Faktor«, den Pioniergewinn hervor. Vielmehr erwächst dieser Gewinn aus der *Einbettung* in das soziale Handlungssystem. Das Geld, das dem Innovator zufließt, wird nicht *von ihm* geschaffen, es ist vielmehr der Ausdruck einer neu entstandenen sozialen Vernetzung, an der ein neues Produkt Anteil hat. Dennoch *wird* durch einen Innovationsprozeß auch »Geld« geschaffen, nicht aufgrund des *Kredits*, vielmehr aufgrund jener neuen Vernetzung, die zugleich ein neues Preissystem nach sich zieht.

Wir sollten an dieser Stelle nochmals kurz auf die Rolle der natürlichen Ressourcen hinweisen. Wie sich im Kapitel 14 zeigte, können in einem Gewohnheitssystem die Preise des Bodens oder natürlicher Ressourcen durch die Einbeziehung des Eigentumsmonopols an diesen Gütern simultan mit den anderen Preisen erklärt werden. Findet jedoch eine

Veränderung statt, gibt es also Wachstum und einen sozialen Überschuß, so können die Eigentümer natürlicher Ressourcen durch ihre Monopolposition die Preise so beeinflussen, daß auch sie mehr oder weniger große Teile des jeweils neu entstehenden sozialen Überschusses privatisieren. Herrscht unter diesen Eigentümern Konkurrenz, so werden die Preise für natürliche Ressourcen oder für Grundstücke in dem Maße steigen, in dem der veränderte soziale Bedarf diese Güter nachfragt. Bei Monopolen wird dieser Preisanstieg höher sein. Im Extremfall kann auch der gesamte soziale Überschuß absorbiert werden. Dies ergänzt die Bemerkung, daß der soziale Überschuß keinen »Ort« der Entstehung in der Gesellschaft, aber auch keinen naturgemäßen »Ort« der Verteilung hat. Jegliches Kausalitätsdenken verbietet sich bei dieser Frage.

Wettbewerb, Patent- und Urheberrecht

Hier ist der Punkt, an dem wir etwas genauer auf die Funktion und die Wirkung der *Konkurrenz* hinweisen sollten. Der Innovator ist nicht allein; auf dem Markt trifft Kaufmannsseele auf Kaufmannsseele. Die innere, endlose Natur der Kapitalformel, als Motiv in der Kaufmannsseele inkarniert, tritt in der Konkurrenz *nach außen*. In der Konkurrenz *offenbart* die Endlosigkeit der Kapitalformel ihre innere Eigenschaft. Und worin zeigt sich diese Eigenschaft? Darin, an *jeder* Form von Geld einen Anteil einzufordern. Der Kaufmannsseele fehlt *jedes* Ethos, das sie daran hinderte, ein *erfolgreiches* Handlungsprogramm nachzuahmen, nur weil sie es nicht selbst ersonnen hat. Jeder Kaufmann nimmt das, was er *darf*, was die Gesetze ihm erlauben.

An dieser Stelle zeigt sich auch, daß *ohne* gesetzlichen Schutz der Wettbewerb als *kreativer Prozeß* kaum möglich wäre. Wenn ein Innovator, nicht ohne Forschungsaufwand, ein neues Produkt auf dem Markt anbietet, so kann der *Nachahmer*, dem Forschungskosten nicht entstanden sind, das *ursprüngliche Monopol* des Innovators durch niedrigere Preise rasch brechen. *Jede* Neuerung ist *zunächst* ein Monopol; das folgt einfach aus dem Begriff der Neuerung. Würde ein Produkt nicht von *einem* Produzenten angeboten, sondern wäre im Sortiment anderer Anbieter, so wäre es eben nicht *neu*. Diese Monopolstellung trifft auf alle Quellen des sozialen

Überschusses zu. Wer mit einem bislang ausgegrenzten Land, Volksstamm oder Staat Handel aufnimmt, vermittelt *zunächst* diesen Tausch und kann den Handelsgewinn allein einstreichen. Der soziale Überschuß tritt im *Wettbewerbsprozeß* zunächst als (evtl. bilaterales) Monopol in Erscheinung. Doch dieses Monopol ist durch *Nachahmung* rasch untergraben. *Ohne* jeglichen rechtlichen Schutz würden nur noch *zufällige* Innovationen auftreten, denn prinzipiell ist der Nachahmer im Kostenvorteil.

Hier kann die *Geheimhaltung* von Handlungsprogrammen - bei Produktionsverfahren, aber auch bei »heißen Freizeittips«, »Schnäppchen« etc. - ein Informationsmonopol vorübergehend schützen. Vielfach kann aber, wir haben darauf hingewiesen, ein Handlungsprogramm am *Verhalten* bzw. am *Produkt* erkannt und rekonstruiert werden. Keine größere Entwicklungsabteilung eines Konzerns, in der nicht in einem »Nebenraum« die zerlegten Produkte der Konkurrenten zu finden wären. Die Wahrung von Betriebsgeheimnissen ist wie bei allen informalen Prozessen nur in sehr engen Grenzen möglich. Ein Unternehmen ist eben eine Organisation, die *gekaufte* Dienstleistungen einsetzt; und nicht immer kann die Treue zur Firma - in der nächsten Rezession ohnehin oft eine sehr *einseitige* Treue - dem höheren Einkaufspreis einer anderen Firma widerstehen.

Es gibt also vielfältige Gründe für die Notwendigkeit eines *rechtlichen* Schutzes im Prozeß des kreativen Wachstums. Ein kurzer Blick in die Geschichte des Patentrechts kann dies erhellen. Es wurde bereits mit dem Beginn der Projektemacherei in der Renaissance frühzeitig die Forderung nach »Privilegien«, nach Patentrechten erhoben. Fuller verteidigte 1602 vor dem Königlichen Gerichthof in London bei einem Patentprozeß seinen Mandanten mit den Worten: »Ich will ihnen zeigen, wie die Richter ehemals Monopolpatente gebilligt haben. Sie billigten sie, wo jemand durch seine eigene Mühe und Betriebsamkeit auf eigene Kosten kraft seines Erfindungsgeistes in das Königreich ein neues Gewerbe oder eine Maschine einführte, die der Förderung eines Gewerbes diente und vorher nicht benutzt worden war.«[282] Privilegien wurden für Erfinder, aber auch für jene gewährt, die eine Neuerung erstmals einführten (Erfindungs- versus Einführungsprivilegien). Erste Formen solcher Privilegien gab es bereits im 14. Jahrhundert in England, Sachsen und Böhmen.[283] In ihrer

Frühform waren Privilegien nicht nur vertragliche Zusicherungen mit einem wirksamen Ausschlußprinzip; es wurden oft auch nur einfache Vergünstigungen eingeräumt. An der wirtschaftlichen Funktion einer Sicherung des temporären Monopols und der daraus resultierenden Möglichkeit, Gewinne zu privatisieren, ändert dies nichts.

Politische Revolutionen waren derartigen Privilegien meist, wenn auch nur kurzfristig, feindlich gesinnt; sie sahen in ihnen Hemmnisse der Freiheit oder feudale Reste. In England wurden etwa ab 1560 Monopole gewährt (für Salz, Essig, Heringe, Lederprodukte usw.), die aber immer wieder zu einem Mißbrauch und gerichtlichem Streit führten. Schließlich wurde unter Jakob I. 1624 das *Statute of Monopolies* erlassen, das die Grenzen der Verleihung von Monopolen definierte. Reine Verkaufsmonopole wurden für ungültig erklärt, dagegen wurde bei Gewerben für neue Produkte oder Verfahren dem »ersten und wahren Erfinder (true and first inventor and inventors)« Patente und Privilegien eingeräumt. Die Revolutionsgesetzgebung in Frankreich schaffte 1789 das gesamte Privilegiensystem ab. Allerdings ließ sich die Struktur der Marktprozesse mit einem völligen Mangel an einem Patentschutz nicht vereinbaren. Es handelt sich beim Patent gerade nicht um ein *vorkapitalistisches* Relikt, sondern um die notwendige *rechtliche* Form, in der sich der Prozeß des Kapitals vollzieht. In Frankreich wurde bereits am 7. Januar 1791 wiederum ein Patentgesetz beschlossen, das »jede Entdeckung oder neue Erfindung« in allen Gewerbezweigen zum Eigentum des Urhebers erklärte und ihm den vollständigen Genuß (Art. 1) der daraus erwachsenden Monopole zugestand.[284] In den Vereinigten Staaten von Amerika wurde am 10. April 1790 ein Patentgesetz erlassen.[285]

Beim *Urheberrecht* tritt eine weitere Schwierigkeit deutlich hervor. Historisch ist die Diskussion um das Urheberrecht mit der Erfindung des Buchdrucks (um 1440) aufgetreten. *Die* gemeinschaftliche Struktur der Menschen, die Sprache, wird in den Sprachwerken zur *individuellen schöpferischen Leistung*, um in der Sprache des Urheberrechts zu sprechen. Bei allen »geistigen« Produkten, die durch die Sprache oder eine andere Kommunikationsform ebenso verbreitet wie *vervielfältigt* werden, ist die *privatrechtliche* Zurechnung keineswegs so scheinbar natürlich, wie bei anderen Handlungsresultaten. Wer ein dingliches Gut erzeugt, hält es wörtlich in Händen und ist der Besitzer (sofern er seine Arbeit nicht zuvor als Dienstleistung verkauft hat). Ein literarisches Werk, eine wissenschaftliche Entdeckung, eine Komposition besitzt aber kraft der eigenen Form ein *soziales* Sein, denn Musik verwirklicht sich nur im Erklingen, literarische Werke beim Lesen und wissenschaftliche Einsichten bei ihrer Anwendung und Verbreitung.[286] Zwar zielt eine Handlung in ihrem Resultat auf nachgelagerte Handlungen, sofern sie einen Zweck, d. h. eine Funktion in einem nachgelagerten Handlungsprogramm erfüllt. Aber einige Handlungsresultate besitzen die eigentümliche Form, in ihrer *Verwirklichung* eine unmittelbar soziale Form anzunehmen. Die Wirklichkeit der »Geistesprodukte« ist die Öffentlichkeit. Jede Privatisierung ist deshalb ein *äußerer*, rechtlicher Akt. Andererseits kann eine Produktion für den Markt überhaupt *nur* unter der Voraussetzung eines Rechtsschutzes erfolgen.

Der »Schutz geistiger Leistungen«, die nicht kraft ihrer dinglichen Natur besessen und deshalb sachlich monopolisierbar sind, besitzt mehrere Quellen. Bei Büchern war ursprünglich nur die *drucktechnische Leistung*, d. h. eigentlich ein Produktionsverfahren, geschützt, so z. B. beim ersten Druckprivileg, das 1469 die Stadt Venedig einem Johann aus Speyer für die Dauer von fünf Jahren erteilte. Auch die Bücherprivilegien in Deutschland galten der Drucktechnik als Produkt, nicht der schöpferischen Leistung.[287] Das erste eigentliche Urheberrecht, ein Privileg, das einen Autor schützte, wurde 1486 in Venedig an Sabellicus für dessen Geschichte der Stadt Venedig erteilt. Das zweite Privileg ging im Jahre 1491 an Prof. Petrus Franciscus für sein Buch »Phönix«, mit der Begründung, daß nicht andere die »Früchte seiner Mühen und Nachtwachen« ernten sollten.[288]

Der *Verlag* als wirtschaftliche Form, in der Autorenrechte geltend gemacht werden, hatte ursprünglich eine rein auf das Handwerk bezogene Bedeutung. Das althochdeutsche Wort *farlegjan* ist die Wurzel von »verlegen«, das »etwas hingeben an andere«, »aufkommen für etwas« oder auch »Kosten vorstrecken« bedeutet. Der »Verleger« ist ein Kreditgeber, der für seine Vorlage oder Auslage eine *bestimmte* Leistung verlangt. Eigentlich wird die Arbeit nur an einen anderen Ort *verlegt*, und der Verleger vertreibt das Produkt. Seit dem 15. Jahrhundert taucht das Wort

»Verleger« in diesem Sinn als Unternehmer auf und wird seit dem 17. Jahrhundert auch für Buchhändler verwendet. Das Verlegersystem bezog sich zunächst auf viele Handwerke wie Drahtzieher, Uhrmacher usw. Der Verleger von »Geisteswerken«, der Buch- oder Musikverlag, macht durch sein Produkt das Monopol des Autors geltend. Ob dem Autor darüber hinaus noch weitere Rechte zukommen, unterscheidet internationale Urheber- bzw. Copyrightsysteme, deren vielfältige Eigenschaften hier nicht untersucht werden können.[289] Sicherlich wird aber das Copyright durch die neuen Kommunikationstechnologien und die Möglichkeiten beinahe beliebiger Vervielfältigung von Informationen zu einer noch weit unerläßlicheren Wettbewerbsbedingung, als dies bislang schon der Fall ist.

Dieser kleine Blick in die Geschichte des Patent- und Urheberrechts verfolgte eine doppelte Absicht: *Erstens* wird dadurch deutlich, in welcher Form ein temporäres Monopol als *Rahmen* des kreativen Wachstums unverzichtbar ist, und *zweitens* läßt sich an diesem Beispiel demonstrieren, wie sehr der Wettbewerb bereits in der Frühzeit der Marktwirtschaft einer begrenzenden Ordnung bedurfte. Man kann auch erkennen, wie sich diese Regeln zur *Beschränkung* des kreativen Wettbewerbs im lebendigen Prozeß mit der wirtschaftlichen Entwicklung entfaltet haben und zu den Gewohnheiten der Weltmarktordnung wurden – obgleich der Kampf um internationale Regeln des Patent- und Urheberrechts noch keineswegs ausgefochten ist. Das Patent- und Urheberrecht ist allerdings nicht die einzige Rechtsnorm, deren Rahmen- und Schutzfunktion das kreative Wachstums von Innovation und Nachahmung (Diffusion) überhaupt erst ermöglicht.

Die Rolle der Eigentumsrechte

Die *grundlegende* Rechtsnorm ist das *Eigentumsrecht*. Hier, wo wir uns mit der Verteilung des sozialen Überschusses befassen, dürfen wir das Eigentumsrecht nicht einfach nur als *Rahmen* betrachten, der jeglichem Marktprozeß vorgegeben ist. Die Eigentumsrechte *als* Rechte bekommen einen eigenständigen Charakter in diesem kreativen Prozeß. Eigentumsrechte können, das Urheberrecht hat es schon als Beispiel gezeigt, *übertragen* werden. Und darin liegt ein für die Verteilung des sozialen Überschusses wichtiges dynamisches Element.

Was ist eigentlich ein Eigentumsrecht? Eigentumsrechte können sich eigentlich nur auf *Sachen* beziehen, auf Dinge. Auf Elemente der menschlichen Kommunikation, auf geistige Gegenstände ist der Eigentumsbegriff *unmittelbar* nicht anwendbar. Doch diese Gegenüberstellung von »Geist« und »Ding« – die Literatur zur Begründung des Patent- und Urheberrechtes ist erfüllt davon – ist unangebracht. Zwar definiert das römische Privatrecht das Eigentum durch die *Gewalt* über eine Sache; wir haben darauf schon hingewiesen. Dennoch heißt ein Eigentumsrecht niemals, *uneingeschränkte* Erlaubnis, mit einem Ding oder einer Sache nach eigener Willkür zu verfahren. Eine Sache spielt in einer *Handlung* eine Rolle, in der sie genutzt wird. Sie wird genutzt gemäß einem *Handlungsprogramm.* Das Handlungsprogramm legt fest, welche *Funktion* eine Sache, ein Ding erfüllt. In dieser Funktion liegt der *Nutzen* der Sache.

Nun gehört zu jeder Sache auch ein *Wissen*, wie sie zu nutzen ist, welche Funktion sie erfüllen kann, eine *Gebrauchsanleitung*. Die Gebrauchsanleitung legt niemals *generell* fest, wofür ein Ding Verwendung finden kann; es gibt den kreativen Freiraum, der eine Andersverwendung erlaubt. In welchen Handlungsprogrammen eine Sache eine Rolle spielt, welche *Funktion* sie erfüllen kann, ist nicht mit der Sache identisch. Es ist ihr nicht auf den Leib geschrieben. Ob man aus Holz einen Tisch, eine Bodenfliese oder eine Madonna fertigt, ist nicht im genetischen Programm des Baumes festgelegt. Diese *Offenheit* der Funktionen, zu der eine Offenheit der Bedeutung hinzukommt, ist der Ort der Kreativität. Jedes Ding ist offen für zahllose Handlungsprogramme.

Wie steht nun dies in Beziehung zu Eigentumsrechten? Ein Eigentumsrecht besagt eigentlich: Der Eigentümer kann mit einer Sache *jedes* Handlungsprogramm realisieren, das mit keinem *anderen* Gesetz, mit keiner anderen Norm in Konflikt gerät. *Ob* solch ein Konflikt gegeben ist, wird keineswegs immer eindeutig festzustellen sein; es bleibt letztlich eine *richterliche* Entscheidung. »Geistige« Dinge sind, in unserem Kontext, *Handlungsprogramme.* Eine erfolgreiche Technik, eine populäre Komposition, ein Computerprogramm – sie alle sind Handlungsprogramme, die in vielfältigen Handlungen eine Funktion erfüllen, nützlich sind, und das heißt, Zahlungsbereitschaft erwecken. Es sei denn, man erhält die gewünschte Information *unentgeltlich*. (Ein Handlungsprogramm ist in seiner öffentlichen Form eine Information.) Man ahmt also die erfolgreiche Technik einfach nach, spielt die populäre Komposition oder kopiert das Computerprogramm. Was durch diese Handlungsprogramme jeweils genutzt wird, ist durchaus im Eigentum dessen, der es (illegal) anwendet: die Maschinen und das Personal im eigenen Betrieb, die Instrumente für Live-Musik, der Computer.

Doch hier steht das Eigentumsrecht entgegen. Nur das vielfältige System rechtlicher Normen *verhindert* die einfache Kopie von Handlungsprogrammen. Sie definieren das Programm, die Technik, das Gebrauchsmuster, das Werk eines Urhebers und verwandeln es so in eine *Sache*, die Gegenstand ökonomischer Entscheidungen werden kann. Wer ein Recht auf die Anwendung eines Handlungsprogramms übertragen erhält, der kann es auch *legal* nutzen und verwerten. Nicht das *Recht* selbst ist hier das ökonomische Gut, vielmehr das mit diesem Recht verknüpfte Handlungsprogramm. Bei *Sachen* ist nicht das Handlungsprogramm durch das Eigentumsrecht geschützt, sondern die prinzipielle kreative Freiheit, die Sache im Rahmen gültiger Gesetze für *beliebige* Handlungsprogramme zu verwenden. Auch hier ist nicht das Recht selbst die Nutzung der Sache, sondern erst die Handlung, in der diese Sache eine Funktion erfüllt. Rechte sind also *keine* unmittelbaren ökonomischen Güter. Böhm-Bawerk hat dies zurecht in seiner berühmten Arbeit »Rechte und Verhältnisse vom Standpunkte der Volkswirtschaftlichen Güterlehre« festgestellt.[290]

Der *Wert* eines Eigentumsrechts ist der *erwartete* Nutzen, der aus den Funktionen erwächst, die eine Sache oder ein geschütztes Handlungsprogramm leisten. Der erzielte Erlös aus der Realisierung eines Handlungsprogramms ist jener Wert, der mit einem Eigentumsrecht verknüpft wird. Wenn also Eigentumsrechte ge- und verkauft werden, dann wird das *potentielle* Eigentumsrecht an den *Resultaten* der Handlung erworben. Die *allgemeinste* Form von Eigentum ist aber der *Geldbesitz*, und die allgemeinste Form einer Übertragung von Eigentumsrechten ist deshalb der *Kredit*. Weil Geld gegen *alle* Produkte und Dienstleistungen auf dem Markt eingetauscht werden kann, ist das Geld auch jenes Eigentum, das die größte Vielfalt von realisierbaren Handlungsprogrammen erlaubt.

Geldzins und Wertpapiere

Mit diesem Exkurs zum Eigentumsbegriff können wir die Rolle der Eigentumsrechte im Prozeß der Verteilung des sozialen Überschusses näher zu bestimmen. Ein Geldkredit hat die Funktion, Geld für kreative Veränderungen oder Anpassungen an kreative Veränderungen bereitzustellen. Die *Sicherheit*, die im Kreditvertrag als Äquivalent für die überlassene Geldsumme gewährt wird, kann höchst unterschiedliche Formen annehmen. Die Form dieser Sicherheit ist der *Schuldschein.* Ein Schuldschein verzeichnet u. a. die Rückzahlungssumme, die Frist und die Verzinsung der vorgeschossenen Summe. Der Schuldschein ist, aufgrund dieses vertraglichen Rückzahlungsversprechens, *selbst* ein ökonomischer Wert. Er kann gegebenenfalls seinerseits beliehen werden (wie beim Wechsel- oder Lombardkredit). Der Kredit hat in dieser Form nur die Funktion, den sozialen Überschuß *dorthin* zu lenken, wo *potentiell* neue Handlungsprogramme erprobt werden. Wie immer dieser Kredit durch das Bankensystem institutionell vermittelt oder überhaupt geschaffen wird, welche Sicherheiten für seine Vergabe eingesetzt werden, sein *Gegenwert* ist der Überschuß der laufenden Periode. Das ist auch dann der Fall, wenn eine Kreditexpansion des Bankensystems zu einer zusätzlichen Nachfrage nach Gütern führt, die den realen Überschuß übersteigt. Das Resultat wird dann ein allgemeiner Preisanstieg sein.

Hier tritt der *Geldzins* in seine spezifische Funktion ein. Der Kreditgeber ist nicht selbst der kreative Innovator, er stellt sein Kapital nur jenen Handlungen zur Verfügung, die versuchen, das soziale Handlungssystem auf eine für sie profitable Weise umzuwälzen. Der Geldzins wird aus dem innovativen Gewinn finanziert. In einem reinen Gewohnheitssystem hätte der Zins jede Funktion verloren. Er kann nur als Naturalzins eine Rolle im Ausgleich der natürlichen Schwankungen spielen, als Risikoprämie für die Überlassung von Vorräten – wie dies aus dem Kodex Hammurabi hervorgeht. In einer Wirtschaft mit kreativem Wachstum jedoch ist der Geldzins der vom Kreditgeber eingeforderte Anteil am Gewinn, der durch die Umwälzung von Gewohnheiten entsteht. Daß er darüber hinaus eine Funktion in der Steuerung des Kreditvolumens (»Geldmenge«) spielt, ist zutreffend, kann uns aber hier nicht näher beschäftigen.

Der Zins dient als Instrument, sozialen Überschuß aus den Unternehmen und Privathaushalten an das Bankensystem umzuverteilen. Da Banken ihre Kredite streuen können, ist das Risiko des *Scheiterns* bei der Kreditvergabe weitaus geringer als beim Unternehmer, der eine Investition durchführt, oder beim Haushalt, der durch einen Kredit sein Dienstleistungsangebot verändern möchte. Da ferner das Bankensystem vielfach im Falle der Zahlungsunfähigkeit Eigentumsrechte an Unternehmen oder an privatem Vermögen übertragen erhält, erwächst in einer kreativ-dynamischen Wirtschaft dem Bankensystem *tendenziell* eine steigende Macht über das gesamte ökonomische System.[291]

Ein wesentlicher Punkt kommt hinzu. Eigentumsrechte an Unternehmen sind vielfach *gestückelt* in Aktien oder anderen Beteiligungen. Sie können in diesen Teilen völlig getrennt und losgelöst vom übrigen Wirtschaftsprozeß übertragen werden. Der wichtigste, wenn auch keineswegs einzige, Markt hierfür ist die *Wertpapierbörse.* Das in einem Wertpapier verkörperte Eigentumsrecht bleibt zwar an die jeweiligen Unternehmen gekoppelt, vor allem durch die Gewinnausschüttungen, es entfaltet aber durch die Möglichkeit des *Verkaufs* eine Eigendynamik, die sich dem sozialen Handlungssystem überlagert. Ist bei einer Investition, die ja eine Veränderung gegebener Handlungssysteme darstellt, der *Ertrag* eine reine *Erwartungsgröße*, so wird die Erwartung in bezug auf einen Anteilschein an einer Unternehmung zu einer Erwartung auf mehrfach vermittelter Stufe.

Doch ungeachtet der hysterischen Ängste der Börsianer darf eine Grundstruktur nicht vergessen werden. Die Kurserwartungen der Anleger sind *selbst* Handlungsprogramme. Das *erwartete Verhalten* der Wertpapierkurse wird *Programm.* Dies kann, bei negativer Rückkopplung, zu teilweise heftigen Kurseinbrüchen führen: die *erwartete* Kurssenkung induziert jenes Verhalten, das den Kurseinbruch auslöst. Ist aber die Börse ausreichend durch Liquidität versorgt, steht hinreichend Geld aus dem sozialen Überschuß als Nachfrage zur Verfügung, so ergibt sich eine *positive* Rückkopplung. Die Kurse werden *schneller* steigen als der soziale Überschuß. Was heißt das? Das Volumen der Wertpapiere, ihr gesamter Wert, besitzt eine hohe Liquiditätsnähe; er ist fast bares Geld. Würden die Börsianer *nicht* in ihrem Handeln *vollständig* vom Handlungsprogramm der

Kaufmannsseele dominiert werden und diesen Wert tatsächlich *realisieren* wollen, so ergäbe sich notwendig ein dramatischer Kursverfall. *Verhindert* aber – was in Boomphasen der Fall ist – die Kaufmannsseele solch ein Verhalten, gilt das ganze Streben nur dem *Mehr* an Geld, dann erschafft diese Logik an den Börsen *selbst* jenen Wert, den die Börsianer auf ihren Konten verbuchen.

Solange die Kaufmannsseele hier nur unter ihresgleichen agiert, auf dem Parkett, auf dem der *Wettbewerb* selbst Wert erschafft durch die Resonanz der Handlungsprogramme, solange ist der so geschaffene Wert rein *fiktiv*. Bröckeln aber Teile dieses Wertes von der Börse ab und dienen der Finanzierung *anderer* Unternehmungen, so wird dieser Wert *realisiert*. Es erweist sich, solange jener *abgezogene* Teil des fiktiv erzeugten Wertes – im Börsenjargon auch »spekulative Blase (bubble)« genannt – nicht zu einem Kurseinbruch an der Börse führt, daß hier tatsächlich *Eigentumsrechte* übertragen wurden. Werden die Wertpapiere zum Kauf von Gütern benutzt, so zeigt sich, daß jener nur *fiktive* Prozeß an der Börse *reale* Effekte hat. Wird ein Aktienpaket zur Finanzierung einer großen Investition verwendet, so werden für dessen Wert sehr wohl *reale* Güter des sozialen Überschusses erworben.

Wie ist das möglich? Durch eine Übertragung von Eigentumsrechten aus dem realen Sektor *an* die Wertpapierbörsen. Das dort steigende Aktienvolumen, der so entstehende fiktive Wert, kann zum Kauf *neuer* Eigentumsrechte verwendet werden. Die Autonomie der Börse, in ihren im langfristigen Trend *steigenden* Kursen, sorgt für eine permanente *Umverteilung* des sozialen Überschusses aus der produktiven in die monetäre Sphäre. In Gütern ausgedrückt, entspricht dieser Umverteilung ein *Zuwachs* an Eigentums- und Kontrollrechten über den gesamten Unternehmenssektor durch den Finanzsektor der Volkswirtschaften. Diese wachsende Macht des Finanzsektors ist eine Folge des fiktiven, selbst erzeugten Wertes, der solange *wirkliches* Geld zu erlösen erlaubt, solange der Abzug von Wertpapieren nicht eine Spekulationswelle nennenswert dämpft oder zum Abklingen bringt. Auch hier wird aber der Überschuß durch Realisierung zyklisch *vernichtet*, durch drastische Kurseinbrüche oder – bei enger Verflechtung der spekulativen Blase mit dem Banksektor – durch eine (Welt-)Wirtschaftskrise. Da es sich hierbei um einen *internationalen* Prozeß handelt, kann er durch Geldpolitik auch nicht kontrolliert, wohl aber verzögert oder verlagert werden.

Die *Stückelung* der Eigentumsrechte hat zu einem undurchschaubaren Gewirr von Beteiligungen an Unternehmen geführt, zu einer Umverteilung von Erträgen zwischen den heterogensten Wirtschaftszweigen und zwischen unterschiedlichsten Standorten auf dem Weltmarkt, so daß eine *Zurechnung* von Leistungen zu einer einzelnen Unternehmung mehr und mehr jeglichen Charakter selektiver Marktprozesse verliert. Unterschiedliche Unternehmenszweige subventionieren einander, wie ehedem sozialistische Unternehmen auf dem Wege über die staatliche Gewinnverteilung im Staatshaushalt jede Kostenkalkulation ad absurdum führten. Sicherlich verhindert die Kaufmannslogik, daß unrentable Unternehmenszweige längerfristig erhalten werden. Aber dem vielfältigen Abstoßen von Abteilungen, die sich nicht mehr rechnen, stehen ebenso vielfältige Experimente von Unternehmensfusionen gegenüber, die sozialen Überschuß in Milliarden DM- oder $-Beträgen im wörtlichen Sinn »verpulvern«. Die Nutzung des sozialen Überschusses für kreative Umwälzungen der Technik wird mehr und mehr substituiert durch die »kreativen Umwälzungen« von Unternehmensbeteiligungen, die nicht minder oft scheitern wie neu eingeführte Produkte. Die *Kontrolle* dieses Prozesses einer Fusionierung von Unternehmen durch die Kartellbehörden ist hilflos; die »großen Schwierigkeiten, auf die die Kartellbehörden bei dem Versuch einer Durchsetzung der Fusionskontrolle«[292] stoßen, werden auf dem neu erstarkten Weltmarkt des ausklingenden 20. Jahrhunderts einer völligen Kapitulation weichen müssen. Die Nationalstaaten unterstützen eher noch diesen Prozeß, um »ihre« aparte Industrie für neue Wettbewerbsschlachten auf dem Weltmarkt zu rüsten. Da dieser Prozeß aber auch und vor allem *transnational* verläuft, entgleiten den Nationalstaaten durch den Fusionsprozeß mehr und mehr *lokale* und *nationale* Kontrollmöglichkeiten. Die »Fusion« von Staaten zu wirtschaftlichen Verbänden (EU, NAFTA, ASEAN usw.) verweist hier auf *eine* Gegenbewegung, die national(istisch)e Verteidigung von Standortvorteilen auf die *andere*. Doch beide Reaktionen heben nicht den grundlegenden Gegensatz von internationaler Mobilität der Eigentumsverhältnisse und nationalem Standort auf; sie verschärften ihn eher noch.

Die Emanzipation der Kaufmannsseele wird durch die endlose Verschiebung von Eigentumsrechten vollkommen. Diese Verlagerung der kreativen Veränderungen von der produktiven Sphäre in die Finanzwelt hat die Zuwachsraten des sozialen Überschusses bereits seit den frühen 70er Jahren säkular verlangsamt. Es gibt im Finanzsektor keine *Innovationen.* »Die Regel besagt, daß sich Finanzgeschäfte nicht für Innovationen eignen. Was immer wieder neu entdeckt und gefeiert wird, ist ausnahmslos eine kleine Variante einer historisch längst widerlegten Konzeption. (...) Jede finanzielle Neuerung erfordert in der einen oder anderen Form eine Verschuldung, die mehr oder weniger angemessen durch reale Vermögenswerte abgesichert ist.«[293] Das Schuldenmachen wird in immer neuen Varianten erfunden, auch wenn die dominanten Standorte auf dem Weltmarkt nicht mehr die plumpen Methoden der jungen Kapitalisten in Rußland und in anderen Ländern der Transformation anwenden, die in der noch andauernden Frühphase der Reformen hauptsächlich den Schneeballeffekt als Kreditform entdeckt haben.

Staatliche Kontrolle und weltweiter Überschuß

Es bleibt hier noch zu ergänzen, daß der *Staat* sich keineswegs nur Teile des sozialen Überschusses durch Umsatz-, Einkommens- und Gewinnsteuern sichert, sondern auch große Teile des Bedarfs durch Umverteilung steuert oder beeinflußt. Diese Mittel, z. B. die wachsenden Sozialbudgets, sind gewohnter Bestandteil privater Handlungsprogramme geworden. Der Gedanke von Keynes[294], bei einem Einbruch der Nachfrage und sinkender Kapazitätsauslastung die private Nachfrage einfach durch staatliche, kreditfinanzierte Ausgaben zu substituieren – um, wie Keynes nachdrücklich gefordert hat, die so entstandenen Schulden in der nachfolgenden Boomperiode zurückzubezahlen[295] –, leidet an einem *doppelten* Denkfehler. *Erstens* glaubte Keynes zwar nicht an die Rationalität der durch unsichere Erwartungen bestimmten Marktteilnehmer, wohl aber an die Rationalität der Politiker bei ihrem Geschäft der Wirtschaftslenkung. Eine vielleicht sehr edle, gleichwohl nicht minder naive Hoffnung. *Zweitens*, und dieser Punkt ist gravierender, verkannte Keynes die Macht der Gewohnheit. Jede wiederholte Ausgabe des Staates, jede Umverteilung *produziert* Gewohnheiten. Gewohnheiten bestimmen das Wählerverhalten, und deshalb ist eine *Rücknahme* von steigenden Ausgaben eine nicht zu kleine Aufgabe. Weshalb bei Kürzungen im Staatshaushalt auf den geringsten Widerstand gesetzt wird – und der ist bei Sozialhilfeempfängern allemal geringer als bei subventionierten Unternehmen, die mit *Standortwechsel* drohen.

Auf staatlicher Ebene wiederholt sich nur das Dilemma, das den Prozeß kreativer Umwälzung der Wirtschaft zur Produktion von Überschuß generell kennzeichnet: Der Überschuß besitzt stets auch die *Geldform*. Geld, das ausgegeben wird, produziert tendenziell *Gewohnheiten* des Bedarfs. Nur offenkundig gescheiterte Projekte verschlingen Teile des sozialen Überschusses, ohne in eine Gewohnheit auszumünden. Doch selbst die Aufrechterhaltung eines bestimmten »Budgets für kreative Veränderungen« kann zu einer Gewohnheit werden. Da es bei der Variation von Handlungsprogrammen keine *Kausalität* des Erfolgs geben kann, ist einer Forschungsaufwendung, einer Entwicklung niemals unmittelbar anzusehen, ob sie nur Überschuß konsumiert oder potentiell Überschuß produziert. Somit ist selbst die permanente Bereitstellung von Forschungs- und Entwicklungsmitteln kein *ursächlicher* Garant für kaufmännischen Erfolg. Eher schon zeigt sich auch hier eine Gewohnheit.

Wenn der soziale Überschuß, wie immer auf Gewinne, Zinsen, Löhne, Steuern etc. verteilt, in seiner Geldform *verausgabt* wird, dann *induziert* diese Ausgabe einen potentiellen Bedarf, erzeugt eine potentielle Gewohnheit. Die Realisation des Überschusses *hebt ihn tendenziell auf*. Dies ist die *Tragik* der Kaufmannsseele. Ihr Tun ist vergeblich, es muß stets neu einsetzen. Der gewonnene Zins muß dem Kapital zugeschlagen werden und sich erneut auf die Suche nach möglichen Änderungen der Gewohnheit begeben. Und dieses kaufmännische Handeln ist die *mächtigste* aller modernen Gewohnheiten. Tief in die menschliche Seele eingedrungen, grinst die Kapitalformel des »Mehr! Mehr!« in heterogensten Verkleidungen der sozialen Handlungen hervor und ficht den endlos vergeblichen Kampf gegen die Macht der Gewohnheit.

Die Verzinsung des eingesetzten Kapitals, die partielle Privatisierung von sozialem Überschuß, ist ein *weltweiter* Prozeß. Wir haben bei der Diskussion der Quelle des sozialen Überschusses bereits darauf hingewiesen: Vor allem die neue oder andere Einbeziehung von *ausländischen*

Gewohnheitssystemen in den Weltmarkt ist ein wichtiges Potential zur Erzeugung von Überschuß. Der *relative* Kostenvorteil, der durch die Anbindung eines bislang autonomen oder teilautonomen Gewohnheitssystems an einen Markt entsteht, stellt einen sozialen Überschuß des gesamten Weltmarktes dar. Die *Verteilung* dieses Überschusses hängt aber von der Verteilung der *Eigentumsrechte* ab.

Um den positiven Effekt aber zunächst zu betonen: *Jede* neue oder veränderte Anbindung an den Weltmarkt – durch die Erschließung von neuen Märkten oder durch die kreative Umwälzung von Märkten – verändert auch *lokal* den Bedarf der jeweiligen Handlungen. Die Nachfrage nach *billigen* Arbeitskräften schafft lokale Kaufkraft. Und das so verdiente Geld wird nur teilweise für *ausländische* Produkte ausgegeben, fördert also auch den *nationalen* Markt. Über die Veränderungen des Preissystems wird ein Teil des Überschusses *national* privatisiert. Ferner werden Steuern und andere Abgaben an Nationalstaaten geleistet, ein weiterer Teil des Überschusses, der *national* privatisiert wird. Der *größere* Teil aber der Wertschöpfung ist direkt mit Eigentumsrechten verknüpft und kann deshalb international beliebig transferiert werden.

Obgleich es prinzipiell nur *einen* Weltmarkt geben kann, sind viele Märkte dennoch *lokal* zentriert. Das *gesamte* Preissystem ist längst ein international bewegliches Netz von Abhängigkeiten geworden. Dennoch ist das Maß der Preisänderungen auch am Maß des Weltmarktvolumens zu messen. Nicht nur Transportkosten, lokale Handelshemmnisse und Informationsmonopole verhindern weltweit die Durchsetzung des Gesetzes von der Unterschiedslosigkeit der Preise (»law of indifference« bei Jevons). Viele Produkte und Dienstleistungen sind überhaupt nur *lokal* verfügbar. Das heißt jedoch nicht, daß derartige lokale Märkte vom Weltmarkt zu trennen sind. Nahezu jedes Handlungsprogramm enthält Produkte des Weltmarktes: Energievorleistungen, Computerprogramme oder Chips, aber auch Lebensmittel oder Leistungen der Informationsindustrie. Dadurch fließen in *jede* Kostenrechnung Weltmarktpreise ein und wirken sich auf lokale Märkte aus. Gleichwohl kann auch jeweils *lokal* bei Veränderungen von Gewohnheitssystemen, die nur für bestimme Standorte Bedeutung haben, ein Überschuß entstehen, der kaum zu solchen Preisänderungen führt, daß die Weltmarktpreise davon betroffen werden. Insofern ist den nationalen Standorten nicht jede Kontrolle über die lokale Wertschöpfung entzogen, und der Staat behält darin eine - wenn auch schwindende - Kontrollmöglichkeit.

Neben der Herstellung einer Weltgesellschaft durch die internationalen Märkte gibt es in wachsendem Umfang eine *informale* Vergesellschaftung. Auch über Standorte, die nur in wenig bedeutendem Umfang am Weltmarkt partizipieren, gibt es umfassende Nachrichten und Versuche von Nationalstaaten, potentielle Märkte zu sichern bzw. potentielle Bedrohungen für die eigene Wirtschaft abzuwehren. Die Marktteilnehmer wissen faktisch viel mehr, als sie unmittelbar durch ihre wirtschaftlichen Handlungen beeinflussen. Aber erst wenn eine Kaufmannsseele *unmittelbar* von einer Nachricht in ihren wirtschaftlichen *Handlungen* betroffen ist, werden Nachrichten zu *Signalen* für Handlungsprogramme. Es ist dagegen »rational«, andere Nachrichten einfach nur zur Kenntnis zu nehmen. Jedem Egoisten steht es gut zu Gesicht, seine Kaufmannsseele mit ein paar Brosamen aus der Portokasse für Notstandgegenden der Welt zu zieren. *Nennenswert* ist diese Umverteilung von sozialem Überschuß nicht - das in sich schon klägliche Ziel der UNO, mindestens 0,7% des Sozialprodukts für Entwicklungshilfe aufzuwenden, wurde 1990 gerade einmal von fünf eher kleineren Ländern weltweit erreicht. Da immer mehr Handlungen weltweit durch die Kapitalformel der Kaufmannsseele *dominiert* werden, wächst die Kluft zwischen jenen Informationen, die das Handlungsumfeld nur beschreiben, und denjenigen, die *Signale* für Handlungsprogramme bedeuten. Der Anteil der *verwertbaren* Information an der »Informationsflut« sinkt, die Unsicherheit wächst.

Nationalstaat und Weltmarkt

Gewohnheitssysteme werden noch durch *Nationalstaaten* und die darin tradierten lokalen Normen und Regeln stabilisiert. Deshalb ist der Anteil des lokal entstehenden sozialen Überschusses noch groß; bei wenig entwickelten Ländern tendenziell größer als bei entwickelten. Der *nationale* Wirtschaftserfolg bleibt gleichwohl abhängig von der Fähigkeit, jene Handlungen kreativ zu verändern, die das *weltweite* Handlungssystem dominieren. Nur Innovationen, die für viele Länder Kosten- oder

Preiseffekte besitzen und den jeweiligen Bedarf verändern, haben auf dem Weltmarkt Gewicht. Rüsten Länder ihr gesamtes Wirtschaftssystem auf diese Erfordernisse des Weltmarktes um, so sind sie gegenüber national eher abgekoppelten Ländern langfristig im strategischen Vorteil. Das deutsche »Wirtschaftswunder« ist hierfür ebenso ein Beispiel wie der Aufstieg Japans, oder, in jüngerer Zeit, der Aufstieg Taiwans, Koreas und der anderen *tigers*. Der Weltmarkterfolg hängt davon ab, in welchem Maße es gelingt, nationale Gewohnheitssysteme auf Weltmarktprodukte umzuprogrammieren. Solch eine Re-Programmierung wird nicht nur *gegen* nationale Überlieferungen erfolgen. Lokale Traditionen werden vielmehr von der international denkenden Kaufmannsseele als Sub-Routinen in die Wirtschaftsprogramme eingebunden. So kann sich unversehens ein Zen-Mönch auf einem deutschen Management-Seminar wiederfinden oder das Münchener Oktoberfest in Japan und den USA.

Der Weltmarkt schuf eine Weltöffentlichkeit, die nationale Kommunikations- und Traditionssysteme durchbrach oder überlagerte. In der Gegenwart wird dieser Prozeß allerdings durch eine informale Vergesellschaftung abgelöst, die zwar immer noch an den Markt angebunden bleibt – wenigstens die Werbespots belegen das –, die andererseits aber eine Eigendynamik entfaltet und somit eine ganz eigene und neuartige Vernetzung der Handlungen *weltweit* herbeiführt. Diese Weltkommunikationsgesellschaft bildet ein prinzipiell neues Medium, durch geeignete Informationspolitik den sozialen Überschuß zu privatisieren. Es gibt nationale Provinzen, aber keinen Welt*staat*.

Die Träume von einem Weltstaat verkennen, daß das *Wesen* des Staates in der *Abgrenzung*, in der *Privatisierung* von aparten Teilen der weltweit vernetzten Handlungen und eines zugehörigen Territoriums besteht. Es liegt auch gar nicht im *Interesse* der wohlhabenden Standorte dieser Erde, den sozialen Überschuß des Weltmarktes einer *internationalen* politischen Kontrolle auszusetzen. Weniger die Kapitalisten, mehr noch die *Arbeiter* halten unbeirrt an ihren Gewohnheiten des *komparativen* Vorteils gegenüber kostengünstigeren Standorten fest. Es gibt kein öffentliches, allgemeines Weltinteresse, das über den Tatbestand des »Fortbestands der Menschheit« hinausginge – und selbst dieses Interesse besitzt *lokal* eine höchst unterschiedliche Auslegung. Eine »internationale Solidarität« der

Armen oder – wie es in der vergangenen Epoche hieß – des »Weltproletariats« war nur eine ebenso leere wie alberne Phrase. Der »arme« Sozialhilfeempfänger wird seinen *komparativen* Luxus gegenüber einem »armen« Afrikaner oder einem indischen Bettler mit dem gesamten Repertoire nationalistischer Rhetorik verteidigen.

Gleichwohl ist es der wachsende Weltmarkt, der nationale Bastionen mehr und mehr zu schleifen beginnt. Die Standortverlagerungen von Unternehmen zur Ausnützung internationaler Kostenvorteile haben einen direkten Wettbewerbs- und Preiseffekt: Sie beeinflussen die *kostengünstigen* Standorte und *verringern* die Kostendifferenz. Das kann für einige bislang wohlhabende Staaten in Europa, Amerika oder Asien auch zu Anpassungen des Bedarfs *nach unten* führen. Die nationalen Gewerkschaften können nur dann einen Anteil am sozialen Überschuß erstreiten, wenn dieser Überschuß national verfügbar ist. Mehr und mehr *bedroht* die fortschreitende Vernetzung der Handlungen durch den Weltmarkt *lokale* Vorteile. Was sich hier im Weltmaßstab vollzieht, ist nicht verschieden von dem Konkurrenzprinzip, das wir eingangs bei der Einführung einer neuen Maschine beschrieben haben: Der anfängliche Monopolgewinn schwindet durch Nachahmung und Diffusion. Nationale Kulturen, die von Staaten abgegrenzt und teilmonopolisiert werden, sind weitaus widerstandsfähiger als Wettbewerbsmonopole. Gleichwohl erliegen auch sie *säkular* der Macht der kaufmännischen Gewohnheit, *jede* Schranke zu überschreiten, die der Kapitalformel widerspricht. Eine Mithilfe beim Regierungswechsel kleinerer Staaten gehört mit zum Repertoire des Wettbewerbskrieges auf dem Weltmarkt.

Die wachsende Nutzung kostengünstigerer Standorte und die wachsende informale Vernetzung der Weltkultur internationalisiert tendenziell *alle* Märkte, vor allem auch den Arbeitsmarkt. So ist es kein Wunder, daß die *nationalen Privilegien* zur Aneignung von international erzeugtem sozialen Überschuß schwinden. Politisch schlägt sich dies so nieder, daß jede Region ihren *partiellen* Vorteil schützen möchte, und dies geschieht durch die krause Vielfalt nationalistischer Sprüche. Das Phänomen wachsender nationaler Abgrenzungen und Konflikte bis hin zu Kriegen, das sich bereits in der Weltwirtschaftskrise der 30er Jahre zeigte und in der

Katastrophe des zweiten Weltkrieges endete, betrat mit den 80er Jahren erneut die Weltbühne.

Die nationalistische Politik versucht, überlagert mit rassistischen, religiösen oder kulturellen Ideologien, temporäre Vorteile in der Privatisierung des sozialen Überschusses zu *halten*. Das war auch ein Grund, weshalb das »deutsche Proletariat« nach 1933 auf internationalistische Phrasen sehr schnell zugunsten nationalistischer verzichtete. Wiederaufkeimende Nationalismen in Europa, neofaschistische Bewegungen und ethnische Konflikte sind die gegenwärtige Form dieses politischen Prozesses. Die nordamerikanische Variante dieses Nationalismus ist nur deshalb fast unkenntlich, weil es Amerika gelungen ist, die internationale Kommunikation so sehr mit nationalen Symbolen zu programmieren – jedes Kind der Welt kennt Mickey Mouse, Sheriff-Sterne, Elvis Presley, die amerikanische Fahne und den Unterschied zwischen FBI und CIA –, daß die »Staatengemeinschaft« den amerikanischen Dialekt zur Weltverkehrsform erwählt hat. Solange dieser Prozeß überlagert war von einer wachsenden *nationalen* Privatisierung des sozialen Überschusses auf dem Weltmarkt, lernten europäische Gewerkschaften gerne Amerikanisch. Die Rückkehr der Nationalismen und religiösen Fundamentalismen ist die politische Form, in der die nationalstaatlichen Monopole zur Privatisierung des sozialen Überschusses durch den Weltmarkt, durch die Verlagerung von Eigentumsrechten abgebaut werden und historisch zur Disposition stehen. *Ungefährlich* war solch ein Prozeß niemals, und die Kriegsparolen der Wettbewerbsstrategen könnten »kreativ« wieder in die Politik rückübertragen werden.

17 ZUR GESCHICHTE DER ZINSTHEORIEN

Zins und Zinsverbot

Das griechische Wort für Zins »tokos« bedeutet ursprünglich die Nachkommenschaft, das Gebären. Es ist der Name für etwas Lebendiges, das Verwandtes hervorbringt. Das Geheimnis des Zinses verbirgt sich in diesem Leben. Durch den Zins, sagt Aristoteles, vermehrt sich das Geld durch sich selbst; das Geborene ist gleicher Art wie das Gebärende.[296] Dies, daß ein Ding wie Gold sich selbst vermehren soll, erschien den Alten als widernatürlich. Tatsächlich scheint die Vermehrung des Geldes im Zins so, als würde einem toten Ding *Leben* eingehaucht. Die Mechanik der Berechnung im Preis wird im Zins wundersam lebendig. Der Zins ist eigentlich der *Vorschein* des gesellschaftlichen Lebens in der kargen Wüste der Geldrechnung; an ihm erscheint die dynamische Natur des sozialen Überschusses.

Dieses merkwürdige Wesen »Zins« zeigt sich bereits sehr früh. Der Gesetzeskodex Hammurabis spricht dem »tamqar«, dem Kreditgeber beim Verleihen von Getreide, einen Zinssatz von 20%, bei Silberdarlehen von rund 37% zu. Daß es sich hierbei um einen *kontrollierten* Kredit handelte, ersieht man daraus, daß solch ein tamqar bei Wucher seines gesamten Kredits verlustig geht.[297] Erst mit dem Geldzins, der auf dem *Markt* erworben wird, treten die Kritiker auf. Buddha sagt zu seinen Mönchen, daß allein die *Annahme* von Gold oder Silber zu einer Trübung des reinen Geistes führt; im Geist eines Menschen, der »voll Sucht nach Ehre und Gewinn« ist, reift nie die tiefe Einsicht in die Natur der Dinge.[298] In der jüdisch-christlichen Tradition herrscht gleichfalls eine tiefe Abneigung gegen den Zins.[299] Im 5. Buch Mose (Dtn 23,20) heißt es über den Bedürftigen: »Du darfst von deinem Bruder keine Zinsen nehmen: weder Zinsen auf Geld noch Zinsen für Getreide noch Zinsen für sonst etwas, wofür man Zinsen nimmt.« Was wie eine Antwort auf die Sitten der Babylonier klingt, wird aber rasch eingeschränkt: »Von einem Ausländer darfst du Zinsen nehmen« (Dtn 23,21). Im Koran heißt es in der Sure 2,276: »Allah hat das Verkaufen erlaubt, aber den Wucher verwehrt«.[300]

Die Passagen im Koran über die Ungläubigen klingen weniger freundlich und formulieren ein immer noch populäres Handlungsprogramm: »Und erschlagt sie, wo immer ihr auf sie stoßt, und vertreibt sie, von wannen sie euch vertrieben.«[301] Ein seltsames »Nein! ... aber« durchzieht das frühe Schrifttum, wenn es sich gegen den Zins wendet. Die *Anderen*, die Barbaren, die Ausländer, die Fremden, die Ungläubigen dürfen getrost mit Wucher (oder Schlimmerem) überzogen werden; die eigenen Brüder sind milde zu behandeln. Jeder Gewinn, welcher der Erde abgerungen wird, ist ohnehin rechtens und wünschenswert.

Bevor die katholische Kirche ihren Frieden mit der Marktwirtschaft machte, war die Tradition des *Zinsverbotes* ungebrochen. Das Zinsverbot ist nicht nur eine ethische Norm, es basiert auf einer theoretischen Voraussetzung, die bereits Aristoteles formuliert hat: Geld dient nur dem Tausch; wenn durch den Tausch mehr gewonnen als gegeben wird, dann ist dieser Tausch *ungerecht*. Die soziale Tauschfunktion des Geldes wird *mißbraucht*. Insofern gilt: »Zins nehmen für geborgtes Geld ist an sich ungerecht; denn es wird verkauft, was nicht ist, wodurch ganz offenbar eine Ungleichheit gebildet wird, die der Gerechtigkeit entgegen ist.«[302] Thomas von Aquin *verschärfte* das Zinsverbot des Alten Testaments, das sich nur gegen *jüdische* Mitbürger richtete. Da im Neuen Bund *jeder* ein Bruder ist, gilt für ihn, »daß Zinsnehmen von irgendeinem Menschen schlechthin böse ist«.[303] Diese thomistische Theorie ist weit tiefer, als ihr Ruf in ökonomischen Kreisen vermuten läßt. Denn bei Thomas bleibt klar, daß der Zins *nicht* das mechanische Produkt irgendeines »Faktors« ist, sondern eine Form der – für ihn *ungerechten* – Privatisierung von etwas, das *anderweitig* entsteht. Thomas sieht also noch klar, daß das Zinsnehmen wesentlich auf der *ethischen* Grundlage beruht, die in den Eigentumsrechten ausgesprochen ist.[304]

Doch auch bei Thomas machen sich wirksame Ausnahmen bemerkbar, die im späteren Verlauf der Zinstheorie zur *Regel* werden. So sagt er über den Geldkredit an einen Kaufmann oder Handwerker, daß der Kreditgeber Eigentümer des verliehenen Geldes bleibt. Deshalb teilt er die »Gefahr« und »kann erlaubterweise einen Teil des daraus entstehenden Gewinnes fordern, als von seiner eigenen Sache.«[305] Hier ist aber impliziert, daß beim Kaufmann oder Handwerker ein Gewinn entsteht, der die Quelle des zu leistenden Zinses darstellt. Damit ist der *Wucher* schlechthin nicht vom »gerechten« Zins zu trennen, und die thomistische Zinserklärung bleibt notwendig unvollständig. Die begriffliche Differenzierung zwischen »Zins« und »Wucher«, die in der kanonischen Kasuistik praktiziert wurde, um biblisches Gebot und kaufmännisches Handeln zu versöhnen, findet keine Stütze in alten Texten. *Jeder* Zins, jedes Mehr an Geld als Rückgabe galt als Wucher. Das altdeutsche Wort *wuoachar* bedeutet *jeden* Gewinn durch das Verleihen von Geld. Im Berliner Stadtbuch aus dem 14. Jahrhundert heißt es z. B.: »Wuker is wat eyn man uphevet mer wen he utlech, id sy kleyne oder grot.«[306]

Naive Theorien: Zins als (Grenz-)Produkt des Kapitals

Die Antworten auf die Frage nach den Quellen des Zinses offenbaren bei ökonomischen Theoretikern, wie tief sie in die Natur des Wirtschaftsprozesses eingedrungen sind. Wie aber beim Geld Greshams Law gilt, wonach die wertlosere Münze sich größerer Verbreitung erfreut, so gilt auch in der Zinserklärung das »Naheliegende« als bekannteste »Theorie«: Wenn Kapital einen Zins ergibt, dann ist das Kapital eben die *Ursache* dafür. Woran erkennt man das Kapital? An den Gütern, in denen es ruhend »verkörpert« ist. Also ist das Anlagevermögen selbst »produktiv« und zeugt den Zins. Diese »Zinstheorie« hat bereits Steuart formuliert: »der Nutzen des stillstehenden Geldes (ist) dieser, Zinsen hervorzubringen«[307]. Was bei Aristoteles noch *Erstaunen* auslöste, wird in der Neuzeit einfach zu einer »Theorie«. Die Frage »Warum?« – wenn man schon kausal argumentiert – taucht gar nicht auf. Immerhin ist bei Steuart noch deutlich, daß Kapital *Geld* ist. Die nachfolgende Theorie, vor allem die Neoklassik, verwandelt »Kapital« in eine sachlich-dingliche Ursache. Die Produktivitäts- oder Grenzproduktivitätstheorie des Kapitals verdient eigentlich kaum die Mühe einer Widerlegung. Ihr liegt formal die Gleichsetzung der *causa efficiens* und der *causa finalis* zugrunde (vgl. Kapitel 7), die zu einer Verwechslung von *physischer* Ursache und *Wert*schöpfung führt. Ein kleiner Einwand bringt sie bereits zu Fall: Wer ein Gut produziert, das niemand nachfragt oder das nur zu einem sehr geringen

Preis nachgefragt wird, hat zwar Maschinen zur Produktion angewendet, nicht aber sein Kapital verzinst.

Die Quelle der Produktivitätstheorien ist die von Adam Smith eingeführte Drei-Faktoren-Lehre, wonach Arbeit, Boden und Kapital drei Quellen des Reichtums seien[308], eine Lehre, die schon Marx zu der hübschen Bemerkung veranlaßte, diese drei Faktoren »verhalten sich gegenseitig etwa wie Notariatsgebühren, rote Rüben und Musik.«[309] Für die neuere Produktivitätstheorie gibt es zahlreiche Vorläufer[310] – Ricardo, Thünen und andere –, ihre heute populäre Gestalt gewinnt diese Theorie bei John Bates Clark. Er vollendet die verdinglichte Beschreibung des Kapitals, in welcher der Kapitalprozeß völlig vergessen ist und das mechanische Denkmodell unbehelligt das Feld beherrscht.

Clarks Theorie wird von ihm selbst als Antwort auf die Marxsche Ausbeutungstheorie verstanden.[311] Er will zeigen, daß das Naturgesetz der Gesellschaft auch in der Verteilung der Löhne und Gewinne *gerecht* ist. Dieses Naturgesetz der Verteilung zeige sich darin, daß Kapital als eine Substanz zu interpretieren sei, die viele Formen (»Kapital*güter*«) annehmen könne, in all diesen Formen aber erhalten bleibe. Diese Kapitalsubstanz ist bei Clark *neben* dem menschlichen Handeln auf gespenstische Weise selbst produktiv tätig und bleibt, wie natürliche Energie, ewig erhalten: »Das Kapital selbst lebt durch Transmigration, es nimmt sich selbst aus einer Menge von Körpern heraus und gibt sich an andere weiter, wieder und wieder.«[312] In der neueren Wachstumstheorie wird dieser Gedanke als »malleability-assumption« des Kapitals fortgeführt. Dabei sind »Maschinen als vollkommen verformbar«[313] unterstellt, flüssiger Stahl, jederzeit in jede Form umzugießen, eine Art Brei (»jelly«), wie Samuelson meint, oder ein Gebilde aus Legobausteinen (»meccano sets«), wie T. Swan sagt.[314] Im Land der unbegrenzten Möglichkeiten ist eben auch dies möglich, vor allem aber: »Es ist für unsere Absicht *bequem*, vereinfachend anzunehmen, daß es nur eine Art Kapitalgut gibt (nennen wir es K).«[315] In diesem Spuk-Comic aus geheimnisvollen Metamorphosen von beliebig verformbaren Galert-Maschinen, der in der Ökonometrie ganz ernst genommen wird, darf auch ein Gespenst von Karl Marx nicht fehlen: »Indem die produktive Arbeit Produktionsmittel in Bildungselemente eines neuen Produkts verwandelt, geht mit deren Wert eine *Seelenwandrung* vor. Er geht aus dem verzehrten Leib in den neu gestalteten Leib über. Aber diese Seelenwanderung ereignet sich gleichsam *hinter dem Rücken der wirklichen Arbeit.*«[316]

Der Grund für diese Fehlinterpretationen ist leicht erkennbar: Durch die Gleichsetzung von Geldeigentum und Güterbestand erscheint im Prozeß des Kapitals die vorgeschossene und in Anlagevermögen investierte Geldsumme als formale Ursache, die Clark als *mechanische* Ursache interpretierte. Die zeitgenössische Grenzproduktivitätstheorie des Kapitals wiederholt endlos diesen Gedanken.[317] Thorstein Veblen hat bereits in seiner *Besprechung* des Clark-Buches auf *wesentliche* Kritikpunkte hierzu hingewiesen.[318] »Kapital«, sagt Veblen, »ist ein pekuniäres Konzept und kann *natürlich* nicht in mechanischen Begriffen ausgedrückt werden. Doch Mr. Clark (...) trifft eine mechanische Unterscheidung und zeichnet die Linien seiner Kategorie auf physischer Grundlage.«[319] Veblen sieht auch ganz klar den Fehler, auf dem dieses Amalgam des Denkens gründet. Clark unterscheidet zwischen »Kapital« und »Kapitalgütern« (»Geld- und Realkapital«) und erlaubt bei fixem Anlagevermögen einen Transfer von Kapital: »Von einem Transfer von ›Kapital‹ zu sprechen, der keinen Transfer von ›Kapitalgütern‹ beinhaltet, ist ein Widerspruch im wichtigsten Punkt, da ›Kapital‹ aus ›Kapitalgütern‹ zusammengesetzt ist. Das Kontinuum, auf welchem die ›verbleibende Entität‹ des Kapitals beruht, ist ein Kontinuum des Eigentums, nicht eine physische Tatsache.«[320] Und Veblen verweist auf ein einfaches Phänomen, das diese Struktur verdeutlicht: »Als physisches Aggregat nimmt das Kapital bei einem Bankrott nicht nennenswert ab, aber als Tatsache des Eigentums und in üblichen Werteinheiten berechnet, sinkt es. Es gibt eine Vernichtung von Werten und eine Veränderung der Eigentumsverhältnisse, vielleicht sogar einen Verlust des Eigentums, aber das sind pekuniäre Phänomene von einem immateriellen Charakter, sie beeinflussen nicht das materielle Aggregat der industriellen Ausrüstung.«[321] »Wert« und »Eigentum« sind Phasen eines Prozesses, keine dinglichen Eigenschaften.

John Maynard Keynes und eine Reihe von Ökonomen, die sich dem Werk von Piero Sraffa verpflichtet fühlen, haben den Begriff einer physischen Kapitalproduktivität abgelehnt: »Ich denke«, sagt Keynes diplomatisch, »was die physische Produktivität des Kapitals betrifft, haben die Autoren versäumt, sich die Sache selbst klar zu machen.«[322] Doch die

Macht der Gewohnheit gepaart mit dem Augenschein, der in Bilanzen doch *Werte* produktiv verzeichnet findet, hat diese Einsichten unwirksam werden lassen. Sicherlich kann man das Anlagevermögen einer Volkswirtschaft zu konstanten Preisen aggregieren und »Realkapital« nennen. Bei vorsichtiger Interpretation ist diese Größe durchaus nicht ohne Interesse. Doch jede kausale Interpretation einer »Kapitalproduktivität«[323], die aus eigener Kraft das Sozialprodukt hervorbringt, beruht auf der Clarkschen Täuschung.

Es gibt bei der Begründung der Grenzproduktivitätstheorie noch eine Denkfigur, die auch Clark eingeführt hat und die vielfach wiederholt wurde. Diese Denkfigur soll »beweisen«, daß ein Produktionsfaktor tatsächlich eine kausale Voraussetzung für das Produkt ist. Ein ähnlicher Gedanke findet sich schon bei Marx mit Bezug auf die menschliche Arbeit. Das Argument lautet: Wenn man Kapitalgüter aus der Produktion entfernen würde, dann würde das Produktionsergebnis sinken oder null werden. »Zerstöre alles Kapital, das du besitzt, und du mußt mit leeren Händen dein Leben, so gut du kannst, durch Arbeit allein fristen.«[324] *Also* ist das Kapital selbst produktiv und erzeugt den Zins. Dasselbe Argument kann unschwer für *jeden* Faktor, z. B. den »Faktor Arbeit« formuliert werden. »Das Geschwätz über die Notwendigkeit, den Wertbegriff zu beweisen, beruht nur auf vollständiger Unwissenheit (...). Daß jede Nation verrecken würde, die, ich will nicht sagen für ein Jahr, sondern für ein paar Wochen die Arbeit einstellte, weiß jedes Kind.«[325] Hierzu ist zu sagen, daß dieses Argument einen ganz anderen Inhalt besitzt, als seine Autoren vermeinen. Es bebildert nur drastisch, was *Abstraktion* eigentlich bedeutet. Wenn man aus einem Produktionsprozeß, in dem ein Arbeiter an einer Drehbank Teile produziert, die Drehbank, den Arbeiter oder den Stromanschluß »beseitigt« (abstrahiert), dann *zerstört* man einfach den *ganzen* Produktionsprozeß, man »variiert« nicht einen Faktor. Mit demselben »Argument« könnte man »beweisen«, daß die Luft, die Sonne, die Schwerkraft produktiv sind oder ein positives »Grenzprodukt« besitzen.

Von wundersamen Bäumen aus Österreich

Eine durchdachtere Erklärung für den Zins bietet Böhm-Bawerk, der für den Kapitalzins *zwei* Gründe verantwortlich macht: Der erste Grund hat durchaus Tradition und besagt in den Worten von Thomas von Aquin: »Zukünftige Güter werden nicht so hoch bewertet wie dieselben Güter, die gesammelt und unmittelbar verfügbar sind, auch stiften sie dem Eigentümer nicht denselben Nutzen.«[326] Diese »Gegenwartsvorliebe« bei den Menschen verhindert, daß sie *unentgeltlich* gegenwärtige Güter aufgeben. Sie tun das nur, wenn sie dafür in der Zukunft *mehr* bekommen (Agio). *Möglich* sei dieses Mehr an Gütern, weil *zeitraubende Produktionsumwege* – Böhm-Bawerks »zweiter Grund« – zugleich eine Produktivitätssteigerung bewirkten. Kapital ist kein Produktionsfaktor, sondern die *zeitliche* Struktur der Produktion selbst. Primäre Faktoren bleiben bei Böhm-Bawerk »Natur und Arbeit«[327]. Kapital ist ein *Prozeß*, kein Ding. Die zeitliche Struktur dieses Prozesses (»zeitraubende Produktionsumwege«) in Verbindung mit der subjektiven Minderschätzung künftiger Güter erlaube die Erklärung des Zinssatzes. Ich möchte die Theorie Böhm-Bawerks hier nicht weiter diskutieren; sie besitzt zahlreiche, auch in der traditionellen Literatur bemerkte Mängel und läuft *faktisch* doch wieder auf die Produktivitätsthese hinaus, denn auch Produktionsumwege müssen *mehr* erzeugen.[328] In der Literatur hat sich die vereinfachte Version der Theorie Böhm-Bawerks – auch »österreichische Kapitaltheorie« genannt – durchgesetzt, wie sie von Irving Fisher formuliert wurde. Ihr wollen wir uns kurz zuwenden.

Fisher verwendet, anders als Böhm-Bawerk, ein stark vereinfachtes Denkmodell. Gelegentlich behauptet er, der Zins sei *überhaupt* nichts anderes als ein Ausdruck der subjektiven Zeitpräferenz: »Ungeduld ist eine fundamentale Eigenschaft der menschlichen Natur. Solange die Menschen Dinge eher heute als morgen besitzen möchten, wird es einen Zinssatz geben. Zins ist, wie die Sache einmal steht, *Ungeduld, kristallisiert in einem Marktpreis.*«[329] Daß die bloße Ungeduld zu konsumieren (impatience to consume) schon die Existenz eines Zinssatzes erklären soll, ist auch für Fisher unbefriedigend. So sucht auch er nach einer *objektiven* Ergänzung zur *subjektiven* Zinserklärung.

Diese Ergänzung sieht er in der Natur der (zeitraubenden) Investitionen, die *über die Zeit* einen Mehrertrag bringen. Besonders beliebt, bis in die Lehrbücher der Gegenwart, ist hierbei der den Namen dieser Schule tragende »österreichische« *Baum* als Zinsmetapher.[330] Lassen wir Fisher selbst zu Wort kommen: »Betrachten wir den Fall eines Baumes, der mit Hilfe von Arbeit, $5 wert, gepflanzt wurde und der 25 Jahre später $15 wert ist.«[331] Der historische Grund für diese Baumidylle, die in ihrer formalen Struktur bis heute die Zinstheorie der Neoklassik bestimmt, ist der Kampf gegen die Angriffe des Marxismus, der behauptete, jeder Zins komme nur durch Ausbeutung der Arbeit zustande. Fisher setzt sein Beispiel deshalb fort: »Ein Sozialist wird vermutlich fragen: Weshalb sollte nicht der Arbeiter diese $15 erhalten anstatt der $5, die er für seine Arbeit erhalten hat. Die Antwort lautet: Er mag sie erhalten, vorausgesetzt er wartet darauf 25 Jahre.«[332]

Was wird von Fisher vergessen? *Erstens* läßt Fisher völlig offen, weshalb die Arbeit und der Baum mit *Geld* bezahlt werden. Er setzt also eine Geldwirtschaft stillschweigend voraus, ohne deren Natur zu beschreiben. *Zweitens* wäre zu klären, wie jemand in die Position kommt, Eigentümer von Kapital zu sein, das er Arbeitern als Lohn vorschießen kann und wie gleichzeitig die Eigentumsrechte am *gesamten* Produkt 25 Jahre später erworben werden. Der Satz: Der Arbeiter hätte den vollen Ertrag erhalten, hätte er nur 25 Jahre gewartet, ist billige Polemik. Wartet etwa der Eigentümer 25 Jahre auf sein Einkommen und lebt bis dahin von Luft? Es kommt bei der Zinserklärung nicht darauf an, was intertemporal aus Eigentumsrechten gewonnen werden kann, es kommt darauf an zu sehen, daß *in jeder Periode* ein Überschuß durch Eigentumsrechte privatisiert wird. *Drittens* aber ist für Fisher selbstverständlich vorausgesetzt, daß der Zins eine verborgene Quelle besitzt: Der Baum wächst weder, weil er einem Waldbesitzer gehört, noch nur deshalb, weil ihn ein Arbeiter gepflanzt hat, der Baum wächst, weil die *Erde* die Bedingungen für sein Wachstum bereitstellt. Fisher gibt damit *implizit* zu, daß in seiner Zinserklärung vielleicht nicht die »Ausbeutung der Arbeit« die Quelle des Zinses ist, wohl aber die selbstverständliche, keiner Erwähnung werte »Ausbeutung der Erde«. So ist letztlich auch diese Metapher sehr erhellend in dem, was sie verschweigt.

Exploitation der Arbeit

Die neoklassische Zinserklärung weist insgesamt unverkennbar Züge einer *Abwehr* der durch Marx formulierten Ausbeutungstheorie auf, die auch weite Teile der Nutzentheorie kennzeichnet. Die Marxsche »Erklärung« basiert auf der mechanischen Vorstellung einer Arbeitssubstanz als Wert, die widerrechtlich durch Eigentumsrechte angeeignet wird: Wenn der ökonomische Wert, der jährlich neu erwirtschaftet wird, *nur* durch Arbeit erzeugt wird, dann muß offenbar der Profit, der ja auch ein Wert ist, ein Teil der jährlich verausgabten Arbeit sein. Marx sieht im Eigentumsrecht und in der Tatsache, daß die Arbeiter ihre Arbeitskraft, nicht aber ihre Arbeit bezahlt bekommen, den wesentlichen Grund für die Exploitation der Arbeit: Die Arbeiter verkaufen den Wert ihrer Arbeitskraft, der Eigentümer eignet sich aber das gesamte Produkt, die gesamte Arbeit an. Folglich werden die Arbeiter von den Kapitalisten, geschützt durch das staatlich garantierte Eigentumsrecht, ausgebeutet. Was in die Produktion an Arbeit einfließt, muß sie auch wieder als Wert der Produkte verlassen. Wenn die Arbeiter weniger erhalten als das gesamte Produkt, so ist das für Marx Ausbeutung. Dieser Gedanke beruht auf der Gleichsetzung der sozialen Handlungen mit der Lohnarbeit und der mechanischen Idee einer »Substanz« (= allgemeine Arbeit), die sich magisch in Dingen verkörpern soll. Faktisch liegt dieser Theorie dieselbe Kausalvorstellung zugrunde wie der klassischen Theorie: Arbeit als (einziger) Kausalfaktor des Wertes – sie kann mit demselben Argument widerlegt werden. Ich begnüge mich mit einer Frage: Weshalb hatten die Fabriken der aufgelösten DDR, obgleich doch Arbeitsprodukte, auf dem Weltmarkt keinen Wert?[333]

Immerhin sieht Marx sehr klar, daß *ohne* Eigentumsrechte ein Zinseinkommen undenkbar wäre; allein dies erhebt ihn über die neoklassische oder »österreichische« Zinserklärung. Aber seine Vorstellung einer in zwei Klassen gespaltenen Gesellschaft, die historisch zu keiner Zeit beobachtbar war, verhindert zu erkennen, daß auch die *Arbeiter* am sozialen Überschuß partizipieren können und der Geldzins oder Profit nur eine *spezifische* Form des sozialen Überschusses ist. Er verkennt auch, daß die Gesellschaft kein Nullsummenspiel ist, in dem die Kapitalisten gewinnen, was die Arbeiter verlieren. Vielmehr ist die gewerkschaftliche Organisation der

Arbeiter *derselbe* Versuch, durch Monopolisierung den sozialen Überschuß zu privatisieren, der auch die Kapitalisten in ihren Tun bestimmt. Daß dies historisch auch gelungen ist, zeigt die Entwicklung der Arbeiterlöhne in Europa in den seit der Veröffentlichung des »Kapital« vergangenen Jahren.[334] Wenn die Arbeiter dieselbe Geldstruktur für *ihre* Kaufmannsseelen dienstbar machen können wie Unternehmer oder Spekulanten auf dem Börsenparkett, dann gibt es *strukturell* weder eine Ausbeutung einer Klasse noch einen *historischen* Grund für den Klassenkampf. Der Kommunismus war deshalb auch nur in den Ländern erfolgreich, in denen *allgemeine* Armut und Ausbeutung Arbeiter veranlaßt haben, kommunistische Denkmodelle als Bestimmungsgründe für ihr Handeln zu akzeptieren. Der staatlichen Buchhaltung (»Zentralplanung«) ausgeliefert, konnte die Ausbeutung dann unbehindert fröhliche Urständ feiern.[335]

Physiokraten und Neophysiokraten

Die *Natur* als Quelle des Reichtums wird von fast allen ökonomischen Schriftstellern erwähnt, aber nur von den Physiokraten als Quelle des sozialen *Überschusses* erkannt, der, durch entsprechende Rechte monopolisiert, zum Zins werden kann. Turgot sieht im Kapital und im Zins nur eine spezifische Form der Aneignung der Reichtümer, die von der Erde stammen. Vom Gewinn sagt er: »aber da diese Gewinne selbst immer vom Lande kommen, weil sie alle entweder aus dessen Ertrage oder aus den Kosten bezahlt werden, die zur Hervorbringung dieses Ertrages dienen, so stammen die Kapitalien doch offenbar ebenfalls aus der Erde, genau wie deren Ertrag, oder vielmehr sie sind nur die Anhäufung desjenigen Teiles der von der Erde erzeugten Werte, den die Eigentümer des Ertrages oder jene, die ihn unter sich verteilen, jedes Jahr zurücklegen können, ohne ihn für ihre Bedürfnisse zu verwenden.«[336]

Das Naserümpfen über die »naiven Physiokraten«, die »offenbar« von der Produktionsform ihrer Zeit nicht absehen konnten und denen der in den Städten durch die Faktoren Arbeit und Kapital geschaffene Reichtum entgangen sein soll, ist völlig unangebracht. In einem reproduktiven Gewohnheitssystem ist tatsächlich die Erde die *einzige* Quelle jeglichen sozialen Überschusses, gleichgültig wie seine Verteilung geregelt sein mag.

Sie ist auch die Quelle der »ursprünglichen Akkumulation«, jenes Überschusses, der, von der Kaufmannsseele dirigiert, neuen Überschuß erzeugt. In einer von der Kreativität beständig umgewälzten modernen Wirtschaft ist der bleibende Beitrag der Erde zum Reichtum, an Börsen wie dem Chicago Board of Trade oder dem New York Commodity Exchange zum bloßen Problem schwankender Rohstoffpreise verkommen, weitgehend vergessen. Nur bei den wachsenden Naturkatastrophen lassen steigende Schadenssummen der Versicherungen hier einige Bedenken aufsteigen. Erde und Sonne bleiben aber, vergessen oder nicht, die *materielle* Quelle des sozialen Überschusses.

Bei Ricardo, der die Bevölkerungslehre von Malthus weitgehend akzeptierte, kehrt physiokratisches Gedankengut nur in schwacher Form wieder. Für die Erklärung der Profitrate bezieht sich Ricardo auf einen inversen Zusammenhang zwischen Lohnsatz und Profitrate: Steigen die Löhne, so sinken die Profite. Der Bevölkerungsdruck sorgt dafür, daß die Löhne auf dem Existenzniveau verharren. Der Profit, der jährliche Überschuß abzüglich der Lohnsumme, ergibt sich als Differenz. Nimmt die Bevölkerung zu, so müssen weniger fruchtbare Böden angebaut werden, die Getreidepreise und damit die Löhne steigen, folglich werden die Profite sinken.[337] Dieser Gedanke sinkender Profite mit einer wachsenden Wirtschaft hat die Ökonomie bis in die Gegenwart beschäftigt, konnte aber weder als Trend noch als langfristige Tendenz beobachtet werden. Wichtig ist aber, daß noch bei Ricardo der Gegensatz von Mensch und Erde in der Bestimmung des Zinses eine wichtige Rolle spielt.

Physiokratisches Gedankengut kehrt in neuer Verkleidung bei einigen ökologischen Schriftstellern, vor allem bei Georgescu-Roegen wieder. Bei Georgescu-Roegen erscheint in seiner »allgemeinen Gleichung des Wertes« die Erde, Lieferantin von Rohstoffen und Energie, als letzte Wertquelle, so daß »tatsächlich der ökonomische Prozeß in einer kontinuierlichen und unumkehrbaren Transformation niedriger in hohe Entropie« besteht.[338] Man kann Georgescu-Roegens Gedanken kurz so zusammenfassen: Wie immer die Preise verschiedene Produkte bewerten, die jährliche Produktion, wie sie im Einkommen der Weltbevölkerung erscheint, besteht zu einem wesentlichen Teil aus materiellen Produkten und Energie. »Wachstum« heißt also, jährlich *mehr* Materie und Energie von der Erde in eine dem Menschen zugängliche Form zu verwandeln. Somit bleibt die Sonne und die Erde die wichtigste »Wertquelle«. Georgescu-Roegen betont damit, daß nicht allein im sozialen Überschuß, sondern im gesamten jährlich als Stromgröße erzeugten Reichtum die Erde und die Sonnenenergie »verkörpert« ist. Nicht allein der Prozeß des *Wachstums*, bereits die bloße *Reproduktion* entzieht der Erde unentwegt Materie und Energie, und da diese Materie und Energie nicht nur quantitativ endlich, sondern auch in ihrer ausbeutbaren *Form* beschränkt ist, sind dem gesamten Wirtschaftsprozeß *natürliche* Schranken gesetzt. Auch wenn man Georgescu-Roegens Analyse in Details einzuschränken hätte, bleibt dieser einfache Gedanke unabweisbar.

Vorspiele und Fichtes Pioniertat

Betrachten wir nun jene Theorien, die sich mit der *formalen* Quelle des sozialen Überschusses – der Kreativität – beschäftigen. Beschreibt man den ökonomischen Prozeß im Denkmodell der aristotelischen vier Ursachen, so kann man sagen, daß die Erde und die menschliche, physische Arbeit die Material- und Wirkursache, die *Kreativität* die Formursache jeglichen Reichtums darstellt, damit auch jenes Teils, der im Kapitalzins angeeignet wird. Es ist kein Zufall, daß mit der Ausbildung der Kaufmannsseele in Griechenland auch die Kreativität in ihrer durchaus »modernen« Form entdeckt wurde. Die Athener waren nicht nur jenes Volk, das auf Marktplätzen die erste philosophische Öffentlichkeit herstellte, sie galten auch als die großen *Neuerer*. Die Athener, ruft Thukydides der Versammlung in Sparta zu, »sind die ewigen Neuerer, rasch im Planen und in der Ausführung dessen, was sie erkannt haben; ihr aber begnügt euch, das Bestehende zu wahren, keine neuen Pläne zu schmieden, und bei eurem Handeln nicht einmal das Notwendigste zu erreichen.«[339] Eine wirkliche *Zinstheorie*, die sich auf die Kreativität stützt, hat wiederum ein Philosoph zuerst formuliert, auch wenn über zweitausend Jahre seit dieser Äußerung von Thukydides vergehen mußten. Dieser Philosoph ist Johann Gottlieb Fichte. Daß sein Beitrag zur Zinserklärung in der Wirtschaftswissenschaft völlig unbekannt blieb, ist erstaunlich. Obgleich Fichtes Theorie weitgehende Parallelen mit der

Theorie *Schumpeters* aufweist, hat Schumpter Fichte in seiner »Geschichte der ökonomischen Analyse« nur am Rande als »bloßen Philosophen« erwähnt und – wie wir zu seinen Gunsten annehmen wollen – vermutlich gar nicht recht gelesen.[340]

Werfen wir aber zunächst noch einen Blick auf die im engen Sinn *ökonomische* Tradition. Meist werden kreative Veränderungen in der Wirtschaft einer nicht näher bestimmten Eigenschaft des Menschen zugerechnet. Steuart sagt: »Da wir aber selber in einem Zustand der Zufriedenheit verharren, und unsre Natur uns ohn Unterlaß antreibt, zu den Arten unseres vorigen Genusses etwas Neues hinzuzufügen: so gehen natürlicherweise Societäten, die einmal errichtet sind, und im Frieden leben, von einem Grade der Verfeinerung zu einem andern über, das ist, die Menschen werden täglich arbeitsamer.«[341] Neuere Autoren beschreiben dies eher als Triebtendenz: »Das Bedürfnis nach Abwechslung liegt tief in der Natur des Menschen. Sobald und wo immer es die Mittel erlauben, ihm zu genügen, erlangt es den Sieg.«[342] Adam Smith gibt diesem Trieb schon einen wirtschaftlichen Namen: »Die Freuden, welche Wohlstand und hoher Rang bieten, drängen sich aber, wenn sie in diesem Zusammenhang betrachtet werden, der Einbildungskraft als etwas Großes und Schönes und Edles auf, dessen Erlangung wohl alle die Mühen und Ängste wert ist, die wir so gerne auf sie zu verwenden pflegen. Und es ist gut, daß die Natur uns in dieser Weise betrügt. Denn diese Täuschung ist es, was den Fleiß der Menschen erweckt und in beständiger Bewegung erhält. Sie ist es, was sie zuerst antreibt, den Boden zu bearbeiten, Häuser zu bauen, Städte und staatliche Gemeinwesen zu gründen, alle die Wissenschaften und Künste zu erfinden und auszubilden, die das menschliche Leben veredeln und verschönern«.[343]

Hier erscheint die Kreativität als unabdingbarer Teil der Menschennatur, motiviert durch den Reichtum, der aus ihr entsteht. Smith sieht auch schon im Vorschein die Rolle der Innovationen und das Problem des Vorteils, der aus monopolisiertem Wissen erwächst: »Geheimnisse in der Fabrikation lassen sich länger als Handelsgeheimnisse hüten. So mag ein Färber, der ein Mittel entdeckt hat, wie man eine bestimmte Farbe aus Rohmaterialien gewinnen kann, die nur halb so teuer wie die bislang benutzten sind, den Vorteil aus dieser Erfindung, ist er umsichtig genug, sein ganzes Leben lang genießen und ihn sogar noch seinen Nachkommen vererben. Sein außerordentlicher Gewinn beruht auf dem hohen Preis, den er für seine persönliche Leistung erhält, und ist eigentlich nur ein hoher Lohn für diese Arbeit. Doch da er sich mit jedem Kapitalumschlag wiederholt und da der Gesamtgewinn aus diesem Grund in einem festen Verhältnis zu dem eingesetzten Kapital steht, betrachtet man ihn in der Regel als außergewöhnlichen Kapitalgewinn. Offensichtlich geben besondere Umstände den Anstoß zu solchen überhöhten Marktpreisen, deren Einfluß manchmal viele Jahre andauern mag.«[344] Hier zeigt sich der Mangel der klassischen Theorie, der bis zu Marx reicht: Der aus der Innovation erzielte Gewinn wird als *außergewöhnlich* bezeichnet, dem ein *gewöhnlicher* Kapitalgewinn zur Seite stehe. Tatsächlich *ist* aber das Wesen des Kapitalzinses dies, endlos »außergewöhnlich« zu sein, d. h. nur durch endlose Umwälzung der Produktion auf einem »gewöhnlichen« Niveau gehalten werden zu können. Kein produktives Kapital und keine Zeitpräferenz nehmen dem Kapital die Aufgabe ab, *endlos* in der Unruhe kreativer Umwälzung verbleiben zu müssen.

Erst Fichtes Gedanken treffen hier ins Herz des Kapitalzinses. Fichte sieht, daß das Geld sich nur vermehrt, wenn Handlungen verändert und umgewälzt werden. »Das Geld arbeitet: freilich nur zufolge des ihm eingesetzten Lebens der *Erfindung:* im Kasten war es tot. Beide arbeiten in Kompanie.«[345] Die Erfindung tätigt aber normalerweise nicht der Geldbesitzer, sondern jemand anders. Der Geldbesitzer kann deshalb vom Erfinder ein Entgelt für geliehenes Kapital verlangen. Aber er kann nicht *alles* fordern, er muß auch dem Erfinder etwas abgeben, wie Fichte an einem Beispiel demonstriert: »Wäre es unbillig, wenn der Geldhaber sagte: was mein Geld verdient, ist mein: ich dächte, wir teilen die gewonnenen vier Stunden; zwei behalte für deine Erfindung, zwei gib mir ab für mein Geld? Ich dächte, nicht. Diese zwei Stunden also wären sein *Zins.*«[346] Es gibt hierbei allerdings einen zeitlichen Druck; der Geldgeber kann das Kapital nicht als ewigen Kredit geben, um »auf ewigen Zins zu rechnen«.[347] Weshalb? Kapital steht unter Konkurrenzdruck, damit auch der Prozeß der Verwertung einer Erfindung: »Die dadurch gewonnene Verbesserung wird von anderen nachgemacht werden; dadurch wird die Sache immer leichter werden, bis sie zuletzt das *Gewöhnliche* und der

Grundmaßstab wird. Dann geht sie in die Grundberechnung der Preise mit ein, und es wird dadurch für den einzelnen nichts mehr gewonnen: das Privatkapital, und der dadurch errungene Privat- und abgesonderte Wohlstand ist aufgenommen in dem Allgemeinen.«[348]

Fichte sagt damit, daß der Zins zwar dadurch zustandekommt, daß er eine Verbesserung *im Unterschied zu anderen Produktionen* durch Kredit bewirkt oder ermöglicht, er sagt aber auch, daß dann, wenn die durch die neue Erfindung ermöglichte verbesserte Produktion zum allgemeinen Bedarf geworden ist, dieser Unterschied verschwindet und damit auch der Zins. Die Diffusion der Erfindung eliminiert den Zins. Auch betont Fichte, daß es der Wandel von Kreativität in *Gewohnheit* ist, der den Zins dann aufhebt, wenn das Neue »das *Gewöhnliche* wird«. Erst Schumpeter greift diesen äußerst wichtigen Gedanken wieder auf. Der innovative Unternehmer borgt Geld für eine Unternehmung, die »unmittelbar gar keinen Nutzen, später aber einen großen Gewinn verspricht.«[349] Fichte betont auch die Notwendigkeit eines rechtlichen Schutzes für diesen Gewinn, um seine Nutzung überhaupt zu ermöglichen: Allerdings muß solch eine Erfindung »eine Zeitlang von der Abgabe befreit werden, um dadurch die Erfindung und die aufgewandte Arbeit, das Kapital, zu ersetzen«.[350] Die Nachahmung einer Erfindung bedeutet für die gesamte Wirtschaft ein Wachstum, hebt damit aber zugleich den Zins auf, und das Kapital beginnt seinen Prozeß erneut: »In Summe: ein Privat-Kapital, das durch sein Arbeiten ein Privatvermögen wird, geht nach einer Zeitfrist über in das öffentliche Vermögen, wo dann das Privat-Kapital an einem anderen Ort wieder denselben Kreislauf vollbringen mag.«[351]

Fichte hat die im Diffusionsprozeß einer Technik liegende, sich selbst aufhebende Tendenz für den Gewinn erkannt, die *definitiv nichts* mit einer »technischen Eigenschaft« von Produktionsfunktionen zu schaffen hat. Allerdings hat Fichte nicht die einfache Folgefrage gestellt: Was geschieht mit dem aus Erfindungen hervorgegangenen Gewinn? Was macht der Kreditgeber (Kapitalist) und der Unternehmer mit dem Gewinn, der in Geldform erwirtschaftet ist? In dem Augenblick, in dem dieser Kapitalzins verausgabt wird, *steigt* die Geldnachfrage nach Gütern, gleich welcher Art. Würden nicht in *anderen* Wirtschaftsbereichen *mehr* oder *andere* Güter angeboten, so müßte sich diese Mehrnachfrage in steigenden Preisen niederschlagen. Da aber zugleich auch mehr Güter angeboten werden können (entweder neue oder verbilligt produzierte herkömmliche Güter), sinken andere Güterpreise. Steigende Preise erzeugen auch in *anderen* Sektoren Gewinne, so daß eine Innovation zugleich die relativen Preise verändert und einen sozialen Überschuß erzeugt, der auf die *gesamte* Wirtschaft über die Preise verteilt wird. Die Verausgabung des Gewinns der Innovatoren erzeugt *auch* einen neuen Gewinn für andere Handlungen: z. B. steigende Löhne für Berufe, die durch die Innovation verstärkt nachgefragt werden. Doch auch diese Gewinne werden wieder verausgabt und dem Bedarf zugeschlagen. Der Gewinn, der bei einer Handlung durch Innovation entsteht, verteilt sich über die Preise auf andere Handlungen und führt *dort* nicht nur zu einer Veränderung des Bedarfs, er motiviert auch innovative Veränderungen und trägt zu ihrer Finanzierung bei. Der Prozeß des Kapitals induziert damit auf sehr vielfältige Weise einen kreativen Wandel aller Handlungen.

»Gewöhnlicher« und »außergewöhnlicher« Zins

Fast keine der nachfolgenden Zinstheorien, mit Ausnahme der Schumpeters, hat das Niveau der Fragestellung in der Fichteschen Theorie erreicht. Ricardo glaubt, daß die Tendenz des Profits zu fallen, durch Erfindungen *gehemmt* wird. »Diese Tendenz oder sozusagen Gravitation des Profits wird zum Glück häufig durch Verbesserungen der mit der Produktion von lebenswichtigen Gütern verbundenen Maschinen sowie durch Entdeckungen der Agrarwissenschaft gehemmt, die uns ermöglichen, einen Teil der früher erforderlichen Menge Arbeit freizusetzen und daher den Preis der wichtigsten lebensnotwendigen Güter zu senken.«[352] Die zeitgenössische Ökonomie bewahrt in der Übernahme des Ricardoschen Gedankens immerhin noch eine Ahnung der Zinsquelle, wenn sie davon ausgeht, daß das »Gesetz des abnehmenden Ertrags« (Ricardos Tendenz des Profits zu fallen) und die »Verschiebung der Produktionsfunktion« durch technischen Fortschritt die bewegende Kraft der wirtschaftlichen Entwicklung sei.[353] Noch in der Mechanik der Produktionsfunktion kehrt damit das zentrale Problem der Kapitalformel wieder: Jeder Kapitalzins wird zum Bedarf, wenn er aus der Geldform in Waren verwandelt wird. Der Gewinn schwindet bei seiner Realisierung.

Der Gedanke, daß Neuerungen ihren Erfindern einen Gewinn zu erzielen erlauben, findet sich in der klassischen Ökonomie. Allerdings steht dieser Gewinn seltsam unvermittelt neben der Vorstellung einer Kapitalproduktivität. »Wie der Erfinder einer neuen nützlichen Maschine mit Recht den Ueberschuß bezieht«, sagt Thünen, »den die Anwendung derselben im Vergleich mit der älteren Maschine gewährt, und diesen Ueberschuß als Belohnung seiner Erfindung genießt – eben so muß das, was der Unternehmer durch seine größere Geistesanstrengung *mehr* hervorbringt als der besondere Administrator, demselben als Belohnung seiner Industrie zufallen.«[354] Der aus der Erfindung entstehende »Überschuß« wird zwar bemerkt, nicht aber als eigentlicher Grund für den Zins erkannt. Hierfür macht Thünen die Kapitalproduktivität verantwortlich: »Die Rente, die das Kapital im Ganzen beim Ausleihen gewährt, wird bestimmt durch die Nutzung des zuletzt angelegten Kapitaltheilchens. Dies ist einer der wichtigsten Sätze in der Lehre von den Zinsen.«[355] Thünen kennt wie Ricardo einen *abnehmenden Ertrag* des jeweils zuletzt eingesetzten Kapitals. Es gilt als allgemeines Gesetz, »daß jedes in einer Unternehmung oder einem Gewerbe neu angelegte, hinzukommende Kapital geringere Renten trägt, als das früher angelegte.«[356] Doch dieser abnehmende Ertrag erscheint als bloß *technische Eigenschaft* der Produktion, nicht als Resultat der in der Konkurrenz durch Nachahmung, durch Diffusion der Neuerung sinkenden *relativen* Wettbewerbsvorteile der Innovatoren. Der Zins als »Produkt« des Kapitals und der »Überschuß als Belohnung der Erfindung« stehen völlig unvermittelt als Zinsquellen nebeneinander. Thünen formuliert zwar zuerst jenen Gegensatz zwischen abnehmenden Erträgen und einer Veränderung der Ertragsverhältnisse durch Erfindungen; zur *eigentlichen* Bedeutung der kreativen Umwälzung der Produktion und der Diffusion von Erfindungen dringt auch er nicht vor.

Marx, der Fichtes Theorie gekannt haben dürfte (auch wenn er sie nicht erwähnt), übersetzt dessen Theorie in die Sprache der Arbeitswertlehre: »Verkauft also der Kapitalist, der die neue Methode anwendet, seine Ware zu ihrem gesellschaftlichen Wert von 1 sh., so verkauft er sie 3 d. über ihrem individuellen Wert und realisiert so einen *Extramehrwert* von 3 d. (...) Um also das Produkt eines Arbeitstages zu verkaufen, bedarf er doppelten Absatzes oder eines zweifach größern Markts. Unter sonst gleichbleibenden Umständen erobern seine Waren nur größern Marktraum durch Kontraktion ihrer Preise.«[357] Auch bei Marx ist der aus Innovationen hervorgehende Wert ein *außergewöhnlicher* »Extra-Mehrwert«, über das gewöhnliche Maß hinausgehend, wie dies bei Ricardo oder Thünen erscheint. In seinen Reproduktionsschemata zeigt Marx allerdings, wie ein erwirtschafteter Gewinn in einen Kreislauf einmündet und wieder ausgegeben wird. In diesem Rückgriff auf die Kreislaufvorstellungen Quesnays geht Marx deutlich über die Fichtesche Fragestellung hinaus und betritt theoretisches Neuland. Auch die von Fichte bemerkte Konkurrenz kehrt bei Marx wieder: »Andrerseits aber verschwindet jener Extramehrwert, sobald die neue Produktionsweise sich verallgemeinert und damit die Differenz zwischen dem individuellen Wert der wohlfeiler produzierten Waren und ihrem gesellschaftlichen Wert verschwindet.«[358] Und Marx sieht: Daraus ergibt sich das »Zwangsgesetz der Konkurrenz zur Einführung der neuen Produktionsweise.«[359] Obgleich Marx die Beziehung zu den Preisen und den Zwangscharakter der Konkurrenz deutlicher herausarbeitet, bleibt durch die »Übersetzung« in die Arbeitswertlehre Fichtes Einsicht überschattet, daß der Zins *allein* aus diesem Prozeß entspringt – sieht man ab vom materialen »Anteil« der Erde an diesem Prozeß. Den Erfindungen weist Marx in ihrer Verkörperung als Technologie zwar eine bedeutende Rolle zu, sieht darin jedoch einen anonymen *gesellschaftlichen* Prozeß. Eine genaue Untersuchung der Geschichte der Technologie würde zeigen, sagt Marx, »wie wenig irgendeine Erfindung des 18. Jahrhunderts einem einzelnen Individuum gehört.«[360] Und Marx wirft an dieser Stelle dem »abstrakt naturwissenschaftlichen Materialismus« vor, daß er »den geschichtlichen Prozeß ausschließt«.[361] Wie so oft, dringt auch hier Marx sehr weit vor, fällt aber durch die Fessel seiner politischen Hoffnungen immer wieder auf die Arbeitswertlehre zurück und verkennt damit die tatsächliche Struktur der kreativen Dynamik im Kapitalismus.

Ähnlich Marx geht auch Schäffle von der prinzipiell gesellschaftlichen Natur der Erfindungen aus. Durchaus wie Fichte sagt Schäffle: »Die Idee als solche, hat die Bestimmung, (...), Gemeingut zu werden.«[362] Er arbeitet die Struktur des geistigen Eigentums aber deutlicher heraus, wenn er sagt: »Das geistige Eigenthum ist thatsächlich unmöglich, da der Mensch und seine Wirthschaft social, national-ökonomisch ist, also fast alle Ideen nothwendig in den Verkehr eintreten und hiebei, schnell oder langsam an den Einzelverkörperungen abgenommen, zum Gemeingut und mittelst der Concurrenz zum Hebel weitren ökonomischen Fortschritts werden. Die menschliche Socialökonomie stellt in ihrer Entwicklung einen großartigen Communismus der Ideen dar, indem diese ihrer Natur nach allgemein besizbar sind, sobald irgend ein poetischer, künstlerischer, wissenschaftlicher, industrieller oder commercieller erste Entdecker und Finder, irgend ein Vordenker aus dem nie sterbenden Geschlecht der Prometheus, die göttlichen Funken für das Menschengeschlecht geholt hat.«[363] Die Erfindungen der Menschen sind nicht nur nicht das *Produkt* individueller Schöpfungen, sie sind in ihrer *Struktur* notwendig sozial. Ihr Dasein ist die Sprache, der geistige Austausch und deshalb nicht privatisierbar. Schäffle leitet daraus ab, daß geistiges Eigentum prinzipiell nicht privatisierbar sein sollte, nur vorübergehend bei wirklichen Neuerungen, weil sonst ein Eigentümer der Gesellschaft nützliche Ideen vorenthalten könnte. Dem generellen Einwand, daß bei fehlendem Patent- oder Urheberrecht derartige nützliche Ideen gar nicht »produziert« würden, hält Schäffle jedoch entgegen: Der freie Verkehr gewährt »dort transitorisch eine vergütende, ja eine ›rentable‹ Priorität der Marktbeherrschung (...). Während der bevorzugten Gesammtausbeutung wird die neue Idee Gemeingut, ihre verkörperte Einführung ins Verkehrsleben macht sie allgemein bekannt, veröffentlicht sie, weckt und ermöglicht die Concurrenz.«[364] Allerdings sieht Schäffle die Notwendigkeit für einen Rechtsschutz dann gegeben, wenn die Nachahmung zu leicht ist: »Dieser Proceß kann aber auch ein zu rascher sein.«[365] In diesem Fall gilt es, dem Autor oder Erfinder seine Rechte zu sichern, weil ansonsten der Gesellschaft ein Schaden entstünde. Schäffle hat damit, im Unterschied zu anderen Autoren, die Bedeutung des rechtlichen Schutzes und seiner Funktion gesehen, nicht aber ihre enge Beziehung zum kreativen Wandel im Prozeß des Kapitals und der Preise.

Joseph A. Schumpeter

Erst *Schumpeter* hat, wenn auch vermutlich ohne bewußte Kenntnis, Fichtes Ideen in ihrer ursprünglichen Form wieder aufgegriffen oder wiederentdeckt. Sein *direkter* Anknüpfungspunkt war Marx.[366] Schumpeter macht zunächst klar, daß es in einer neoklassisch-passiven Wirtschaft, die auf der rationalen Wahl zwischen *gegebenen* Zielen basiert, gar keine *Entwicklung* geben könnte. Nur vom dynamischen Unternehmer als Störenfried der neoklassischen Friedhofsruhe geht Veränderung aus. Die Konsumenten artikulieren nicht *neue* Bedürfnisse. Es ist umgekehrt so, daß »neue Bedürfnisse den Konsumenten von der Produktionsseite her anerzogen werden, so daß die Initiative bei der letzteren liegt«.[367] Innovation ist für Schumpeter die Neu-Kombination von Faktoren, und *diese* Funktion kann ein rationales Wirtschaftssubjekt gar nicht ausfüllen. Innovationen sind nicht rational als Wahlhandlung zu beschreiben. Der neue Typus des innovativen Verhaltens ist scharf gegen die traditionelle Theorie abgegrenzt. Der von ihm beschriebene Typus, sagt Schumpeter, ist »überhaupt irrational oder von einem andersgearteten Rationalismus.«[368] Wirtschaftliche Kreativität ist »eine besondere Funktion und Privileg von Leuten, die viel weniger zahlreich sind als jene, die die (auch die) äußere Möglichkeit dazu hätten (...). Deshalb sind die Unternehmer ein besonderer Typus«.[369] Schumpeter gesellt zur Kaufmannsseele den Wirtschaftsführer, den Unternehmer hinzu, der nicht nur rational Risiken kalkuliert um seinen Gewinn zu mehren, sondern tatsächlich ein Wagnis eingeht und ganz neue Formen schafft. Der Schumpetersche Unternehmer tritt neben das gewöhnliche, kaufmännisch-rationale Wirtschaftssubjekt. Es gibt also »*zwei* Typen von Wirtschaftssubjekten«.[370]

Da Schumpeter die Kreativität *neben* dem alltäglichen und gewöhnlichen Handeln *besondert*, als eigenen Handlungstypus, kann er dem Glauben erliegen, die übrige Wirtschaft funktioniere nach einem traditionellen Rationalitätsmodell. Er stimmt mit der Tradition darin überein, daß auch der Unternehmer als Schöpfer neuer Formen für den Wirtschaftsprozeß nur *mechanischer* Faktor bleibt. »Auch der ›Unternehmer‹ ist hier kein Veränderungsfaktor, sondern Träger des Veränderungsmechanismus.«[371] Dennoch ist es Schumpeter, der einen wirklichen Schritt über die mechanische Beschreibung hinaus auf eine postmechanische Ökonomie zu getan hat. *Erstens* versucht er, die Kreativität als einen der Wirtschaft *immanenten* Faktor einzuführen. Der Unternehmer wird nicht in seinem schöpferischen Tun als bloß exogener Anstoß ausgelegt. *Zweitens* entdeckt Schumpeter die Funktion der Gewohnheiten im Wirtschaftsprozeß. Der dynamische Unternehmer ist schlechthin jemand, der *nicht* in Routinen handelt. »Während in gewohnten Bahnen dem normalen Wirtschaftssubjekt sein eigenes Licht und seine Erfahrung genügt, so bedarf es Neuem gegenüber einer Führung.«[372] Schumpeter entdeckt, daß »jede Erkenntnis und Handlungsgewohnheit, die uns einmal erworben ist, so fest und so ununterscheidbar von den übrigen Elementen unserer Person in uns ruht (...), daß sie nicht jedesmal erneuert und bewußt zu werden braucht, sondern hinabsinkt auf die vorhandenen Schichten von Unterbewußtem«.[373] Für das *schöpferische* Tun, meint Schumpeter, sind Gewohnheiten Hindernisse. Die Gewohnheiten haben selbst eine ökonomische Funktion, denn es ist die »kraftsparende Funktion der festen Denkgewohnheiten«[374], die uns veranlassen, sie beizubehalten. Für den wirtschaftlichen *Erneuerungsprozeß* werden diese Gewohnheiten aber zur Schranke, zum »Hemmschuh«.[375]

Schumpeter bringt den Zusammenhang zwischen Kreativität und Gewohnheit in enge Beziehung zum Kapitalzins. Er verteidigt die These von Leon Walras, daß in einer stationären Wirtschaft die Konkurrenz jeglichen Gewinn eliminieren müßte, und ist darüber hinaus der Auffassung, daß in solch einer Wirtschaft *überhaupt kein* Zins existieren könnte. Schumpeter entdeckt den wesentlichen Mangel aller statischen Zinstheorien, auch der seines Lehrers Böhm-Bawerk, sofern stillschweigend doch eine *wachsende* Wirtschaft unterstellt wird. Wenn Böhm-Bawerk davon ausgeht, daß ein Tausch von gegenwärtigen gegen zukünftige Güter nur dann vorgenommen wird, wenn es in der Zukunft auch tatsächlich *mehr* Güter gibt, ist zugegeben, daß Böhm-Bawerk »die Zinserklärung wesentlich auf die Tatsache stützt, daß der Gütervorrat der Volkswirtschaft zunimmt und daher der Besitz gegenwärtiger Güter den Besitz von mehr Gütern in der Zukunft bedeutet.«[376] Schumpeter ahnt, daß ein Kapitalzins nur möglich und privatisierbar ist, wenn ein sozialer Überschuß existiert. In seinem dynamischen Unternehmer verkörpert er die kreative Funktion, das walrasianische Gleichgewicht[377] zu stören und Neuerungen einzuführen. Im von ihm kaum bemerkten Unterschied zu Walras beschreibt Schumpeter jedoch das Gleichgewicht im Begriff der *Gewohnheit*, sofern eine stationäre Wirtschaft durch die »gewohnten Bahnen (des) normalen Wirtschaftssubjekts«[378] gekennzeichnet ist.[379] Der dynamische Unternehmer ist es dann, der eine Neukombination der Produktionsfaktoren erzwingt und Gewohnheiten zerstört.

Ermöglicht wird dies durch den *Kredit*. Der Kredit ist hierbei tatsächlich eine »Schaffung von *neuer* (Kaufkraft) aus *Nichts* - auch dann aus Nichts, wenn der Kreditvertrag, zu dessen Erfüllung die neue Kaufkraft geschaffen wird, sich auf irgendwelche reale Sicherheiten, die nicht selbst Zirkulationsmittel sind, stützt«[380]. Allerdings entgeht Schumpeter, daß solch eine neu geschaffene Kaufkraft wieder *verausgabt* wird und damit die relativen Preise der Gesamtwirtschaft verändert werden. Dieser Prozeß verhindert, daß der »Pioniergewinn« ausschließlich vom Innovator privatisiert wird. Zwar sagt Schumpeter ganz klar: »Ohne Entwicklung also gäbe es (...) keinen Zins«[381], er hält aber mit Böhm-Bawerk an einem Substanzkonzept des Wertes fest. Der Zins ist stets Teil dessen, was durch Innovationen als relative Differenz zu anderen Produktionszweigen gewonnen wird, Teil des Unternehmergewinns; er ist »wie eine Steuer auf den Unternehmergewinn.«[382]

Der Zins ist ein *dauerndes* Einkommen, während beim »zwar fortwährend auftauchenden, aber individuell fortwährend versinkenden« Unternehmergewinn[383] das Moment der Vergänglichkeit offenkundig wird. Wie löst Schumpeter dieses Dilemma? Es muß, sagt Schumpeter, einen beständigen *Bedarf* an Kapital geben, der es erlaubt, den Zins »als Herrschaftsmittel über Produktionsgüter«[384] zu erklären. Die Nachfrage nach Kapital »zeugt immer neue Nachfrage aus sich heraus« und hebt so den Zins über »die Größe Null«.[385] Diese Erklärung, wiewohl faktisch nicht zu bestreiten, läßt aber den *Zwang* zur Neuerung im Dunkel, der aus dem Prozeß des Kapitals durch die Konkurrenz erwächst. Deshalb muß Schumpeter die Neuerungstendenz im »dynamischen Unternehmer« personalisieren und als gesondertes Wirtschaftssubjekt einführen. Schumpeter läßt in seinem Frühwerk auch außer acht, daß der Kapitalzins, gleichgültig, ob er beim Unternehmer verbleibt, oder dem Kreditgeber zufließt, immer auch Geld ist und deshalb wieder *ausgegeben* wird.

Was Schumpeter zum Erfindungsschutz sagt, geht kaum über das von Fichte und Schäffle bereits Formulierte hinaus.[386] An vielen Stellen macht sich die Bindung an die Walrassche Sprache der Wirtschaftsmechanik als Hemmnis bemerkbar. Wichtig und wertvoll ist Schumpeters Abkehr von den naiven Vorstellung zur *Konkurrenz*, wie die Wirtschaftsmechanik sie kennt. Konkurrenz ist für Schumpeter Wirtschaftskrieg, nicht das friedliche Zurufen von Preisen auf Auktionsbörsen. Die Konkurrenz ist vor allem nicht nur eine *faktisch-mechanische* Wirkung, sie ist eine Interpretation: »Es ist kaum nötig zu erwähnen, daß die Konkurrenz von der Art, wie wir sie nun im Sinne haben, nicht nur wirkt, wenn sie tatsächlich vorhanden, sondern auch wenn sie nur eine allgegenwärtige Drohung ist. Sie nimmt in Zucht, bevor sie angreift.«[387] Es zählt in der Wirtschaftswelt, »im Unterschied zu ihrem Bild in den Lehrbüchern«, nicht die mechanische Preisanpassung, »sondern die Konkurrenz der neuen Ware, der neuen Technik, der neuen Versorgungsquelle, des neuen Organisationstyps (zum Beispiel der größtdimensionierten Unternehmungseinheit) – jene Konkurrenz, die über einen entscheidenden Kosten- oder Qualitätsvorteil gebietet und die bestehenden Firmen nicht an den Profit- und Produktionsgrenzen, sondern in ihren Grundlagen, ihrem eigentlichen Lebensmark trifft.«[388] Der Kapitalismus ist ein System, das »unaufhörlich die Wirtschaftsstruktur *von innen heraus* revolutioniert, unaufhörlich die alte Struktur zerstört und unaufhörlich eine neue schafft. Dieser Prozeß der ›schöpferischen Zerstörung‹ ist das für den Kapitalismus wesentliche Faktum.«[389]

Piero Sraffa und John Maynard Keynes

Bleibt noch der Beitrag von John Maynard Keynes und Piero Sraffa zu erwähnen. Keynes hat vor allem wieder betont, daß Geld nicht nur eine bloß nominale Rechnungseinheit ist. In der Diskussion mit Hayek, die Keynes und Sraffa am Anfang der 30er Jahre führten, spielte dies eine wichtige Rolle in der Begründung der Keynesschen Zinstheorie. F. A. von Hayek ging in seiner Zinstheorie nicht über die Grundlagen der österreichischen Vorläufer (Böhm-Bawerk, Wicksell) hinaus, galt aber in England als ein wichtiger Vertreter dieser Schule. Sraffa wirft Hayek und dessen Preis- und Zinstheorie vor, daß Geld darin keine reale Rolle spiele. »Geld ist nicht nur ein Austauschmedium, sondern auch ein Speicher zur Wertaufbewahrung und der Standard jener Einheiten, in welchem Schulden oder andere Obligationen, Gewohnheiten, Meinungen, Konventionen, kurz alle Arten von Beziehungen zwischen Menschen mehr oder weniger rigide fixiert werden.«[390] Sraffa kehrt hier zu einer der aristotelischen sehr ähnlichen Auffassung zurück, die wir im 14. Kapitel untersucht haben; wir brauchen an dieser Stelle nicht auf formale Differenzen einzugehen.[391] In den mathematischen Mitteln dem verwandten Modell John von Neumanns unterlegen, ist Sraffas Theorie vor allem ein wichtiger Beitrag zur Kritik der neoklassischen und österreichischen Theorie.

Seine Preistheorie, die von einer *einheitlichen Profitrate* (Zinssatz) ausgeht, ist nicht als *faktische* Abbildung von Marktwirtschaften mißzuverstehen. Gegen Hayeks Auffassung wendet er ein: »In Zeiten einer Expansion der Produktion, hervorgerufen durch die Hinzufügung von Ersparnissen, gibt es nicht so etwas wie ein Gleichgewicht beim (oder einen einheitlichen, natürlichen) Zinssatz, so daß der Geldzinssatz weder gleich noch niedriger als der ›neutrale‹ Zinssatz sein könnte«.[392] Da aber in gewöhnlichen Wirtschaften die Ersparnis positiv ist, also ein *Überschuß* existiert, gibt es keinen ausgeglichenen Zinssatz in existierenden Ökonomien. Dies verkennen viele Interpreten der Preistheorie Sraffas.

Allerdings hält Sraffa an der von Marx übernommenen strikten Trennung von Lohn- und Profiteinkommen fest und gelangt, trotz formaler Anklänge, nicht zu einer *alle* Handlungsstrukturen erfassenden Analyse der Preise. Wenn man den »Konsum« nicht als *Handlung* versteht, die Produkte bereitstellt (Dienstleistungen, Arbeit) und je ihren Bedarf hat, dann wird der Lohn zu einer Größe, die gleichsam das ökonomische System »verläßt«, wie andererseits der nicht reproduzierte Teil der Waren das System »verläßt«.

Sraffa unterscheidet zwischen Basis- und Nichtbasisgütern: »Das Kriterium hierbei ist, ob eine Ware (gleichgültig ob direkt oder indirekt) in die Produktion von *allen* Waren einfließt. Diese sollten wir Basis-

Produkte, und jene, die nicht (in die Produktion einfließen), Nicht-Basis-Produkte nennen.«[393] Diese Unterscheidung orientiert sich *nur* an Firmen und ist deshalb einseitig oder unvollständig. Firmen sind komplexe Handlungssysteme, Haushalte nicht minder. Weder in Firmen noch in Privathaushalten werden Waren *kausal* produziert; Zweck und Mittel, Bedarf und Handlungsresultat stehen in einem *funktionalen*, damit *kognitiven* Zusammenhang, der auf eine *Interpretation* und situative Struktur verweist. Deshalb ist auch der Lohn der Preis für eine Dienstleistung, die, wie andere Produkte auch, ein Handlungsresultat darstellt, das nur dadurch zustandekommt, daß *andere* Waren als Bedarf verfügbar sind. Es gibt, in Sraffas Terminologie ausgedrückt, *nur* Basissysteme sozial vernetzter Handlungen, und deshalb auch nicht *einen* Lohnsatz oder *eine* Profitrate. Weder kann man von homogener Arbeit noch von homogenem »Kapital« sprechen. Nicht einmal *Geld* besitzt nur *einen* Zinssatz.

Obgleich Sraffa die Bedeutung des Überschusses für die Preistheorie gesehen hat[394], bleibt er der Drei-Faktoren-Lehre verpflichtet, die Arbeit nur als *Faktor* der Produktion, nicht aber selbst als Produkt sieht. Hier ist die Neoklassik darin überlegen, daß das Arbeitsangebot der Haushalte simultan mit ihrer Güternachfrage analysiert wird - wenn auch unter inakzeptablen Voraussetzungen. Sraffa war allerdings vorsichtig genug, für die Produktion *keine* Produktionsfunktion vorauszusetzen; er untersucht nur, wie die Warenpreise mit einer bestimmten Struktur der Produktion vereinbar sind.[395] Die Übersetzung seiner Theorie in die Sprache der Input-Output-Analyse mit konstanten Koeffizienten, obgleich von ihm selbst vielleicht nahegelegt, ist ein Mißverständnis. Verzichtet man auf die Trennung von Produktion und Konsum und betrachtet nur *Handlungssysteme*, so erscheint der soziale Überschuß als Phänomen, das alle Handlungen umfaßt. Es ist ein Unheil des marxistischen Erbes, daß auch nur der *Gedanke*, die Arbeiter könnten im Kapitalismus etwas *gewinnen*, verboten bleibt.

Keynes hat sich um die *relativen* Preise nicht gekümmert und sich fast ausschließlich auf gesamtwirtschaftliche Fragen konzentriert.[396] Es sind jedoch gerade jene Strukturen, die Keynes in der Funktion des Geldes und der Finanzmärkte entdeckte, die ein Preissystem erst vollständig »bestimmen«. Es sind die *finanziellen* Transaktionen, die über den Handel mit

Eigentumsrechten den Überschuß auf die verschiedenen Handlungen »verteilen«.[397] Keynes sah sich vor andere Fragen gestellt. Sein Kerngedanke war, daß moderne Volkswirtschaften nicht einen *Mangel* leiden, sondern ihren Überschuß an Produktionsmöglichkeiten nicht *realisieren* können. Wichtig ist hierbei die Keynessche Einsicht, daß die Investitionen *Käufe* sind und erst jene Nachfrage schaffen, die es gesamtwirtschaftlich erlaubt, das Angebot zu realisieren. Wird Geld gehortet oder gespart, aus welchen Motiven auch immer, so führt es nicht zu einer effektiven Nachfrage und verhindert damit die *Verwertung* von Teilen des volkswirtschaftlichen Überschusses.

Nach den Quellen des Zinses oder des volkswirtschaftlichen Überschusses fragt Keynes nicht. Er schien mit der klassischen Ökonomie von Smith, Ricardo und Mill zu sympathisieren, derzufolge »alles durch die Arbeit produziert wird, unterstützt durch das, was man früher Kunst nannte und heute Technologie nennt, durch natürliche Ressourcen, die frei sind oder eine Rente gemäß ihrer Knappheit oder ihres Überflusses kosten, sowie durch die Resultate vergangener Arbeit, die in Anlagen verkörpert sind und auch gemäß ihrer Knappheit oder ihres Überflusses einen Preis kosten.«[398] Diese Aussage vermengt auf undurchsichtige und eklektische Weise Aspekte der Arbeitswertlehre mit der Nutzentheorie, wonach Ressourcen gemäß ihrer Knappheit relativ zur Nachfrage der produzierten Güter bewertet werden.

Keynes betrachtet den Zinssatz ausschließlich als *Geldzins*, das heißt als rein monetäres Phänomen. Geld ist für ihn ein wertvolles Gut, dessen Wesen vor allem in seiner Liquidität zu suchen ist. Wer über Geld verfügt, ist zahlungsfähig und damit gegen mögliche Überraschungen der Märkte gewappnet. Deshalb basiert die Keynessche Zinstheorie »essentiell auf der Unsicherheit«.[399] Der Zins ist für Keynes einfach der Preis dafür, in den Genuß von Liquidität zu gelangen, »an der Liquidität für eine bestimmte Periode teilzuhaben«.[400] Anders gesagt ist der Zins der Preis für den »Widerwillen jener, die Geld besitzen, die Kontrolle über ihre Liquidität zu teilen.«[401] Keynes weigert sich, überhaupt von einer »Theorie« des Zinssatzes zu sprechen. Er lehnt es ab, entgegen der endlosen Wiederholung der keynesianischen Lehrbücher, von einer Liquiditätspräferenztheorie zu sprechen: »Von der ›Liquiditätspräferenztheorie‹ des Zinssatzes zu sprechen, ist natürlich eine Übertreibung. Es ist so, als würde man von der ›Professorentheorie‹ von Ohlin oder von der ›Beamtentheorie‹ von Hawtrey sprechen. Ich stelle einfach fest, was (das Zinsphänomen) ist, die entsprechenden Theorien über diesen Gegenstand sind zweitrangig.«[402]

Entgegen der auf Hicks zurückzuführenden Standardinterpretation der Keynesschen Theorie, ging Keynes keineswegs von einem kurzfristigen »verzerrten« walrasianischen Gleichgewicht aus. Er beruft sich ausdrücklich auf Schumpeters Konjunkturtheorie[403] und sagt in der Diskussion um seine General Theory auf einen entsprechenden Einwand: »Mir ist nicht bewußt, unterstellt zu haben, daß es keine Erfindungen gibt.«[404] Es steht damit, gleichsam mit Keynes ausdrücklichem Einverständnis, nichts im Wege, die Schumpetersche Theorie mit der Keynesschen Zinstheorie zu versöhnen: Der Geldzins ist eine Steuer der Finanzmärkte auf den Unternehmergewinn, das eigentliche Motiv aller Investitionen in der Industrie. Deshalb wird die Höhe der Geldzinssätze, die durch eine Zentralbank wesentlich beeinflußt werden kann, auch die Investitionen in Geld- oder Sachkapital beeinflussen. Man braucht hierbei nicht der Keynesschen Vorstellung eines Gleichgewichts zu folgen, das sich zwischen Geldzins und dem internen Zinssatz (marginal efficiency of capital) einstellen soll. Keynes hat vermutlich die Dynamik der Innovationen und ihre Rolle im Wirtschaftsprozeß deutlich unterschätzt.

Es gibt, Sraffa hat das klarer gesehen, bei positiver Ersparnis überhaupt nicht so etwas wie *ein* Geldmarktgleichgewicht. Die Geldzinssätze wirken nur wie eine Schranke oder wie ein Signal für Investitionen oder Geldtitel. Er ist überhaupt nur *möglich*, weil die Wirtschaft endlos kreativ umgewälzt wird und es sich deshalb verbietet, Vorstellungen von Gleichgewicht oder einheitlichen Preisen und Zinssätzen als Behauptungen über die faktische Wirtschaft zu verstehen. Im Problem der effektiven Nachfrage hat Keynes aber die zentrale Schwierigkeit des Kapitalprozesses aufgewiesen: Es genügt nicht, einen sozialen Überschuß an *Geld* zu erwirtschaften, er muß auch profitabel realisiert werden. Der Kredit verhindert, daß es für die Kreativität in der Marktwirtschaft eine *prinzipielle* Schranke geben kann. Letztlich »knapp« sind für den Prozeß des Kapitals nur die Stoffe der Erde, der Biosphäre und die Kreativität. Wirtschaftskrisen sind der Ausdruck einer *zu langsamen* kreativen Umwälzung der sozialen Handlungen, damit der Ausdruck der Widerstandskraft der *Gewohnheiten.* Es ist sicherlich kein Zufall, daß nach dem zweiten Weltkrieg die *Kreativität* zum neuen Leitbegriff der wirtschaftlichen Entwicklung wurde.

18 Kreatives Wachstum oder Wachstum der Kreativität?

Kosten der Kreativität

Niemand kann die *Kosten des kreativen Wandels* beziffern. Ihr Wesen besteht gerade darin, *außerhalb* des Marktprozesses anzufallen. Es gibt keine Preise für das, was das Marktsystem *verstoßen* hat. Aus diesem Grund ist eine Wohlfahrtsrechnung basierend auf *Marktleistungen* ebenso einseitig wie ungerecht – zu schweigen davon, daß sie nur jeweils *lokal* für die verschiedenen Standorte des Weltmarktes ermittelt wird. Das, was Schumpeter die »schöpferische Zerstörung« genannt hat, ist die große dunkle Seite einer von der Kaufmannsseele beherrschten Erde. Der *Inhalt* dieser Zerstörung wurde von Schumpeter allerdings nur einseitig erkannt: Er lenkte seinen Blick auf die Gewohnheiten, sofern sie in Technik und Konsum erscheinen. Die Kaufmannsseele ernährt sich auch von diesem Stoff, doch ihre fremde Hauptquelle sind die Gewohnheiten der Natur, gleichfalls die überkommenen lokalen Kulturen, denen sie jeweils nur die *temporär verwertbaren* Teile entzieht. Die *säkulare* Zerstörung der natürlichen wie der tradierten kulturellen Gewohnheiten und die *periodische* Zerstörung der *technischen und Konsumgewohnheiten* – all dies macht den Inhalt der kreativen Destruktion aus, die den *Wachstumsprozeß* des Weltmarktes begleitet.

Jede Zerstörung fordert Widerstand heraus und findet schließlich auch einen politischen Ausdruck: die Naturzerstörung in der ökologischen Bewegung, die Zerstörung kultureller Traditionen in den verschiedenen Nationalismen und die periodische Zerstörung von ineffizient geworden Standorten im Streit um diverse politische Sanierungsprogramme. Gleichwohl ist unverkennbar, daß diese politischen Kräfte die Macht der kaufmännischen Gewohnheit, das kreative Wachstum des Weltmarktes nicht *langfristig* hindern konnten und können. Daß die induzierte politische Gegenwehr allerdings *ohne »Kosten«* abginge, dies zu glauben wäre historisch naiv.

Man kann die faschistischen Regime der 30er Jahre *auch* als Versuch interpretieren, die wachsende Macht des Weltmarkts über die europäischen Kulturen aufzuhalten – unter der absurden und brutalen Gleichsetzung von Kaufmannsseele und jüdischem Volk und der Proklamation kriegerischer statt wirtschaftlicher Expansion. Auch den »Sozialismus in einem Lande« Stalins kennzeichnet dieser Versuch, durch nationale Planung und Außenhandelsmonopol den Weltmarkt fernzuhalten. Bestrebungen jüngeren Datums benutzen vor allem eine Art von *Islam* als Ideologie. Die meisten dieser Versuche sind *gescheitert*, die noch andauernden oder bevorstehenden Experimente sind zum Scheitern verurteilt. Was nicht scheitert, paßt sich dem Weltmarkt an. Daß sogar die kommunistische Ideologie kaufmännische Umprogrammierungen zuläßt, dafür liefert *China* in der Gegenwart den besten Beweis. Der Versuch allerdings, eine nationale Wirtschaftssteuerung mit dem Weltmarkt zu versöhnen, ist ebenso zum Scheitern verurteilt, wie frühere Experimente in Europa. Über kurz oder lang fordert die ungehemmte Bewegung auf den Märkten jene Kapitulation der Politik vor der Privatwirtschaft, die in den USA, Europa und zahlreichen anderen Ländern bereits Realität ist. Das schließt jedoch nicht aus, daß sich die politische Klasse einiger Länder militärischer Mittel bedient, dies zu verhindern.

Die Kapitalformel »Mehr! Mehr!«, in der Kaufmannsseele seit vielen Jahrhunderten *weltweit* zu einer psychischen Tatsache geworden, ist in sozialer Resonanz zur *stärksten* Gewohnheitsmacht geworden. Ihre Logik wird tausendfach in den Seifenopern des Alltags eingeübt und zementiert. Da das Wachstum vereinzelte Handlungen und Handlungskomplexe miteinander in Konkurrenz bringt, *erscheint* die Kaufmannslogik als vielfacher *Gegensatz*. Dies hat verhindert, die gemeinsame *innere* Natur dieses Handlungsprogramms zu erkennen. Ob das Wachstum kapitalistisch, sozialistisch, fundamentalistisch oder ökologisch verziert erscheint, ob sich der Gegensatz im Wettbewerb, in nationaler und religiöser Gegnerschaft oder durch die Konkurrenz der militärischen Mittel entfaltet – stets kehrt die einfache Logik des »Mehr ist *besser*« wieder.

Die *wirtschaftspolitische* Form, auch in demokratischen Staaten, ist alltägliche Rhetorik. Sie drückt den ganzen Wahnsinn der Kapitalformel aus. *Jeder* Staat begründet sein Handeln damit, daß *andere* Staaten *auch* so handeln: »internationale Wettbewerbsfähigkeit«, »politische Realitäten«, »Erfordernisse eines modernen Industriestaates«, »technologische Zwänge« usw. heißen die Formeln dafür. »Wer heute und auch morgen noch im internationalen Konkurrenzkampf bestehen will, der muß sich den Regeln dieses Wettbewerbs unterwerfen«[405] – so lautet das in der Wirtschaftspresse millionenfach wiederholte Credo. *Notwendigkeiten* einer Handlung werden dadurch begründet, daß der *Konkurrent* ebenso handelt oder so zu handeln beabsichtigt. Allein dies, daß es ein Handlungsprogramm und die zugehörigen Mittel *gibt*, nötigt andere Handlungsträger dazu, dieses Handlungsprogramm zu *übernehmen* – bei Strafe des Untergangs. *Weil* die Kosten in anderen Ländern durch eine neue Technik gesenkt werden, deshalb müssen sie im Inland auch gesenkt werden; weil eine andere konkurrierende Nation über bestimmte militärische Mittel verfügt, deshalb müssen auch »wir« darüber verfügen. In der Spieltheorie nennt man diese Situation die *Tragedy of Commons*.[406] Wenn es *einer* tut, hat er einen *Vorteil*, diffundiert das Handlungsprogramm, tun es *alle*, dann haben alle (oder viele) einen Nachteil. Die militärisch stärkere Nation kann politische Vorteile durch Erpressung erzielen, ein Wettrüsten belastet und gefährdet aber alle (um vom Krieg zu schweigen); die *einzelne* Firma hat bei der Erstanwendung einer Technik einen Vorteil, doch die Diffusion macht den Vorteil zunichte.

Diese Situation ist aber vor allem deshalb tragisch, weil sich im Wettbewerb die Kaufmannsseele jeweils *selbst* begegnet: Der Konkurrent denkt ebenso. Im Wettbewerb, gleich, ob im wirtschaftlichen oder politischen Bereich, erscheint die *innere* Natur der Kaufmannsseele als *äußerer* Prozeß des Wachstums, als Prozeß, der sich selbst unentwegt anstößt und aufschaukelt. Überschuß produziert erneuten Überschuß, doch die Adaption des Handlungsprogramms und seine Gewöhnung vernichtet den Vorteil, den Vorsprung. Der Grund dieser kreativen Destruktion im wirtschaftlichen und politischen Prozeß des Weltmarktes ist eine *Gewohnheit*, die Gewohnheit, alle Handlungen nach der Logik der Kapitalformel zu organisieren.

Dimensionen der kreativen Zerstörung

Erinnern wir nochmals daran, worin die *Zerstörung*, die der Prozeß des kreativen Wachstums erzeugt, besteht. Die grundlegende Zerstörung ist die der Gewohnheiten der Natur, nicht nur die Zerstörung ökologischer Systeme und vielfältiger Arten, auch die endlose Trans-Formation natürlicher Ressourcen in Rohstoffe des Bedarfs, schließlich die Belastung der Natursysteme durch Schadstoffe und Müll. Nun wird gelegentlich eingewandt, daß der Prozeß der Evolution in der Zerstörung von Ökosystemen und beim Sterben von Arten auch vor nennenswerten Eingriffen des Menschen niemals kleinlich war. Es gab sogar umfangreichere Artensterben als das gegenwärtige. Doch dieser Hinweis hat den Charakter einer Ausrede. Er verbirgt eine Hoffnung und eine Angst: die Hoffnung darauf, daß »die Natur« es von sich aus schaffen werde, ein je neues Gleichgewicht zu finden, und die Angst, bei einer *wirksamen Maßnahme* gegen diesen Prozeß auf Gewohnheiten des Konsums verzichten zu müssen. Der Punkt ist ein anderer: Es ist ja nicht so, daß der Prozeß ökologischer Zerstörung *unbekannt* geblieben wäre. Er ist ein permanentes Thema der weltöffentlichen Debatte. Jeder weiß darum, jeder fügt ein ökologisches Bekenntnis hinzu – aber niemand kennt einen Ausweg, diese Zerstörung aufzuhalten. Die Vorschläge zu *Reparatur-Maßnahmen*, wie hilfreich sie im einzelnen auch sein mögen, scheitern vielfach an jener erwähnten Tragedy of Commons: Für das kaufmännische Kalkül der weltweit agierenden Eigentümer sind dies *Unkosten* und *Standortnachteile*. Zwar kann sich kein Konzern, kein Verbraucher dem Druck der öffentlichen Debatte entziehen und verzichtet auf *öffentliche* Verstöße. Der Wettbewerb setzt aber zugleich eine beständige *Minimierung* von Reparatur-Maßnahmen durch, die notorisch zu spät kommen oder wenig wirksam bleiben. Wenn die Fertigung in Asien auf strengere Vorschriften zur Luftreinhaltung verzichten kann, dann müssen solche Maßnahmen in Europa entweder auch unterbleiben oder durch anderweitige Subventionen an Firmen ausgeglichen werden – sonst droht ein Standortwechsel. Die »Standortdebatte« wird zum Joker in der Pokerpartie der Konzerne mit den Nationalstaaten.

Wie sich jedoch im elften Kapitel zeigte, liegt den ökologischen Problemen eine fundamentale Struktur zugrunde, gegen die keine Reparatur-Maßnahme gewappnet ist: Es wird nicht gelingen, die Gewohnheiten der ökologischen Systeme, die sich in vielen Jahrtausenden entwickelt haben, durch *menschliche* Planungen, durch menschliche Handlungsprogramme zu substituieren. Ein gravierend ge- und zerstörtes Ökosystem kann nicht wieder in seine *alten Gewohnheiten*, seine alten dynamischen Strukturen zurückgeführt werden – dazu ist der Anteil der »Entnahme« und der Privation dieses Ökosystems durch den Menschen viel zu groß. Welches *neue* Gewohnheitssystem sich entwickeln wird und ob dies überhaupt geschieht, ist völlig offen und unbekannt. Die evolutionär entwickelten vernetzten Beziehungen zwischen den verschiedenen Arten sind auch *Gewohnheitssysteme des Verhaltens.* Das kreative Wachstum ist eine bleibende *Störung* und *Zerstörung* dieser Gewohnheiten. Wir wissen definitiv nicht, wohin diese Dynamik selbst *dann* führen wird, wenn ab sofort diese Zerstörung minimiert würde. Eines läßt sich aber sagen: Sicher wird diese Dynamik solange nicht in ein neues natürliches Gewohnheitssystem einmünden, solange die Logik des kreativen Wachstums immer weitere und größere Teile der Natur in den ökonomischen Prozeß mit einbezieht, solange die Kapitalformel sogar die *menschliche* Vermehrung erfaßt zu haben scheint. Kein Ökosystem verkraftet das *dauernde* Wachstum einer Art; die menschliche Gattung aber *vervielfältigt* sogar die Angriffsmethoden auf die Natur und ist unendlich kreativ darin, sie zu zerstören, kaum darin, Ordnung in der Natur zu *schaffen.*

Doch auch *innerhalb* der menschlichen Gesellschaft macht sich die Zerstörung durch den Prozeß kreativen Wachstums immer deutlicher bemerkbar. Das Geld ist, wir hatten das mehrfach betont, in seinem Wesen die *innere* Beziehung der wirtschaftlich vernetzten Handlungen. Eben deshalb grenzt es *aus.* Es grenzt alle Handlungen aus, die nicht in das System sozialer Handlungen einzubinden und produktiv zu nutzen sind. Was im kreativen Wandel substituiert wird, sind eigentlich nur *Handlungsprogramme.* Doch hier zeigt sich die Macht der Gewohnheit von ihrer dunklen Seite: Jeder Handlungsträger wird durch das Handlungsprogramm, das er lange ausführt, *selbst* programmiert. Er verwandelt sich in ein Gewohnheitstier. Die lange Wiederholung läßt das kreative Potential erlahmen; die Flexibilität nicht nur des Körpers läßt nach. Wird jemand, der für lange Zeit für ein bestimmtes Handlungsprogramm funktionalisiert wurde, damit konfrontiert, ein *anderes* Handlungsprogramm ausführen zu sollen, so wird er daran vielfach *scheitern*. Arbeitslosigkeit ist nur die offensichtliche und öffentliche Folge dieses Prozesses. Mehr noch. Auch die sachlichen Mittel der Handlung – Maschinen, Gebäude, Straßen, langlebige Konsumartikel usw. – sind auf ein spezifisches Handlungsprogramm *zugeschnitten*. Obgleich jedes Mittel prinzipiell für mehrere Zwecke offen ist, bleibt der Spielraum *wirtschaftlicher* Nutzung doch beschränkt. Auch Universalmaschinen werden obsolet, auch Manager, die unentwegt Kreativitätsseminare frequentieren, werden überflüssig.

Es war eine alberne, für viele neoklassische Ökonomen aber sehr typische Prognose, die Freigabe der Preise in den vormals sozialistischen Ländern würde blühende ökonomische Landschaften hervorzaubern, da doch nun endlich der Markt »frei« geworden sei. Zu einer Marktwirtschaft gehören tradierte Gewohnheiten, die Vertrautheit im Umgang mit den Gepflogenheiten der Kaufmannsseele. Diese Gewohnheiten können sich zwar entwickeln, sind aber nicht einfach durch einen Markt schon gegeben. Die Transformation in den Ländern des früheren Sozialismus zeigt nachgerade eindringlich, welch große Bedeutung der gewohnte, »ethische« Rahmen einer Marktwirtschaft besitzt. So bleibt es vorläufig, wie im Frühkapitalismus, dabei, daß aus diesen Gesellschaften für den Weltmarkt nur jene Rosinen herausgepickt werden, die mittelfristig der Verzinsung fähig sind. Versagen die traditionellen Modelle der Wirtschaftswissenschaft schon für entwickelte westliche Länder, so sind sie für eine völlig andere Gewohnheitsstruktur des Verhaltens absolut ungeeignet – mit einer Ausnahme: Die Verkündigungen der Ökonomen programmieren Kaufmannsseelen im Reich des ehemaligen Sozialismus auf Privateigentum um. Die Freiheit *von* staatlichem Zwang in Wirtschaftsdingen ist aber noch lange keine Freiheit-*zu*-etwas.

Wenn die Kaufmannslogik aus Kostengründen ein veraltetes Handlungsprogramm von sich stößt, dann stößt sie damit auch die mit diesem Programm durch Gewohnheit verkoppelten Menschen und Sachen von sich. Es ist tatsächlich so, als ob eine Seele einen Körper verlassen würde: Wenn die Kaufmannsseele eine Wirtschaftsregion als »untragbar« definiert und sich aus ihr zurückzieht, dann bleibt ein wirtschaftlich toter Körper zurück. Die dort lebenden Menschen finden sich, wo gestern noch produktives Leben pulsierte, plötzlich inmitten einer Wüste vor. Viele landen an den sozialen Rändern des Marktes, nicht selten auf der Straße. Geschlossene Werktore ziehen geschlossene Ladenfenster anderer Geschäfte nach sich, und auch die Rolläden der Privatwohnungen bleiben verriegelt, weil die Mieten unbezahlbar werden. Die wachsende Zahl Arbeitsloser induziert wiederum eine wachsende Zahl von Verbrechern. »Ausgeschlossen aus dem globalen High-Tech-Dorf, werden sie Mittel und Wege finden, um sich aus eigener Kraft das zu holen, was ihnen die Kräfte des Marktes verweigern.«[407] Von einer Marktethik ausgeschlossen, die Marktteilnahme voraussetzt, versagen die Verbrecher auch die Anerkennung rechtlicher Normen für diese Marktordnung.

Doch die Bildung von kriminellen Randstrukturen bleibt nicht die einzige soziale Wirkung der endlos kreativen Umwälzung. Aus dem strikten Regiment des Controlling entlassen, entkleidet des Flimmerns der Werbebildschirme, tauchen auch die *ökologischen* Sünden in den Industriewüsten auf. Keineswegs nur an den neuen Standorten im Reich des vormaligen Sozialismus erscheinen ganze Regionen *verwüstet*, auch an vielen Standorten der Ersten Welt findet sich ähnliche Trostlosigkeit. Fast jede Großstadt hat ihr Viertel für solchen »menschlichen Abfall«, der von unterschiedlich »großzügigen« Sozialsystemen ein Leben zwischen Überleben und Dürftigkeit fristet – von den Slums an den südlichen Standorten der Erde ganz zu schweigen.

Vielfach grenzt die Kaufmannsseele auch ganze Länder einfach aus ihrer Kontrolle aus. Sie nimmt, was brauchbar ist – und sei es nur eine Touristenattraktion –, zerstört auch dadurch gewachsene Gewohnheitssysteme, und überläßt den Rest sich selbst. Millionen Hungernder leiden an der Geldschranke des Weltmarktes, durch vorweihnachtliche Hilferufe mit ein paar Brosamen getröstet. Ein riesiges Reservoir an Menschen wartet an den Schranken des Weltmarktes, von keinem Zöllner kontrolliert und bewacht, dennoch wirksamer als durch jeden Schlagbaum ferngehalten. Es fehlt die Eintrittskarte zum weltweiten Marktspiel: das

Geld oder ein Produkt, das die Gunst internationaler Einkäufer findet. Gelegentliche Standortwechsel nutzen das Menschenpotential, doch eine wachsende Masse bleibt vor der Tür der geschlossenen Weltgesellschaft. Sie darf – nach Sensationsmeldungen strikt selektiert – an den *Kommunikationssystemen* teilnehmen, als Fotomaterial, als »informierende Unterhaltung«, wenn diverse Auslandsjournale des Fernsehens über das Elend der Weltgegenden berichten.

Beschleunigt wird dieser Prozeß durch den vielfältigen Ersatz menschlicher Handlungsprogramme durch Computer. Die gelegentlich genährte Hoffnung, komplexere Handlungsverläufe – vor allem im Dienstleistungsbereich – würden als Auffangbecken für Substitutionen von Arbeitskräften im verarbeitenden Gewerbe dienen, hat sich als eine der vielen Fortschrittstäuschungen erwiesen.[408] Die Ersetzung von Handlungsgewohnheiten durch Maschinenprogramme ist, einmal in Gang gekommen, ein nicht umkehrbarer Prozeß. Erstaunlich ist weniger die vielfach für unmöglich behauptete technologische Arbeitslosigkeit, erstaunlich ist vielmehr die *Selbstverständlichkeit*, mit der Millionen Arbeitsloser ihr Los akzeptieren, wie in sozialer Resonanz zum bloßen »Problem« wird, was in den 20er Jahren politische und soziale Umbrüche hervorgerufen hat, die nicht nur Europa erschüttert haben.

Es ist sehr schwer, fast unmöglich, bei einem *ruhigen* und von der Kaufmannslogik befreiten Blick auf den Zustand der Erde nicht in eines der Extreme von Zynismus oder Resignation zu verfallen. Viele junge Menschen haben sich glücklicherweise, noch nicht *völlig* im Bann der kaufmännischen Logik, einen einfachen Blick bewahrt, weshalb soziale und ökologische Bewegungen meist auch Jugendbewegungen bleiben. Und es liegt mir völlig fern, die ehrenhaften Absichten vieler Berichterstatter über die Weltzustände auch nur anzuzweifeln. Es ist erforderlich, die *jedermann bekannten* Tatsachen *auszusprechen* und sie nicht mit Phrasen wie »Effizienz«, »Wettbewerb« oder »wirtschaftliche Notwendigkeiten« auf Distanz zu halten. Ökonomie ist eine *Ethik*. Die Probleme der schöpferischen Zerstörung *nicht* in das Zentrum der wirtschaftlichen Fragen zu rücken, ist eben *auch* ein Werturteil in einer auf »positive Ökonomik« bedachten Wissenschaft.

Szenarien weiteren Wachstums

Es drängen sich, nach dieser Skizze der destruktiven Dimension des kreativen Wachstums, *zwei* Fragen auf. *Erstens*: Welche Tendenz zeigt dieser Prozeß des kreativen Wachstums, wenn er wie bislang – einschließlich weiterer Rio-Konventionen, Bevölkerungskonferenzen und vielen schönen Erklärungen – nach der ihm eigentümlichen Macht der Gewohnheit weiterläuft? *Zweitens*: Gibt es in diesem Prozeß eine »Schwachstelle«, die es erlauben könnte, wenigstens einige der Zerstörungen aufzuhalten, die sich noch abzeichnen? Die erste Frage verlangt etwas, was für soziale Systeme nicht geliefert werden kann: eine *Prognose*. Allerdings können wir einige Szenarien skizzieren, und wir sollten hierbei darauf achten, die *positiven* Möglichkeiten nicht außer Acht zu lassen. Vielleicht zeigt sich ja auch bei der Beurteilung der sichtbaren Tendenzen ein kleines Rinnsal, das, wie jeder Fluß an der Quelle, dennoch ein Wachstum der ganz anderen Art verzeichnen könnte.

Wenden wir uns also der ersten Frage zu. Und hier sollten wir zuerst die Hoffnungen aufgreifen, die sich mit diesem Prozeß verbinden. Die meisten dieser Hoffnungen beruhen auf einer mehrfachen Extrapolation vergangener Erfahrungen, deren wichtigste die Hoffnung auf überraschende, neue Erfindungen ist. Das Argument sieht etwa wie folgt aus: Ökologische Probleme sind *Knappheitsprobleme*. Ressourcen werden knapp. Doch das führt, wenn der Preismechanismus funktioniert, zu steigenden Preisen. Steigende Preise machen *alternative* Technologien möglich, die vom gegenwärtigen Standpunkt aus noch als zu teuer erscheinen. Vor allem sollen steigende Preise – ein Argument des amerikanischen Ökonomen Nordhaus[409] – *Substituttechnologien* auf den Plan rufen (»backstop technology«), die knapp werdende Rohstoffe durch künstliche Ersatzstoffe ausgleichen. Auch wenn wir dieses Argument sogleich aufgrund seiner offenkundigen Lücke zurückweisen können – denn jedes Substitut besteht wiederum aus natürlichen Rohstoffen –, so sollten wir doch das *Prinzip* des Arguments beachten: Jede *Verknappung* schlägt sich in steigenden Preisen nieder, steigende Preise führen zu einem Überschuß, der als kreatives Potential zur Entdeckung von Alternativen betrachtet werden kann.

Dieser Gedanke kehrt in der Umweltökonomie vielfach wieder. Er verkennt leider nur die Grundstruktur des kreativen Wachstums: Das kreative Wachstum krankt weniger an knapp werdenden Ressourcen – jede Verknappung bedeutet für die Kaufmannsseelen sogar eine Gewinnchance –, es krankt daran, daß es bedeutende Teile überhaupt nicht in den Marktprozeß mit einbezieht bzw. aus dem Marktprozeß selektiert. Was außerhalb des Marktprozesses bleibt – und öffentliche Güter bleiben anerkanntermaßen außerhalb –, kann kein Preissignal aussenden und eine Knappheit anzeigen. Das Problem besteht nicht nur darin, daß verwendete Naturgüter knapper werden, es besteht *vor allem* darin, daß das »System Natur« im Marktspiel gar nicht mitspielten *kann*. So lebt diese Hoffnung letztlich von der Allmachtsphantasie, menschliche Vernunft könne, bei Kenntnis der Naturgesetze, beliebige neue Formen erschaffen. Auch eine neue *Erde*?

Eine zweite Hoffnung haben wir bereits im elften Kapitel in ihrer inneren Täuschung durchschauen müssen: die Hoffnung, ökologische Probleme würden sich durch eine *begleitende* Ökotechnik beherrschen lassen. Auch diese Hoffnung basiert auf dem Wahn der Aufklärung, der Mensch sei im Besitz aller notwendigen Erkenntnisse, die *jede* Naturform (nach)erschaffen könnte. Tatsächlich ist aber bereits die *Art* der ökologischen Schäden unvorhersehbar. Niemand sprach in den 60er Jahren von einem Ozonloch. Die gemeinsame Situation von Mensch und Natur auf der Erde besitzt eine notwendige *Offenheit*, der ein ebenso notwendiges *Nichtwissen* entspricht. Auch wenn wir nicht prognostizieren können, zu *welcher Art* von Problemen das kreative Wachstum führen wird, wir können doch vorhersagen, *daß* es zu solchen Problemen *vermehrt* kommen wird – denn wir stecken bereits inmitten einer ökologischen Krise. Kreatives Wachstum heißt, daß sich die Wirtschaft immer mehr *in die Natur* hineinfrißt, immer größere Teile natürlicher Gewohnheiten zerstört und sie menschlichen Zwecken zuführt.

Die vielfältigen ökologischen Probleme können als eine Art »Rache« der Natur interpretiert werden. Ganz anders als die Schüler des dialektischen Materialismus, haben seine Begründer hier eine recht eindeutige Position bezogen. Friedrich Engels sagte: »Schmeicheln wir uns indes nicht zu sehr mit unsern menschlichen Siegen über die Natur. Für jeden solchen Sieg rächt sie sich an uns. Jeder hat in erster Linie zwar die Folgen, auf die wir gerechnet, aber in zweiter und dritter Linie hat er ganz andre, unvorhergesehene Wirkungen, die nur zu oft jene ersten Folgen wieder aufheben.«[410] Wenn das wahr ist, und nichts an der Entwicklung im 20. Jahrhundert straft diese Prognose aus dem 19. Jahrhundert Lügen, wie sollte dann aber das Ziel von Marx erreichbar sein, der sagt: »Selbst eine ganze Gesellschaft, eine Nation, ja alle gleichzeitigen Gesellschaften zusammengenommen, sind nicht Eigentümer der Erde. Sie sind nur ihre Besitzer, ihre Nutznießer, und haben sie als boni patres familias den nachfolgenden Generationen *verbessert* zu hinterlassen.«[411] Wohl nur wenige Ökologen hätten heute den Mut, dies als politische Forderung zu wiederholen.

Doch diese *ökologischen* Aspekte des kreativen Wachstums sind nur *ein* Teil jener Probleme, denen sich die Weltgesellschaft der Kaufleute gegenübersieht. Die durch den Prozeß der Verlagerung von Standorten, von Eigentumsrechten erzeugten Schwierigkeiten in den entwickelten Ländern führen auch dort zu einem *säkularen* Anstieg jener Bevölkerungsteile, die der Marktprozeß von sich stößt: Nicht nur die steigende Zahl langfristig Arbeitsloser charakterisiert die wirtschaftliche Entwicklung der letzten 20 Jahre; die Armut zeigt auf vielfältige Weise wieder ein längst vergessen geglaubtes Gesicht. Daß dies den Bewohnern der ehemaligen sozialistischen Staaten oder der Länder des Südens immer noch ein *Anreiz* ist, die noch schäbigeren Verhältnisse der Heimat gegen ein Auffanglager einzutauschen, verrät ein wenig von dem Ausmaß der akkumulierten Ungleichheit in der Verteilung des weltweit erzeugten sozialen Überschusses.

Diese Tendenz liefert die Energie zu jenen nationalistischen Bewegungen, auf die wir schon hingewiesen haben. Und wozu im Atomzeitalter solche Bewegungen führen könnten, davon malen wöchentlich Science Fiction Filme in den Privatkanälen des Fernsehens entsprechende Bilder von Nach-Atomkriegswelten. Es war ein völliges Mißverständnis des Zusammenbruchs der kommunistischen Staaten, wenn eilfertige Reden vom *Ende* der globalen Kriegsgefahr im 20. Jahrhundert sprachen. Die in der Waffentechnik offenbaren Naturgewalten machen inzwischen schon jeden lokalen Mad Man zu einer *globalen* Gefahr. Die Versuche, aufbrechende nationale Konflikte durch die »Weltgemeinschaft« im Zaum zu halten, haben sich vielfach als Possenspiel erwiesen. Zwar ist der entwickelte Norden militärisch stark genug, allerlei *Zerstörung* anzurichten, doch zur *Gestaltung* lokaler Strukturen vermag er nur sehr wenig beizutragen. Es zeichnet sich keine Lösung für den Gegensatz aus *internationalem* Markt und *nationalen* Gewohnheiten an verschiedenen Standorten ab. Die Durchsetzung des Weltmarktes provoziert durch die Macht lokaler Gewohnheiten einen Gegensatz, der sich *politisch* und *militärisch* entlädt. Dieser Gegensatz ist nicht neu, doch die kreative Umwälzung der *militärischen* Mittel verschafft inzwischen potentiell auch lokalen Konflikten eine *faktische*, nicht nur *informale* Weltgeltung.

Ich will nicht mit der Bebilderung derartiger Szenarien zu Spielfilmen oder einer breiten Literatur von Weltuntergangsbüchern in Wettbewerb zu treten. Vergleicht man aber den Zustand der Erde mit den Prophezeiungen der *Vergangenheit*, mit den Versprechungen der Aufklärung, den liberalen Idealen, den sozialistischen Hoffnungen oder den Prognosen vieler Ökonomen, so erscheint z. B. die Johannes-Apokalypse dagegen beinahe als *realistisches* Buch.[412]

Um kein Mißverständnis aufkommen zu lassen: All diese Prozesse sind von einem beständigen *Wachstum* begleitet; der soziale Überschuß unterliegt zwar *konjunkturellen* Schwankungen, sein Wachstums*trend* bleibt aber ungebrochen. Während eine große Masse der Bevölkerung weltweit vom Markt ausgeschlossen oder durch Hungerlöhne, Rauschgifthandel, Prostitution oder kriminelle Märkte angebunden bleibt – auch und vor allem in den Ländern des vormaligen Sozialismus –, *boomt* die Börse und steckt jeden Crash einfach weg.[413] Aus der zerstörerischen Natur des kreativen Wachstums folgt auch keineswegs eine langfristige und andauernde Depression der Weltwirtschaft.[414] Von einer wachsenden Armee von Sicherheitsdiensten beschützt, genießt die kleine Minderheit jener drei bis vier Prozent der Weltbevölkerung, die den Prozeß kreativer Umwälzungen durch Wissens- oder Eigentumsmonopole privatisieren, einen bislang unbekannten Luxus inmitten wachsender sozialer Desorganisation – und dies keineswegs nur in Bangalore, Hongkong oder den Sonderwirtschaftszonen in China. Es werden auch weiterhin lokal immer wieder Standorte auf dem Weltmarkt neu aufblühen und weite Teile des sozialen Überschusses privatisieren. Doch kein lokaler Boom wird die säkular destruktive Wirkung dieses Wachstums und die sich daraus ergebenden *Konfliktmöglichkeiten* aufheben.

Ein neues Welt-Programm?

Gibt es aber nicht eine Möglichkeit, diesen Prozeß zu steuern oder zu kontrollieren? Hier müssen wir die Gegenfrage stellen: Wird das nicht bereits immer wieder versucht? Sind nicht internationale Gremien unablässig damit beschäftigt, *Programme* für die Weltwirtschaft und ihre Entwicklung zu entwerfen? Wenn der Versuch, die Welt *neu zu programmieren*, bislang immer wieder gescheitert ist, ist dann nicht die Frage zu stellen, ob nicht das bloße *Ansinnen* bereits der Fehler ist, der jedes Gelingen vereitelt? Tatsächlich ist der Weltmarkt, die »Staatengemeinschaft« alles, bloß keine *Maschine*, die nur neu programmiert zu werden brauchte. Dieses mechanische Mißverständnis menschlichen Handelns ist der eigentliche Grund für die Enttäuschung über die inflationäre Vervielfältigung von »Programmen« und ihr gleichzeitiges Scheitern. Die Weltwirtschaft, die Erde insgesamt ist kein Mechanismus. Weder wird sie von einem Programm beherrscht, noch ist sie künftig durch ein Programm beherrschbar. Wie viele »neue Weltordnungen« wurden schon verkündet? Und mit wieviel Elend überzogen diejenigen, die sie realisierten wollten, das menschliche Geschlecht? Zwar werden *im* weltweiten System der Handlungen immer wieder neue Handlungsprogramme erprobt; doch es gibt kein Meta-Handlungsprogramm, das die *Konkurrenz* der Handlungsprogramme lenkt. Die Handlungsprogramme *konkurrieren*, weil sie von der kaufmännischen Logik des Wachstums überlagert sind, weil die *Gewohnheit* der kaufmännischen Rationalität alle anderen Gewohnheiten dominiert.

Es liegt in ihrer Natur, daß Zwecke bei menschlichen Handlungen in Gegensatz geraten.[415] Doch nur *ein* Zweck *sucht* endlos Wege und Mittel zur Erzeugung solch eines Gegensatzes, und das ist die von der Kaufmannsseele dominierte Bestrebung, durch kreative Veränderung einen Vorteil zu erwerben. Eine Welt *ohne* den Befall aller Handlungen durch den Virus kaufmännischer Begierde wäre sicherlich keine Welt ohne

Gegensätze, ohne Konflikte. Der menschliche Egoismus wurzelt tiefer. Er gründet in der Täuschung darüber, ein von der Welt getrenntes, substantielles Wesen zu sein. Dennoch wäre eine Welt, in der die Macht dieser seelischen Erkrankung gemindert würde, sicherlich eine Welt mit *weniger* Konflikten. Denn jede Art kreativer Veränderung, die durch die kaufmännische Gewohnheit endlos induziert wird, ist zugleich ein endloser Produzent von Konflikten.

Aber, so wäre vielleicht zu entgegnen, waren es nicht auch die Kaufleute, die der Welt überhaupt einen *Fortschritt* brachten, die sie aus dem Mief und der Enge, der Dumpfheit und Borniertheit lokaler Gewohnheitssysteme herausgeführt haben? Dieser Einwand beruht auf der stillschweigenden Voraussetzung, daß die Neuzeit durchgängig den alten Kulturen *überlegen* sei. Es ist die Ideologie des Fortschritts, das Spätere sei das Höhere, die *qualitative* Übersetzung der Kaufmannslogik, wonach *mehr* notwendig *besser* sein soll. Doch gesetzt, diese lokalen Gewohnheitssysteme *seien* mit solchen Vokabeln zu beschreiben, ist es dann tatsächlich so, daß die Kaufleute *selbst* jene kreativen Umwälzungen vollbrachten? War es nicht vielmehr so, daß sie der Kreativität die Fessel wirtschaftlicher Rationalität anlegten, sie wohl förderten, doch nur soweit, daß daraus *verwertbare* Resultate entstehen mußten? Doch, um sogleich die Voraussetzung dieses Einwandes aufzuheben: Die traditionellen Gewohnheitssysteme waren meist alles andere, nur nicht dumpfe und unwissende Kulturen, die der Aufklärung harrten, lokale Götter durch Donald Duck, Marilyn Monroe, Mao oder John Wayne zu ersetzen sich verzehrten. Das alte Tibet z. B., vor der Invasion der chinesischen Mörder im Gewande der Roten Garden, war eine Kultur, deren vielfältige geistige Traditionen überhaupt erst entdeckt werden. Ähnliches gilt für viele alte oder lokal differenzierte Traditionen. Doch zu solchen Kulturen ist eine einfache *Rückkehr* unmöglich geworden, weshalb die Träume, die in der deutschen Romantik geträumt wurden, auch von den Nationalökonomen Adam Müller und Friedrich List, nur Sehnsüchte weckten oder Handlungsprogramme für Nationalismen produzierten.

Eine andere Perspektive erwächst nicht aus leeren Hoffnungen. Änderungen müssen je schon auf ihre Weise *wirken*, also *wirklich* sein. Die erhoffte Stille findet sich nicht an Rändern des tobenden Wirbelsturms, die Stille findet sich *im Auge des Hurrikans.* Die Kaufmannsseele hat die menschliche Kreativität vielfach wachgerufen. Sie hat sie ebenso vielfach in ihren bornierten Zweck der Geldliebe und Geldvermehrung gefesselt. Gleichwohl ist die Kreativität die *eigentlich* dynamische Kraft des Wirtschaftswachstums, ihr Aktivitätszentrum. Es ist kein Zufall, daß mit der wachsenden Weltgesellschaft auch die Kreativität zum Schlagwort wurde. Die Kaufmannslogik führte die menschliche Kreativität aber auf einen Umweg und Irrweg. Sie wird gefördert und wachgerufen, um Güter zu erzeugen, die dann – nach etlichen gewinnträchtigen Handelsstufen auf den Märkten – schließlich menschliche Bedürfnisse befriedigen sollen. Die Menschen begegnen zwar beständig kreativen Produkten, nicht aber *ihrer eigenen Kreativität.* Es ist eine dingliche, vermittelte und fremde Kreativität, die in ihrer Fremdheit auch als etwas Fremdes begegnet. Man bewundert vielleicht das Produkt und seinen genialen Erfinder – und vergißt darüber, in Gewohnheiten gefesselt, das je *eigene* kreative Potential.

Es ist durchaus nicht unbekannt, daß für Künstler, die ihrer Kreativität freien Lauf ließen, daß für Wissenschaftler oder Denker, die von einer Frage bewegt wurden, der *Erfolg* der kreativen Handlung völlig *nebensächlich* wurde und wird. Das *Glück* liegt im kreativen Handeln selbst, weit weniger im passiven Konsum eines Produkts. Das zeigt sich durchaus auch daran, daß die meisten Menschen großen Wert auf ihren je eigenen Konsumstil legen; wenigstens in der Auswahl aus angebotenen Produkten zeigen sie noch Reste einer *aktiven* Freiheit, die nichts weniger als das menschliche Wesen ausmacht.

Die Kaufmannslogik und die ihr gehorchende Gewohnheit der Kaufmannsseele ist das *eigentliche* Kreativitätshindernis. Die Rationalität des »Mehr ist besser!« ist von allen Gedanken der *ärmste*, der *abstrakteste.* Abstrakt ist etwas, wenn es jedem besonderen Inhalt gegenüber *gleichgültig* bleibt. Deshalb ist das Geld und die auf das Geld ausgerichtete Seele die *abstrakte*, die *leere* und die gleichgültige Seele.[416] Zudem aber ist dieser abstrakte Gedanke die eigentliche Quelle, den Geist zu beunruhigen. Die kaufmännische »Kreativität« besteht deshalb in der endlosen Beunruhigung, durch welche Handlung denn nun *noch mehr* herauszuschlagen sei. Und diese Unruhe mündet in eine Beschleunigung des Alltags, des gesamten menschlichen Lebens, die diese Unruhe noch potenziert.

Aus der abstrakten Unwissenheit der Kaufmannslogik, die alles auf Eines reduziert und dieses Eine nur *zählt*, ergibt sich die endlose *Gier* nach Mehr. Sie ist ihr eigentlicher Inhalt. Zunächst die Gier nach mehr Geld; da sich aber Kapital nur vermehrt, wenn es die Geldform verläßt und sich Handlungen und Güter einverleibt, folgt daraus auch die Gier nach mehr Gütern, nach *mehr von allem*. Das höchste Lob, das ein Kaufmann zu spenden vermag, ist das Lob: »das Meiste, das Häufigste, das Höchste, Schnellste, Tiefste, Weiteste, Größte, Kleinste usw.«. Die Dummheit der Gigantomanie folgt der Dummheit der Abstraktion. Da auch alle anderen in ihrer Einfalt nach diesem abstrakten Mehr streben, stößt die Kaufmannsseele endlos auf *ihre eigenen Schranken* – und die Gier schlägt um in Aggression. Die dem Geld eigene abstrakte Unwissenheit bringt deshalb unentwegt in den Seelen, in die es sein »Mehr!« versenkt hat, Gier und Aggression hervor. Und diese drei Gifte der abstrakten Unwissenheit, der Gier und der Aggression bestimmen den Geist der Konkurrenten. Was *immer* als Ziel erreicht wird, es ist nur ein vorläufiges Ziel. Diese endlose Unruhe nimmt die Kreativität in ihren Dienst und fesselt sie.

Die Verantwortung der Wirtschaftswissenschaft

Hiermit können wir einen etwas anderen Blick in die Zukunft der Marktwirtschaft zu werfen. Wenn es der Kreativität gelingt, sich von vielfältigen Gewohnheiten freizumachen, weshalb sollte es unmöglich sein, sich von der Gewohnheit der kaufmännischen Logik, vom Diktat des »Mehr!« freizumachen? Wie mächtig immer dieses Denkmodell geworden ist, wie *selbstverständlich* es seine soziale Resonanz weltweit vervielfältigen mag, *es bleibt eine Gewohnheit.* Und alle Gewohnheiten existieren nur relativ zur Freiheit. Die Aufklärung verstand unter Befreiung die *Neuprogrammierung* der Menschen mit *wahren* Gedanken. Aber erstens ist jede Wahrheit situativ und bleibt eine Interpretation, und zweitens erzeugt jede Programmierung die Gewohnheit an das Programm. Die Aufklärung war keine Befreiung *von etwas*, es war vor allem die Befreiung der Kaufmannslogik zu ihrem ungehemmten Tun.

Eine wirkliche *Klärung* ergibt sich erst durch eine Befreiung *von* Gewohnheiten, die, so albern sie sein mögen, Zerstörung nach sich ziehen. Das Problem der kreativen Zerstörung auf der Erde ist ein Problem der menschlichen *Seele* und des Denkens. Es gründet in der fundamentalen Unwissenheit über die verhängnisvolle Programmierung durch die kaufmännische Logik. Wo immer sich Kreativität originär entfaltet, sie findet sich, wenn sie die Privatsphäre übersteigt, der Selektion des Marktes ausgesetzt. Die meisten Menschen haben jedoch die Kaufmannsseele so sehr zu der ihren gemacht, daß sie selbst die spontane Entfaltung der eigenen Kreativität *berechnend* verhindern.

Dennoch bleibt die Kaufmannsseele eine *Gewohnheit*, sie kann *erkannt* werden, jeder kann sie *in seinem eigenen Handeln* erkennen und verändern. Die *Sehnsucht* nach solch einer Veränderung ist unverkennbar. Nicht zufällig – um noch einmal nach Tibet zu blicken – bringen weltweit viele Menschen einer Person wie dem Dalai Lama soviel Sympathie entgegen, weil er jemand ist, der *nicht* auf die Logik der Konkurrenz hereinfällt, den keine Macht der Chinesen je dazu verleitet hätte, sich dieser Macht anzugleichen und zur *Gegengewalt* aufzufordern. Und weltweit wächst der Beifall für gewaltfreie Aktionen von Umweltschutzgruppen. Vom Dalai Lama stammt auch die sehr zutreffende Bemerkung: Auch wer über viele Millionen Dollar verfügt, kann sich nirgendwo auf dem Weltmarkt die Ruhe seines Geistes kaufen. Nach einem Bummel durch einen der Athener Märkte sagte Sokrates: »Es ist schön zu sehen, was ich alles *nicht* brauche.« Das Brauchen, der Bedarf, die Gewohnheit ist weit davon entfernt, eine Befreiung zu sein. Die wachsenden und endlos gefährdeten Gewohnheiten sind vielmehr die *eigentliche* Fessel.

Es wäre unsinnig, Kreativität, Geistesruhe, Bescheidenheit oder Mitgefühl zu einem politischen *Programm* zu machen. Diese wirklichen Quellen menschlichen Glücks lassen sich nicht programmieren. Man gewinnt sie ja gerade dadurch, daß man etwas *los wird.* Sie sind eine »Armut«, eine Armut an überflüssigen Gewohnheiten. Die Erkenntnis, daß die meisten Probleme der Erde in der *Macht der Gewohnheiten* zu suchen sind, ist aber ein wichtiger und erster Schritt, sich *von* den Gewohnheiten zu befreien. Darin liegt eine Hoffnung. Denn prinzipiell sind alle Menschen frei darin, durch ihre Kreativität ihre Gewohnheiten selbst zu erkennen und, anstatt von *ihnen* beherrscht zu werden, vielmehr *sie* zu beherrschen. Wird das von der Kaufmannsseele gelenkte kreative

Wachstum so in ein *Wachstum der Kreativität* verwandelt, so kann man auch inmitten der Untergangsszenarien ein Lächeln der Hoffnung bewahren.

Eines ist aber vor allem zu betonen: Es handelt sich hier *niemals* um Handlungsträger, um Menschen, denen unsere Kritik gilt. Die Kritik gilt *nur* den Handlungsprogrammen, die zu einer Gewohnheit wurden. Nicht der christliche oder islamische Fundamentalist ist gefährlich, gefährlich ist die *Handlungsanleitung*, die er im Kopf trägt. Unglücklicherweise sind viele der »Heiligen« Schriften erfüllt mit grausamsten Handlungsanleitungen. Im Alten Testament steht über die Eroberung einer Stadt: »Gibt sie dann der Herr, dein Gott, in deine Hand, erschlage alle Männer mit dem blanken Schwert. Die Frauen und Kinder jedoch, das Vieh und alles, was sich in der Stadt befindet, sollst du für dich als Beutegut nehmen und die Beute, die der Herr, dein Gott, dir gab, genießen.«[417] Und im Koran findet sich die passende Anleitung für die Gegner: »Und bekämpft in Allahs Pfad, wer euch bekämpft«[418]. »Und wenn ihr die Ungläubigen trefft, dann herunter mit dem Haupt, bis ihr ein Gemetzel unter ihnen angerichtet habt.«[419] Die Praxis der Anwendung solcher Handlungsanleitungen - die wie andere Handlungsprogramme auch gern kopiert werden - läßt sich täglich in den Zeitungen nachlesen. Denkmodelle sind niemals *unschuldig* und *harmlos*.

Die Denkmodelle von Adam Smith oder Karl Marx waren nie bloße Theorien, sie waren und sind *Handlungsanleitungen*. Wenn im Rahmen der Gentechnik immer wieder von der Verantwortung der Wissenschaftler gesprochen wird, so ist in den *ökonomischen Wissenschaften* diese Verantwortung mit noch weit größerem Recht einzufordern. Die Verkündigung der Denkmodelle, die nur das Sprachrohr der Kaufmannsseele sind, ist kaum weniger »gefährlich« als eine genetisch veränderte Tomate. Wenn in Management-Seminaren Menschen darauf programmiert werden, *Krieg* gegen Konkurrenten zu führen, dann sind solche Programmierungen in höchstem Maße verhängnisvoll.

Die *Wirtschaftswissenschaft* ist weit davon entfernt, in Unschuld eine von ihr unabhängige »objektive Realität« zu beschreiben. Sie bietet den Studierenden dieser Disziplin, aber auch den Politikern und Unternehmern, die auf ihre Ratschläge hören, eine *Handlungsanleitung* und *erzeugt* jenes Verhalten, das sie beschreibt. Weder die Preise noch das Sozialprodukt gehorchen diesen Beschreibungen, wohl aber die *Handelnden*, die sich die Prinzipien des »rationalen Egoismus« als Programm zu eigen machen. Es gibt in den Sozialwissenschaften keine Unschuld der Wissenschaft, keine *neutrale* oder *objektive* Beschreibung. Jede Beschreibung ist, einmal in Resonanz vervielfältigt, ein soziales Handlungsprogramm. Einer Veränderung der Wirtschaft muß eine Veränderung der Wirtschafts-*wissenschaft* vorausgehen. Solange die Ökonomen mit gutem Gewissen ein Handlungsprogramm propagieren, dessen destruktive Wirkungen jedem vor Augen stehen, solange bleibt die soziale Resonanz der Kaufmannsseele ungehemmt von jeglicher Einsicht.

Hier bekommt gerne derjenige, der egoistisches Verhalten anprangert, die Logik der Kaufmannsseele zu hören: Es wäre natürlich schön, wenn *alle* so handelten, aber der Wettbewerb zwinge uns nun einmal, dies oder das zu tun. Diese Logik der Konkurrenz installiert die soziale Resonanz des wirtschaftlichen Egoismus und verleiht dieser Gewohnheit ihre Macht. Anstatt sich hier bei einer angeblichen Menschennatur zu beruhigen, ist zu bedenken, wozu diese Seelenprogrammierung in ihrer massenhaften, planetarischen Vervielfältigung führt. Man kann es auch so sagen: *Rationaler Egoismus ist global irrational.* Exakt die *Umkehrung* des klassischen Dogmas ergibt sich bei einem vorurteilsfreien Blick auf den Weltmarkt: Die egoistische Verfolgung privater Interessen gefährdet sogar diese Interessen selbst.

Ist die Geschichte noch ein offener Prozeß?

Wer seine *eigene* Kreativität entdeckt, der ist nicht mehr sklavisch abhängig von den Angeboten des Marktes. Sicherlich muß jeder essen und wohnen. Aber der Verlust an eigener Freiheit wird erst dem deutlich, der aufhört, sich von den Angeboten der *Umweg-Kreativität* und ihren Produkten verlocken zu lassen. Die systematische Förderung der *eigenen* Kreativität legt tendenziell eine kleine Lunte an das Pulverfaß kaufmännischer Logik. Nicht *gegen* die Forderung der Zeit »Mehr Kreativität!«, sondern gerade *aufgrund* dieser Forderung besteht eine Chance, daß mehr und mehr Menschen entdecken, wie albern die Massenprodukte der Märkte sind, und wie *überflüssig*. Wir werden nicht umhin kommen, den privaten und öffentlichen Konsum vor allem im Norden in den nächsten Jahrzehnten begrenzen und einschränken zu müssen – falls dies nicht Kriege und Naturkatastrophen für uns besorgen. Das vom Veränderungszwang befreite Wirtschaftlichkeitsprinzip, die *Sparsamkeit*, die Prinzipien des *Oikos* und eine Handlungsethik des Mitgefühls werden die Kaufmannsseele, ihren Egoismus gegen Mensch und Natur, verdrängen müssen. Doch an die Stelle jährlich neuer Produkte und neuer Verschwendungen tritt nicht *nichts*, an ihre Stelle tritt, wenn die Kreativität als je eigene Möglichkeit entdeckt und gefördert wird, vielmehr etwas viel Reicheres und Wertvolleres. Ob sich diese Kreativität in einer Suche nach Erkenntnis äußert, in der Kunst, in der Spiritualität, in der Wiederentdeckung wirklicher Gespräche, in körperlichen und emotionalen Erfahrungen – stets ist der Bedarf an »materiellen Trägern« sehr gering.

Hier läßt sich nur ein *Prinzip* prognostizieren: Werden die Motive vom je schon veralteten Unfug der meisten Konsumgüter auf das eigene Denken und Fühlen und deren kreative Veränderung umgelenkt, so *entzieht* dies weite Teile menschlichen Handelns wieder der Programmierung durch die Märkte. Es wäre unsinnig, solch eine »Forderung« aufzustellen, wenn nicht soziale Entwicklungen in diese Richtung deuten würden. Der vom Markt verstoßene soziale »Sektor« beginnt an mehreren Stellen, seine eigene Ordnung gegen die Marktlogik zu schaffen.[420] Der hermetische Zwang jener zerstörerischen Gewohnheit, die in »Fortschritt« und »Wachstum« ihre ideologische Phrase gefunden hat, kann nicht *von außen* beendet werden, auch nicht von einem zentralen Punkt aus. Nicht länger von der Kaufmannsseele verstoßen zu werden, vielmehr den Wahn des »mehr ist besser!« selbst zu verstoßen, dies wäre der Weg einer Re-Vision der Geschichte. *Eine* Forderung ist hier allerdings unerläßlich: die nach einer völligen Reform der Wirtschaftswissenschaften. Die keineswegs vereinzelte Feststellung einer grundlegenden »Krise der ökonomischen Theorie«[421] läßt allerdings auch hier bereits eine tiefe Unzufriedenheit nicht nur mit der Welt, vielmehr mit ihrer Interpretation erkennen.

Geschichte ist ein *offener* Prozeß. Welche Antwort die menschliche Freiheit im Spiel mit der Natur auf die Verwüstung der Erde und der alten Kulturen finden wird, läßt sich nicht vorhersagen. *Sicher* ist aber: Bleibt die

Macht der Gewohnheit erhalten, bleibt die Freiheit weiter im Bann des mechanischen Wachstums gefesselt, *dann* läßt sich die Zukunft in recht düsteren Szenarien ausmalen. Wird diese Gewohnheit aber *erkannt*, wird das Geld wieder vom Herren der Erde in den Diener des Tausches verwandelt, wird die Kreativität aus der Fessel des pekuniären Erfolges befreit, hört sie auf, ein bloßer Erfolgs*faktor* zu sein, wird sie selbst Ziel und Inhalt menschlichen Handelns, dann bleibt die Zukunft *offen*. Der Bescheidenheit in materiellen Gütern kann dann ein ganz neuer Reichtum an inneren, geistigen und sozialen Gütern erwachsen. Die Gewohnheiten werden nicht *aufgehoben*, sie beginnen der Kreativität zu *dienen*[422].

ANMERKUNGEN

Vorwort

1. »Wir programmieren Roboterimitationen von Menschen, und daraus lassen sich nur begrenzte Einsichten gewinnen«, sagt Robert Lucas in entwaffnender Offenheit; R. Lucas, in: A. Klamer, Conversations with Economists, Savage/Maryland 1983; deutsch in: WirtschaftsWoche 43/19.10.1995, S. 54.
2. K.-H. Brodbeck, Entscheidung zur Kreativität, Darmstadt 1995.

I Freiheit und Ordnung

1 Das klassische Dogma

3. »*Laisser faire* means that anyone should be allowed to make what things he likes, and as he likes; that all trades should be open to everybody; that Government should not, as the Cobertists insisted, prescribe to manufacturers the fashions of their cloth. *Laisser aller* (or *passer*) means that persons and goods should be allowed to travel freely from one place to another, and especially from one district of France to another, without being subject to tolls and taxes and vexatious regulations.« A. Marshall, Principles of Economics, London 1961[8], S. 626.
4. R. L. V. d'Argenson, Journal Oeconomique (1751), zit. nach: A. Oncken, Geschichte der Nationalökonomie, Leipzig 1902, S. 274f.
5. Der bedeutendste dieser Außenseiter ist zweifellos Nicholas Georgescu-Roegen.
6. Vgl. z. B. P. Solman, T. Friedman, Gewinner, Verlierer, Überlebende, Landsberg 1986; R. N. Foster, Innovation. Die technologische Offensive, Wiesbaden 1986, oder einige Nummern irgendeines Wirtschaftsjorunals für eine reichliche Ausbeute an dieser Terminologie.
7. K. J. Arrow, F. H. Hahn, General Competitive Analysis, SanFrancisco-Edinburgh 1971, S. vii.
8. W. Roscher, Geschichte der National-Oekonomik in Deutschland, München 1874, S. 476.
9. J. M. Keynes, Essays in Persuation, Collected Writings Bd. IX, S. 272ff.
10. A. Smith, Theorie der ethischen Gefühle, Hamburg 1977, S. 522.

2 Wirtschaftlicher Egoismus

11. Die in der Pädagogik keineswegs unbekannte Tatsache wurde durch eine Studie von D. Regan, T. Gilovich und R. Frank (Journal of Economic Perspektives) neu bestätigt; vgl. DER SPIEGEL 37/1993, S. 228-230.

12. Der Buddhismus ist, auch deshalb, weil er keinen persönlichen Gott für seine Ethik bemüht, sogar das *direkte Gegenteil* des klassischen Dogmas. Buddha lehrt: *Alles Leiden gründet im Ego*; die klassische Doktrin besagt: *Alles soziale Glück gründet im Egoismus*.
13. T. Hobbes, Einwand; in: R. Descartes, Meditationen. Mit sämtlichen Einwänden und Erwiderungen, Leipzig 1915, S. 156.
14. T. Hobbes, Einwand, aaO., S. 157.
15. T. Hobbes, Lehre vom Menschen und vom Bürger, Leipzig 1918, S. 87.
16. T. Hobbes, Naturrecht und allgemeines Staatsrecht in den Anfangsgründen, Darmstadt 1990 (Reprint), S. 62.
17. B. Mandeville, Die Bienenfabel, Frankfurt 1980, S. 223.
18. B. Mandeville, aaO., S. 293.
19. B. Mandeville, aaO., S. 167.
20. D. Hume, A Treatise of Human Nature, Buch III, Glasgow 1962, S. 225.
21. D. Hume, Eine Untersuchung über die Prinzipien der Moral, Hamburg 1972, S. 20.
22. J. Steuart, Untersuchungen der Grundsätze der Staatswirtschaft, Bd. I, Hamburg 1769, S. 180.
23. A. Smith, Theorie der ethischen Gefühle, Hamburg 1977, S. 122.
24. A. Smith, Theorie aaO., S. 203 und 204.
25. »Angenommen, die Natur hätte den Menschen eine so *überreiche* Fülle *äußerer* Güter aller Art verliehen, daß jeder einzelne ohne irgendwelche Ungewißheit über die Zukunft, ohne jede eigene Sorgfalt und Mühe sich mit allem ausgestattet sieht, was nur seine gierigsten Instinkte fordern, seine ausschweifendste Phantasie begehren und verlangen kann. (...) Es scheint einleuchtend, daß unter so günstigen Bedingungen (...) von der bedachtsamen, argwöhnischen Tugend der Gerechtigkeit nie auch nur im Traum die Rede gewesen sein würde. (...) Jeder Mensch würde, immer unter dieser Voraussetzung, als zweites Ich eines andern alle seine Interessen arglos, ungeteilt und unterschiedslos jedem anvertrauen.« D. Hume, Untersuchung aaO., S. 19-21.
26. In einer für seinen Text sehr merkwürdigen Stelle sagt Mandeville: »Allein, ich muß doch gestehen: wenn wir, um das Fleisch der männlichen Tiere zarter zu machen, durch Kastration die Festigkeit verhindert haben, die sämtliche Muskeln und Gewebe sonst erreicht hätten, so scheint mir, es sollte ein menschliches Wesen rühren, wenn es die grausame Sorgfalt bedenkt, mit der sie dann zu Schlachtzwecken gemästet werden. (...) Wenn ein Lebewesen solche überzeugende und unleugbare Beweise seiner Schmerzen, der Qual und Todesangst, die es empfindet, gegeben hat, gibt es da noch einen Anhänger Descartes´, der gegen Blutvergießen so abgehärtet ist, daß er nicht von Erbarmen ergriffen die Philosophie dieses seichten Vernünftlers verwirft?« B. Mandeville aaO., S. 220. Diese Opposition gegen Descartes´ Maschinentheorie der Lebewesen offenbart bei Mandeville eine *wenigstens der Natur gegenüber* durchaus gebrochene Beurteilung des menschlichen Egoismus.
27. B. Mandeville, aaO., S. 385. Er sagt sogar in fast stoischer Ausdrucksweise: »Unter Zufriedenheit verstehe ich jene ruhige Heiterkeit des Geistes, in der sich die Menschen befinden, wenn sie sich für glücklich halten und in ihrer gegenwärtigen Lage zu verharren wünschen. Die schließt einen günstigen Zustand der gegenwärtigen Lebensverhältnisse und eine Stimmung friedlicher Ruhe ein, die den Menschen fremd bleibt, solange sie darum bemüht sind, ihre Lage zu verbessern.« B. Mandeville aaO., S. 276.
28. Vgl. P. Mayring, Psychologie des Glücks, Stuttgart-Berlin-Köln 1991 und die dort zitierte Literatur.

3 Soziale Alchemie - Aus Böse wird Gut

29. B. Mandeville, Die Bienenfabel, Frankfurt 1980, S. 134.
30. B. Mandeville, aaO., S. 399.
31. N. Machiavelli, Der Fürst und Kleinere Schriften, Berlin 1923, S. 95.
32. Montesquieu, Der Geist der Gesetze, Bd. I, Buch 3 Kap. 7, Leipzig 1891, S. 22.
33. J. Steuart, Untersuchungen der Grundsätze der Staatswirtschaft, Bd. I, Hamburg 1769, S. 9.
34. D. Hume, Eine Untersuchung über die Prinzipien der Moral, Hamburg 1972, S. 53.
35. »By persuing his own interest he frequently promotes that of the society more effectually than when he really intends to promote it.« A. Smith, Wealth of Nations, London 1812, reprint London o.J., S. 354.
36. I. Kant, Zum ewigen Frieden, Akademie Ausgabe Bd. VIII, S. 366.
37. G. W. F. Hegel, Vorlesungen über die Philosophie der Geschichte, Werke Bd. 12, S. 40.
38. G. W. F. Hegel, Grundlinien der Philosophie des Rechts, Werke Bd. 7, S. 271.
39. Die Wichtigkeit des Kosmos-Begriffs in diesem Dialog blieb bislang in der Literatur unerhellt; ich verdanke den Hinweis einem Arbeitspapier von W. Ullrich, Platon, Kosmos, Handke - Anmerkungen zum "Gorgias"-Seminar, Juli 1992.
40. J. M. Keynes, Essays in Persuasion, Collected Writings Bd. IX, S. 331.

4 Die Mechanik der Wirtschaft

41. A. Smith, Wealth of Nations, London 1812, reprint London o.J., S. 545.
42. T. Hobbes, Leviathan, Stuttgart 1974, S. 187.
43. T. Hobbes, Leviathan aaO., S. 188.
44. T. Hobbes, Vom Körper, Hamburg 1967, S. 151.
45. A. Smith, Wealth of Nations aaO., S. 385.
46. Vgl. R. Gömmel, R. Klump, Merkantilisten und Physiokraten in Frankreich, Darmstadt 1994, S. 110f.; W. Roscher, Grundlagen der Nationalökonomie, Stuttgart und Berlin 1906[24], S. 275.
47. A. Einstein, Aus meinen späten Jahren, Frankfurt/M.-Berlin 1993, S. 76.
48. N. Georgescu-Roegen, The Entropy Law and the Economic Process, Cambridge-London 1971, S. 1.
49. A. Einstein aaO., S. 77.
50. A. Einstein, L. Infeld, Die Evolution der Physik, Reinbek bei Hamburg 1956, S. 85.
51. Jevons sagt: »the theory here given may be described as *the mechanics of utility and selfinterest.*« W. S. Jevons, The Theory of Political Economy (1871), Harmondsworth 1970, S. 90.
52. G. Cassel, Theoretische Sozialökonomie, Leipzig 1927[4], S. 116ff.
53. R. E. Lucas, On the Mechanics of Economic Development, Journal of Monetary Economics 22 (1988), S. 3-42.
54. Vgl. N. Wiener, Kybernetik, Reinbek bei Hamburg 1968, S. 62f.
55. R. Descartes, Die Prinzipien der Philosophie, Hamburg 1955, S. 236.
56. G. W. Leibniz, Hauptschriften zur Grundlegung der Philosophie, Bd. I, Hamburg 1966, S. 127.
57. Arrow und Hahn schreiben in ihrem Buch über die allgemeine Gleichgewichtstheorie: »Es gibt keine offenbare Evidenz dafür, daß Smith seine Ideen durch irgendeine Analogie aus

der Mechanik gewann.«, K. J. Arrow, F. H. Hahn, Genereal Competitive Analysis, San Francisco-Edingburgh 1971, S. 1. Diese Aussage ist unhaltbar. Adam Smith beschreibt Newtons Theorie ausführlich und preist deren Vollkommenheit, eine Vollkommenheit, »die wir vergeblich in anderen Systemen suchen werden«, A. Smith, History of Astronomy; in: Essays on Philosophical Subject, London 1795, S. 92.

58. A. Smith, History of Astronomy aaO., S. 44.
59. A. Smith, Theorie der ethischen Gefühle, Hamburg 1977, S. 318.
60. A. Smith, Wealth of Nations aaO., S. 354; Vgl. »Von einer unsichtbaren Hand werden sie (die Reichen; KHB) dahin geführt, beinahe die gleiche Verteilung der zum Leben notwendigen Güter zu verwirklichen, die zustandegekommen wäre, wenn die Erde zu gleichen Teilen unter alle ihre Bewohner verteilt worden wäre; und so fördern sie, ohne es zu beabsichtigen, ja ohne es zu wissen, das Interesse der Gesellschaft und gewähren die Mittel zur Vermehrung der Gattung.« A. Smith, Theorie aaO., S. 316.
61. Er bezeichnet sich ausdrücklich »als Nicht-Mathematiker« und bedauert, daß ihm »die mathematischen Darlegungen Wicksells nicht völlig zugänglich sind«, E. von Böhm-Bawerk, Positive Theorie des Kapitales, Kapital und Kapitalzins II,1, Jena 1921[4], S. 426 Note. Vgl. K. Wicksell, Über Wert, Kapital und Rente, Jena 1893, S. VIIIf.
62. E. von Böhm-Bawerk, Positive Theorie des Kapitales, Kapital und Kapitalzins II,1, Jena 1921[4], S. 335.
63. L. Walras, Mathematische Theorie der Preisbestimmung der wirthschaftlichen Güter. Vier Denkschriften, Stuttgart 1881, S. 7.
64. J. Schumpeter, Theorie der wirtschaftlichen Entwicklung, Berlin 1951[5], S. 5.
65. aaO., S. 93.
66. J. M. Keynes, A Treatise on Money II, Collected Writings Bd. VI, S. 85.
67. G. Myrdal, Ökonomische Theorie und unterentwickelte Region, Frankfurt/M. 1974, S. 27. Der erste Teil dieser Arbeit ist betitelt: »Der Mechanismus nationaler und internationaler wirtschaftlicher Ungleichheit«.
68. Vgl. I. Fisher, Mathematical Investigations in the Theory of Value and Prices, New Haven 1925, S. 38ff. Dieses Buch wurde zuerst 1892 veröffentlicht.
69. E. Burmeister, A. R. Dobell, Mathematical Theories of Economic Growth, London 1970, S. 1; meine Hervorhebung.
70. Mit »Neoklassik« bezeichnet man in den ökonomischen Wissenschaften die von Alfred Marshall versuchte Synthese aus der Ökonomie der Klassiker (A. Smith, D. Ricardo, J. St. Mill) und der Grenznutzenschule der zweiten Hälfte des 19. Jahrhunderts (C. Menger, S. Jevons, L. Walras). Das grundlegende Denkmodell der Neoklassik wird im Text diskutiert, nicht aber die zahllosen Weiterentwicklungen. Die moderne Neoklassik, die teilweise Elemente der Keynesschen Theorie aufgenommen hat (»neoklassische Synthese«) oder die traditionelle Lehre vom Gleichgewicht durch neue Elemente wie Entscheidungen unter Unsicherheit, dynamische Anpassungsprozesse, intergenerationellen Tausch (»overlapping generations«) und andere bereichert hat, kann prinzipiell durch das Rationalitätspostulat charakterisiert werden. Dieses Postulat ist identisch mit der Annahme, daß Individuen grundsätzlich ihren privaten Nutzen maximieren, in dieser Maximierung berechenbar sind und ein sozial erwünschtes Marktgleichgewicht durch vielfältige Preisanpassungen herbeiführen. Insofern kann gesagt werden, daß mit der Widerlegung des klassischen Dogmas sich auch die Neoklassik als Wissenschaft ohne zureichenden Grund erweist. Allerdings hebt keine Widerlegung dieser Theorie ihre praktische Wirksamkeit auf. Die Neoklassik verkörpert auf vollkommene Weise den kaufmännischen Egoismus des 19. und 20. Jahrhunderts. Nun hat es dieses Bewußtsein zwar immer wieder verstanden, sich durch vielfältige Uniformen zu verkleiden (liberal, national, sozialistisch,

religiös), seine Macht blieb jedoch ebenso unerkannt wie ungebrochen. Deshalb gilt hier Heideggers Satz, »daß man das Bewußtsein einer Zeit, eine Zeit selbst, nicht theoretisch-wissenschaftlich argumentierend ›widerlegen‹ kann«. M. Heidegger, Phänomenologische Interpretationen zu Aristoteles, GA Bd. 61, S. 75.

71. *Einige Stichworte:* Instabilitäten bei Preisanpassungen und bei monetären Wachstumsmodellen, duale Instabilität bei linearen Wachstumsmodellen, fehlende Paretooptimalität bei Modellen mit überlappenden Generationen, die Unmöglichkeit, Präferenzen generell aggregieren zu können, reswitching of techniques, umschlagende Faktorintensitäten, Instabilitäten bei Modellen mit Spekulation usw. - die Liste läßt sich beliebig verlängern.
72. »Unbeschränkte Voraussicht und wirtschaftliches Gleichgewicht sind (.) miteinander unverträglich.« O. Morgenstern, Vollkommene Voraussicht und Wirtschaftliches Gleichgewicht, wiederabgedruckt in: H. Albert (Hrsg.), Theorie und Realität, Tübingen 1964, S. 258.
73. A. Smith, Theorie der ethischen Gefühle, aaO., S. 20.
74. B. Hildebrand, Die gegenwärtige Aufgabe der Wissenschaft der Nationalökonomie (1863), in: Die Nationalökonomie der Gegenwart und Zukunft, Jena 1922, S. 298.
75. J. Bentham, Eine Einführung in die Prinzipien der Moral und der Gesetzgebung; in: O. Höffe (Hrsg.), Einführung in die utilitaristische Ethik, München 1975, S. 55; Note. Vielleicht dachte Bentham an Hobbes, der z. B. folgendes »Naturgesetz« kannte: »Es ist auch ein Naturgesetz, daß die Menschen ohne Unterschied einander Handels- und Verkehrsfreiheit einräumen.« T. Hobbes, Naturrecht und Allgemeines Staatsrecht in den Anfangsgründen, Darmstadt 1976, S. 112.
76. G. S. Becker, Der ökonomische Ansatz zur Erklärung menschlichen Verhaltens, Tübingen 1982, S. 7.
77. J. G. Fichte, System der Sittlichkeit, Werke Bd. 2, S. 520.
78. T. Hobbes, Leviathan, Stuttgart 1974, S. 187f.
79. G. L. S. Shackle, Time, Expectations and Uncertainty in Economics, Alderhot 1990, S. 19. Vgl. hierzu K.-H. Brodbeck, Transrationalität. Prozeßstrukturen wirtschaftlichen Handelns, Münchener Wirtschaftswissenschaftliche Beiträge, hrsg. v. d. Volkswirtschaftlichen Fakultät der Universität München, Nr. 86-09, München 1986.

5 Privatinteresse und öffentliches Interesse

80. Montesquieu, Der Geist der Gesetze, Bd. I, Buch 3 Kap. 7, Leipzig 1891, S. 22.
81. B. Mandeville aaO., S. 124.
82. J. Steuart aaO., S. 180.
83. A. Smith, Wealth of Nations aaO., S. 354.
84. Der ganze Satz lautet: »Das Subjektive mit dem *besonderen* Inhalte des *Wohls* steht als in sich Reflektiertes, Unendliches zugleich in Beziehung auf das Allgemeine, den an sich seienden Willen. Dies Moment, zunächst an dieser Besonderheit selbst gesetzt, ist es das *Wohl auch anderer* - in vollständiger, aber ganz leerer Bestimmung, das Wohl *aller*. Das Wohl *vieler anderer* Besonderer überhaupt ist dann auch wesentlicher Zweck und Recht der Subjektivität.« G. W. F. Hegel, Grundlinien der Philosophie des Rechts, Werke Bd. 7, S. 236.
85. J. Bentham, Einführung aaO., S. 49ff.
86. J. Bentham, Einführung aaO., S. 51.
87. Bei der Ermittlung der Paretooptimalität geht die mikroökonomische Theorie so vor: Der Nutzen aller bis auf einen Marktteilnehmer wird konstant gehalten; der Nutzen dieses

Marktteilnehmers wird maximiert. Doch dieser mathematische Trick *negiert* die Voraussetzung des klassischen Dogmas: Kein egoistisches Individuum begnügt sich bei *irgendeiner* Menge, weshalb jede Ceteris-Paribus-Annahme fehlgeht. Sei für n Individuen mit einer identischen Nutzenfunktion u(.) (u' > 0; u'' < 0) eine gegebene Gütermenge von $\bar{x}$ verfügbar, und sei x_i, i=1,...,n, die jeweils individuell konsumierte Gütermenge, so gibt es *keine* Lösung, bei welcher der Nutzen *aller* Marktteilnehmer maximiert würde, vielmehr gilt für *jeden Egoisten* isoliert ein Maximum von $u_i^* = u(x_i=\bar{x})$; jede Lösung $u(x_i<\bar{x})$ wäre *individuell* suboptimal. Nur bei *beschränkten* Bedürfnissen wäre eine Lösung möglich, doch sie setzt »interpersonalen Nutzenvergleich«, d. h. eine verbindliche Ethik voraus, etwa die »gerechte« Lösung $u_1' = u_2' = ... = u_n'$; woraus sich bei identischen Präferenzen eine Gleichverteilung ergeben würde.

88. Man hat gegen die Paretooptimalität zurecht eingewandt, daß sie auch dann erfüllt wäre, wenn einer alles und alle anderen nichts besitzen würden. Diese Kritik ist sicherlich zutreffend, unterstellt aber stillschweigend, daß die Pareto-Norm überhaupt auf eine Konkurrenzwirtschaft bezogen werden kann - doch genau dies ist unmöglich. Die Wohlfahrtstheoretiker bis hin zu Rawls verwechseln unentwegt ihre Landkarten mit der Landschaft. Für eine ethisch bestimmte Gesellschaft, die ihre Güterverteilung nach vorgängigen Prinzipien der Gerechtigkeit organisiert hätte, wäre die Pareto-Norm dagegen durchaus sinnvoll anwendbar, etwa bei der Verteilung von entstandenen Überschüssen an besonders Bedürftige. Doch von solch einer Welt ist die kapitalistische Weltwirtschaft sehr weit entfernt.
89. Berücksichtigt man, daß in der Regel bei einer Vervielfältigung desselben Produktionsverfahrens in verschiedenen Betriebsstätten Ersparnisse auftreten, so muß man, auch unter der neoklassichen Voraussetzung abnehmender Erträge, von insgesamt steigenen Erträgen für die Unternehmung ausgehen, die mehrere oder viele Prozesse zusammenfaßt. Vgl. M. C. Burda, C. Wyplosz, Makroökonomik, München 1994, S. 201. Den Autoren entgeht, daß es dann unzulässig ist, die Gültigkeit der Grenzproduktivitätstheorie der Faktorpreise zu unterstellen, was bereits eine Seite später geschieht.
90. B. Mandeville aaO., S. 319.
91. B. Mandeville aaO., S. 343.
92. B. Mandeville aaO., S. 338.
93. J. Steuart aaO., S. 524.
94. A. Smith, Lectures on Jurisprudence, ed. R. L. Meek, D. D. Raphael, P. G. Stein, Oxford 1978, 208, 1762/63; zit nach: D. D. Raphael, Adam Smith, Frankfurt-New York 1991, S. 111.
95. A. Smith, Lectures aaO.
96. A. Smith, Der Wohlstand der Nationen, hrsg. v. H. C. Recktenwald, München 1978, S. 605.
97. Vgl. P. Singer, Praktische Ethik, Stuttgart 1984, Kapitel 5.
98. Vgl. K. J. Arrow, An Extension of the Basic Theorems of Classical Welfare Economics; in: J. Neyman (ed.), Proceedings of the Second Berkeley Symposium on Mathematical Statistics and Probability, Berkeley 1950, S. 507-532.
99. Vgl. R. Luce, H. Raiffa, Games and Decisions, New York 1957, S. 95.
100. Daß es den eben geschilderten Fall tatsächlich gegeben hat, sei nur am Rande erwähnt. Das aus dem Wettbewerb hervorgehende *Kaufrisiko* ist ein weiteres Beispiel für jene *Schäden*, die durch eine einfache Addition der erzielten Einkommen nicht erfaßt werden. Vgl. hierzu: K.-H. Brodbeck, Bestimmungsgründe der Nachfrage nach kulturellen Leistungen, Ifo-Institut München 1989, S. 17f.

6 Freiheit, Gewohnheit, Ordnung

101. Vgl. K.-H. Brodbeck, Wirtschaft als autopoietisches System? Anmerkungen zu N. Luhmanns Buch "Die Wirtschaft der Gesellschaft", *Zeitschrift für Politik* 38 (1991), S. 317-326; N. Luhmann, Wirtschaft als autopoietisches System. Bemerkungen zur Kritik von Karl-Heinz Brodbeck, *Zeitschrift für Politik* 39 (1992), S. 191-194; K.-H. Brodbeck, Autopoietische Systeme und ökonomische Systeme. Anmerkungen zur Entgegnung von Niklas Luhmann, Zeitschrift für Politik 39 (1992), S. 436-439.

102. Der *Begriff der Gewohnheit* wäre einer eigenen Untersuchung zu unterziehen. Ich möchte an ihre Stelle einige Hinweise setzen, welche Rolle Gewohnheiten in der Philosophie spielten.

Die klassische Erörterung stammt von *Aristoteles*: »Die Tüchtigkeit ist also zweifach: es gibt Vorzüge des Verstandes (dianoëtische) und Vorzüge des Charakters (ethische). Die ersteren nun gewinnen Ursprung und Wachstum vorwiegend durch Lehre, weshalb sie Erfahrung und Zeit brauchen, die letzteren sind das Ergebnis von Gewöhnung. Daher auch der Name (ethisch, von ēthos), der sich mit einer leichten Variante von dem Begriff für Gewöhnung (ĕthos) herleitet. Somit ist auch klar, daß keiner der Charaktervorzüge uns von Natur eingeboren ist. Denn kein Naturding läßt sich in seiner Art umgewöhnen. Es ist die Natur des Steines zu fallen. Keine Gewöhnung wird ihn zum Steigen bringen, selbst wenn man ihn daran gewöhnen wollte, in dem man ihn unzählige Male in die Höhe wirft. (...) Also entstehen die sittlichen Vorzüge in uns weder mit Naturzwang noch gegen die Natur, sondern es ist unsere Natur, fähig zu sein sie aufzunehmen, und dem vollkommenen Zustande nähern wir uns dann durch Gewöhnung.« Aristoteles, Nicomachische Ethik II,1, 1103a; übers. v. F. Dirlmeier, Stuttgart 1969, S. 34.

In der *scholastischen Philosophie* tritt zur Gewohnheit der Begriff des Habitus, des Gehabens, der sich auch bei Aristoteles findet. Gemeint ist damit ein allgemeines Verhalten, keineswegs nur der Menschen. »Der Name Gehaben (habitus) stammt von Haben (habendo). Auf doppelte Weise wird das Wort Gehaben davon abgeleitet: einmal, sofern man sagt, der Mensch oder sonst ein Ding *habe* etwas; sodann, insofern sich etwas irgendwie zu sich selbst oder zu etwas anderem *verhält*.« Thomas von Aquin, s. th. I-II, 49, 1; deutsche Thomas-Ausgabe Bd. 11, S. 4f. Für Thomas ist nicht alles Verhalten (Habitus) Gewohnheit. »Das gewohnheitsmäßige Gehaben (habitus consuetudinalis) ist aber nichts anderes als eine durch Gewöhnung erworbende Haltung (habitudo) nach der Art und Weise einer Natur. (...) Beim Menschen jedoch ist das, was aus Gewohnheit im Gedächtnis und in den anderen sinnlichen Wahrnehmungskräften erworben wird, an sich kein Gehaben, sondern etwas mit den Gehaben des verstandhaften Teiles Verbundenes.« Thomas von Aquin, s. th. I-II, 56, 5; aaO., S. 134. (Wir werden dieser Unterscheidung nicht folgen; allein die Tatsache, daß menschliche Produkte Naturformen *substituieren* können, verweist darauf, daß etwas ontologisch Selbes ersetzt wird. Deshalb gibt es sowohl eine Freiheit der Natur als auch Gewohnheiten der Natur. Neben James hat vor allem Peirce auch die Auffassung vertreten, daß Naturgesetze »Gewohnheiten« sind. An die Stelle der Differenz zwischen habitus und Gewohnheit tritt im zweiten Teil die Differenz zwischen Verhalten, Funktion und Programm der Handlung.)

Für *David Hume* war die Gewohnheit eine grundlegende, gleichwohl sehr dunkle menschliche Basis: »So groß ist der Einfluß der Gewohnheit, daß da, wo sie am stärksten ist, sie nicht nur unsere natürliche Unwissenheit verdeckt, sondern auch sich selbst verbirgt, und nur deshalb nicht da zu sein scheint, weil sie in höchstem Grade vorhanden ist.« D. Hume, Eine Untersuchung über den menschlichen Verstand, hrsg. v. R. Richter, Leipzig 1907, S. 39. Die Gewohnheit gilt ihm sogar ontisch als eine nicht hinterfragbare

Gegebenheit: »Wo immer die Wiederholung einer bestimmten Handlung oder Tätigkeit die Neigung hervorruft, dieselbe Handlung oder Tätigkeit ohne irgend einen Anstoß durch einen Denkakt oder Verstandesvorgang zu erneuern: da sagen wir stets, diese Neigung sei die Wirkung der *Gewohnheit.* (...) Wir deuten damit nur auf ein Prinzip der menschlichen Natur, das allgemein anerkannt und durch seine Wirkungen uns wohl vertraut ist. Vielleicht können wir unsere Nachforschungen nicht weiter treiben noch uns anmaßen, die Ursache dieser Ursachen anzugeben, sondern müssen daran als an dem letzten aufweisbaren Prinzip all unserer Erfahrungsschlüsse uns genügen lassen.« D. Hume, aaO., S. 55. Auch *Adam Smith* nimmt mit seinem Freund Hume die Gewohnheit als Bildungsprinzip des Handelns an, denn etwas gilt, wenn »es uns einmal zur Gewohnheit geworden ist« A. Smith, Theorie aaO., S. 241.

Hegel hat zuerst deutlich die Beziehung zwischen Gewohnheit und Bewußtsein gesehen: »So sehen wir folglich, daß in der *Gewohnheit* unser Bewußtsein zu gleicher Zeit in der Sache *gegenwärtig,* für dieselbe *interessiert* und umgekehrt doch von ihr *abwesend,* gegen sie *gleichgültig* ist, – daß unser Selbst ebensosehr die Sache sich *aneignet* wie im Gegenteil sich aus ihr *zurückzieht,* daß die Seele einerseits ganz in ihre Äußerungen *eindringt* und andererseits dieselben *verläßt,* ihnen somit die Gestalt eines *Mechanischen,* einer bloßen *Naturwirkung* gibt.« G. W. F. Hegel, Enzyklopädie der philosophischenWissenschaften III, Werke Bd. 10, S. 191. *William James* hat dies als Grundprinzip in seine Psychologie übernommen: Die »Gewohnheit verringert die bewußte Aufmerksamkeit, mit welcher unsere Handlungen ausgeführt werden.« W. James, Psychologie, Leipzig 1909, S. 136.

Doch schon *Montaigne* wußte: »Die Gewöhnung schläfert die Sehkraft unseres Verstandes ein.« M. de Montaigne, Versuche, Berlin 1907, Kap. 23, S. 125. Er hat auch nachdrücklich vor den Gewohnheiten gewarnt: »denn die Gewohnheit ist tatsächlich eine herrschsüchtige und heimtückische Schulmeisterin. Allmählich legt sie insgeheim in uns den Grund zu ihrer Macht, aber trotz dieses gelinden und unscheinbaren Anfangs entschleiert sie uns gar bald, nachdem sie sie mit Hilfe der Zeit gefestigt und ausgebaut, ein wütendes und tyrannisches Angesicht, dem gegenüber wir nicht einmal mehr die Freiheit haben, auch nur die Augenlieder zu heben.« M. de Montaigne, Versuche, aaO., S. 121.

Kant sieht in der Gewohnheit – er differenziert zwischen Gewohntwerden (*consuetudo*) und Angewohnheit (*assuetudo*) – »eine physische innere Nötigung nach derselben Weise ferner zu verfahren, wie man bis dahin verfahren hat. Sie benimmt selbst den guten Handlungen eben dadurch ihren moralischen Werth, weil sie der Freiheit des Gemüths Abbruch thut und überdem zu gedankenlosen Wiederholungen ebendesselben Acts (Monotonie) führt und dadurch lächerlich wird.« I. Kant, Anthropologie in pragmatischer Hinsicht, Akademie-Ausgabe Bd. VII, S. 149.

Vielfach wird der Begriff der Gewohnheiten und der des Verhaltens synonym gebraucht, etwa bei *Charles Darwin,* wenn er über die Variabilität der Arten sagt: »Es ist indessen schwer zu entscheiden (...), ob sich zuerst die Gewohnheiten und dann erst der Bau änderte, oder ob geringe Bauveränderungen zu einem Wechsel der Lebensgewohnheiten führten«. C. Darwin, Die Entstehung der Arten, Stuttgart 1967, S. 241. Dies möge als Hinweis zur Vielfalt des Denkmodells »Gewohnheit« ausreichen.

Weitere Aussagen kann der Leser in dem Sammelband M. Hampe, J.-I. Linden (Hrsg.), Im Netz der Gewohnheit, Hamburg 1993, finden. Eine systematische Darstellung der Gewohnheiten im vorliegenden Zusammenhang findet sich im zweiten Teil, Kapitel 9-12.

103. J. Schumpeter, Kapitalismus, Sozialismus und Demokratie, München 1950; 1970[3], S. 137.
104. Vgl. K. E. Boulding, Ökonomie als Wissenschaft, München 1976, Kapitel VI.

105. Wie mir scheint, hat nur Hayek diesen wichtigen Punkt gesehen; vgl. F. A. von Hayek, The Counter-Revolution of Science, Glencoe 1952, Chapter III. Vgl. hierzu vor allem Kap. 9.

II Handlung und Gewohnheit

7 Zur Theorie des menschlichen Handelns

106. G. W. F. Hegel, Phänomenologie des Geistes, Werke Bd. 3, S. 296.
107. Eine Formulierung von Max Meyer, auf die sich z. B. Skinner ausdrücklich beruft; B. F. Skinner, Was ist Behaviorismus? Reinbek bei Hamburg 1978, S. 20.
108. Es ist deshalb auch völlig unverständlich, daß Skinner schreibt: »Wenn das, was ein Mensch tut, dem zugeschrieben wird, was in ihm vorgeht, so ist jede weitere Untersuchung unmöglich.« B. F. Skinner, Was ist Behaviorismus? Reinbek bei Hamburg 1978, S. 26. Weshalb? Kann sich vielleicht ein Mensch nicht *äußern* und das *mitteilen*, was in ihm vorgeht?

8 Signale, Programme und Funktionen

109. Ich vermeide den Begriff des »Zwecks« an dieser Stelle. Der Zweck kann jeweils doppelt interpretiert werden: als Formursache (*causa formalis*) und als Zielursache (*causa finalis*). Die *causa formalis* ist durchaus dem Handlungsprogramm vergleichbar; die Zielursache ist mit der Funktion der Handlung vergleichbar, doch bedarf der Vergleich noch einiger Erläuterungen. Ich werde im Kapitel 12 und im dritten Teil darauf zurückkommen.
110. L. von Mises, Nationalökonomie, Genf 1940, S. 34. Dieser Text gewann in seiner amerikanischen Übersetzung »Human Action« bedeutenden Einfluß auf die anglo-amerikanische Volkswirtschaftslehre.
111. Vgl. K.-H. Brodbeck, Der Spiel-Raum der Leerheit, Solothurn und Düsseldorf 1995.
112. »Noch immer lebt der uralte Wahn«, sagt Nietzsche, »daß man wisse, ganz genau wisse, *wie das menschliche Handeln zustande komme* (...). Die Handlungen sind *niemals* das, als was sie uns erscheinen! Wir haben so viel Mühe gehabt zu lernen, daß die äußeren Dinge nicht so sind, wie sie uns erscheinen - nun wohlan! Mit der inneren Welt steht es ebenso!« F. Nietzsche, Morgenröte, Gesammelte Werke Bd. 5, München 1973, S. 91f.
113. Diese beiden Elemente sind der *causa finalis* und der *causa formalis* des aristotelischen Handlungsmodells analog, decken sich jedoch nicht vollständig.
114. Ich möchte vor allem auf die Arbeiten von Gerald M. Edelman hinweisen: G. M. Edelman, Unser Gehirn - Ein dynamisches System, München-Zürich 1987; ders., Göttliche Luft, vernichtendes Feuer, München-Zürich 1992. Auf einige Schwächen der Theorie Edelmans verweist Israel Rosenfield in seinem brillianten Buch: Das Fremde, das Vertraute, und das Vergessene, Frankfurt/M. 1992.
115. Cicero, de finibus bonuorum et malorum 5, 25, 74.
116. Aristoteles, Über Gedächtnis und Erinnerung 451b; in: Kleine Schriften zu Seelenkunde, Paderborn 1953, S. 71. Vgl. »Das Gewohnte wird lustvoll, insofern es naturhaft wird, denn die Gewohnheit ist sozusagen eine zweite Natur.« Thomas von Aquin, s. th. I-II, 32, 2, deutsche Thomas-Ausgabe Bd. 10, S. 169; » ›Gewohnheit eine zweite Natur! Gewohnheit

ist zehnmal Natur!‹ soll der Herzog von Wellington ausgerufen haben; und bis zu welchem Grad dies richtig ist, kann wahrscheinlich niemand so gut beurteilen als einer, der selbst ein alter Soldat ist.« W. James, Psychologie, Leipzig 1909, S. 140.

117. Aristoteles, Politik I, 2, 1252a.
118. Aristoteles aaO., 1254a.
119. Aristoteles aaO.
120. Aristoteles aaO.
121. Vgl. K.-H. Brodbeck, Produktion, Arbeitsteilung und technischer Wandel, Düsseldort 1981, S. 35ff.

9 Kognitive Aspekte des Handels

122. Ich beziehe mich hier auf die Arbeiten von G. Edelman, O. Sacks und vor allem auf I. Rosenfeld, Das Fremde aaO.
123. A. Gehlen, Der Mensch, Wiesbaden 1976[11], S. 66. Gehlen schreibt weiter: »*Alle höheren Funktionen* des Menschen auf jedem Gebiete des intellektuellen und moralischen Lebens, aber auch der Bewegungs- und Handlungsverfeinerung werden nun dadurch entwickelt, daß die Ausbildung fundierender, stabiler Basisgewohnheiten die ursprünglich dort verwendete Motivations-, Versuchs- und Kontrollenergie *entlastet und ›nach oben abgibt‹*.« A. Gehlen, Der Mensch aaO., S. 66.
124. Über den Menschen in einer Situation sagt Hartmann: »Ist er aber einmal in sie geraten, so ist er auch in ihr gefangen: er kann nicht ›zurück‹ aus ihr, er müßte denn das Geschehene ungeschehen machen, was ontisch unmöglich ist; er kann auch nicht ›seitwärts‹ ausweichen, auch dafür ist es, wenn sie einmal eingetreten, zu spät. Er muß also ›vorwärts‹, nach dem Gesetz der Zeit, die niemals stillsteht; er muß hindurch.« N. Hartmann, Zur Grundlegung der Ontologie, Berlin 1965[4], S. 191.
125. Ich kann Piaget nicht zustimmen, wenn er sagt, bei der Erkenntnis von Mengenimplikationen »liegt kein Prozeß vor.« J. Piaget, Erkenntnistheorie der Wissenschaften vom Menschen, Frankfurt/M.-Berlin-Wien 1970, S. 154. Zwar erkennt man eine Teilmenge an einem »statischen« Bild; aber die *Funktion* dieser Erkenntnis in der Handlung ist keineswegs statisch; und erst die Anwendung macht eine Erkenntnis daraus. Bei dem Schluß »Berliner sind Deutsche« liegt ein Prozeß vor, in dem die ausgesprochene Implikation auf eine vielfach visuelle Weise gedacht wird. Allerdings stimme ich Piaget völlig in seiner Kritik am Behaviorismus zu, daß derartige Einsichten niemals über »externe Verstärkung« zustandekommen können: »das Erlernen einer logischen Struktur (Klassenzugehörigkeit usw.) (kann) nicht über externe Verstärkung ab (Erfolg oder Mißerfolg, wie sie sich in Ergebnissen niederschlagen)« erfolgen; J. Piaget aaO., S. 154.
126. I. Kant, Vorlesungen über die Metaphysik, Erfurt 1821, S. 146.
127. K.-H. Brodbeck, Transrationalität aaO.
128. Nietzsche hat dies, auf seine unnachahmliche Art, klar ausgedrückt: »Die Statistik beweist dass es Gesetze in der Geschichte giebt. Ja, sie beweist, wie gemein und ekelhaft uniform die Masse ist. Ihr hättet einmal in Athen Statistik treiben sollen! Da würde ihr den Unterschied gefühlt haben! (...) Überdies: was heisst denn hier ›Gesetze‹? Stehen sie irgendwie gleich einem Naturgesetz oder einem Rechtsgesetz? Es sagt doch nicht ›ihr sollt‹, sondern ›leider war es so‹. Es ist der Ausdruck eines *dummen* faktischen Verhältnisses, bei dem Niemand mehr nach dem Warum? fragen darf. ›Hier werden jährlich c. 40 Ehen geschlossen‹ – Warum denn so viel und nicht 80? ›Es ist nun einmal nicht anders‹! – Sehr belehrend! Wir danken.« F. Nietzsche, KSA 7, S. 543.

10 Soziales Handeln

129. Ich spiele hier natürlich auf die mittelalterliche Auffassung an, die sich bei Aristoteles vorgezeichnet findet, wenn er in der »Politik« sagt, daß »der Staatsmann und Gesetzgeber sein Material in geeignetem Zustande vorfinden« müsse; Politik 7, 4, 1326a. Thomas von Aquin drückt das so aus: »Wenn es also der natürlichen Bestimmung des Menschen entspricht, in Gesellschaft mit vielen zu leben, so muß unter den Menschen etwas sein, wodurch die vielen gelenkt werden.« Thomas von Aquin, De regime principium I, 1; übers. Stuttgart 1975, S. 9. Wie sehr Hobbes und Smith hier schon vorgezeichnet sind, zeigen weitere Stellen dieses wichtigen Textes, vgl. aaO., S. 10, wo Thomas unmittelbar die Analogie des Himmelssystems bemüht, das Adam Smith später einfach »System« nennen wird.
130. M. Heidegger, Zollikoner Seminare, Frankfurt/Main 1987, S. 198.
131. J. von Kempski, Handlung, Maxime und Situation; in: H. Albert (Hrsg.), Theorie und Realität, Tübingen 1964, S. 245. Luhmann formuliert seine Soziologie auf derselben Basis; für ihn ist der Mensch sogar bloße *Umwelt* der Gesellschaft. Vgl. Note 101.
132. Montesquieu, Der Geist der Gesetze, Leipzig 1891, S. 4. Auch Herder sagt: »Nicht Krieg also, sondern Friede ist der Naturzustand des unbedrängten menschlichen Geschlechts«. Herder, Ideen zur Philosophie der Geschichte der Menschheit, Werke Bd. 3, S. 248.
133. »Die Verneinung, in so ferne sie die Folge einer realen Entgegensetzung ist, will ich *Beraubung* (privatio) nennen; eine jede Verneinung aber, in so ferne sie nicht aus dieser Art von Repugnanz entspringt, soll hier ein *Mangel* (defectus, absentia) heißen. Die letztere erfordert keinen positiven Grund, sondern nur den Mangel desselben; die erstere aber hat einen wahren Grund der Position und einen eben so großen entgegengesetzten. Ruhe ist in einem Körper entweder bloß ein Mangel, d. i. eine Verneinung der Bewegung, in so ferne keine Bewegkraft da ist; oder eine Beraubung, in so ferne wohl Bewegkraft anzutreffen, aber die Folge, nämlich die Bewegung, durch eine entgegengesetze Kraft aufgehoben wird.« I. Kant, Versuch, den Begriff der negativen Größen in die Weltweisheit einzuführen, Werke Bd. II (ed. Weischedel), S. 790f. Vgl. auch M. Heidegger, Frühe Schriften, Frankfurt 1972, S. 169ff.
134. M. Heidegger, Die Grundprobleme der Phänomenologie, Gesamtausgabe Bd. 24, S. 226.
135. F. A. von Hayek, The Counter-Revolution in Science, Glencoe 1952, S. 34.
136. Daß es hier nicht nach dem Ideal der Popperschen Wissenschaftstheorie zugeht, hat Ludwik Fleck bereits 1935 eindringlich gezeigt; vgl. L. Fleck, Entstehung und Entwicklung einer wissenschaftlichen Tatsache, Frankfurt/M. 1980. Kuhn hat diese Gedanken später aufgegriffen: T. S. Kuhn, Die Struktur wissenschaftlicher Revolutionen, Frankfurt/M. 1967.
137. D. Hume, Politische und ökonomische Essay, Teilband 2, übers. v. S. Fischer, Hamburg 1988, S. 177.
138. D. Hume, Politische und ökonomische Essay aaO., S. 25.
139. »As soon as one is dealing with the influence of expectations and other transitory experience, one is, in the nature of things, outside the realm of the formally exact.« J. M. Keynes, The General Theory and After, Part II, Collected Writings Vol. XIV, S. 2. »The game of roulette is not subject, in this sense, to uncertainty; nor is the prospect of a Victory bond being drawn. Or, again, the expectation of life is only slightly uncertain. Even the weather is only moderately uncertain. The sense in which I am using the term is that in which the prospect of a European war is uncertain, or the price of copper and the rate of interest twenty years hence, or the obsolenscence of a new invention, or the position

of private wealth owners in the social system in 1970. About these matters there is no scientific basis on which to form any calculable probability whatever.« J. M. Keynes aaO. , S. 113f.

140. »Die Marktordnung im besonderen garantiert stets nur eine gewisse Wahrscheinlichkeit, daß die erwarteten Beziehungen vorherrschen werden, sie ist aber nichtsdestoweniger die einzige Art und Weise, in der so viele auf verstreutem Wissen beruhende Tätigkeiten erfolgreich in eine einzige Ordnung integriert werden können.« F. A. von Hayek, Recht, Gesetzgebung und Freiheit, Band 1: Regeln und Ordnung, Landsberg 1986², S. 65. Vgl. hierzu S. C. Littlechild, Three types of market process; in: R. N. Langlois (ed.), Economics as a process, Cambridge 1986, S. 27-39.
141. A. Marshall, Principles of Economics, London 1961⁸, S. 78, Note.
142. »Die Naturgesetze sind nichts als unveränderliche Gewohnheiten, welche die verschiedenen Elemente der Materie in ihren gegenseitigen Aktionen und Reaktionen befolgen. In der organischen Welt sind die Gewohnheiten veränderlicher.« W. James, Psychologie, Leipzig 1909, S. 130f. Die englische Sprache bewahrt im Wort »habit« die in der Schulphilosophie verwendete weitere Bedeutung des Begriffs des *habitus* im Sinne von »Gehaben«, »Verhaltensweise«; vgl. Note 102. Man könnte auch sagen: Die Gewohnheiten bilden die ontische »Brücke« zwischen menschlicher Freiheit und der Offenheit des Naturprozesses.
143. »Ein Entscheidungsproblem kann allgemein durch die Frage charakterisiert werden, welche Handlungsalternativen aus einer Menge mehrer Alternativen gewählt werden soll«; H. Laux, Entscheidungstheorie I, Berlin-Heidelberg-New York 1991, S. 5. Ähnlich äußern sich W. Krelle, Präferenz- und Entscheidungstheorie, Tübingen 1968, S. 3; W. Stegmüller, Entscheidungslogik, Berlin-Heidelberg-New York 1973, S. 289.
144. Vgl. E. Mayo, The human problems of an industrial civilization, New York 1966 (orig. publ. 1933); F. J. Roethlisberger, W. J. Dickson, Management and the Worker, Cambridge 1939. Bei diesen Experimenten, die Mayo in den Jahre 1927 bis 1932 durchführte, zeigte sich, daß die Arbeitsleistung sich verändert, wenn die beobachteten Arbeitnehmer von der Untersuchung wissen und somit auf ganz andere Weise motiviert werden.
145. Das Gesetz besagt, »that any observed statistical regularity will tend to collapse once pressure is placed upon it for control puposes.«, C. A. E. Goodheart, Monetary Theory and Practice: the UK Experience, London 1984, S. 96; vgl. ders., Money, Information and Uncertainty, Cambridge/Mass. 1991², S. 100 und 377. Goodhart bezieht sich hierbei auch auf die Kritik von Lucas (Money, Information aaO., S. 249ff.), der sagt (»Lucas Critique«), daß ökonometrische Beziehungen ungeeignet sind, alternative wirtschaftspolitische Konzepte vorherzusagen, weil die Parameter in ökonometrischen Strukturgleichungen selbst von den Vorgaben der Wirtschaftspolitik bestimmt sind. Vgl. R. E. Lucas, Econometric Policy Evaluation: a Critique; in: K. Brunner, A. Meltzer (eds.), The Phillips Curve and Labour Markets, Amsterdam 1976, S. 19-46. Zu »Goodhart´s Law« vgl. auch: O. Issing, Stability of monetary policy - stability of the monetary system; in: Deutsche Bundesbank, Auszüge aus Presseartikeln 22/95, S. 7. Vgl. auch die zitierten Pressestimmen in diesem Artikel.
146. Zitiert nach H. Driesch, Alltagsrätsel des Seelenlebens, Zürich 1954, S. 132. Ein ähnlicher Gedanke findet sich bei Friedrich Engels in dessen Schrift »Umrisse zu einer Kritik der Nationalökonomie«, MEW Bd. 1, S. 515, wenn er über ein ökonomisches Gesetz sagt: »Es ist eben ein Naturgesetz, das auf der Bewußtlosigkeit der Beiteiligten beruht.« Daß Marx daraus wieder »eherne Gesetze« wie in der Klassik gemacht hat, die sogar historisch wirken und Klassenbewußtsein hervorbringen sollten, dies war ein doppelter Irrtum. Gewohnheiten *beruhen* auf Bewußtlosigkeit und haben deshalb die äußere Form mechanischer

Gesetze, doch keine Gewohnheit *erzeugt* Bewußtsein; und keine Gruppe von Menschen hat je *ein* Bewußtsein. Steuart sah in dieser Tatsache geradezu den Ursprung der wirtschaftlichen Entwicklung, J. Steuart, Untersuchungen der Grundsätze der Staatswirtschaft, Bd. I, Hamburg 1769, S. 474, Note.

147. Ähnlich argumentieren mehrfach Popper und Shackle.
148. Wir stehen hier vor einer ähnlichen Situation, die Heisenberg in seiner Unschärferelation formuliert hat. Ich habe deshalb an anderer Stelle den Begriff der »sozialwissenschaftlichen Unschärferelation« vorgeschlagen; vgl. K.-H. Brodbeck, Transrationalität aaO., S. 7.
149. »Ideas, whether those of art and science, or those embodied in practical appliances, are the most ›real‹ of the gifts that each generation receives from its predecessors. The world´s material wealth would quickly be replaced if it were destroyed, but the ideas by which it was made were retained. (...) if the ideas perished, the world would enter again on the Dark Ages.« A. Marshall, Principles of Economics, London 1961[8], S. 643.

11 Mensch, Technik, Natur

150. Es ist hier nicht der Raum, näher auf die Diskussion zwischen Hilary Putnam, der sagt, daß relativ zu einem Begriffsschema die erscheinenden Dinge *real* sind (»interner Realismus«), und Donald Davidson einzugehen, der dagegen hält, daß jegliches Kriterium dafür fehle, wozu eigentlich ein Begriffschema relativ sein soll, da doch schon die sinnliche Wahrnehmung »Interpretation« sei. Diese Frage tauchte schon beim Wiener Kreis auf im Problem der »Protokollsätze« oder der »Basissätze«, das auch Karl Popper, entgegen eigenem Bekunden, nicht gelöst hat: Denn Theorien können ebensowenig *letztlich* bestätig wie falsifiziert werden. Eine Lösung bietet sich hier nur an, wenn man das Wesen des *Erscheinens* als Grundlage jeglicher Beziehung zwischen Sätzen und »Dingen« erfaßt. Hier hat sich die *Phänomenologie* Husserls und Heideggers auf den Weg zur Lösung begeben.
151. F. Bacon, Neues Organ der Wissenschaften, Leipzig 1830, S. 26.
152. G. W. F. Hegel, Wissenschaft der Logik II, Werke Bd. 6, S. 452.
153. »Die Naturgegenstände nämlich sind mächtig und leisten mannigfachen Widerstand«. G. W. F. Hegel, Vorlesungen über die Philosophie der Geschichte, Werke Bd. 12, S. 295.
154. Vgl. zur genaueren Analyse dieser Struktur: K.-H. Brodbeck, Theorie der Arbeit, München 1979, Kapitel 1.4.
155. I. Kant, Kritik der Urteilskraft, B 283.
156. K. Marx, Randglossen zu A. Wagners ›Lehrbuch der polistischen Ökonomie‹, MEW 19, S. 363.
157. Dies wäre der Ort, sich mit *Heideggers* Philosophie der Technik näher auseinanderzusetzen; das kann hier natürlich nicht geleistet werden; vgl. M. Heidegger, Die Technik und die Kehre, Tübingen 1976; ders., Bremer und Freiburger Vorträge, Gesamtausgabe Bd. 79. Obgleich ich Heidegger darin zustimme, daß die Technik tatsächlich eine *Auseinandersetzung* offenbart – er spricht vom Ge-stell, vom wechselseitigen Stellen von Mensch und Natur (Heidegger sagt »Mensch und Sein«) –, sehe ich doch gerade *keine* Wesensdifferenz zwischen *neuzeitlicher* Technik und dem Naturverständnis der Alten. Wenn ein Bauer den Boden pflügt, dann »stellt« auch er die Natur, nämlich auf ihre Fruchtbarkeit hin, er *ringt ihr den Ertrag ab* – worin sollte die Differenz zu moderner Technik liegen? Nach Heidegger fordert ein Wasserkraftwerk »den Rheinstrom« heraus – aber gilt das nicht für jedes idyllische Mühlrad ebenso? Die Differenz ist keine des Wesens, sondern eine des Grades;

allerdings dürfen wir uns an Hegels Gesetz erinnern, daß Quantität in Qualität umzuschlagen vermag.

158. Aristoteles, Politik 1256 b, München 1973, S. 58.
159. B. Mandeville, Die Bienenfabel, Frankfurt/M. 1980, S. 374.
160. A. Müller, Die Elemente der Staatskunst (1808-09), Berlin 1936, S. 38.
161. A. Müller aaO., S. 37.
162. H. Hotelling, Ökonomie erschöpfbarer Ressourcen; deutsch in: H. Siebert (Hrsg.), Umwelt und wirtschaftliche Entwicklung, Darmstadt 1979, S. 39.
163. A. Damaschke, Die Bodenreform, Berlin 1907, S. 47.
164. A. Weber, Allgemeine Volkswirtschaftslehre, Berlin 1958[7], S. 74.
165. Vgl. R. M. Solow, The Economics of Resources or the Resources of Economics, American Economic Review 64 (1974), S. 1-14; ferner die Beiträge in: Review of Economic Studies, Symposium on the Economics of Exhaustible Resources 1974.
166. E. von Böhm-Bawerk, Rechte und Verhältniss vom Standpunkte der Volkswirtschaftlichen Güterlehre, Gesammelte Schriften, Wien-Leipzig 1927, S. 34.
167. E. von Böhm-Bawerk, aaO., S. 35.
168. M. Kaser, Römisches Privatrecht, München-Berlin 1966[5], S. 78.
169. Aristoteles, Metaphysik, Buch K, 1065a.
170. G. Vico, Die neue Wissenschaft über die gemeinschaftliche Natur der Völker, Reinbek bei Hamburg 1966, S. 23. Dies ist die logische Konsequenz aus der theologischen Lehre, daß die Natur nicht »göttlich« sei. Die Schöpfung, sagt noch Karl Rahner, »ist nicht Gott, nicht wirklich ›numinos‹, und darum wird sie mit Recht als ›Stoff‹ für die schöpferische Kraft des Menschen betrachtet«. K. Rahner, H. Vorgrimler, Kleines Theologisches Wörterbuch, Freiburg 1976, S. 375. Die Rede von der *Bewahrung der Schöpfung* aus dem Munde zeitgenössischer Theologen darf deshalb mit Recht sehr skeptisch beurteilt werden.
171. W. J. Baumol, W. E. Oates, The Theory of Environmental Policy, Cambridge/Mass. 1988, S. 1.
172. Vgl. Robert E. Goodin, Selling Environmental Indulgences, Kyklos 47 (1994), S. 573-596.
173. K. Marx, MEW Bd. 1, S. 60.
174. M. Friedman, Kapitalismus und Freiheit, München 1976, S. 45.
175. Georgica 1,145f.
176. Auszunehmen ist Adam Smith, der in einigen Aspekten einen analogen Gedanken entwickelt hat, auf den wir im nächsten Kapitel eingehen werden. Marx und die Soziologie sind hierin von Smith abhängig.

12 Ökonomische Vernetzung

177. »Bedürfnis« (chreia) (NE 1133a 27) ist bei Aristoteles keinesfalls als egoistischer Wunsch verstanden: χρή ist ebensosehr Bedürfnis wie Brauch und Pflicht. So spricht Aristoteles (NE 1171b24) von chreia philon, von der »Pflicht des Freundes« oder von chreia organon (NE 1112b 29), wörtlich von den »bedurften Werkzeugen« (nachgefragten Werkzeugen). Damit heißt chreia auch *Ge-brauch*, wie Aristoteles auch sagt: »Alles, wovon es einen Gebrauch gibt (ἐστὶ χρεία), kann man gut oder schlecht gebrauchen.« (NE 1120a 4f.)
178. P. A. Samuelson, Rejoinder: Agreements, Disagreements, Doubts, and the Case of Induced Harrod-Neutral Technical Change, Review of Economics and Statistics, XLVIII 1966, S. 444.

179. C. Menger, Grundsätze der Volkswirtschaftslehre, Wien 1871, S. VIII-IX.
180. G. W. F. Hegel, Enzyklopädie der philosophischenWissenschaften III, Werke Bd. 10, S. 187.
181. J. Robinson, Doktrinen der Wirtschaftswissenschaft, München 1968, S. 60.
182. Platon, Politeia 370c.
183. Xenophon, Cyropaedie, Buch 8; vgl. F. Klemm, Technik. Eine Geschichte ihrer Probleme, München 1954, S. 15.
184. Pettys Beitrag wird meist neben dem von Adam Smith vergessen. Petty sagt: »Denn in einer so großen Stadt werden die Manufakturen eine die andere hervorrufen und jede Ware wird in so viele Teile wie möglich geteilt werden, wodurch das Werk eines jeden Arbeiters einfach und leicht wird, z. B. beim Uhrmacher. Die Uhr wird wohlfeiler und besser sein, wenn ein Mann das Rad macht, ein anderer die Feder, ein dritter das Zifferblatt graviert, ein vierter das Gehäuse macht, als wenn das ganze Werk von einem einzigen Mann ausgeführt würde. Und wir sehen auch in den Städten und in den Straßen großer Städte, wo alle Bewohner beinahe ein Gewerbe betreiben, daß die besondere Ware dieser Plätze besser und wohlfeiler hergestellt wird als sonstwo.« W. Petty, Schriften zur politischen Ökonomie und Statistik, Berlin 1986, S. 318. Adam Smith hat hier nichts Neues hinzugefügt.
185. G. W. F. Hegel, Grundlinien der Philosophie des Rechts, Werke Bd. 7, S. 352f.
186. G. W. F. Hegel, Wissenschaft der Logik I, Werke Bd. 5, S. 249.
187. A. Smith, Der Wohlstand der Nationen, München 1978, S. 662.

III Kreativität und Wirtschaft

13 Wirtschaftlichkeit und kaufmännische Rationalität

188. M. Weber, Gesammelte Aufsätze zur Wissenschaftslehre, Tübingen 1968[3], S. 394. Max Weber führt diesen Begriff in seinem Aufsatz *Die Grenznutzenlehre und das ›psychophysische Grundgesetz‹* eher am Rande ein, bezeichnet aber *sachlich* damit etwas, das von »psychischen« Phänomenen streng geschieden ist. Vor allem wendet sich Weber dagegen, ökonomische Phänomene auf psychische (wie das Fechnersche Gesetz) zu *reduzieren*. Hier schüttet er allerdings das Kind mit dem Bade aus. Der im achten Kapitel eingeführte Begriff des »Handlungsprogramms« kann den *ontischen* Gegensatz Seele – Ratio vermitteln. Man kann, mit anderen Worten, die Psychologie nicht von der Handlungstheorie trennen. Das Handeln des Kaufmanns, die Kaufmannsseele ist weder auf einen besonderen Menschentypus (»Unternehmer«, »Genie«) noch auf angeborene seelische Strukturen zu reduzieren. Gleichwohl kann diese *Art* des Handelns den Charakter oder seelische Eigenschaften *prägen*.
189. K. Marx, Das Kapital Bd. I, MEW 23, S. 169.
190. W. Sombart, Der Bourgeois, München-Leipzig 1923, S. 29ff.
191. G. Gäfgen, Theorie der wirtschaftlichen Entscheidung. Untersuchungen zur Logik und ökonomischen Bedeutung des rationalen Handelns, Tübingen 1968[2]. Vgl. für die Betriebswirtschaftslehre: E. Kosiol, Die Unternehmung als wirtschaftliches Aktionszentrum, Reinbek bei Hamburg 1966, S. 201ff.
192. Zitiert nach: M. Weber, Die protestantische Ethik I, Tübingen 1969[2], S. 43; vgl. L. Brentano, Der wirtschaftende Mensch in der Geschichte, Leipzig 1923, S. 382.

193. T. Hobbes, Vom Körper, Hamburg 1967, S. 6.
194. L. von Mises, Die Wirtschaftsrechnung im sozialistischen Gemeinwesen, Archiv für Sozialwissenschaft und Sozialpolitik, 47 (1920/21), S. 100.
195. L. Pacioli, Abhandlung über die Buchhaltung 1494, Stuttgart 1933, S. 89.
196. L. Pacioli aaO., S. 122.
197. B. Spinoza, Ethik, Frankfurt/Main 1972, S. 349.
198. Eine Lohntheorie als selbständige Teiltheorie der Ökonomie hat dann ihre Berechtigung, wenn die Märkte eine ausreichende Entlohnung und damit Versorgung der Anbieter von Arbeit verhindern. Die am Lohn festgemachte Doppelnatur als Einkommensquelle und Kostenfaktor trifft allerdings auf die Preise aller Güter zu, da jeder realisierte Preis Einkommen des Verkäufers und als Ausgabe für den Bedarf einen Kostenfaktor für den Käufer bedeutet. Die marxistische Abstraktion der sozialen »Klasse«, bei A. Smith und D. Ricardo schon vorbereitet, verkennt das Kontinuum an Einkommensformen zwischen Lohnabhängigen und (kleinen) Selbständigen. Die in der Steuergesetzgebung getroffene Unterscheidung zwischen den Ausgaben von Selbständigen (= Kosten) und Ausgaben von abhängig Beschäftigten (= Konsum) ist völlig willkürlich und nichts weniger als ein Relikt der Klassentheorie »von oben«. Die Produktion von Arbeitsvermögen ist sozial in nichts von der Produktion einer anderen Dienstleistung zu unterscheiden, z. B. von einer Beratungsleistung, die einen großen Teil ihrer Ausgaben als »Aufwand« verbuchen kann.
199. Die von der Neoklassik behauptete Differenz zwischen Nutzen- und Gewinnmaximierung ist ein Schein, der selbst im Rahmen dieser Theorie leicht aufgehoben werden kann. Eine Minimierung der Ausgaben eines Haushalts bei gegebenem Nutzen als Nebenbedingung führt in der Haushaltstheorie zu denselben Optimalbedingungen (Grenznutzenverhältnis = Preisverhältnis). Es gibt in einer Marktwirtschaft nur *eine* Logik, die des Kaufmanns. Man darf hier die *rechtliche* Definition nicht mit der Praxis verwechseln. Wenn ein abhängig Beschäftigter sich *selbständig* macht, erscheinen viele Güter seines Bedarfs plötzlich als – steuerlich abzugsfähige – *Kosten*. Die juristische Trennung ist kein Grund für eine *ökonomische* Differenz; vgl. die vorige Note.
200. Man kann den Egoismus nicht aus anderen »anthropologischen Konstanten« oder rationalen Erwägungen ableiten. Der Grund ist darin zu suchen, daß bereits die *Bedeutung* mit dem Meinen (dem Ver-meinen) in dasselbe Phänomen verweist. Diese Frage geht aber weit über den Horizont dieser Untersuchung hinaus; vgl. K.-H. Brodbeck, Der Spiel-Raum der Leerheit, Solothurn-Düsseldorf 1995, S. 11ff., 36ff. und an anderer Stelle; ders., Virtuelle Realität – Wirklichkeit als Schein, Blickpunkte 2 (1996), S. 41-63.
201. B. Pascal, Gedanken, Birsfelden-Basel o.J., S. 290. Sogar Nietzsche stimmt Pascal zu: »Das ›Ich‹ unterjocht und tötet: es arbeitet wie eine organische Zelle: es raubt und ist gewalttätig.« F. Nietzsche, Der Wille zur Macht, § 768, Stuttgart 1964, S. 512. Die am weitesten entwickelte Lehre vom Ich findet sich im Buddhismus. Buddha unterscheidet sogar 20 Formen des Selbstglaubens und hat vielfach dessen Struktur und Wirkung untersucht; vgl. Anguttara Nikaya IV, 199ff. Seine wichtigste Lehre (die an-atman Lehre) lautet: »Leer an einem Ich und an etwas zu einem Ich Gehörigen ist die Welt«, Samyutta Nikaya XXV, 85.
202. Aristoteles, Politik 1258b.
203. Aristoteles aaO., 1256a.
204. Aristoteles aaO., 1258a.
205. Aristoteles aaO.
206. Über Francesco di Marco Datini, einen toskanischen Kaufmann des 14. Jahrhunderts, schreibt Iris Origo: »Allen und jedem mißtraute er, seinen Partnern, seinen Geschäftsbevollmächtigten, den Kapitänen, die seine Waren auf ihren Schiffen transportierten; und ständig verfolgte ihn außerdem die Angst davor, was diesen Schiffen alles zustoßen könnte

(...). Und als er schließlich sein großes Vermögen aufgehäuft hatte, kamen noch weitere Ängste hinzu. Er machte sich über seine Investitionen Sorgen, über Steuern und Bußgelder. Er traute seinen Verwaltern und Dienern zu Hause kein bißchen mehr als denen in der Fremde. Er lebte (...) in täglicher Furcht, daß man ihn auch noch ›um die Schuhschnallen der Magd, die seiner Sklavin dient‹, betrügen könne.« I. Origo, »Im Namen Gottes und des Geschäfts«. Lebensbild eines toskanischen Kaufmanns der Frührenaissance, München 1986, S. 12.

207. Platon, Politeia 589d.
208. De opere monach. c. 15, zit. nach: L. Brentano, Der wirtschaftende Mensch in der Geschichte, Leipzig 1923, S. 222.
209. A. Kostolany, Das ist die Börse. Bekenntnisse eines Spekulanten, München 1961, S. 163.
210. Die »Sorge« wird hier nicht im Sinn von Heideggers »Sein und Zeit« (Tübingen 1972, § 41) verstanden, der in der Sorge eine »ursprüngliche Strukturganzheit« menschlicher Existenz sieht. In Heideggers Terminologie wäre die kaufmännische Sorge »bloß ontisch« gemeint. Ich ziehe gegenüber dem Heideggerschen Begriff der »Sorge« den der »situativen Verkörperung« vor, wie er dem zweiten Teil dieser Abhandlung zugrunde liegt. Doch die Diskussion dieser Frage muß an anderer Stelle erfolgen.
211. Aristoteles, Nikomachische Ethik, I,13; 1102a.
212. Aristoteles, aaO. 1102b.
213. Vgl. F. H. Knight, Risk, Uncertainty and Profit, Chicago-London 1971; G. L. S. Shackle, Time and Choice. Keynes Lecture in Economics, 1976, Proceeding of the British Academy, Vol. 62, S. 309-329; H. A. Simon, Theories of Decision-Making in Economics and Behavioural Science, Surveys of Economic Theory, Vol. III, London et. al. 1968.
214. L. A. Seneca, Philosophische Schriften, Bd. III, Leipzig 1924, S. 70f.
215. L. von Mises, Nationalökonomie, Genf 1940, S. 14.
216. Iamblichos, Pythagoras, § 146.
217. L. von Mises aaO., S. 24.
218. R. R. Nelson, Incentives for Entrepreneurship and Supporting Institutions, Weltwirtschaftliches Archiv 120 (1984), S. 647. Die Einbeziehung einer Variation der Zwischenprodukte in der neueren Wachstumstheorie bleibt im neoklassischen Fahrwasser, denn es wird vollkommene Voraussicht unterstellt; vgl. R. J. Barro, X. Sala-I-Martin, Economic Growth, New York et. al. 1995, S. 217. Eine fiktive Variable einzuführen, ist eine Sache, Innovationsprozesse sind eine ganz andere. Für einen alternativen Ansatz vgl. K.-H. Brodbeck, Produktion, Arbeitsteilung und technischer Wandel, Düsseldorf 1981, Teil 1.
219. I. Richarz, Oikos, Haus und Haushalt. Ursprung und Geschichte der Haushaltsökonomik, Göttingen 1991, S. 187.
220. In: W. Petty, Schriften zur politischen Ökonomie und Statistik, Berlin 1986, S. 215-286.
221. K. Marx, Das Kapital Bd. III, MEW 25, S. 859.
222. Hesiod, Theogonie, Sankt Augustin 1990, S. 107.
223. F. Wagner, Das Bild der frühen Ökonomik, Salzburg-München 1969, S. 117.
224. Heraklit, Fragmente, München 1965, S. 47.
225. F. Wagner, aaO., S. 120.
226. W. Geiger (Hrsg.), Samyutta-Nikaya I, 116, 6; München-Neubiberg 1930, S. 181.
227. Geiler von Kaisersberg, Predigt »Von dem Wannenkremer und der Kaufleute Handtierung«, Börsamlein, S. XCII; zitiert nach: J. Strieder, Studien zur Geschichte kapitalistischer Organisationsformen, München-Leipzig 1925, S. 63.
228. R. Descartes, Prinzipien der Philosophie I, 35, Hamburg 1955, S. 12.
229. Spinoza, Ethik aaO., S. 29.

14 Geld und Preise in Gewohnheitssystemen

230. B. Franklin, Guter Rath an einen jungen Handwerker (1748), in: Leben und Schriften, zweiter Band, Hamburg et. al. o. J., S. 20.
231. W. Petty, Schriften zur politischen Ökonomie und Statistik, Berlin 1986, S. 97.
232. G. Simmel, Schriften zur Soziologie, Frankfurt/M. 1983, S. 82. Luhmann drückt das so aus: »Geld ist instituierte Selbstreferenz.« N. Luhmann, Die Wirtschaft der Gesellschaft, Frankfurt/M. 1988, S. 16.
233. T. Hobbes, Leviathan, Stuttgart 1974, S. 220.
234. D. Hume, Politische und ökonomische Essays, Teilband 2, Hamburg 1988, S. 205.
235. W. Sombart, Die drei Nationalökonomien, München 1950, S. 24.
236. Vgl. A. Smith, Der Wohlstand aaO., S. 16; C. Menger, Grundsätze aaO., S. 261; L. von Mises, Nationalökonomie aaO., S. 361. Der Kern des Arguments ist zirkulär: Geldverwendung erspart *Kosten* im Tauschverkehr. Und worin werden diese Kosten gemessen? Vgl. für eine neuere Variante dieses Gedankens: K. Brunner, A. H. Meltzer, Die Verwendung von Geld: Geld in der Theorie einer Tauschwirtschaft; in: K. Brunner, H. G. Monissen, M. J. M. Neumann (Hrsg.), Geldtheorie, Köln 1974, S. 50-73. Einen wichtigen Beitrag zur Überwindung der Zirkularität dieses Arguments lieferte Clower, der zeigt, daß nur zirkulär geschlossene Systeme »Geldökonomien« sind; vgl. R. W. Clower, A Reconsideration of the Microfoundations of Monetary Theory; wiederabgedruckt in: R. W. Clower (ed.), Monetary Theory, Harmondsworth 1969, S. 202-211.
237. Aristoteles, der Staat der Athener, Stuttgart 1970, S. 16.
238. B. Laum, Heiliges Geld, Tübingen 1924, S. 14.
239. B. Laum aaO.
240. M. I. Finley, Die Welt des Odysseus, München 1979, S. 67.
241. Vgl. W. W. Struwe (Hrsg.), Der Alte Orient, Berlin 1955, S. 237.
242. Struwe aaO., S. 230f. (§§ 195ff.).
243. Struwe aaO., §§ 257, 258, 261 und 268; S. 235.
244. K. Polanyi, Ökonomie und Gesellschaft, Frankfurt/M. 1979, S. 300.
245. Herodot, Historien I, 153, München 1961, S. 105.
246. Ich beziehe mich auf das V. Buch der Nikomachischen Ethik und auf einige Abschnitte seiner »Politik«. Die »Eudemische Ethik« enthält ähnliche Gedanken, die fraglichen Abschnitte zur Geldtheorie sind jedoch kürzer und weniger ergiebig.
247. Nikomachische Ethik 1133a.
248. Vgl. zur genaueren Analyse dieser Struktur K.-H. Brodbeck, Transrationalität aaO.
249. Aristoteles, aaO. 1133 17f. Er illustriert es an folgendem Beispiel: »α sei ein Haus, β zehn Minen, γ ein Bett. α ist nun die Hälfte von β, wenn das Haus fünf Minen wert oder ihnen gleich ist. Das Bett ist ein Zehntel von β. Daraus ergibt sich, wie viele Betten auf ein Haus gehen, nämlich fünf.« aaO. 1133b 23ff.
250. Der in der vorliegenden Abhandlung verwendete Begriff des »sozialen Überschusses« unterscheidet sich *grundlegend* von traditionellen Auffassungen. Es handelt sich um einen Überschuß in einem *Handlungssystem*, und Handlungen sind in ihrer sozialen Vernetzung, wie der zweite Teil zu zeigen versuchte, weder mechanische Produktionsprozesse noch Beziehungen zwischen sozialen Klassen. Eine gewisse Nähe weist der soziale Überschuß zum physiokratischen Begriff des Reinertrages (*le produit net*) auf. Damit ist einfach die Differenz zwischen den erzeugten und den eingesetzten Gütern bezeichnet. Die für die Realisierung einer produktiven Handlung notwendigen Güter werden aber als *physische* Inputs verstanden, nicht als *sozialer* Bedarf. Bei Marx ist zwar deutlich, daß der *Mehrwert*

einem sozialen Mehrprodukt entspricht, der durch das Eigentumsmonopol von den Kapitalisten vom produzierten Gesamtwert angeeignet wird; doch die Kosten der Produktion (variables und konstantes Kapital) erscheinen einmal wiederum als physisch bedingter Güterverbrauch, zum anderen als augenblicklicher Stand der Klassenauseinandersetzung, der sich in der Höhe der Löhne und damit im Anteil des variablen Kapitals niederschlägt. Das Soziale wird auf eine Klassenbeziehung reduziert und damit verfehlt. (Der von P. A. Baran und P. M. Sweezy verwendete Begriff des »surplus«, vgl. Monopolkapital, Frankfurt/M. 1970 II und Anhang deckt sich weitgehend mit dem Marxschen »Mehrwert«; ebenso verwandte Vorstellungen in Rosa Luxemburgs Theorie der Akkumulation.) Sraffas Begriff des Überschusses entspricht inhaltlich dem Keynesschen »Sozialprodukt«, der Summe aus Löhnen, Gewinnen, Zins- und Renteneinkommen, der durch *technische* Eigenschaften der volkswirtschaftlichen Produktion ermittelt wird (entweder als Produkt einer gesamtwirtschaftlichen Produktionsfunktion bei Ramsey, Solow usw., oder als Nettoprodukt in einem Input-Output-System). Die *hier* entwickelte Begründung des sozialen Überschusses – der sich in den volkswirtschaftlichen Aggregaten ebenso zeigt wie verbirgt – ist dagegen der Überschuß in einem *Handlungssystem*. Er bestimmt sich jeweils *relativ* zu einem Gewohnheitssystem und setzt den Bedarf der Handlungen voraus. Der Bedarf ist weder funktional-technisch noch sozial zurechenbar (etwa als Einkommen einer besonderen sozialen Klasse). Die Differenz wird in Kapitel 15 und 16, sowie in kritischer Distanz zur Tradition in Kapitel 17 deutlicher werden.

251. Gerade »durch den Raub, durch das Verschmerzen der Heiligthümer dieser Erde, und in dem Frevel, der an ihnen begangen worden, haben wir sie selbst schätzen gelernt« sagt Müller; A. Müller, Von den guten Früchten der letztverflossenen dreyßig Jahre; in: Adam Müllers Handschriftliche Zusätze zu den ›Elementen der Staatskunst‹ mit einem Anhang: Verschollene Schriften Adam Müllers, Jena 1926, S. 110. Im Adel sah Müller jene Schicht, die durch »Aufopferung« für den Staat, »für den Grund und Boden, den unvergänglichen Träger des Staates«; A. Müller, Der Geist des Adels, aaO., S. 115, charakterisiert ist.

252. Es wurden hierfür zahlreiche intertemporale Modelle im Rahmen der neoklassischen Theorie entwickelt. Sofern die Frage gestellt wird, wie gemäß einer *vorgegebenen* ethischen Form die erschöpfbaren Ressourcen zwischen verschiedenen Generationen aufzuteilen sind, können diese Ansätze durchaus fruchtbar gemacht werden. Allerdings ist der *grundlegende* Mangel der neoklassischen Theorie auch hier der, daß sie *stillschweigend* bestimmte Eigentums- und Marktverhältnisse in »die menschliche Natur« verlegt. So ist etwa die Annahme einer »Zeitpräferenz« zur Abdiskontierung des Nutzens künftiger Generationen nicht nur, wie Rawls sagt, eine Ungerechtigkeit und Diskriminierung, es liegt darin auch eine unreflektierte Übertragung von Kredit- und Zinsstrukturen in einen Planungshorizont. Tatsächlich gibt es, wie bei der Frage der Einkommensverteilung zwischen Menschen einer Generation, *keine* quasinaturwissenschaftliche Lösung der »optimalen« Verteilung. Im Kalkül der Neoklassik verbirgt sich ein ethisches *Vorurteil*.

253. Wenn man alle Handlungen (es seien n Handlungen) in ihrem Bedarf erfaßt und den Bedarf entsprechend mißt, so ergibt sich ein komplexes System aus n Gleichungen für n Preise bzw. für n Gütermengen. Für solch ein System läßt sich eine Input- und eine Outputmatrix definieren (A und B), indem längerlebige Güter am Ende des Jahres jeweils als Kuppelprodukt betrachtet werden. Man kann auch erlauben, daß einige Handlungen über *mehrere, alternative* Gewohnheiten (»Prozesse«) verfügen. Es ergibt sich ein Gleichungssystem, bei dem nur bei *einem* Zuschlagssatz r positive Preise existieren [$pA(1+r) \geq pB$]. Dieser Zuschlagssatz ist durch das System der Handlungen definiert. Formal entspricht dieses System dem Wachstumsmodell von John von Neumann, der auch den mathematischen Existenzbeweis geliefert hat; vgl. J. von Neumann, Über ein ökonomisches

Gleichungssystem und eine Verallgemeinerung des Brouwerschen Fixpunktsatzes, Ergebnisse eines Mathematischen Kolloquiums, 8 (1932), S. 73-83.

254. Zur formalen Struktur von Systemen, bei denen die Profitrate zwischen den Wirtschaftssektoren differiert und ihrer Wirkung auf die Preise vgl. K.-H. Brodbeck, Neue Kapitalgüter, unvollkommene Konkurrenz und Profitrate, Zeitschrift für die gesamte Staatswissenschaft 139 (1983), S. 131-145.

255. Aristoteles, Nikomachische Ethik 1133b 10f.

256. G. F. Knapp, Staatliche Theorie des Geldes, München-Leipzig 1921, S. 1.

257. J. M. Keynes, The General Theory and After, Part II, Collected Writings Vol. XIV, S. 116.

258. H. von Glasenapp, Indische Geisteswelt, Band II, Wiesbaden o.J., S. 290. Kautilya legt allerdings Wert auf »große Mengen Kaufmannswaren«, denn das bedeute »Wachstum des Schatzes«.

259. Friedrich der Große, Ausgewählte Werke, Berlin 1916, S. 92.

15 Der soziale Überschuß und seine Quelle

260. Descartes hatte über die Naturgesetze gesagt: »Die von uns gefundenen Prinzipien sind aber von solcher Tragweite und Fruchtbarkeit, daß vielmehr aus ihnen folgt, als die sichtbare Welt enthält«. R. Descartes, Die Prinzipien der Philosophie, Hamburg 1965, III, 4, S. 65. Dieses »Mehr«, das aus den Naturgesetzen folgt, ist aber die *Form* der veränderten Naturdinge, und diese Form wird durch menschliche Kreativität tatsächlich *erschaffen*. »Der Mensch kann in seiner Produktion nur verfahren, wie die Natur selber, d. h. nur die Formen der Stoffe ändern«. K. Marx, Das Kapital Bd. I, MEW 23, S. 57. »*Produzieren!* Was will das heißen? - Daß das Schaffen von Gütern kein Hervorbringen vorher noch gar nicht dagewesener Stoffe, kein Schaffen im wahren Sinne des Wortes, sondern ein Ummodeln der unvergänglichen Materie in vorteilhaftere Gestalten ist und sein kann, ist so oft schon ausgesprochen worden, daß es völlig überflüssig wäre, hier nochmals darauf zurückzukommen.« E. von Böhm-Bawerk, Positive Theorie des Kapitales, Kapital und Kapitalzins II,1, Jena 1921[4], S. 7. »Die Produktion neuer materieller Güter ist selbstverständlich keine Erschaffung aus Nichts, sondern lediglich eine Umgestaltung der in der Natur vorhandenen Materialien.« G. Cassel, Theoretische Sozialökonomie, Leipzig 1927[4], S. 13.

261. Vgl. N. Georgescu-Roegen, Analytical Economics, Cambridge/Mass. 1967; ders., The Entropy Law and the Economic Process, Cambridge/Mass.-London 1971; ders. Energy and Economic Myths, New York et. al. 1976. P. A. Samuelson nennt Georgescu-Roegen ehrfürchtig »a scholar´s scholar, an economist´s economist«, Foreword zu »Analytical Economics«. Gleichwohl ist Roegen ein Außenseiter geblieben, dessen wichtige ökologische Einsichten von den Mainstream-Ökonomen einfach ignoriert werden.

262. »Seit nämlich *Say* die ›produits immateriels‹ in die Wissenschaft eingeführt hatte, ist man fast einmütig übereingekommen, daß nicht bloß körperliche, sondern auch *immaterielle Dinge*, wofern sie nur nützlich sind, Güter sein können«. E. von Böhm-Bawerk, Rechte und Verhältniss vom Standpunkte der Volkswirtschaftlichen Güterlehre, Gesammelte Schriften hrsg. v. F. X. Weiss, Wien-Leipzig 1927, S. 12.

263. E. Schmalenbach, Kapital, Kredit und Zins, Köln-Opladen 1961[4], S. 40.

264. E. von Böhm-Bawerk, Rechte und Verhältniss vom Standpunkte der Volkswirtschaftlichen Güterlehre, Gesammelte Schriften hrsg. v. F. X. Weiss, Wien-Leipzig 1927, S. 11.

265. Damit ist keineswegs ausgeschlossen, daß auch in einigen Fällen Risiken eingegangen werden, die zu Überschuldung und einer Reduktion des Bedarfs führen. Auch durch eine Reduktion des Bedarfs entsteht wenigstens *lokal* Überschuß. Fast kein Gutachten wirtschaftspolitischer Ratgeber, in dem nicht zu »maßvoller Tarifpolitik« oder einer Senkung der Lohnkosten aufgerufen werden. Der Fehlschluß bei dieser Form der Produktion von Überschuß durch Umverteilung liegt allerdings in der Tatsache, daß die einer Lohnsenkung nachfolgende Senkung der Konsumausgaben einen *sozialen* Überschuß verhindert. Die Tarifpolitik ist kein Ersatz für Innovation - der mangelnden Kreativität eines Managements, das Kostenreduktion durch Preissenkung erreichen möchte, steht eine Wirtschaftstheorie beflissen zur Seite, die in alter Gewohnheit ohnehin nur Preise und deren Änderung kennt.
266. Dieses Budget besteht aus einem Teil des *laufenden* Einkommens (Stromgröße), kann aber auch durch den temporären Abbau von Geldvermögen (Bestandsgröße) finanziert werden. Die Geld»horte« erfüllen die Doppelfunktion eines »kreativen Puffers«: Sie sichern gegen die Wechselfälle, die aus der Veränderung *anderer* Handlungen erwachsen, und sie gewähren kurzfristige Liquidität zur Finanzierung eigener kreativer Veränderungen.
267. Dies wurde von David Ricardo in seinem berühmten Beispiel des Handels zwischen England und Portugal als Aspekt internationaler Arbeitsteilung demonstriert. Es handelt sich hierbei aber um eine Eigenschaft, die für *alle* Marktformen gilt, nicht nur für den Handel zwischen Nationen.
268. Aristoteles, Politik, München 1973, 1254a.
269. G. W. F. Hegel, Philosophie der Geschichte, Werke Bd. 12, S. 370.
270. L. Brentano, Der wirtschaftende Mensch in der Geschichte, Leipzig 1923, S. 219.
271. N. Machiavelli, Politische Betrachtungen aaO., S. 277.
272. N. Machiavelli aaO., S. 278.
273. N. Machiavelli aaO., S. 277.
274. N. Machiavelli aaO., S. 279.
275. Wenn Recycling nur jeweils unvollkommen möglich ist, dann gilt dies sogar dann, wenn sich Gewohnheitssysteme nur *reproduzieren*. Darauf hat Georgescu-Roegen nachdrücklich hingewiesen, und er kommt zu der Schlußfolgerung, »that the most desirable state is not a stationary, but a declinging one.« N. Georgescu-Roegen, Energy and Economic Myth,New York et. al. 1976, S. 25.
276. Eine Innovation stellt nur dadurch eine *Neuerung* dar, daß sie *relativ* zu anderen Handlungen oder Prozessen eine Verbesserung einführt. Durch die Innovation geraten andere Prozesse in eine relativ schlechtere Position. *Gesamtwirtschaftlich* ist damit die Innovation in einem Sektor oder bei einer Firma die Ursache für Ertragsprobleme und eine Gefährdung von Arbeitsplätzen vor allem in jenen Sektoren verantwortlich, die zu diesem Zeitpunkt nicht innovativ waren. Eine Zurechnung von Arbeitsplätzen zu innovativen oder weniger innovativen Firmen ist ein mikroökonomischer Fehlschluß. Als Beispiel für diesen Fehlschluß vgl. W. Franz, Arbeitsmarktökonomik, Berlin et. al. 1991, S. 188ff. und die dort zitierten Arbeiten; vgl. auch K.-H. Brodbeck, Produktion, Arbeitsteilung und technischer Wandel, Düsseldorf 1981, S. 185-189.
277. Vgl. K.-H. Brodbeck, Diffusion multipler Techniken in Systemen evolutionären Wachstums, Münchener Wirtschaftswissenschaftliche Beiträge, hrsg. v. d. Volkswirtschaftlichen Fakultät der Universität München 89-10 (1989), S. 1-37; ders., R. F. Matzka, Evolutionary Production Systems, Quality and Quantity 19 (1985), S. 145-153.
278. Vgl. F. A. von Hayek, Die Verfassung der Freiheit, Tübingen 1991[3], S. 73. »Im Oktober 1838«, sagt Darwin, »las ich zufällig zur Unterhaltung Malthus´ Buch über das Bevölkerungsproblem, und da ich hinreichend darauf vorbereitet war, den überall

stattfindenden Kampf um die Existenz zu würdigen, namentlich durch lange fortgesetzte Beobachtung der Lebensweise von Tieren und Pflanzen, kam mir sofort der Gedanke, daß unter solchen Umständen günstige Abänderungen dazu neigen, erhalten zu werden, und ungünstige, zerstört zu werden. Das Resultat hiervon würde die Bildung neuer Arten sein. Hier hatte ich nun endlich eine Theorie, mit der ich arbeiten konnte.« C. Darwin, Autobiographie, in: Charles Darwin - ein Leben. Autobiographie, Briefe, Dokumente, München 1982, S. 93.

279. J. Schumpeter, Konjunkturzyklen, Bd. I, Göttingen 1961, S. 80.

16 Die Verteilung des sozialen Überschusses

280. Vgl. K.-H. Brodbeck, Produktion, Arbeitsteilung und technischer Wandel, Düsseldorf 1981, S. 179ff.; ders., Neue Kapitalgüter, unvollkommene Konkurrenz und Profitrate, Zeitschrift für die gesamte Staatswissenschaft (ZgS), 139 (1983), 131-145.
281. Zur Abschätzung solcher Effekte vgl. K.-H. Brodbeck, Lokomotiventheorie in der internationalen Makroökonomik, Weltwirtschaftliches Archiv, 117 (1981), 385-388.
282. Zitiert nach: F. Klemm, Technik. Eine Geschichte ihrer Probleme, München 1954, S. 167.
283. W. Bernhardt, R. Krasser, Lehrbuch des Patentrechts, München 1986, S. 42. Vgl. auch A. P. Usher, Technical change and Capital Formation, Capital Formation and Economic Growth, National Bureau of Economic Research, 1955.
284. W. Bernhardt, R. Krasser, aaO., S. 47.
285. Das Patentrecht spielt in der traditionellen Ökonomie eher eine geringe theoretische Rolle; vgl. als Beispiele: K. Arrow, Economic Welfare and the Allocation of Resources for Invention; in: N. Rosenberg, The Economics of Technological Change, Harmondsworth 1971, S. 106-181; P. Stoneman, Patenting Activity: A Re-Evaluation of the Influence of Demand Pressures, Journal of Industrial Economics XXVII (1979), S. 385-401; B. D. Wright, The Economics of Invention Incentives: Patens, Prizes, and Research Contracts, American Economic Review 73 (1983), S. 691-707.
286. Der bloße Kauf eines Buchs verschafft natürlich noch nicht die darin liegenden Gedanken. »Gedanken übergeben sich nicht von Hand in Hand, werden nicht durch klingende Münze bezahlt, und nicht dadurch unser, dass wir ein Buch, worin sie stehen, an uns nehmen, es nach Hause tragen und in unserem Bücherschranke aufstellen. Um sie uns zuzueignen, gehört noch eine Handlung dazu«, J. G. Fichte, Beweis der Unrechtmäßigkeit des Büchernachdrucks, Werke hrsg. v. I. H. Fichte, Bd. VIII, S. 225f. Vgl. auch I. Kant, Von der Unrechtmäßigkeit des Büchernachdrucks, Adademie Textausgabe Bd. VIII, S. 77ff.
287. Vgl. das deutsche kaiserliche Privileg 1501 an den Humanisten Celtes für seine Ausgabe der Dichtungen der Nonne Hroswitha von Gandersheim, einer Dichterin des 10. Jhs; H. Hubmann, M. Rehbinder, Urheber- und Verlagsrecht, München 1991, S. 9.
288. Hubmann/Rehbinder aaO.
289. Vgl. P. Goldstein, Was ist Copyright, GRUR Int. (1991), 1, S. 767-774.
290. E. von Böhm-Bawerk, Rechte und Verhältniss vom Standpunkte der Volkswirtschaftlichen Güterlehre, Ges. Schriften hrsg. v. F. X. Weiss, Wien-Leipzig 1927.
291. Das war schon der rationelle Kern bei Hilferding, entkleidet man sein Buch von marxistischem Ballast; vgl. R. Hilferding, Das Finanzkapital (1909), Frankfurt/M.-Wien 1968.
292. V. Emmerich, Kartellrecht, München 1991^{6}, S. 219.

293. J. K. Galbraith, Finanzgenies, Frankfurt/M. 1992, S. 24.
294. Dieser Gedanke wurde von Petty vorweggenommen, und Keynes bezieht sich auf diesen großen und vielfach vergessenen Ökonomen. Petty sagt: »Wenn nun die Beschäftigung dieser Überzähligen ohne Aufwand an ausländischen Waren geschieht, ist es gleichgültig, ob sie damit beschäftigt werden, eine nutzlose Pyramide auf der Salisburger Ebene zu bauen, Steine nach Stonehenge, zum Tower-Hill zu schaffen oder dergleichen. Denn im schlimmsten Falle würde dies ihr Gemüt an Disziplin und Gehorsam und ihren Leib an Ausdauer bei nützlicheren Arbeiten gewöhnen, wenn ein Bedürfnis das erfordern sollte.« W. Petty, Schriften zur politischen Ökonomie und Statistik, Berlin 1986, S. 39. Vgl. dazu Keynes: »›Löcher in die Erde zu graben‹, finanziert aus Ersparnissen, wird nicht nur die Beschäftigung erhöhen, sondern auch das reale Einkommen einer Nation an nützlichen Gütern und Dienstleistungen.« J. M. Keynes, The General Theory of Employment, Interest and Money, Collected Writings Vol. VII, S. 220.
295. Vgl. J. M. Keynes, Essays in Persuation, Collected Writings Vol. IX, S. 340ff.

17 Zur Geschichte der Zinstheorien

296. Aristotels, Politik I, 10; 1258b.
297. §§ 89, 90 und 95; W. W. Struwe (Hrsg.), Der Alte Orient, Berlin 1955, S. 215f. Der § 91 bestimmt, daß bei Wucher die gesamte Kreditsumme verloren geht.
298. Anguttara-Nikaya IV, 43 und IV, 50; Freiburg 1969, II. Band, S. 50 und 56.
299. Vgl. auch E. Klingenberg, Das israelische Zinsverbot in Torah, Mišnah und Talmud, Wiesbaden 1977.
300. Der Koran, 2, 276, Stuttgart 1960, S. 63. Weiter heißt es: »Auswischen wird Allah den Wucher, und vermehren wird er die Almosen«; 2, 277 – die Fortsetzung des Satzes ist jedoch seltsam: »*und* Allah liebt keinen Ungläubigen«, bei ihm erlaubt er nicht nur ungleichen Tausch.
301. Koran 2, 187 aaO. S. 49.
302. Thomas von Aquin, Theologische Summe II-II, 78, 1; deutsche Thomasausgabe Bd. 18, S. 365.
303. Thomas aaO. ad 2, S. 367.
304. Ich habe unter Voraussetzung des neoklassischen Instrumentariums zu zeigen versucht, inwiefern auch die Gleichgewichtstheorie die kanonische Auffassung stützen kann. Vorausgesetzt wird hierzu das von Samuelson in die Ökonomie eingeführte Konzept der »überlappenden Generation«; vgl. K.-H. Brodbeck, Stabilität und Effizienz multipler Gleichgewicht in Modellen mit überlappenden Generationen, Münchener Wirtschaftswissenschaftliche Beiträge 85-09 (1985), S. 1-22.
305. Thomas aaO. 78, 2 ad 5; S. 376.
306. Berlinisches Stadtbuch, hrsg. v. P. Clauswitz, Berlin 1883, S. 167; zitiert nach E. Klingenberg, aaO., S. 23. »Zins zu nehmen für geborgtes Geld ist an sich ungerecht«; Thomas von Aquin, Summa Theologica II-II 78, 1; deutsche Thomasausgabe Bd. 18, S. 365.
307. J. Steuart, Untersuchungen der Grundsätze der Staatswirtschaft, Bd. II, Hamburg 1770, S. 117.
308. A. Smith, Der Wohlstand der Nationen, aaO., S. 211.
309. K. Marx, Das Kapital Bd. III, MEW 25, S. 822.

310. Vgl. E. von Böhm-Bawerk, Kapital und Kapitalzins Bd. I, Geschichte und Kritik der Kapitalzins-Theorien, Jena 1921[4], Kapitel VII.
311. »The indictment that hangs over society is that of ›exploiting labor.‹ ›Workman‹ it is said, ›are regularly robbed of what they produce. This is done within the forms of law, and by the natural working of competition‹.« J. B. Clark, The Distribution of Wealth, New York 1899, S. 4.
312. J. B. Clark, The Distribution of Wealth, New York 1899, S. 120.
313. J. E. Meade, A Neo-Classical Theory of Economic Growth, London 1961, S. 55.
314. Vgl. T. Swan, Economic Growth and Capital Accumulation, Economic Record 32 (1956), S. 334-361; P. A. Samuelson, Parable and Realism in Capital Theory: The Surrogate Production Function; Review of Economic Studies 29 (1962); wiederabgedruckt in: J. E. Stiglitz (ed.), The Collected Scientific Papert of Paul A. Samuelson, Vol. 1, Cambridge/Mass.-London 1966.
315. P. A. Samuelson, W. D. Nordhaus, Economics, New York et. al. 1989[13], S. 856.
316. K. Marx, Das Kapital Bd. I, MEW 23, S. 221.
317. »Der häufigste Fehler ... (ist), dass der *technische*, statt des *wirthschaftlichen* Standpunktes betont wird«. C. Menger, Grundsätze der Volkswirtschaftslehre, Wien 1871, S. 130, Note.
318. Allerings hatte schon Piercy Ravenstone im Jahre 1821 geschrieben: »Es (Kapital) hat lediglich eine metaphysische Existenz (...), es ist wie der flüchtige Äther der alten Philosophen. (...) Es nützt unseren Ökonomen nicht weniger als den alten Philosophen. Es dient zur Begründung für alles, was anders nicht begründet werden kann.« A Few Doubts as to the Correctness of some opinions generally entertained on the subjets of Population and Political Economy, London 1821, S. 293; zitiert bei: M. Dobb, Wert- und Verteilungstheorien seit Adam Smith. Eine nationalökonomische Dogmengeschichte, Frankfurt/M. 1977, S. 272.
319. T. Veblen, Professor Clark's economics, Quaterly Journal of Ecnomics, 22 (1908), S. 147-195; Reprint in: E. K. Hunt, J. G. Schwartz (ed.), A Critique of Economic Theory, Harmondsworth 1972, S. 180.
320. Veblen, Professor Clark aaO., S. 181.
321. Veblen, Professor Clark aaO., S. 182.
322. J. M. Keynes, The General Theory of Employment, Interest and Money, Collected Writings Vol. VII, S. 138.
323. Vgl. z. B. Sachverständigenrat, Jahresgutachten 1993/94, Drucksache 12/6170, § 98, S. 102f.
324. J. B. Clark, The Distribution of Wealth, New York 1899, S. 117.
325. K. Marx, MEW 32, S. 552.
326. Thomas von Aquin, Opusculum LXVI, De Usuris, zitiert nach: W. Dempsey, Interest and Usury, London 1948, S. 214, Note. Die Echtheit dieser Schrift von Thomas wurde gelegentlich bestritten. Auch Spinoza kennt eine temporale Verschiedenheit der Affekte: »Der Affekt gegen ein zukünftiges Ding, von dem wir wissen, daß es in der Gegenwart nicht existiert ist bei sonst gleichen Umständen schwächer als der Affekt gegen ein vergangenes Ding.« B. Spinoza, Ethik, Frankfurt/M. 1972, S. 272. Leibniz gibt als Grund für solch eine Minderschätzung zukünftiger Güter an: »Ja es zeigt sich, daß die Dinge sich schließlich nicht im Verhältnis zu ihrer wachsenden Entfernung verkleinern, denn ihre Erscheinung verschwindet bald gänzlich (...). Ebenso vermag eine kleine zeitliche Entfernung die Zukunft gänzlich unserem Blicke zu entziehen, ganz wie wenn der Gegenstand verschwunden wäre.« G. W. Leibniz, Neue Abhandlungen über den menschlichen Verstand II § 62, Hamburg 1971, S. 205.

327. E. von Böhm-Bawerk, Positive Theorie des Kapitals, Kapital und Kapitalzins Bd. II, Jena 1921, S. 110. Ist Kapital ein Produktionsfaktor?, fragt Böhm, und sagt: »Diese Frage ist auf das Entschiedenste zu verneinen.« aaO., S. 131.
328. Vgl. F. A. Lutz, Zinstheorie, Kapitel 1 bis 3. Die wichtigsten Einwände wurden von Schumpeter, dem Schüler Böhm-Bawerks, vorgebracht; siehe dazu weiter unten.
329. I. Fisher, The »Impatience Theory« of Interest. A Study of the causes determining the Rate of Interest, »Scientia« Rivisti di Scienza IX 1911, XVIII-2, S. 387.
330. »Wie das Wachsen den Bäumen, so scheint das Geldzeugen (τόκο ς) dem Kapital in dieser Form als Geldkapital eigen.« K. Marx, Das Kapital Bd. III, MEW 25, S. 406. Vgl. auch den Satz von Marx, der Fishers Theorie vorausgeahnt zu haben scheint: »Dies verdient, der ›waldursprüngliche Zinsfuß‹ genannt zu werden«, aaO., S. 376, Note 67.
331. I. Fisher, The Theory of Interest (1930), Reprint New York 1977, S. 51.
332. I. Fisher, Theory aaO.
333. Vgl. zu einer ausführlichen Kritik: K.-H. Brodbeck, Wertsubstanz, Exploitation und tendentieller Fall der Profitrate, Jahrbuch der Wirtschaft Osteuropas, Band 9,1 (1980), 35-60; ders., Arbeit, Arbeitsteilung, Technologie, Osteuropa-Wirtschaft, 27 (1983), 52-61.
334. »When wages rise, there is a tendency for interest to rise too«, G. Cassel, The Nature and Nececcity of Interest (1907), Reprint New York 1957, S. 187.
335. Lockte Lenin 1913 die Arbeiter noch mit der Bemerkung, daß der Taylorismus »eine Schweißauspressung nach allen Regeln der Wissenschaft« sei, Lenin, Werke Bd. 18, S. 589, so offenbarte er 1922 die Wahrheit der sozialen Buchführung und verfügte ein Lehrbuch über das Taylorsystem »als obligatorisches Lehrbuch für alle Gewerkschaftsschulen«, ders., Werke Bd. 33, S. 354. Vgl. zu den Quellen dieser ambivalenten Haltung bei Marx: K.-H. Brodbeck, Arbeit, Arbeitsteilung, Technologie, Osteuropa Wirtschaft 28 (1983), S. 57ff.
336. A. R. J. Turgot, Betrachtungen über die Bildung und die Verteilung des Reichtums, Jena 1903, S. 77.
337. »Die natürliche Tendenz des Profits ist also zu fallen, denn mit der fortschreitenden Entwicklung der Gesellschaft kann die zusätzlich benötigte Menge Lebensmittel nur durch das Opfer von immer mehr Arbeit gewonnen werden«, D. Ricardo, Über die Grundsätze der Politischen Ökonomie und der Besteuerung, Berlin 1959, S. 106.
338. N. Georgescu-Roegen, The Entropy Law and the Economic Process, Cambridge-London 1971, S. 282-292.
339. Thukydides, Der Peloponnesische Krieg, I. Buch, 70. Kapitel, Stuttgart 1966, S. 88.
340. Vgl. J. A. Schumpeter, Geschichte der ökonomischen Analyse, Göttingen 1965, S. 515f.
341. J. Steuart, Untersuchungen der Grundsätze der Staatswirtschaft, Bd. I, Hamburg 1769, S. 475.
342. L. Brentano, Konkrete Grundbedingungen der Volkswirtschaft, Leipzig 1925, S. 171.
343. A. Smith, Theorie der ethischen Gefühle, Hamburg 1977, S. 315.
344. A. Smith, Der Wohlstand der Nationen, München 1978, S. 53.
345. J. G. Fichte, Ausgewählte Politische Schriften, Frankfurt 1977, S. 295; meine Hervorhebung.
346. Fichte, Schriften aaO.
347. Fichte, Schriften aaO.
348. Fichte, Schriften aaO.; meine Hervorhebung.
349. Fichte, Schriften aaO., S. 274.
350. Fichte, Schriften aaO., S. 296.
351. Fichte, Schriften aaO.
352. D. Ricardo, Grundsätze aaO., S. 106.
353. P. A. Samuelson, W. D. Nordhaus, Economics, New York et. al. 1989[13], S. 862 und 871.

354. J. H. von Thünen, Der isolierte Staat Bd. II, Berlin 1875[3], S. 87.
355. Thünen, Staat aaO., S. 103.
356. Thünen, Staat aaO., S. 99.
357. K. Marx, Das Kapital Bd. I, MEW 23, S. 336.
358. Marx, Kapital Bd. I aaO., S. 337.
359. Marx, Kapital Bd. I aaO., S. 337f.
360. Marx, Kapital Bd. I aaO., S. 392, Note.
361. Marx, Kapital Bd. I aaO., S. 393.
362. E. F. Schäffle, Das gesellschaftliche System der menschlichen Wirthschaft, 2. Band, Tübingen 1873[3], S. 80.
363. Schäffle, Das gesellschaftliche System aaO.
364. Schäffle, Das gesellschaftliche System aaO., S. 81.
365. Schäffle, Das gesellschaftliche System aaO.
366. »Der einzige größere Versuch nach dem Entwicklungsprobleme hin ist der von Karl Marx.« J. Schumpeter, Theorie der wirtschaftlichen Entwicklung, Berlin 1951[5], S. 84.
367. J. Schumpeter, Theorie der wirtschaftlichen Entwicklung, Berlin 1951[5], S. 100.
368. Schumpeter, Theorie aaO., S. 134.
369. Schumpeter, Theorie aaO., S. 119.
370. Schumpeter, Theorie aaO., S. 122.
371. Schumpeter, Theorie aaO., S. 93.
372. Schumpeter, Theorie aaO., S. 118.
373. Schumpeter, Theorie aaO., S. 123f.
374. Schumpeter, Theorie aaO., S. 126.
375. Schumpeter, Theorie aaO.
376. J. Schumpeter, Eine »dynamische« Theorie des Kapitalzinses. Eine Entgegnung, Zeitschrift für Volkswirtschaft, Sozialpolitik und Verwaltung, 22 (1913), S. 610; vgl. E. von Böhm-Bawerk, Eine »dynamische Theorie des Kapitalzinses«, aaO., S. 1-62.
377. Leon Walras geht in seiner Gleichgewichtstheorie von einer Vielzahl *primärer*, nicht reproduzierter Faktoren (»Kapitalien«) aus, die ihre »Faktordienste« leisten. Ferner »verlassen« andere Güter das ökonomische System und fließen in den Konsum. Das Walrassche Modell ist deshalb im doppelten Sinne offen. Es war aber Walras, der zuerst die allgemeine Interdependenz der Preise entdeckte, auch wenn er sie *mechanisch* mißdeutete und von einem »Mechanismus der freien Konkurrenz« sprach, L. Walras, Mathematische Theorie der Preisbestimmung der wirtschaftlichen Güter, Stuttgart 1881, S. 43.
378. Schumpeter, Theorie aaO., S. 118.
379. »Schumpeter defined the term innovation against the backdrop theoretical concept of a circular flow of economic activity. In this circular flow the actions of all the indivdual participants are taken routinely, even habitually. Schumpeter characterized these actions as consistent, and mutually supportive, in a sense closely akin to the characteristics of a general equilibrium of contemporary theory.« R. R. Nelson, Incentives for Entrepreneurship and Supporting Institutions, Weltwirtschaftliches Archiv 120 (1984), S. 646.
380. Schumpeter, Theorie aaO., S. 109.
381. Schumpeter, Theorie aaO., S. 260.
382. Schumpeter, Theorie aaO., S. 261.
383. Schumpeter, Theorie aaO., S. 262.
384. Schumpeter, Theorie aaO., S. 273.
385. Schumpeter, Theorie aaO., S. 298f.

386. »Neue Produktionsmethoden oder neue Güter, namentlich die letzteren, gewähren nicht an und für sich schon ein Monopol, selbst wenn sie durch eine einzige Unternehmung angewandt oder erzeugt werden. Das Produkt der neuen steht mit den Produkten der alten Methoden im Wettbewerb, und die neue Ware muß eingeführt werden, das heißt: ihre Nachfragekurve muß aufgebaut werden. In der Regel sind weder Patente noch monopolistische Maßnahmen ein Schutz dagegen; doch sie können es sein im Falle außerordentlicher Überlegenheit der neuen Erfindung«; J. Schumpeter, Kapitalismus, Sozialismus und Demokratie, München 1950; 1970³, S. 168.
387. Schumpeter, Kapitalismus aaO., S. 140.
388. Schumpeter, Kapitalismus aaO., S. 139f.
389. Schumpeter, Kapitalismus aaO., S. 137f. Zur Diskussion der Theorie Schumpeters vgl. R. R. Nelson, S. G. Winter, An Evolutionary Theory of Economic Change, Cambridge/Mass. 1982; K. Iwai, Schumpeterian Dynamics, Journal of Economic Behaviour and Organization 5 (1984), S. 159-190 und 321-351; K.-H. Brodbeck, Diffusion multipler Techniken in Systemen evolutionären Wachstum, Münchener Wirtschaftswissenschaftliche Beiträge Nr. 89-10 (1989), S. 1-37 und die dort zitierte Literatur.
390. P. Sraffa, Dr. Hayek on Money and Capital, Economic Journal 42 (1932), S. 43.
391. Vgl. B. Schefold, Von Neumann and Sraffa: Mathematical Equivalence and Conceptual Difference, Economic Journal, 90 (1980), S. 140-156.
392. Sraffa, Dr. Hayek aaO., S. 51.
393. P. Sraffa, Production of Commodities by Means of Commodities, Cambridge 1960, § 6.
394. »If the economy produces more than the minimum necessary for replacement and there is a surplus to be distributed, the system becomes self-contradictory.« P. Sraffa, Production aaO., § 4.
395. Sraffa, Production aaO., S. v.
396. Er verweist aber in seiner »General Theory« ausdrücklich auf Sraffas Arbeit; J. M. Keynes, The General Theory of Employment, Interest and Money, Collected Writings Vol. VII, S. 223, Note.
397. Sraffa deutet solch eine Verbindung mit der Keynesschen Theorie an, wenn er sagt, die Profitrate in seinem Preissystem sei »exogen« bestimmt: »It is accordingly susceptible of being determined from outside the system of production, in particular by the level of the money rates of interest.« P. Sraffa, Production aaO., § 44. Diesen Gedenken hatte Sraffa aber gerade in der Diskussion mit Hayek als undenkbar bezeichnet, weil in einer Wirtschaft mit positiver Ersparnis die Zinssätze der verschiedenen Waren gerade nicht gleich sind, weshalb man nicht sagen kann, die Profitrate »must be uniform for all industries«, aaO. § 4. Welcher »mechanism« (§ 4) sollte das bewerkstelligen? Selbst die ökonomische Klassik, Ricardo und Mill, ist nur von einem *Durchschnitt* ausgegangen. Vgl. K.-H. Brodbeck, Neue Kapitalgüter, unvollkommene Konkurrenz und Profitrate, Zeitschrift für die gesamte Staatswissenschaft 139 (1983), S. 131-145.
398. J. M. Keynes, The General Theory aaO., S. 213. Vgl.: »Die einzige Produktivkraft ist die Arbeit; sie wird allerdings zweifellos von Werkzeugen und den bearbeiteten Materialien unterstützt.« J. S. Mill, Einige ungelöste Probleme der politischen Ökonomie, Frankfurt-New York 1976, S. 118.
399. J. M. Keynes, The General Theory and After, Part I, Collected Writings Vol. XIII, S. 601.
400. J. M. Keynes, The General Theory, Collected Writings Vol. VII, S. 167.
401. Keynes, General Theory aaO.
402. J. M. Keynes, The General Theory and After, Part I, Collected Writings Vol. XIV, S. 215. Vgl.: »Die in einem Lande herrschende Durchschnittsrate des Zinses - im Unterschied von den beständig schwankenden Marktraten - ist durchaus durch kein Gesetz bestimmbar.

(...) Wo hier die Konkurrenz als solche entscheidet, ist die Bestimmung an und für sich zufällig, rein empirisch, und nur Pedanterie oder Phantasterei kann diese Zufälligkeit als etwas Notwendiges entwickeln wollen.« K. Marx, Das Kapital, Band III, MEW 25, S. 374 und 375. Wenn es kein Marktgesetz gibt, kann aber, das hat Marx übersehen, die Geldpolitik *bestimmend* eingreifen.

403. J. M. Keynes, A Treatise on Money II, Collected Wrtings Bd. VI, S. 85.
404. J. M. Keynes, The General Theory and After, Part II, Collected Writings Vol. XIV, S. 72.

18 Kreatives Wachstum oder Wachstum der Kreativität?

405. H. Maier-Mannhart, Gewinne im Zwielicht, Süddeutsche Zeitung 81, 6.-8. April 1996, S. 21. Die Frage, *wer* sich hinter dem »Wir« verbirgt, gilt als unfein. Der »internationale Konkurrenzkampf« der Egoismen ist jener Gott, dem *alle* Opfer zu bringen sind: »Man sollte sich (.) keiner Illusion hingeben«, aaO., fügt der Kommentator hinzu - ganz »nüchtern«, so lautet stets die devote Formel, wenn es um die Opfer geht.
406. Vgl. J. Weimann, Umweltökonomik, Berlin et. al. 1991², S. 52ff.
407. J. Rifkin, Das Ende der Arbeit und ihre Zukunft, Frankfurt/New York 1995, S. 157.
408. Es ist auch aus prinzipiellen Gründen zu erwarten, daß mit der Vervielfältigung der Produkte die Zahl der arbeitsintensiven Prozesse *sinken* wird. Diesen Zusammenhang habe ich an anderer Stelle untersucht; vgl. K.-H. Brodbeck, Produktion aaO., S. 32-39.
409. Vgl. W. D. Nordhaus, The Efficient Use of Energy Resources, New Haven-London 1979.
410. F. Engels, MEW 20, S. 452f.
411. K. Marx, Das Kapital Bd. III, MEW 25, S. 784.
412. Vgl. J. Pieper, Über das Ende der Zeit, München 1953.
413. Auch in der Wirtschaftspresse hat sich die Einsicht durchgesetzt, »daß die Finanzmärkte sich von den realwirtschaftlichen Größen weitgehend abgekoppelt haben. Geld ist mit der Globalisierung neben seiner Funktion als Tauschmittel zu einem Wert an sich mutiert.« H. Maier-Mannhart, aaO.
414. Rosa Luxemburg hat, unter Anknüpfung an Gedanken von Malthus, im Marxschen Schema der Reproduktion zu zeigen versucht, daß der Kapitalismus langfristig zum Untergang verdammt sei, denn er bedürfe »zu seiner Existenz und Fortentwickelung nichtkapitalistischer Produktionsformen als seiner Umgebung«, R. Luxemburg, Die Akkumulation des Kapitals, Berlin 1923, S. 289. Dieser Gedanke, der auch im Rahmen der keynesianischen Theorie modifiziert wiederkehrt als These von der säkularen Depression bei Alvin Hansen, vermengt mehrere Sachverhalte. Tatsächlich benötigt das kreative Wachstum beständig mehr Naturformen und kreative Produkte. Doch eine *Verknappung* bedeutet eine Gewinnchance und damit eine *nominale* Wachstumsquelle. Es gibt für die Kaufmannsseele keine *innere* Schranke. Die Dialektik, wonach »die wahre Schranke der kapitalistischen Produktion das Kapital selbst« sei, K. Marx, Das Kapital Bd. III, MEW 25, S. 260, ist eine vergebliche Hoffnung. Der Gedanke, daß ohne sozialistische Revolution der Kapitalismus in eine neue Barbarei münden werde (»Sozialismus oder Barbarei«), verkannte, daß der reale Sozialismus (Stalinismus) selbst jene Barbarei war, gegen die er anzutreten vorgab. Der von Marx behauptete Gegensatz von Arbeit und Kapital ahnt zwar die Differenz von Kaufmannsseele und Kreativität; doch diese Differenz ist keine *äußere*, es handelt sich um eine seelische Struktur. Der »Feind« steckt innen, im Denken und Empfinden.

415. Vgl. G. Simmel, Hauptprobleme der Philosophie, Berlin 1964[8], Kapitel 4; K.-H. Brodbeck, Transrationalität, aaO., S. 18ff.; ders., Theorie der Arbeit, München 1979, Kapitel 2.7.
416. »Wer denkt abstrakt?« fragt Hegel und antwortet: »Der ungebildete Mensch, nicht der gebildete«, G. W. F. Hegel, Werke Bd. 2, S. 577.
417. 5Mos 20,10.
418. Koran 2, 186.
419. Koran 47, 4.
420. Vgl. z. B. J. Rifkin, Das Ende der Arbeit, Frankfurt/New York 1995, Kapitel V.
421. Vgl. J. Robinson, The Second Crisis of Economic Theory, American Economic Review, LXII (1972), S. 1-10.
422. Wie eine so befreite Kreativität aussehen könnten, habe ich in einem anderen Buch (»Entscheidung zur Kreativität«, Darmstadt 1995) beschrieben. Sie wäre vor allem, wie ein Rezensent treffend formulierte, eine »aus dem miefigen Umfeld der Management-Seminare« befreite Kreativität; R. Meyer-Arlt, Ein Plädoyer für die Offenheit des Denkens, Göttinger Tageblatt vom 8. Juni 1995, S. 17.

LITERATURVERZEICHNIS

ADORNO, T. W., Soziologische Schriften I, Frankfurt/M. 1979

ALBERT, H. (Hrsg.), Theorie und Realität, Tübingen 1964

ALCHIAN, A. A., H. DEMSETZ, The Property Rights Paradigm, Journal of Economic History 33 (1973), S. 16-27

ALLEN, P. R., P. B. KENEN, Asset Markets, Exchange Rates, and Economic Integration: A Synthesis, Cambridge 1980

AMONN, A., Grundzüge der Volkswohlstandslehre, Jena 1926

ARCHIBALD, G. C. (Hrsg.), The Theory of the Firm, Harmondsworth 1971

ARGYRIS, C., Organization and Innovation, Homewood, Ill, 1965

ARISTOTELES, Ethica Nicomachea, ed. I. Bywater, OXONII 1894

—, Über Gedächtnis und Erinnerung; Kleine Schriften zur Seelenkunde, hrsg. v. P. Gohlke, Paderborn 1953

—, Physik, übers. v. P. Gohlke, Paderborn 1956

—, Nikomachische Ethik, hrsg. v. F. Dirlmeier, Stuttgart 1969

—, Der Staat der Athener, hrsg. v. P. Dams, Stuttgart 1970

—, Nikomachische Ethik, hrsg. v. O. Gigon, München 1972

—, Politik, übers. v. O. Gigon, München 1973

—, Oikonomikos, übers. v. U. Viktor, Königstein/Ts. 1983

ARROW, K., An Extension of the Basic Theorems of Classical Welfare Economics; in: J. Neyman (ed.), Proceedings of the Second Berkeley Symposium on Mathematical Statistics and Probability, Berkeley 1950, S. 507-532

—, The Economic Implications of Learning by Doing, Review of Economic Studies 29 (1962), S. 155-173

—, The Role of Securities in the Optimal Allocation of Risk Bearing, Review of Economic Studies 31 (1964), S. 91-96

—, Economic Welfare and the Allocation of Resources for Invention; in: N. Rosenberg (ed.), The Economics of Technological Change, Harmondsworth 1971, S. 106-181

ARROW, K. J., F. H. HAHN, Genereal Competitive Analysis, San Francisco-Edingburgh 1971

AUGUSTINUS, Der Gottesstaat, München-Zürich 1977

BACON, F., Neues Organon der Wissenschaft, Leipzig 1830

BAMBERG, G., A. G. COENENBERG, Betriebswirtschaftliche Entscheidungstheorie, München 1992

BARAN, P. A. , P. M. SWEEZY, Monopolkapital, Frankfurt/M. 1970

BARRO, R. J., X. SALA-I-MARTIN, Economic Growth, New York et. al. 1995

BAUMOL, W. J., Business Behaviour, Value and Growth, New York 1967²

BAUMOL, W. J., W. E. OATES, The Theory of Environmental Policy, Cambridge 1988

BAUMOL, W. J., S. A. B. BLACKMAN, E. N. WOLFF, Productivity and American Leadership: The Long View, Cambridge/Mass.-London 1991,

BECKER, G. S., Der ökonomische Ansatz zur Erklärung menschlichen Verhaltens, Tübingen 1982

BECKMANN, M. J., G. MENGES, R. SELTEN (Hrsg.), Handwörterbuch der Mathematischen Wirtschaftswissenschaften, drei Bände, Wiesbaden 1979

BEGON, M., J. L. HARPER, C. R. TOWNSEND, Ökologie, Basel-Boston-Berlin 1991

BENTHAM, J., Eine Einführung in die Prinzipien der Moral und der Gesetzgebung; in: O. Höffe (Hrsg.), Einführung in die utilitaristische Ethik, München 1975

BERGSON, H., Schöpferische Entwicklung, Jena 1912

BERNHARDT, W., R. KRASSER, Lehrbuch des Patentrechts, München 1986

BIEN, G. Die Grundlegung der politischen Philosophie bei Aristoteles, München 1985

BLATT, J. M., Dynamic Economic Systems. A Post-Keynesian Approach, New York/-Brighton 1983

BÖHM-BAWERK, E. VON, Rechte und Verhältnisse; Gesammelte Schriften hrsg. v. F. X. Weiss, Wien-Leipzig 1927

—, Positive Theorie des Kapitales, Kapital und Kapitalzins II,1, Jena 1921[4]

—, Eine »dynamische Theorie des Kapitalzinses«, Zeitschrift für Volkswirtschaft, Sozialpolitik und Verwaltung, 22 (1913), S. 1-62

BOULDING, K. E., The Economics of Knowledge and the Knowledge of Economics; in: D. M. Lamberton (ed.), Economics of Information and Knowledge, Harmondsworth 1971, S. 21-36

—, Ökonomie als Wissenschaft, München 1976

BRENTANO, L., Konkrete Grundbedingungen der Volkswirtschaft, Leipzig 1925

—, Der wirtschaftende Mensch in der Geschichte, Leipzig 1923

BRODBECK, K.-H., Theorie der Arbeit, München 1979

—, Wertsubstanz, Exploitation und tendentieller Fall der Profitrate, Jahrbuch der Wirtschaft Osteuropas 9,1 (1980), S. 35-60

—, Produktion, Arbeitsteilung und technischer Wandel, Volkswirtschaftliche Schriften Band 10, Düsseldorf 1981

—, Arbeit, Arbeitsteilung, Technologie, Osteuropa-Wirtschaft 27 (1983), S. 52-61

—, Zins und technischer Wandel in Planungssystemen, Zeitschrift für Wirtschafts- und Sozialwissenschaften 103 (1983), S. 27-41

—, Neue Kapitalgüter, unvollkommene Konkurrenz und Profitrate, Zeitschrift für die gesamte Staatswissenschaft 139 (1983), S. 131-145

—, Technischer Fortschritt in alternativen Ansätzen der modernen Kapitaltheorie, Discussionpaper, Volkswirtschaftliche Fakultät der Universität München, München 1984

—, Stabilität und Effizienz multipler Gleichgewichte in Modellen mit überlappenden Generationen, Münchener Wirtschaftswissenschaftliche Beiträge Nr. 85-09 (1985)

—, Transrationalität. Prozeßstrukturen wirtschaftlichen Handelns, Münchener Wirtschaftswissenschaftliche Beiträge, hrsg. v. d. Volkswirtschaftlichen Fakultät der Universität München 86-09 (1986)

—, Two Class Economies with Overlapping Generations and Heritable Capital Stock, Journal of Institutional and Theoretical Economics 143 (1987), S. 643-651

—, Diffusion multipler Techniken in Systemen evolutionären Wachstums, Münchener Wirtschaftswissenschaftliche Beiträge, hrsg. v. d. Volkswirtschaftlichen Fakultät der Universität München 89-10 (1989)

—, Bestimmungsgründe der Nachfrage nach kulturellen Leistungen, Ifo-Institut, München 1989

—, Wirtschaft als autopoietisches System? Anmerkungen zu N. Luhmanns Buch "Die Wirtschaft der Gesellschaft", Zeitschrift für Politik 38 (1991), S. 317-326

—, Autopoietische Systeme und ökonomische Systeme. Anmerkungen zur Entgegnung von Niklas Luhmann, Zeitschrift für Politik 39 (1992), S. 436-439

—, Entscheidung zur Kreativität, Darmstadt 1995

—, Der Spiel-Raum der Leerheit. Buddhismus im Gespräch, Solothurn-Düsseldorf 1995

—, Virtuelle Realität - Wirklichkeit *als* Schein. Ein Beitrag zum Dialog zwischen Europa und Asien, Blickpunkte 2 (1996), S. 41-63
BRODBECK, K.-H., G. HEDTKAMP, Finanzwirtschaft der DDR (siehe Hedtkamp)
BRODBECK, K.-H., MATZKA, R. F., Evolutionary Production Systems, Quality and Quantity 19 (1985), S. 145-153
BRODBECK, K.-H., THANNER, B., Impact of German Unification and Reforms in Eastern Europe on German Business Strategies, Ifo-Institut, München 1991
BRODBECK, K.-H., M. HUMMEL, Musikwirtschaft, Ifo-Studien zu Kultur und Wirtschaft 5, München 1991
—, Längerfristige Wechselwirkungen zwischen kultureller und wirtschaftlicher Entwicklung (siehe Hummel)
BRUNNER, K., A. H. MELTZER, Die Verwendung von Geld: Geld in der Theorie einer Tauschwirtschaft; in: K. Brunner, H. G. Monissen, M. J. M. Neumann (Hrsg.), Geldtheorie, Köln 1974, S. 50-73
BRUNNER, K., H. G. MONISSEN, M. J. M. NEUMANN (Hrsg.), Geldtheorie, Köln 1974
BUDDHAGHOSA, Visuddhi-Magga, übers. v. Nyanatiloka, Konstanz 1952[2]
BURDA, M. C., C. WYPLOSZ, Makroökonomik, München 1994
BURMEISTER, E., Capital Theory and Dynamics, London et. al. 1980
BURMEISTER, E., A. R. DOBELL, Mathematical Theories of Economic Growth, London 1970
CAPELLE, W. (Hrsg.), Die Vorsokratiker, Stuttgart 1968
CASSEL, G., Theoretische Sozialökonomie, Leipzig 1927[4]
—, The Nature and Nececcity of Interest (1907), Reprint New York 1957
CHAMBERLIN,E. H. (Hrsg.), Monopoly and Competition and their Regulation, London 1954
CLARK, J. B., The Philosophy of Wealth, Boston 1887
—, The Distribution of Wealth, New York 1899
CLOWER, R. W., A Reconsideration of the Microfoundations of Monetary Theory; wiederabgedruckt in: R. W. Clower (ed.), Monetary Theory, Harmondsworth 1969, S. 202-211
—, (ed.), Monetary Theory, Harmondsworth 1969
COURNOT, A., Recherches sur les Principes Mathématiques de la Théorie des Richesses, Paris 1838
COUVRAT, J.-F., N. PLESS, Das verborgene Gesicht der Weltwirtschaft, Münster 1993
DAMASCHKE, A., Die Bodenreform, Berlin 1907
DARWIN, C., Die Entstehung der Arten, Stuttgart 1967
—, Autobiographie; in: Charles Darwin - ein Leben. Autobiographie, Briefe, Dokumente, München 1982
DAVIDSON, D., Handeln; in: G. Meggle (Hrsg.), Analytische Handlungstheorie Band 1, Frankfurt/Main 1977
—, Inquiries into Truth & Interpretation, Oxford 1984
DEBREU, G., I. N. HERSTEIN, Nonnegative Square Matrices, Econometrica 21 (1953), S. 597-607.
DEBREU, G. I., Theory of Value, New York 1959
DEMPSEY, W., Interest and Usury, London 1948
DESCARTES, R., Die Prinzipien der Philosophie, ed. Buchenau, Hamburg 1955
—, Von der Methode, hrsg. v. A. Buchenau, Hamburg 1971
—, Die Leidenschaften der Seele, übers. v. K. Hammacher, Hamburg 1984
DIOGENES LAERTIUS, Leben und Meinungen berühmter Philosophen, Hamburg 1967

DOBB, M., Wert- und Verteilungstheorien seit Adam Smith. Eine nationalökonomische Dogmengeschichte, Frankfurt/M. 1977
DORFMAN, R., The Price System, Englewood Cliffs 1964
DRIESCH, H., Alltagsrätsel des Seelenlebens, Zürich 1954
DSCHUANG DSI, Das wahre Buch vom südlichen Blütenland, hrsg. v. R. Wilhelm, Düsseldorf-Köln 1972
DÜHRING, I., Aristoteles, Heidelberg 1966
ECKHART, MEISTER, Schriften hrsg. v. H. Büttner, Jena 1934
—, Deutsche Predigten und Traktate, hrsg. v. J. Quint, München 1968
EDELMAN, G. M., Unser Gehirn - Ein dynamisches System, München-Zürich 1993
—, Göttliche Luft, vernichtendes Feuer, München-Zürich 1995
EICHHORN, W., J. VOELLER, Theory of the Price Index, Berlin-Heidelberg-New York 1976
EIGEN, M., R. WINKLER, Das Spiel. Naturgesetze steuern den Zufall, München 1975
EINSTEIN, A., Zur Elektrodynamik bewegter Körper, Annalen der Physik (1905); wiederabgedruckt in: H. A. Lorentz, A. Einstein, H. Minkowski, Das Relativitätsprinzip, Stuttgart 1923
—, Grundzüge der Relativitätstheorie, Braunschweig 1965[4]
—, Aus meinen späten Jahren, Frankfurt/M.-Berlin 1993
EINSTEIN, A., L. INFELD, Die Evolution der Physik, Reinbek bei Hamburg 1956
EISLER, R., Kantlexikon, Berlin 1930
EMMERICH, V., Kartellrecht, München 1991[6]
ENGELS, F., Umrisse zu einer Kritik der Nationalökonomie, MEW Bd. 1
EUCKEN, W., Die Grundlagen der Nationalökonomie, Berlin-Göttingen-Heidelberg 1959
FICHTE, J. G., Grundlage der gesammten Wissenschaftlehre, Werke Bd. I
—, System der Sittenlehre, Werke (ed. F. Medicus) Bd. 2
—, Beweis der Unrechtmäßigkeit des Büchernachdrucks, Werke hrsg. v. I. H. Fichte, Bd. VIII
—, Ausgewählte Politische Schriften, Frankfurt 1977
FINLEY, M. I., Die antike Wirtschaft, München 1977
—, Die Welt des Odysseus, München 1979
FISHER, I., The "Impatience Theory" of Interest. A Study of the causes determining the Rate of Interest, "Scientia" Rivisti di Scienza IX 1911, XVIII-2
—, Die Kaufkraft des Geldes, Berlin 1916
—, Mathematical Investigations in the Theory of Value and Prices, New Haven 1925
—, The Theory of Interest (1930), Reprint New York 1977
FLECK, L., Entstehung und Entwicklung einer wissenschaftlichen Tatsache, Frankfurt 1980
FORSTMANN, A., Geld und Kredit, Göttingen 1952
FOSTER, R. N., Innovation. Die technologische Offensive, Wiesbaden 1986
FRANKLIN, B., Guter Rath an einen jungen Handwerker (1748), Leben und Schriften, zweiter Band, Hamburg-Leipzig-St. Petersburg o. J.
FRANZ, W., Arbeitsmarktökonomik, Berlin et. al. 1991
FREUD, S., Das Ich und das Es, Gesammelte Werke Bd. 13
FRIEDMAN, M., Kapitalismus und Freiheit, München 1976
—, Die optimale Geldmenge, Frankfurt/M. 1976
FRIEDRICH DER GROSSE, Ausgewählte Werke, Berlin 1916
FRISCH, R., Theory of Production, Dordrecht-Holland 1965

FUCHS, K. J., Der Warenterminhandel, seine Technik und volkswirtschaftliche Bedeutung; Jahrbuch für Gesetzgebung, Verwaltung und Volkswirtschaft im Deutschen Reich 15 (1891), S. 8-14
FÜLÖP-MILLER, R., Macht und Geheimnis der Jesuiten, Wiesentheid 1947
GÄFGEN, G., Theorie der wirtschaftlichen Entscheidung, Tübingen 1968[2]
GAHLEN, B., Der Informationsgehalt der modernen Wachstumstheorie für die Wirtschaftspolitik, Tübingen 1972
GALBRAITH, J. K., Tabus in Wirtschaft und Politik der USA, Reinbek bei Hamburg 1964,
—, Finanzgenies, Frankfurt/M. 1992
GALE, D., On Optimal Development in a Multi-Sector Economy, Review of Economic Studie 34 (1967), S. 1-19
GEIGER, W. (Hrsg.), Samyutta-Nikaya, München-Neubiberg 1930
GELESNOFF, W., Grundzüge der Volkswirtschaftslehre, Berlin 1918
GEORGESCU-ROEGEN, N., The Entropy Law and the Economic Process, Cambridge-London 1971
—, Energy and Economic Myths. Institutional and Economic Essays, New York et.al. 1976
—, u. a., Für eine menschliche Ökonomie, in: Technologie und Politik 12 (1978), S. 88ff.
GESELL, S., Die natürliche Wirtschaftsordnung durch Freiland und Freigeld, Hochheim 1931[7]
GIEDION, S., Die Herrschaft der Mechanisierung, Frankfurt/M. 1982
GLASENAPP, H. VON, Indische Geisteswelt, zwei Bände, Wiesbaden o.J.
GOLDSTEIN, P., Was ist Copyright, GRUR Int. (1991), 1, S. 767-774.
GÖMMEL, R., R. KLUMP, Merkantilisten und Physiokraten in Frankreich, Darmstadt 1994
GOODHART, C. A. E., Monetary Theory and Practice: the UK Experience, London 1984
—, Money, Information and Uncertainty, Cambridge/Mass. 1991[2]
GOODIN, R. E., Selling Environmental Indulgences, Kyklos 47 (1994), S. 573-596
GOSSEN, H. H., Entwicklung der Gesetze des menschlichen Verkehrs und der daraus fließenden Regelen für menschliches Handeln, Braunschweig 1854 (Reprint)
GOTTL-OTTLILIENFELD, FR. VON, Grundriss der Sozialökonomik, II. Abteilung, II. Teil, Wirtschaft und Technik, Tübingen 1923[2]
GRANDMONT, J.-M., Money and Value, Cambridge et. al. 1983
GRILICHES, Z., Data and Econometricians - The Uneasy Alliance, American Economic Review, PaP 75 (1985), S. 196-200
HAAS, H., R. V. KINELE, Lateinisch-Deutsches Wörterbuch, Heidelberg 1952
HABERMAS, J., Strukturwandel der Öffentlichkeit, Neuwied-Berlin 1962
HAHN, A., Volkswirtschaftliche Theorie des Bankkredits, Tübingen 1930[3]
HAHN, F., Geldtheorie; in: R. Selten (Hrsg.), Handwörterbuch der Mathematischen Wirtschaftswissenschaften, Bd. 1: Wirtschaftstheorie, Wiesbaden 1979
HAMPE, M., J.-I. LINDEN (Hrsg.), Im Netz der Gewohnheit, Hamburg 1993
HARCOURT, G. C., N. F. LAING (ed.), Capital and Growth, Harmondsworth 1971
HARTMANN, N., Zur Grundlegung der Ontologie, Berlin 1965[4]
HAYEK, F. A. VON, The Counter-Revolution in Science, Glencoe 1952
—, Studies in Philosophy, Politics and Economics, London and Henley 1967
—, Der Weg zur Knechtschaft, München 1976
—, Recht, Gesetzgebung und Freiheit; Band 1: Regeln und Ordnung, Landsberg 1986[2]
—, Die Verfassung der Freiheit, Tübingen 1991[3]

HEDTKAMP, G., BRODBECK, K.-H., Finanzwirtschaft der DDR, Handwörterbuch der Wirtschaftswissenschaft (HdWW), Bd. 3, Stuttgart-Tübingen-Göttingen 1980, S. 195-211
HEGEL, G. W. F., Phänomenlogie des Geistes, Werke Bd. 3
—, Grundlinien der Philosophie des Rechts,Werke Bd. 7
—, Vorlesungen über die Philosophie der Geschichte, Werke Bd. 12
—, Vorlesungen über die Geschichte der Philosophie III, Werke Bd. 20
HEIDEGGER, M., Sein und Zeit, Tübingen 1972[12]
—, Frühe Schriften, Frankfurt 1972
—, Die Technik und die Kehre, Pfullingen 1976
—, Zollikoner Seminare, hrsg. v. M. Boss, Frankfurt/M 1987
—, Phänomenologische Interpretationen zu Aristoteles, Gesamtausgabe Bd. 61
—, Bremer und Freiburger Vorträge, Gesamtausgabe Bd. 79
HEISENBERG, W., Physik und Philosophie, Frankfurt/M.-Berlin-Wien 1973
HELFFERICH, K., Das Geld, Leipzig 1903
HENNING, M. (Hrsg.), Der Koran, übers. v. M. Henning, Stuttgart 1960
HERAKLIT, Fragmente, hrsg. v. B. Snell, München 1965
HERDER, Ideen zur Philosophie der Geschichte der Menschheit, Werke Bd. 3 (hrsg. v. H. Kurz)
HERDERS THEOLOGISCHES TASCHENLEXIKON, Bd. 6, Freiburg im Breisgau 1972
HERODOT, Historien I, München 1961
HESIOD, Theogonie, hrsg. v. K. Albert, Sankt Augustin 1990
HICKS, J. R., Mr Keynes and the ›Classics‹; a Suggested Interpretation, Econometrica 5 (1937), S. 147-159
—, Value and Capital, Oxford 1939[2]
—, The Theory of Wages, London et. al. 1963[2]
—, Capital and Growth, Oxford 1969[2]
HICKS, J. R., R. G. D. ALLEN, A Reconsideration of the Theory of Value, Economica NS 1 (1934), S. 52-76 und S. 196-219; wiederabgedruckt und übersetzt in: A. E. Ott (Hrsg.), Preistheorie, Köln-Berlin 1965
HILDEBRAND, B., Natural-, Geld- und Kreditwirtschaft; in: Die Nationalökonomie der Gegenwart und Zukunft, Jena 1922
—, Die gegenwärtige Aufgabe der Wissenschaft der Nationalökonomie (1863), in: Die Nationalökonomie der Gegenwart und Zukunft, Jena 1922
HILFERDING, R., Das Finanzkapital (1909), Frankfurt/M.-Wien
HOBBES, T., Lehre vom Menschen und vom Bürger, Leipzig 1918
—, Vom Körper, übers. v. M. Frischeisen-Köhler, Hamburg 1967
—, Leviathan, übers. v. J. P. Mayer, Stuttgart 1974
—, Naturrecht und Allgemeines Staatsrecht in den Anfangsgründen, Darmstadt 1976
HOFMANN, J. B., Etymologisches Wörterbuch des Griechischen, München 1971
HÖFFE, O. (Hrsg.), Einführung in die utilitaristische Ethik, München 1975
HORKHEIMER, M., T. W. ADORNO, Dialektik der Aufklärung (1944), Reprint Amsterdam 1968
HOTELLING, H., Ökonomie erschöpfbarer Ressourcen; deutsch in: H. Siebert (Hrsg.), Umwelt und wirtschaftliche Entwicklung, Darmstadt 1979, S. 39-81
HUBMANN, H., M. REHBINDER, Urheber- und Verlagsrecht, München 1991
HUMBOLDT, W. VON, Schriften zur Anthropologie und Geschichte, Werke Bd. I, Darmstadt 1980

HUME, D., Eine Untersuchung über den menschlichen Verstand, hrsg. v. R. Richter, Leipzig 1907
—, A Treatise of Human Nature, Book One and Two, Glasgow 1962
—, Politische und ökonomische Essay, zwei Teilbände, übers. v. S. Fischer, Hamburg 1988
HUMMEL, M., K.-H. BRODBECK, Längerfristige Wechselwirkungen zwischen kultureller und wirtschaftlicher Entwicklung, Schriftenreihe des Ifo-Instituuts für Wirtschaftsforschung Nr. 128, Berlin-München 1991
HUNT, E. K., J. G. SCHWARTZ (ed.), A Critique of Economic Theory, Harmondsworth 1972
HUSSERL, E., Erfahrung und Urteil, Hamburg 1964
IAMBLICHOS, Pythgoras, übers. v. M. von Albrecht, Zürich-Stuttgart 1963
ISSING, O., Einführung in die Geldtheorie, München 1993[9]
—, Die Geldmengenstrategie der Deutschen Bundesbank, Deutsche Bundesbank. Auszüge aus Presseartikeln 91 (1994), S. 1-11
—, Stability Of Monetary Policy - Stability Of The Monetary System, Deutsche Bundesbank. Auszüge aus Presseartikeln 22 (1995), S. 4-9
IWAI, K., Schumpeterian Dynamics, Journal of Economic Behaviour and Organization 5 (1984), S. 159-190 und 321-351
JASPERS, K., Philosophie, Berlin-Göttingen-Heidelberg 1948[2]
JEVONS, W. S., The Theory of Political Economy (1871), Harmondsworth 1970
JOCHIMSEN, R., H. KNOBEL (Hrsg.), Gegenstand und Methoden der Nationalökonomie, Köln 1971
JÜNGER, E., Der Arbeiter. Herrschaft und Gestalt, Hamburg 1932
KAMIEN, N. I., N. L. SCHWARTZ, Market Structure and Innovation, Cambridge 1982
KANT, I., Vorlesungen über die Metaphysik, Erfurt 1821
—, Kritik der reinen Vernunft, hrsg. v. K. Kehrbach (ed. Reclam), Leipzig o.J.
—, Werke, hrsg. v. W. Weischedel, Wiesbaden 1958
—, Versuch, den Begriff der negativen Größen in die Weltweisheit einzuführen, Werke Bd. II (ed. Weischedel)
—, Kritik der Urteilskraft, hrsg. v. W. Weischedel, Frankfurt/M. 1974
—, Anthropologie in pragmatischer Hinsicht, Akademie-Ausgabe, Bd. VII
—, Von der Unrechtmäßigkeit des Büchernachdrucks, Adademie-Ausgabe Bd. VIII
KAPP, K. W., Soziale Kosten der Marktwirtschaft, Frankfurt/M. 1979
KASER, M., Römisches Privatrecht, München-Berlin 1966[5]
KEMPSKI, J. VON, Handlung, Maxime und Situation, in: H. Albert (Hrsg.), Theorie und Realität, Tübingen 1964, S. 233-247
—, Recht und Politik, Schriften 2, Frankfurt/Main 1992
KEYNES, J. M., A Treatise on Probability, Collected Writings Vol. III
—, A Treatise on Money Bd. I, Collected Writings Vol. V
—, A Treatise on Money II, Collected Writings Vol. VI
—, The General Theory of Employment, Interest and Money, Collected Writings Vol. VII
—, Essays in Persuasion, Collected Writings Vol. IX
—, Essay in Biography, Collected Writings Bd. X
—, The General Theory and After, Part I, Collected Writings Vol. XIII
—, The General Theory and After, Part II, Collected Writings Vol. XIV
KLEMM, F., Technik. Eine Geschichte ihrer Probleme, München 1954

KLINGENBERG, E., Das israelische Zinsverbot in Torah, Mišnah und Talmud, Wiesbaden 1977
KNAPP, G. F., Staatliche Theorie des Geldes, München-Leipzig 1921
KNIGHT, F. H., Risk, Uncertainty and Profit (1921), reprint Chicago-London 1971
KOSIOL, E., Die Unternehmung als wirtschaftliches Aktionszentrum, Reinbek bei Hamburg 1966
KOSTOLANY, A., Das ist die Börse. Bekenntnisse eines Spekulanten, München 1961
KRELLE, W., Unsicherheit und Risiko in der Preisbildung, Zeitschrift für die gesamte Staatswissenschaft, 113 (1957), S. 632-677; wiederabgedruckt in: A. E. Ott (Hrsg.), Preistheorie, Köln-Berlin 1965
—, Produktionstheorie, Tübingen 1969
—, Präferenz- und Entscheidungstheorie, Tübingen 1968
KUHN, T. S., Die Struktur wissenschaftlicher Revolutionen, Frankfurt/M. 1976
LAGRANGE, J. L., Analytische Mechanik, übers. v. F. W. A. Murhard, Göttingen 1797
LAMBERTON, D. M. (ed.), Economics of Information and Knowledge, Harmondsworth 1971
LANGE, O., Die allgemeine Interdependenz der Wirtschaftsgrößen und die Isolierungsmethode, Zeitschrift für Nationalökonomie IV (1933), S. 52-78
—, The Place of Interest in the Theory of Production, Review of Economic Studies 3 (1936), S. 159-192
—, Die Bedeutung der Praxeologie für die politische Ökonomie; in: R. Jochimsen, H. Knobel (Hrsg.), Gegenstand und Methoden der Nationalökonomie, Köln 1971, S. 166-174
LANGLOIS, R. N. (ed.), Economics As a Process, Cambridge 1986
LAUM, B., Heiliges Geld, Tübingen 1924
LAUTER, H., Die Architektur des Hellenismus, Darmstadt 1986
LAUX, H., Entscheidungstheorie I, Berlin-Heidelberg-New York et. al. 1991
LEHMEN, A., Lehrbuch der Philosophie auf aristotelisch-scholastischer Grundlage, Erster Band, Freibung 1923
LEIBNIZ, G. W., Neue Abhandlungen über den menschlichen Verstand, hrsg. v. E. Cassirer, Hamburg 1971
—, Die philosophischen Schriften, hrsg. v. Carl I. Gerhardt, Berlin 1890 (Reprint Hildesheim 1961), Bd. 7
—, Hauptschriften zur Grundlegung der Philosophie (hrsg. v. E. Cassierer), 2 Bände, Hamburg 1966
LENIN, W. I., Werke Bd. 18 und Bd. 33
LENK, H., S. MOSER (Hrsg.), Techne, Technik, Technologie, München 1973
LIST, F., Das nationale System der Politischen Ökonomie, Jena 1928[5]
LITTLECHILD, S. C., Three types of market process; in: LANGLOIS, R. N. (ed.), Economics As a Process, Cambridge 1986, S. 27-39
LOCKE, J., Zwei Abhandlungen über die Regierung, Frankfurt 1977
LORENTZ, H. A., A. EINSTEIN, H. MINKOWSKI, Das Relativitätsprinzip, Stuttgart 1923
LOTKA, A. J., Elements of Mathematical Biology, New York 1956
LOVELOCK, J., Das Gaia-Prinzip. Die Biographie unseres Planeten, Frankfurt/M.-Leipzig 1993
LUCAS, R. E., On the Mechanics of Economic Development, Journal of Monetary Economics 22 (1988), S. 3-42
—, Econometric Policy Evaluation: a Critique; in: K. Brunner, A. Meltzer (eds.), The Phillips Curve and Labour Markets, Amsterdam 1976, S. 19-46

LUHMANN, N., Die Wirtschaft der Gesellschaft, Frankfurt/M. 1988
—, Wirtschaft als autopoietisches System. Bemerkungen zur Kritik von Karl-Heinz Brodbeck, Zeitschrift für Politik 38 (1991), S. 191-194
LUXEMBURG, R., Die Akkumulation des Kapitals, Berlin 1923
MACH, E., Die Mechanik, Leipzig 1921[8]
—, Analyse der Empfindungen, Jena 1922[9]
MACHIAVELLI, N., Geschichte von Florenz, Wien 1934
—, Gedanken über Politik und Staatsführung, hrsg. v. R. Zorn, Stuttgart 1941
—, Politische Betrachtungen über die alte und die italienische Geschichte (Discorsi), Köln-Opladen 1965
—, Der Fürst, Stuttgart 1972
MALINVAUD, E., The Theory of Unemployment Reconsidered, Oxford 1977
MALTHUS, T. R., Das Bevölkerungsgesetz (1798), übers. v. C. M. Barth, München 1977
MANDEVILLE, B., Die Bienenfabel, Frankfurt/M. 1980
MANSFIELD, E., Industrial Research and Technological Innovation, Norton 1968
MARCUSE, A., Das Wertproblem in der Scholastik. Ein Beitrag zur Vorgeschichte neuerer Werttheorien, Marburg 1919
MARSHALL, A., The Present Position of Economics, London 1885
—, Principles of Economics, London 1961[8]
MARX-ENGELS Werke = MEW (Berlin, mehrere Jahre)
MARX, K., Zur Kritik der Politischen Ökonomie, MEW Bd. 13
—, Randglossen zu A. Wagners ›Lehrbuch der politischen Ökonomie‹, MEW Bd. 19
—, Das Kapital Bd. I-III, MEW Bd. 23-25
MAUSS, M., Die Gabe; in: Soziologie und Anthropologie, Band II, Frankfurt/M. 1978
MAY, R. M. (Hrsg.), Theoretische Ökologie, Weinheim et. al. 1980
MAY, K., Technical Change and Aggregation, Econometrica, 15 (1947), S. 51-63
MAYO, E., The Human Problems of an Industrial Civilization, New York 1966
MAYRING, P., Psychologie des Glücks, Stuttgart-Berlin-Köln 1991
MEADE, J. E., A Neo-Classical Theory of Economic Growth, London 1961
MEADOWS, D. L., D. MEADOWS , Die Grenzen des Wachstums. Bericht des Club of Rome zur Lage der Menschheit, Stuttgart 1972
MEADOWS, D. L. UND D. H., Das globale Gleichgewicht, Reinbek bei Hamburg 1976
MEGGLE, G. (Hrsg.), Analytische Handlungstheorie Band 1, Frankfurt/Main 1977
MAIER-MANNHART, H., Gewinne im Zwielicht, Süddeutsche Zeitung 81, 6.-8. April 1996
MENGER, C., Grundsätze der Volkswirtschaftslehre, Wien 1871
MENNIGER, K., Zahlwort und Ziffer. Eine Kulturgeschichte der Zahl, Göttingen 1958
MENSCHING, G., Der offene Tempel, Stuttgart 1974
MERLEAU-PONTY, M., Die Phänomenologie der Wahrnehmung, Berlin 1966
—, Die Struktur des Verhaltens, Berlin-New York 1976
MERTON, R. K., Social Theory and Social Structure, New York 1968
METZGER, W. (Hrsg.), Allgemeine Psychologie I,1, Göttingen 1966
METZLER, L. A., Stability of Multiple Markets: The Hicks Conditions, Econometrica 13 (1945), S. 91-109
MEYER-ARLT, R., Ein Pladoyer für die Offenheit des Denkens, Göttinger Tageblatt vom 8. Juni 1995, S. 17.
MILL, J. ST., Principles of Political Economy, London 1892 (People´s Edition)
—, Über Freiheit, Wien 1969

—, Einige ungelöste Probleme der politischen Ökonomie, hrsg. v. H. G. Nutzinger, Frankfurt-New York 1976
MILLER, G. A., E. GALANTER, K. H. PRIBRAM, Strategien des Handelns. Pläne und Strukturen des Verhaltens, Stuttgart 1993
MISES, L. VON, Die Wirtschaftsrechnung im sozialistischen Gemeinwesen, Archiv für Sozialwissenschaft und Sozialpolitik, 47 (1920/21), S. 86-121
—, Die Ursachen der Wirtschaftskrise, Tübingen 1931
—, Nationalökonomie, Genf 1940
MODIGLIANI, F., M. H. MILLER, The Cost of Capital, Corporation Finance and the Theory of Investment, American Edonomic Review 48 (1958), S. 261-297
MONTESQUIEU, Der Geist der Gesetze, Leipzig 1891
MORGENSTERN, O., Vollkommene Voraussicht und wirtschaftliches Gleichgewicht; in: H. Albert (Hrsg.), Theorie und Realität, Tübingen 1964
MORISHIMIA, M., Theory of Economic Growth, Oxford 1969
MÜLLER, A., Theorie des Geldes; in: Vom Geiste der Gemeinschaft, hrsg. v. F. Bülow, Leipzig 1931
—, Die Elemente der Staatskunst (1808-09), Berlin 1936
—, Adam Müllers Handschriftliche Zusätze zu den »Elementen der Staatskunst«, Jena 1926
MUNDELL, R. A., International Economics, New York 1968
MUTH, J. F., Rational expectations and the Theory of Price Movements, Econometrica 29 (1961), S. 314-335
MYERS, G., Geschichte der großen amerikanischen Vermögen, 2 Bände, Berlin 1916
MYRDAL, G., Ökonomische Theorie und unterentwickelte Region, Frankfurt/M. 1974
NAGARJUNA, The Philosophy of the Middle Way, hrsg. v. D. J. Kalupahana, New York 1986
NELL-BREUNING S. J., O. VON, Wirtschaft und Gesellschaft Heute, Bd. I, Freiburg 1956
NELSON, R. R., S. G. WINTER, An Evolutionary Theory of Economic Change, Cambridge/Mass. 1982
NELSON, R. R., Incentives for Entrepreneurship and Supporting Institutions, Weltwirtschaftliches Archiv 120 (1984), S. 646-661
NEUMANN, J. VON, Über ein ökonomisches Gleichungssystem und eine Verallgemeinerung des Brouwerschen Fixpunktsatzes (1937); in: M. J. Beckmann, R. Sato (Hrsg.), Mathematische Wirtschaftheorie, Köln 1975, S. 172-193.
NEUMANN, J. VON, O. MORGENSTERN, Spieltheorie und wirtschaftliches Verhalten, Würzburg 1961
NEWMAN, P. (ed.), Readings in Mathematical Economics, 2 Volumes, Baltimore 1968
NIETZSCHE, F., Werke, drei Bände (ed. Schlechta)
—, Kritische Studienausgabe, hrsg. v. G. Colli u. M. Montinari, Berlin-New York 1988
NORDHAUS, W. D., The Efficient Use of Energy Resources, New Haven-London 1979
NYANATILOKA (Hrsg.), Anguttara-Nikaya, übers. v. Nyanatiloka, Freiburg 1969
ODUM, E. P., Prinzipien der Ökologie, Heidelberg 1991
ONCKEN, A. Geschichte der Nationalökonomie I, Leipzig 1902
ORIGO, I., »Im Namen Gottes und des Geschäfts«. Lebensbild eines toskanischen Kaufmanns der Frührenaissance, München 1986
OSTWALD, W., Grundriß der Naturphilosophie, Leipzig 1908
OTT, A. E., (Hrsg.), Preistheorie, Köln-Berlin 1965
PACIOLI, L., Abhandlung über die Buchhaltung 1494, Stuttgart 1933
PARETO, V., Ausgewählte Schriften, Frankfurt/M-Berlin-Wien 1976

PARSONS, T., N. J. SMELSER, Economy and Society, London 1966
PASCAL, B., Gedanken, übers. v. W. Rüttenauer, Birsfelden-Basel o.J.
PASINETTI, L. L., Structural Change and Economic Growth. A theoretical Essay on the Dynamics of the Wealth of Nations, Cambridge University Press 1981
PETTY, W., Schriften zur politischen Ökonomie und Statistik, Berlin 1986
PIAGET, J., Erkenntnistheorie der Wissenschaften vom Menschen, Frankfurt/M.-Berlin-Wien 1970
PIEPER, J., Über das Ende der Zeit, München 1953
PIGOU, A. C., The Economics of Welfare, London 1962[4]
PLATON, Sämtliche Werke, hrsg. v. E. Grassi, Hamburg 1957
—, Politeia, übers. v. K. Vrestzka, Stuttgart 1982
POLANYI, K., Ökonomie und Gesellschaft, Frankfurt/M. 1979
POPPER, K. R., Das Elend des Historismus, Tübingen 1971
—, Prognose und Prophetie in den Sozialwissenschaften; in: E. Topitsch (Hrsg.), Logik der Sozialwissenschaften, Köln-Berlin 1971, S. 113ff.
PUTNAM, H., Die Bedeutung von »Bedeutung«, Frankfurt/M. 1979
RADBRUCH, G., Rechtsphilosophie, Stuttgart 1970
RAHNER, K., H. VORGRIMLER, Kleines Theologisches Wörterbuch, Freiburg 1976
RAPHAEL, D. D., Adam Smith, Frankfurt-New York 1991
RAU, K. H., Grundsätze der Volkswithschaftslehre, Heidelberg 1841[4]
RICARDO, D., Über die Grundsätze der Politischen Ökonomie und der Besteuerung, übers. v. G. Bondi, Berlin 1959
—, On the Principles of Political Economy, and Taxation (1821), Harmondsworth 1971
RICHARZ, I., Oikos, Haus und Haushalt. Ursprung und Geschichte der Haushaltsökonomik, Göttingen 1991
RIFKIN, J., Das Ende der Arbeit und ihre Zukunft, Frankfurt-New York 1995
ROBBINS, L., An Essay on the Natur & Significance of Economic Science, London 1935
ROBINSON, J., The Economics of Imperfect Competition, London 1933
—, The Production Function and the Theory of Capital, Review of Economic Studies 21 (1953), S. 81-106
—, Dokrinen der Wirtschaftswissenschaft, München 1968
—, The Scond Crisis of Economic Theory, American Economic Review, LXII (1972), S. 1-10
ROETHLISBERGER, F. J. ,W. J. DICKSON, Management and the Worker, Cambridge 1939
ROMER, P. M., Endogenous Technological Change, Journal of Political Economy 98 (1990), S. 71-102
RÖPKE, W., Gegen die Brandung, Zürich-Stuttgart 1959[2]
ROSCHER, W., Grundlagen der Nationalökonomie, Stuttgart-Berlin 1906[24]
ROSENBERG, N. (ed.), The Economics of Technological Change, Harmondsworth 1971
ROSENFIELD, I., Das Fremde, das Vertraute und das Vergessene. Anatomie des Bewußtseins, Frankfurt/M. 1992
SACHVERSTÄNDIGENRAT, Jahresgutachten 1993/94, Drucksache 12/6170
SAMUELSON, P. A., Rejoinder: Agreements, Disagreements, Doubts, and the Case of Induced Harrod-Neutral Technical Change, Review of Economics and Statistics, XLVIII 1966, S. 444-448
—, Foreword, in: N. Georgescu-Roegen, Analytical Economics, London 1966
—, Parable and Realism in Capital Theory: The Surrogate Production Function; in: J. E. Stiglitz (ed.), The Collected Scientific Papert of Paul A. Samuelson, Vol. 1, Cambridge/Mass.-London 1966, S. 325-338

—, Foundations of Economic Analysis, (1947) New York 1974
SAMUELSON, P. A., W. D. NORDHAUS, Economics, New York et. al. 1989[13]
SARTRE, J. P., Die Transzendenz des Ego, Reinbek bei Hamburg 1964
SAY, J. B., Abhandlungen über die National-Ökonomie, Bd. I, Wien 1814
SCHÄFFLE, E. F., Das gesellschaftliche System der menschlichen Wirthschaft, 2 Bände, Tübingen 1873[3]
SCHAMS, E., Komparative Statik, Zeitschrift für Nationalökonomie 2 (1931), S. 27-61
SCHEFOLD, B., Von Neumann and Sraffa: Mathematical Equivalence and Conceptiual Difference, Economic Journal, 90 (1980), S. 140-156
SCHLOSSER, H.,Grundzüge der Neueren Privatsrechtsgeschichte, Heidelberg 1993[7]
SCHMOLLER, G., Grundriß der Allgemeinen Volkswirtschaftslehre, zwei Bände, Leipzig 1920[14]
SCHOOKLER, J., Invention and Economic Growth, Cambridge 1966
SCHOMANDL, A., Wert, Geld und Kredit in der Theorie von Karl Marx, Neuried 1985
SCHOPENHAUER, A., Der handschriftliche Nachlaß, Band 3, München 1985
SCHPOSCHNICOFF, N., Die Böhm-Bawerksche Kapitalzinstheorie, Jahrbücher für Nationalökonomie und Statistik 33 (1907), S. 433-451
SCHUMPETER, J., Eine »dynamische« Theorie des Kapitalzinses. Eine Entgegnung, Zeitschrift für Volkswirtschaft, Sozialpolitik und Verwaltung, 22 (1913), S. 599-639
—, Kapitalismus, Sozialismus und Demokratie, München 1950
—, Theorie der wirtschaftlichen Entwicklung, Berlin 1951[5]
—, Geschichte der Ökonomischen Analyse, Göttingen 1965
SEARLE, J. R., Geist, Hirn und Wissenschaft, Frankfurt/M. 1986
SENECA, L. A., Philosophische Schriften, hrsg. v. O. Apelt, vier Bände, Leipzig 1924
SENIOR, N. W., An Outline of the Science of Political Economy (1836), Reprint London 1951
SHACKLE, G. L. S., Time and Thought, British Journal for the Philosophy of Science, IX (1959), S. 290ff.
—, Dicision, Order and Time in Human Affairs, Cambridge 1961
—, Time, Expectation and Uncertainty in Economics, Aldershot 1990
SIEBERT, H. (Hrsg.), Umwelt und wirtschaftliche Entwicklung, Darmstadt 1979
SIMMEL, G., Philosophie des Geldes, Gesammtelte Werke Bd. 1, Berlin 1977[7]
—, Schriften zur Soziologie, Frankfurt/M. 1983
SIMON, H. A., Theories of Decision-Making in Economics and Behavioural Science, Surveys of Economic Theory, Vol. III, London et. al. 1968
SINGER, P., Praktische Ethik, Stuttgart 1984
SKARZYNSKI, W. v., A. Smith als Moralphilosoph und Schöpfer der Nationalökonomie, Leipzig 1878
SKINNER, B. F., Was ist Behaviorismus? Reinbek bei Hamburg 1978
SMITH, A., History of Astronomy; in: Essays on Philosophical Subjects, London 1795
—, Wealth of Nations, London 1812, reprint London o.J.
—, Der Wohlstand der Nationen, hrsg. v. H. Recktenwald, München 1978
—, Theorie der ethischen Gefühle, übers. v. W. Eckstein, Hamburg 1977
SOLMAN, P., T. FRIEDMAN, Gewinner, Verlier, Überlebende, Landsberg 1986
SOLOW, R. M., A Contribution to the Theory of Economic Growth, Quaterly Journal of Economics 70 (1956), S. 65-94
—, Economic History and Economics, American Economic Review, PaP 75 (1985), S. 328-331

—, The Economics of Resources or the Resources of Economics, American Economic Review 64 (1974), S. 1-14
SOMBART, W., Der Moderne Kapitalismus, zwei Bände, Leipzig 1902
—, Die deutsche Volkswirtschaft im Neunzehnten Jahrhundert, Berlin 1909
—, Krieg und Kapitalismus, München-Leipzig 1913
—, Der Bourgeois, München-Leipzig 1923
—, Die drei Nationalökonomien, München 1950
SPENGLER, O., Der Mensch und die Technik, München 1931
SPINOZA, B., Ethik, übers. v. J. Stern, Frankfurt/Main 1972
SRAFFA, P., The Laws of Returns under Competitive Conditions, Economic Journal 26 (1926), S. 535-550
—, Dr. Hayek on Money and Capital, Economic Journal 42 (1932), S. 42-53
—, A Rejoinder, Economic Journal 42 (1932), S. 249-251
—, Production of Commodities by Means of Commodities, Cambridge 1960
STACKELBERG, H. VON, Grundlagen der Theoretischen Volkswirtschaftslehre, Bern-Tübingen 1951²
STEGMÜLLER, W., Entscheidungslogik (rationale Entscheidungstheorie), Studienausgabe, Berlin-Heidelberg-New York 1973
STEIN, J. L., Monetarist, Keynesian & New Classical Economics, Oxford 1982
STEUART, J., Untersuchungen der Grundsätze der Staatswirtschaft, Bd. I, Hamburg 1769
—, Untersuchungen der Grundsätze der Staatswirtschaft, Band II, Hamburg 1770
STOLZMANN, R., Grundzüge einer Philosophie der Volkswirtschaft, Jena 1925
STONEMAN, P., Patenting Activity: A Re-Evaluation of the Influence of Demand Pressures, Journal of Industrial Economics XXVII (1979), S. 385-401
STREISSLER, E., Die Knappheitsthese - Begründete Vermutungen oder vermutete Fakten? in: H. Siebert (Hrsg.), Erschöpfbare Ressourcen, Berlin 1980, S. 9-36
STRELLER, R., Die Dynamik der Theoretischen Nationalökonomie, Tübingen 1928
STRIEDER, J., Studien zur Geschichte kapitalistischer Organisationsformen, München-Leipzig 1925
STRUWE, W. W. (Hrsg.), Der Alte Orient, Berlin 1955
SWAN, T., Economic Growth and Capital Accumulation, Economic Record 32 (1956), S. 334-361
SYMPOSIUM on the Economics of Exhaustible Resources, Review of Economic Studies 1974
TAKAYAMA, A., International Trade: An Approach to the Theory, New York 1972
THOMAS VON AQUIN, Summa Theologica, deutsche Thomasausgabe, mehrere Jahre und Bände
—, De regime principium, übers. v. F. Schreyvogl, Stuttgart 1975
THUKYDIDES, Der Peloponnesische Krieg, übers. v. H. Vretska, Stuttgart 1966
THÜNEN, J. H. VON, Der isolirte Staat, Berlin 1875
TOBIN, J., Liquidity Preference as Behavior Towards Risk, The Review of Economic Studies 25 (2) (1958), S. 65-86
TROTZKI, L., Kopenhagener Rede (1932), in: Denkzettel, Frankfurt/M. 1981
TURGOT, A. R. J., Betrachtungen über die Bildung und die Verteilung des Reichtums, übers. v. H. Waentig, Jena 1903
ULLRICH, W., Platon, Kosmos, Handke - Anmerkungen zum "Gorgias"-Seminar (Manuskript)
USHER, A. P., Technical change and Capital Formation, Capital Formation and Economic Growth, National Bureau of Economic Research, 1955

VEBLEN, T., Professor Clark's economics, Quaterly Journal of Ecnomics, 22 (1908), S. 147-195; reprint in: E. K. Hunt, J. G. Schwartz (ed.), A Critique of Economic Theory, Harmondsworth 1972, S. 172-185
WALD, A., Über einige Gleichungssysteme der mathematischen Ökonomie, Zeitrschrift für Nationalökonomie 7 (1936), S. 637-670
WAGNER, F., Das Bild der frühen Ökonomik, Salzburg-München 1969
WAIBL, E., Ökonomie und Ethik, zwei Bände, Stuttgart-Bad Cannstatt 1989
WALRAS, L., Mathematische Theorie der Preisbestimmung der wirthschaftlichen Güter. Vier Denkschriften, Stuttgart 1881
—, Elements of Pure Economics, London 1954
WATZLAWICK, P., J. H. BEAVIN, D. D. JACKSON, Menschliche Kommunikation, Bern-Stuttgart-Wien 1969
WEBER, A., Allgemeine Volkswirtschaftslehre, Berlin 1958[7]
WEBER, M., Gesammtelte Aufsätze zur Wissenschaftslehre, Tübingen 1968[3]
—, Die protestantische Ethik I, Tübingen 1969[2]
—, Wirtschaft und Gesellschaft, Tübingen 1976[5]
WEIMANN, J., Umweltökonomik, Berlin et. al. 1991[2]
WEIMER, W., Geschichte des Geldes, Frankfurt/M.-Leipzig 1992
WICKSELL, K., Über Wert, Kapital und Rente, Jena 1893
—, Vorlesungen über Nationalökonomie, zwei Bände, Jena 1913
WIENER, N., Kybernetik, Reinbek bei Hamburg 1968
WIESER, F. VON, Über den Ursprung und die Hauptgesetze des wirthschaftlichen Werthes, Wien 1884
WISSER, R., Das Fernseh-Interview, in: G. Neske (Hrsg.), Erinnerungen an Martin Heidegger, Pfullingen 1977
WITTGENSTEIN, L., Philosophische Untersuchungen, Schriften Bd. 1
WRIGHT, B. D., The Economics of Invention Incentives: Patens, Prizes, and Research Contracts, American Economic Review 73 (1983), S. 691-707
XENOPHON, Oikonomikos, in: Die sokratischen Schriften, Stuttgart 1956

REGISTER

(Namen sind *kursiv* gesetzt; Seitenzahlen für Angaben in den Endnoten beziehen sich auf die Seite des Verweises.)

C

D

E

F

H

I

T

U

V